Horst Bartnitzky
Reinhold Christiani (Hrsg.)

Die Fundgrube für jeden Tag

●

Das Nachschlagewerk
für junge Lehrerinnen und Lehrer

●

Gedruckt auf chlorfrei gebleichtem Papier
ohne Dioxinbelastung der Gewässer

Deutsche Bibliothek – CIP-Einheitsaufnahme

Die **Fundgrube für jeden Tag**: das Nachschlagewerk
für junge Lehrerinnen und Lehrer / Horst Bartnitzky;
Reinhold Christiani. – Frankfurt am Main: Cornelsen Scriptor, 1995
  (Lehrer-Bücherei: Grundschule)
  ISBN 3-589-05034-9
NE: Bartnitzky, Horst [Hrsg.]

5.	4.	3.	2.	1.	Die letzten Ziffern bezeichnen
99	98	97	96	95	Zahl und Jahr des Drucks.

©1995 Cornelsen Verlag Scriptor GmbH & Co., Frankfurt am Main
Das Werk und seine Teile sind urheberrechtlich geschützt. Jede Verwertung in anderen
als den gesetzlich zugelassenen Fällen bedarf deshalb der vorherigen schriftlichen Ein-
willigung des Verlags.
Redaktion: Marion Clausen, Gleichen (Etzenborn)
Herstellung: Hans Reichert, Bad Soden
Umschlagentwurf: Studio Lochmann, Frankfurt am Main
Satz: FROMM Verlagsservice GmbH, Idstein
Druck und Bindung: Clausen & Bosse, Leck
Vertrieb: Cornelsen Verlag, Berlin
Printed in Germany
ISBN 3-589-05034-9
Bestellnummer 050349

Inhalt

	Seite
Vorwort	6
Arbeitsmittel	8
Arbeitstechniken	25
Ausflüge	37
Ausländische und ausgesiedelte Kinder	50
Bewegungszeiten	65
Einschulung	74
Eltern	93
Fachfremder Unterricht	111
Feste und Feiern	141
Fördern	152
Hausaufgaben	164
Klassenraum	177
Konzentration	189
Leistungsbeurteilung	203
Medienerziehung	227
Regeln und Rituale	237
Schullaufbahn	249
Schwierige Kinder	270
Tagesrhythmus	289
Üben	299
Unterrichtsbesuche	331
Unterrichtsformen	351
Vertretungsunterricht	363
Stichwortverzeichnis	371

Vorwort

Bevor uns die Idee zu diesem Buch kam, erfuhren wir in vielen Gesprächen mit jungen Lehrerinnen und Lehrern, daß sie im Unterrichtsalltag oft vor Entscheidungen stehen, auf die sie in ihrer Ausbildung nicht oder nur unzureichend vorbereitet wurden. Wir fragten dann genauer nach und erhielten von Lehrerinnen und Lehrern, die in der Ausbildung und in den ersten Jahren ihrer Berufstätigkeit stehen, eine Fülle von Situationen, Problemen und Fragen genannt,

● scheinbar so Banales wie das Aufstellen der Kinder, die geeignete Sitzordnung, die Auswahl der Arbeitsmittel für eine erste oder eine vierte Klasse, die Organisation eines Ausflugs oder eines Elternabends;

● kniffligere didaktisch-methodische Aspekte wie die Rechtschreibförderung, die Leistungsbewertung und das Zeugnisschreiben, Probleme bei der Erteilung fachfremden Unterrichts oder bei der Förderung von ausländischen Kindern ohne Deutschkenntnisse;

● erzieherische Fragen zur Einübung von Regeln und Ritualen, zur Entwicklung von Bräuchen und eines lebendigen Klassenlebens, zum Umgang mit „schwierigen" Kindern, zum Abbau von Unruhe und zur Förderung von Konzentration …

Diese Entscheidungsfelder legten wir vielen erfahrenen Kolleginnen und Kollegen aus Grund- und Sonderschulen, aus Ausbildungsseminaren und Schulaufsicht mit der Bitte vor, uns dazu die Erfahrungen und Gedanken aufzuschreiben. Die Ergebnisse, zwei pralle Aktenordner voll, beeindruckten uns durch ihren auch vom persönlichen Stil geprägten Erfahrungsreichtum und durch die überall durchscheinende Liebe zu den Kindern und zum Beruf, bei aller Beschwernis des Unterrichtsalltags und der zu knappen Ressourcen für die jüngsten Kinder im Bildungssystem.

Wir stellten die Erfahrungsberichte und Ratschläge zu 23 Themenfeldern zusammen, leiteten jedes Themenfeld mit einer pädagogischen Orientierung ein und schlossen es mit einer zusammenfassenden Liste von Tips für den Unterrichtsalltag ab. Die „*Fundgrube*" war entstanden.

Das Ergebnis mag für alle anregend sein:

● *Noch unerfahrenen Lehrerinnen und Lehrern,* denen die Routine erfahrener Lehrkräfte fehlt, hilft die *Fundgrube,* genau dieses Manko auszugleichen. Denn sie gibt Antworten auf solche Fragen: Wie handeln erfahrene Lehrkräfte? Welche Entscheidungsalternativen gibt es? Was hat sich nicht bewährt, was hat sich bewährt?

● *Erfahrenen Lehrerinnen und Lehrern,* die zwar Routine entwickelt haben, die aber auch um die Gefahr der „Betriebsblindheit" wissen, gibt die *Fundgrube* Antworten auf solche Fragen: Wie denken, entscheiden und handeln andere in Alltagssituationen? Welche Alternativen zu meinen Regelungen und Lösungen haben erfahrene Lehrkräfte in ihrer Schulpraxis entwickelt?

Natürlich kann man die Erfahrungen und Anregungen anderer nicht schlicht kopieren. Aber man kann sich damit gedanklich und erprobend auseinandersetzen und sie in das eigene Unterrichtskonzept integrieren, sie abwandeln oder auch sie bewußt ablehnen und aus der Ablehnung heraus eine eigene Lösung finden. Dies alles sind wichtige kritisch-konstruktive, theoretische Überlegungen im Praxisfeld des eigenen Unterrichtsalltags. Solche Reflexion des pädagogischen Handelns dient der Weiterentwicklung der eigenen Kompetenz.

Wenn dabei Anregungen auch als Rezepte übernommen werden, so ist dies wahrlich nichts Unfeines. Wie der Meisterkoch Rezepte souverän zu nutzen versteht, so geht auch die Lehrerin oder der Lehrer professionell mit den „Rezepten" um. Unterrichten und Erziehen verlangen viele „handwerkliche" Fähigkeiten und Fertigkeiten, die gelernt und auch trainiert werden können, was leider in der Ausbildung häufig vernachlässigt wird.

Die *Fundgrube* ist ein Nachschlagewerk für den Unterrichtsalltag, doch sie ist kein Lexikon. Was den befragten Kolleginnen und Kollegen wichtig war, das ist hier nach Themenfeldern zusammengestellt. Zum raschen Auffinden bestimmter Informationen haben wir ein alphabetisches Stichwortverzeichnis an den Anfang gestellt.

Wir danken allen, die an dieser *Fundgrube* mitgewirkt haben: durch Fragen und Antworten, durch Ratschläge und Einblicke in ihren unterrichtlichen Alltag, in ihre Praxis und in das Nachdenken über ihre Praxis. Wir danken allen für ihre Beiträge und für ihr Engagement, das wir kennen und das wir schätzen gelernt haben, – aber auch für die Geduld, die sie mit uns hatten auf dem langen Weg von der ersten Fragesammlung bis zum fertigen Buchmanuskript.

Horst Bartnitzky und *Reinhold Christiani*   Neujahr 1995

PS: Wir freuen uns über jede Rückmeldung aus der Praxis und sind dankbar für Kritik, für Nachfragen und Vorschläge zur weiteren Verbesserung der *Fundgrube.*

Arbeitsmittel

Eigentlich sind Arbeitsmittel nur gegenständliche Hilfsmittel für das Lernen: Lehrbücher und Arbeitshefte, Arbeitsblätter und Karteien, Tafel und Projektor, Schreibgeräte und Hefte, Bücher, Video, Modelle, Landkarten, Werkzeuge, Werkstoffe, Gegenstände, aber auch Plakate, Kindertexte, Buchstabentabellen, Zahlenstreifen, Spielgeld und vieles andere mehr.

Doch mit der Entscheidung über solche Hilfsmittel werden auch Weichen für die Art und die Qualität des Lehrens und Lernens gestellt:

- Bleiben die Arbeitsmittel auf der Ebene von Papier und Bleistift, Tafel und Kreide, oder regen sie Kinder auch zum Tun, zum Hantieren, zum Ausprobieren an, können Kinder sie greifen, um damit etwas zu be-greifen?

- Lassen die Arbeitsmittel nur reproduktives Lernen zu, oder regen sie Kinder auch zum Nachdenken, zu Transferleistungen, zu Entdeckungen, zum eigenständigen Weiterarbeiten an?

- Ermöglichen die Arbeitsmittel nur undifferenziertes Arbeiten, oder tragen sie Differenzierungen in sich, einschließlich der Selbstkontrolle?

- Werden die Arbeitsmittel in Mengen konsumiert, oder können sie zumindest teilweise mit den Kindern erstellt, zubereitet oder ausgewählt werden?

Über viele der oben genannten Arbeitsmittel entscheidet die Lehrerin oder der Lehrer selbst. Insofern spiegeln die Arbeitsmittel in einer Klasse auch das pädagogische Konzept der Lehrerin.

Einige Arbeitsmittel sind von dieser eigenen Entscheidung allerdings häufig ausgenommen: die an der Schule eingeführten Lehrwerke.

Zwar kann man davon ausgehen, daß in den Schulbuchverlagen in der Regel pädagogische Kompetenz und Erfahrung vorhanden sind, doch sind in konkurrierenden Lehrwerken auch die didaktisch-methodischen Konzepte sehr unterschiedlich und reichen von gängelnden Lehrgängen bis zu projektanregenden „Partituren". Es bleibt nur die kritische Nutzung; wegen inhaltlicher Ablehnung ganz auf ein Lehrwerk zu verzichten, setzt allerdings oft Mut und immer eigene Kompetenz in diesem Arbeitsbereich voraus.

Literaturtips: Arbeitsmittel werden bei den großen Schulmessen (INTERSCHUL), bei Grundschultagen und in den „Treffpunkten" der Verlage präsentiert. Materialien mit besonderem Blick auf kindorientiertes Lernen findet man in den regionalen Lernwerkstätten. Eine Übersicht hierzu in:
Karin Ernst, Hartmut Wedekind (Hrsg.): *Lernwerkstätten in der Bundesrepublik Deutschland und in Österreich*. Frankfurt a. M. (Arbeitskreis Grundschule – Grundschulverband) 1993

Welche Arbeitsmittel brauchen die Kinder ... zum Schulanfang?

Für den schulischen Arbeitsplatz der Kinder sind wir Lehrerinnen und Lehrer zuständig. Das Arbeitsmaterial nach unseren „Anweisungen" zu beschaffen, ist Sache der Eltern. In bestimmten Wohngebieten und in den Klassen 1 und 2 kann es sehr sinnvoll sein, wenn die Klassenlehrerin von den Eltern einen entsprechenden Betrag einzieht und alles kauft, was die Kinder benötigen. Vor der Einschulung erhalten an „meiner" Schule die Eltern von mir einen Brief (s. S. 10).

Das Arbeitsmaterial muß täglich vollständig in der Schule vorhanden sein. Es empfiehlt sich allerdings, einen guten Anspitzer, einige Bleistifte und einige gute Speckgummis für „Notfälle" bereitzuhalten.

Manfred Pollert

... in Klasse 4?

Vor den Sommerferien erhalten die Kinder eine Liste, aus der hervorgeht, welches Material für das kommende Schuljahr neu angeschafft und welches weiterverwendet werden soll. Wir kennzeichnen an der Schule die Lernbereiche farblich (Rot für Sprache, Blau für Mathe, Grün für Sachunterricht usw.). Arbeitsmaterial und Arbeitsbereiche in der Klasse entsprechen diesen Farben, z. B. durch farbige Wachstuchdecken auf den Arbeitstischen, durch Farbsymbole am Regal.

Arbeitsmaterial für die Klasse 4

Sprache:	1 Heft DIN A4, Nr. 25, roter Umschlag
	1 roter Hefter
Mathe:	1 Heft DIN A4, Nr. 26, blauer Umschlag
	1 blauer Hefter
Sachunterricht:	1 Heft DIN A4, Nr. 20, grüner Umschlag
	1 grüner Hefter
Freie Arbeit:	1 Heft DIN A4, Nr. 20
	1 Ringbuch mit verschiedenen Blattsorten

1 Aufgabenheft, 1 Mitteilungsheft, 1 kleiner Zeichenblock

bitte vom vorigen Schuljahr überprüfen: Federmappe, Zeichenbox (Pinsel, Farbkasten, Deckweiß, Schere, Kleber), Turnbeutel (schwarze Turnhose, weißes T-Shirt, Gymnastikschuhe), Sammelmappe.

Beate Hofmann, Ursula Kießler, Mechtild Peisker

Grundschule Berg Fidel Münster

An alle Eltern der künftigen Klassen 1

Liebe Eltern,
wir möchten die für Ihr Kind notwendigen Schulhefte, Bleistifte,
Buntstifte, Wasserfarben, Pinsel, Klebestifte, Ordner, Scheren etc.
kaufen. Dieses Material bleibt in der Schule, und wir achten auf
sparsamen Gebrauch!
Für jedes Kind wollen wir daher 35 DM einsammeln.
Bitte bringen Sie das Geld am 1. Elternabend mit. Zu diesem laden
wir Sie herzlich ein

am 30. August um 20 Uhr
im Klassenraum Ihres Kindes.

Wir sprechen an diesem Abend über Ihre Fragen, die Sie zum Lernen in der Schule haben. Außerdem wählen Sie Ihre Elternvertre-
terin und Elternvertreter (Klassenpflegschaft).

Wir wünschen Ihnen und Ihrem Kind einen schönen Sommer!
Freundliche Grüße

Einkaufsliste für Sie:

Tornister: sollte leicht, aber stabil sein,
eine helle Farbe haben,
nicht zu groß sein.

Etui oder besser kleine Tasche („Faulenzer") gefüllt mit:
2–3 weichen Bleistiften (HB 2) ohne farbigen Lack,
6 Buntstiften (ebenso) rot, blau, gelb, grün, braun,
schwarz
(auf gute Markenqualität achten!).
Auf Filzstifte wollen wir verzichten!
Einen Füller brauchen wir im 1. Schuljahr noch nicht.

Turnzeug: Turnhose, T-Shirt oder Turnanzug aus Baumwolle,
leichte, rutschfeste Gymnastikschuhe.
Keinen Turnbeutel, den bekommen die Kinder
in der Schule!

Wichtig: Bitte versehen Sie alle Dinge mit dem Vor- und Nachnamen
Ihres Kindes!

Klassensatz und Reserve

Grundsätzlich sorgen die Kinder bzw. die Eltern selbst für die Arbeitsmaterialien, die anhand einer Liste am Anfang des Schuljahres angeschafft werden. Die Erfahrung hat allerdings besonders bei Verständigungsschwierigkeiten in multinationalen Klassen gezeigt, daß es rationeller ist, Hefte, Umschläge, Ordner, Zeichenblöcke jeweils als Klassensatz selbst zu besorgen und eine Reserve im Klassenschrank zu haben.

Auch von Pinseln, Stiften und dergleichen habe ich im Schrank einen Vorrat. Ich treffe mit den Kindern die Absprache, daß ausgeliehenes Material wieder aufgefüllt und ersetzt wird. Das funktioniert unkomplizierter als „ewige" Diskussionen um vergessene oder nicht besorgte Materialien.

Auch Eltern sind für dieses Verfahren leicht zu gewinnen. Sie sind gerne bereit, gemeinsame Anschaffungen zu unterstützen, und bieten ihre Hilfe dabei an.

Doris Niggebrügge

Gut sortiert ist schnell gefunden

Die Kinder kommen. Unter der Tischplatte steht ein Ablagekorb, der Inhalt des Tornisters wird ausgepackt: Hefte, Bücher, Stiftmappe – alles in den Korb! So heißt die Regel. Das Butterbrot liegt daneben. Die Kinder bringen den leeren Ranzen vor die Tür in das Tornisterregal. Dort bleibt er bis zum Nachhausegehen.

Kein Kind fällt in der Stunde über den Tornister des Nachbarn, kein Kramen darin, wenn wir etwas brauchen. Mittags wird angesagt, was mit nach Hause genommen werden muß: das Mathebuch, das Matheheft, die Stiftmappe – sonst nichts. Der Tornister ist nie zu schwer. Und die ausgeliehenen Bücher halten zwei Jahre länger.

Manfred Pollert

Die Gruppentische werden mit Symbolen ausgezeichnet. Jede Gruppe erhält einen festgelegten Anteil an Schrank- und Regalflächen, ebenfalls mit dem Gruppensymbol gekennzeichnet. Durch das gruppenweise Einordnen finden die Kinder schneller ihre Sachen.

Jedes Kind erhält zudem ein eigenes Symbol, mit dem alle persönlichen Arbeitsmittel versehen werden. Als Aufbewahrungsmöglichkeit für diese Utensilien eignet sich eine kleine Kiste (Schuhkarton, Plastikkörbchen), ebenfalls mit dem persönlichen Symbol und dem Namen des Kindes gekennzeichnet. Das gleiche Symbol findet sich auch am Kleiderhaken.

Statt der vielerorts üblichen Mappen lassen sich auch Klarsichthüllen oder Hüllen aus leichtem Karton mit Sichtfenster verwenden, die an einer Längs- und einer Breitseite geöffnet sind. Sie werden mit verschiedenfarbigen Punkten (für jeden Lernbereich eine andere Farbe) z. B. in der linken oberen Ecke gekennzeichnet. Die Arbeitsblätter erhalten die gleiche Markierung an der gleichen Stelle. Die Blätter einer Woche werden in diesen Hüllen abgelegt. Am Ende der Woche werden sie gemeinsam in Ordnern abgeheftet, die in der Schule bleiben. Eine zusätzliche Klarsichthülle (Symbol: Posthorn) dient als Postmappe für die Eltern. Jede Information enthält den Zusatz „Bitte lesen und aus der Mappe entfernen" oder „Bitte lesen und mit Antwort/Unterschrift zurückgeben". So wird eine Ansammlung von überholten Nachrichten vermieden.

Maria Niemann, Ute Kirch-Forthaus

Eltern haben ein Holzregal gebaut mit *persönlichen Fächern* für jedes Kind (Sportzeug, Trinkbecher, begonnene Arbeiten ...).

In der Klasse steht ein *Wasserkasten* (von Eltern gekauft) zum Trinken nach der Pause, nach dem Sport. Jedes Kind hat seinen eigenen Trinkbecher.

In einem alten Schulregal steht ein Schuhkarton (besser ein Holzkasten) für jedes Kind mit *Malsachen* (Farbkasten, Pinsel, Malkittel/Hemd) und *Bastelmaterial* (Schere/Kleber).

Jedes Kind hat einen breiten DIN-A4-*Ordner* im Regal. Er enthält Zwischenblätter für jedes Fach und dient dazu, die Blätter aus den täglich benutzten Schnellheftern zu sammeln.

Ein *Postfach* steht für jeden Schüler zur Verfügung (altes Vordruckregal) für einzelne Blätter, Mitteilungen, Wochenplan, begonnene Arbeiten. Wenn ein Schüler krank ist, werden hier seine Arbeitsblätter gesammelt.

Es gibt in der Klasse eine „*Fundkiste*". Wenn der Besitzer seine Sachen nicht abholt, können andere Kinder Stifte, Kleber, Schere etc. daraus entleihen.

Harald Neuhaus

Blätter oder Hefte?

Lange Zeit habe ich konfektionierte Medien wie Arbeitsblätter und Arbeitshefte für die Hand der Kinder sowie fertiggestellte Folien für mich als große Arbeitserleichterung angesehen. Vor allem aber meinte ich auch, daß diese Art Arbeitsmaterial professioneller und damit effektiver sei. Im Laufe der Jahre machte ich jedoch die Erfahrung, daß sich die erhofften Erfolge nicht einstellten. Ich kehrte zunehmend zu Heft und Wandtafel zurück; denn

- wenn im Laufe des Unterrichts ein Tafelbild entsteht, sind die Kinder zumindest mittelbar an dem Prozeß beteiligt. Sie verstehen das Tafelbild und über das Tafelbild und die Struktur den Inhalt besser. Ein gutes Tafelbild kann den Strukturierungsprozeß und damit das aktive Lernen des Kindes unterstützen und hat darüber hinaus Vorbildwirkung für die eigene Heftgestaltung.

- wenn Kinder lernen, ein Heft zu führen, entwickeln sie für sich aktiv Ordnungsmuster und Strukturen, was wiederum ihren eigenen Lernprozeß erheblich unterstützt.

Eva-Maria Wuschansky

Am liebsten lasse ich in Heften arbeiten. Die fliegenden Blätter sind mir meist ein Ärgernis. Einmal ärgern mich Arbeitsblätter, die ich mit viel Mühe erstellt habe, wenn ich sie irgendwo zerknittert wiederfinde. Zum zweiten machen sie mir Mühe, wenn es darum geht, sie „ordentlich" abzuheften. Das kostet Zeit.

Ich habe in den letzten 10 Jahren nicht ein einziges Mal eins der abgehefteten Blätter noch mal benötigt, d. h., die ganze Abhefterei stellte lediglich eine Sammelaktion der von mir mit Fleiß erstellten Blätter dar. Das führte bei mir zu drei Konsequenzen:

- Die Zahl der Arbeitsblätter wurde auf das unverzichtbare Maß reduziert zugunsten von Aufgabensammlungen und Tafelabschrieben in die entsprechenden Hefte.

- Wann immer es möglich war, z. B. bei vielen Religions- und Sachunterrichtsblättern, wurden diese mit einer „Klebekante" in das Heft eingeklebt.

- Fertige (zu Ende bearbeitete!) Arbeitsblätter werden in Hängemappen gesammelt. Wenn diese Mappe voll ist, auch volle Hefte werden dort abgelegt, muß der Inhalt mit nach Hause genommen werden.

Manfred Pollert

Mit oder ohne Buch? – Die falsche Alternative

Die Frage nach den Arbeitsmitteln im Deutschunterricht spitzt sich häufig auf die Alternative zu: Mit oder ohne Fibel, Sprachbuch, Lesebuch? Dabei wird bisweilen die buchfreie Alternative für einen offenen, kindorientierten und damit progressiven Unterricht reklamiert, während die Verwendung von Schulbüchern mit vorwiegend frontalen, undifferenzierten Unterrichtskonzepten verbunden wird, also freies Arbeiten versus Buch- und Stillsitzschule.

Die Alternative ist so falsch wie töricht: Die Arbeit ohne Fibel, mit eigenen Texten der Kinder und der Lehrerin kann gut bis vorzüglich, aber auch schlecht bis verheerend sein. Dies gilt auch für die Arbeit mit Unterrichtswerken. Entscheidend ist die Fähigkeit der Lehrerin oder des Lehrers, differenziertes *und* gemeinsames Lernen zu fördern, die Lernprozesse durch dafür geeignetes Material anzuregen und die Lernentwicklungen im Blick zu halten.

Einige Beispiele:

● Eine Lehrerin arbeitet ohne Fibel mit freien Materialien; die Kinder sollen selbst die Eigenart der Buchstabenschrift entdecken, indem sie eigene Texte zu schreiben versuchen. Dazu tauchen einige kritische Fragen auf: Werden in diesem Unterricht vor allem die Kinder aktiv, die bereits einen Zugang zur Schriftsprachkultur haben, und werden Kinder aus schriftfernen Elternhäusern weniger angesprochen? Geht es vor allem um individuelle Texte, und kommt der gemeinsame Umgang mit Texten dabei zu kurz? Zielt der Unterricht mit der Buchstabentafel als zentrales Lernmittel vor allem auf den Laut-Buchstaben-Zusammenhang, und werden Buchstabenverbindungen, Wortbausteine und Erlesetechniken zu wenig geübt?

● Eine Lehrerin arbeitet mit einem Sprachbuch. Auch hierbei ist vorab kritisch zu erklären: Bleiben die Aufgaben vorwiegend nur auf der Schriftebene (vom Buch ins Heft), und stellen sie nur wenig Bezüge zur Lebenswelt der Kinder her? Stehen die Aufgaben zu Rechtschreiben und Grammatik im Mittelpunkt des Werkes, dienen die Themen also nur als „Aufhänger", und wird dadurch integrativer und lebensvoller Deutschunterricht erschwert? Wird das Rechtschreiben vor allem als Diktatunterricht in einem für alle Kinder verbindlichen Lehrgang verstanden, und werden keine Arbeitstechniken zum Training von Grundschatzwörtern, von eigenen „Fehlerwörtern" und Fehlerschwerpunkten vermittelt?

● Ein Lehrer arbeitet mit einer von einem Verlag vertriebenen Rechtschreibkartei: Die Kinder lernen damit individuell nach ihrem Lerntempo. Doch: Verselbständigt sich dabei das Rechtschreiblernen als eigener Lehrgang vom übrigen Unterricht und schafft deshalb kaum Bezüge zu den tatsächlichen Schreibsituationen der Kinder? Werden also vor allem die Wörter, die Rechtschreibfälle geübt, die auf der Karte stehen, und nicht die Wörter oder Rechtschreibfälle, die für das einzelne Kind gerade schreibwichtig sind?

Horst Bartnitzky

Arbeitsmittel für differenziertes Lernen
... zum Beispiel für das Rechtschreiblernen

Viele Lehrerinnen und Lehrer haben Sorge, daß die Kinder in ihrem Unterricht das Rechtschreiben zu wenig üben. Deshalb haben Rechtschreibmaterialien von LÜK bis zu Arbeitsmappen à la „Im Sauseschritt zum Grundwortschatz" dauerhaft Konjunktur. Ich glaube aber, daß die Menge der Arbeitsblätter, die Kuriosität der Übungen, die Fülle der Übungsformen, die Originalität der Diktatvarianten kein Gradmesser für den Erfolg des Rechtschreiblernens ist.

Was ist wichtig?

Die Kinder in Schreiblaune bringen, in unterrichtlichen Zusammenhängen viele motivierende Anlässe zum Schreiben schaffen. Dabei brauchen die Kinder bestimmte Wörter häufig: „Klassenwörter", weil dies Wörter sind, die alle brauchen, und „eigene Wörter", weil das einzelne Kind das Wort schreiben will. Beim Thema *Unsere Hobbys* gehören Wörter wie *Hobby, am liebsten, Fernsehen* vermutlich zu den Klassenwörtern, Wörter wie *Ballett, voltigieren, Strafstoß* vermutlich eher zu eigenen Wörtern der Kinder.

Um solche Wörter also geht es, denn sie sind den Kindern wichtig. Sie können auch Modelle fürs weitere Rechtschreiblernen werden, z. B. wenn verwandte Wörter zum Wort *Fernsehen* gefunden werden *(Fernseher, Fernsehzeitung, sehen, gesehen)*, wenn zum Wort *Hobby* andere Wörter gesucht werden, die mit einem y enden *(Baby, Teddy, City, Pony)*.

Um diese Wörter und Rechtschreibfälle zu üben, sind Arbeitsmittel hilfreich, die so einfach wie preiswert sind, z. B.:

- *Das ABC-Heft* (Vokabelheft DIN A5 mit 32 Blättern): Auf das erste Blatt werden oben links vom Strich die großen A, Ä, ÄU und rechts vom Strich entsprechend a, ä, äu geschrieben. B und b kommen aufs zweite Blatt usw. Sch, st und sp werden getrennt auf eigene Blätter geschrieben.
  Alle Klassenwörter und eigene Wörter werden hier gesammelt. Nomen in der linken Spalte, alle anderen Wörter in der rechten Spalte. Trainingsmöglichkeiten können z. B. ständig in den Wochen-Übungsplan aufgenommen werden: Partnerdiktat der Wörter eines Buchstabens, alle Wörter mit einem Rechtschreibfall sammeln (Wörter mit *ei*, mit *v*, mit *tz*, mit *je* ...), alle Wörter zu einem Thema aufschreiben (Schulwörter, alles, was in den Tornister paßt, Bewegungsverben ...).

- *Die Lernkartei* (Kasten mit 5 Fächern, dazu Zettel oder Karteikarten, die in die Fächer passen): Jedes neue Merkwort (Klassenwörter und eigene Wörter) wird auf eine Karteikarte geschrieben. Auf die Rückseite kommen ein Satz mit diesem Wort oder ähnlich zu schreibende Wörter (verwandte Wörter, Wörter mit demselben Rechtschreibfall). In Selbst- und Partnerdiktat werden die Wörter trainiert, die im ersten Fach stecken. Werden sie richtig geschrieben, dann wandern sie jeweils ein Fach weiter, bis sie zuletzt aus der Lernkartei herauswachsen. Wird ein Wort falsch geschrieben, dann kommt es wieder in das erste Fach (Mensch-ärgere-dich-nicht-Prinzip).

Zum erfolgreichen Training mit solchen eigenen Arbeitsmitteln brauchen die Kinder Arbeitstechniken, z. B. zum Abschreiben, zum Partnerdiktat, zur Arbeit mit verwandten Wörtern.

Horst Bartnitzky

... zum Beispiel für freies Schreiben

Nicht nur aus Umweltgründen bin ich in den letzten Jahren zum Hefte-Fan geworden, ich mag einfach schöne besondere Hefte gern, und Kinder haben auch Spaß daran.

Im 1. Schuljahr beginne ich mit der durchsichtigen „Heinevetter-Tafel", in die Arbeitsblätter eingelegt werden können. Beschriftet wird dann mit bunten Tafelstiften.

Nach den Herbstferien führe ich das wunderschöne „Waldorfheft" ein (Bezug: Troxler-Haus, Sozialtherapeutische Werkstätten GmbH, Zum Alten Zollhaus 2, 42281 Wuppertal). Das ist ein DIN-A4-Heft im Querformat mit farbigem Tonpapiercover, sehr guter Papierqualität und zartbunten Linien, deren oberes Band hellgelb, das mittlere hellrosa und das untere hellgrün ist. Die Farben erleichtern die Orientierung in den Linien. Die Kinder sind zudem sehr motiviert, in diesem schönen Heft auch besonders schön zu schreiben. Geschrieben wird zunächst mit Dickies, das sind dicke Buntstifte, dann mit Tafelbuntstiften, die schön weich sind.

Für das „freie Schreiben" im 1. Schuljahr gibt es selbstgemachte kleine Heftchen, in der Gestalt passend zum jeweiligen „Thema": für Igelgeschichten also Heftchen in Igelform, für Auto-, Elefanten- oder Traumgeschichten (Wolke) Heftchen mit wenigen Seiten in dem entsprechenden Umriß.

Anleitung: Ich lege drei DIN-A4-Blätter (evtl. farbige) aufeinander, knicke sie in der Mitte, zeichne mit einer Schablone die Igelform auf und schneide sie aus. Achtung: Das Hinterteil liegt am Falz und muß gerade bleiben, damit man es zusammenheften kann. Das Cover aus etwas festerem Papier (Karteikarte) wird etwas größer zugeschnitten. Die Blätter werden in das Cover eingelegt und mit einer Heftklammer zusammengehalten (Hefter mit langem Arm!).

Freies Schreiben · Mathematik

Brunhilde Jacobi

... zum Beispiel für den Mathematikunterricht

Das umfangreiche Angebot an Arbeitsmitteln zur Arithmetik und Geometrie schließt neben dem Vorzug der großen Auswahl auch den Nachteil der Orientierungslosigkeit ein.

In Zeiten knapper Kassen kann man nicht alles kaufen und ausprobieren. Wo findet man Übersicht und begründete Empfehlungen?

Bevor Sie auf Verdacht bestellen, schauen Sie (außer in Katalogen) vorher nach bei

- Lorenz & Radatz: *Handbuch des Förderns im Mathematikunterricht.* Hannover: Schroedel 1993.

- Radatz & Rickmeyer: *Handbuch für den Geometrieunterricht an Grundschulen.* Hannover: Schroedel 1991.

- Wittmann & Müller: *Handbuch produktiver Rechenübungen.* Band 1 und 2. Stuttgart: Klett 1990 und 1992.

Da diese Handbücher ohnehin in jede Lehrerbücherei gehören, investieren Sie zunächst in eine gründliche Information.

Zu den zentralen Arbeitsmitteln im ersten und zweiten Schuljahr zählen Zehnerstreifen und Hundertertafel. Diese können Sie, neben Rechengeld, auch kostenlos über den Sparkassen-Schul-Service beziehen. Ihre Anfrage richten Sie an die für die Schule zuständige Filiale.

Unter den Arbeitsmitteln für den Geometrieunterricht lassen sich z. B. Geobretter (mit etwas kundiger Unterstützung) selbst herstellen. Für die Platten haben wir Acrylmaterial verwendet. Auch dieses erhält man in einschlägigen Betrieben als Abfall kostenlos. Acryl hat (gegenüber Holz) den großen Vorteil, daß Schüler ihr Geobrett auf den Tageslichtprojektor legen und so ihre Ideen vortragen bzw. argumentierend vertreten können.

Ohne die LTZ-Winkelplättchen von H. Besuden kann ich mir meinen Geometrieunterricht nur schlecht vorstellen. Leider werden die Arbeitshefte im Verlagsprogramm (Klett) nicht mehr geführt. Sie enthalten viele nützliche Anregungen, u. a. zum Aus- und Nachlegen von Flächen, zu Bandornamenten und Parketten, zu Achsensymmetrie und Spiegelung, zu Flächengröße und Umfang. Das Material aber gibt es noch. Es ist auch im Klassensatz erschwinglich.

Hans Wielpütz

... zum Beispiel für den Sachunterricht: Materialkisten

So kann eine Kiste zum Thema *Wetter* entstehen:

● Verschiedene Wettermeßgeräte (Windstärke, Windrichtung, Niederschlag) bauen und erproben. Von jedem funktionierenden Modell kommt je eins in die Kiste. Zu jedem Modell je eine Handlungsanleitung erstellen und die benötigten Materialien auflisten.

● Zusätzliche Geräte für eine kleine Wetterstation bereitstellen (z. B. Thermometer, Kompaß).

● Eine mögliche Vorlage für einen Wetterbeobachtungsbogen erstellen.

● Herstellen und Erproben von Windspielen (Windrädchen, Windvögel, Papierflieger, einfache Mobiles etc.) und Anleitungen, Schablonen und Materiallisten erstellen.

● Versuche erproben z. B. zum Thema: Wie verhält sich erwärmte Luft? Zu jedem Versuch wird eine Karteikarte angelegt. Sie beschreibt nur das benötigte Material und den jeweiligen Versuchsaufbau.
Versuche zur Wasserverdunstung durchführen und Versuchsanordnungen erstellen.
Einen Versuch „Regen im Klassenzimmer" durchführen und die geeigneten Materialien auswählen.

● Wolkenbilder sammeln (z. B. Kalenderblätter).

Als Ergänzung zum Thema *Wetter* eignen sich Materialkisten zum Thema *Wasser* und zum Thema *Luft.*

Weitere Themen für Materialkisten: *Unser Ort früher und heute, Umweltschutz, Technik.*

Reinhild Schäffer

… zum Beispiel für schnelle Lerner

Da Kinder ihre Aufgaben in recht unterschiedlichem Tempo beenden, verkünden die „schnellen Arbeiter" oft lauthals: „Ich bin fertig!" Wir alle empfinden dies als störend. Die Frage: „Was kann ich jetzt tun?" erübrigt sich, wenn die Kinder eine solche Zeitlücke mit dem Angebot einer „Ich-bin-fertig-Kiste" füllen können. Es werden überzählige gedruckte Arbeitsblätter, Rätsel, Mini-Bastelaufgaben, kleine Lesetexte u. ä. in einer Kiste gesammelt. Jedes Kind kann sich nach Interesse eine Aufgabe suchen und „still" arbeiten.

Elke Dickler

Bleistift, Filzstift, Schulfüller – die Wahl des richtigen Schreibgeräts

Obwohl es für das Schreibwerkzeug in den Richtlinien für die Grundschulen keine verbindlichen Vorschriften gibt, hat sich doch als Standard herauskristallisiert, daß alle Kinder zunächst mit dem Bleistift schreiben lernen, um dann, etwa zu Beginn der Klasse 2, zum „Schulfüller" überzuwechseln. Eine pädagogisch sinnvolle Begründung für diesen Sachverhalt gibt es nicht.

Für viele Kinder ist der Schulfüller völlig unbrauchbar:

- Linkshändige Kinder schreiben mit stoßender Bewegung. Dies „verzeiht" auch kein Füller für Linkshänder. Günstiger für diese Kinder ist der Bleistift. Auch die stoßende Bewegung führt hier zu einem guten Ergebnis.

- Kinder mit motorischen Auffälligkeiten (z. B. zentralmotorische Störung, ungelenke und ungeschickte Kinder) schreiben oft mit großem Druck. Der Füller ist nur brauchbar, wenn alle 14 Tage die verbogene Feder ausgewechselt wird. Günstiger ist der Bleistift, weil hier der Druck auf dem Papier abgebildet wird (fetter, dicker).

- Kinder mit einer hektischen schnellen Schrift brauchen ein Schreibwerkzeug, das Widerstand bietet und so das Schreibtempo verlangsamt. Neben dem harten Bleistift bietet sich hier ein Filzstift (Fineliner) an.

20 Arbeitsmittel

- Andere Kinder wiederum schreiben betont langsam, „malen" Buchstabe für Buchstabe auf das Blatt Papier. Ein „leicht laufendes" Schreibwerkzeug ist für diese Kinder angebracht (neben dem weichen Bleistift der Tintenroller).

Das ökologisch sinnvollste Schreibinstrument ist ohnehin der Bleistift. Hier gibt es keine Kunststoffteile, keine Patronen und keine Materialkombinationen, die unterschiedlich entsorgt werden müßten. Der Bleistift ist bis zum letzten „Stummel" zu verwenden.

Den Bleistift gibt es zudem in sehr verschiedenen Variationen, für jeden Schreibtyp einen anderen: für die kleine Schrift mit wenig Druck den harten, für die große Schrift mit großem Druck den weichen und dazwischen viele Variationen. Auch die Korrektur von Texten gelingt mit Bleistift und Radiergummi weitaus leichter als mit Füller und Tintenkiller (Vorsicht, bitte nicht in den Mund nehmen).

Welchen Grund gibt es also, in der Schule einen Füller einzuführen? Nun, der Grund ist recht einfach: Wir machen das schon immer so! Und gerade deshalb ist der Füller für Kinder zu einer Art „Statussymbol" geworden. „Jetzt bin ich kein I-Dötzchen mehr, jetzt darf ich schon mit dem Füller schreiben, jetzt gehöre ich zu den Großen."

Zur inneren Differenzierung gehört auch, daß jedes Kind mit dem Schreibwerkzeug schreiben darf, das zu ihm paßt – und das wird nur ganz selten der Füller sein – ganz so wie bei uns Erwachsenen.

Norbert Sommer-Stumpenhorst

Welche Hilfen brauchen linkshändige Kinder?

Linkshändige Kinder unterscheiden sich im Prinzip außer in der Händigkeit nicht von rechtshändigen Kindern. Sie machen all das mit der linken Hand, was Rechtshänder mit rechts machen. Es gehört heute zum Allgemeinwissen, daß linkshändige Kinder mit der linken Hand schreiben lernen sollten und daß eine Umerziehung schädlich ist.

Wichtig ist, gerade im Anfangsunterricht darauf zu achten, daß das linkshändige Kind genauso schreiben lernt wie andere Kinder. Einige Hilfen unterstützen diesen Prozeß:

- Achten Sie darauf, daß linkshändige Kinder von Mitschülerinnen und Mitschülern wegen ihrer Linkshändigkeit nicht „schief" angesehen werden.

- Linkshändige Kinder schreiben am Anfang meist mit großem Druck und einer stoßenden Schreibbewegung. Für sie ist daher als Ausgangsschrift

Linkshändigkeit · Druckschreiben · Lineaturen 21

die Druckschrift gut geeignet. Lassen Sie diese Kinder in Druckschrift weiterschreiben, wenn Sie bei Einführung der verbundenen Schrift merken, daß sie hiermit nicht zurecht kommen. Sie entwickeln später dann von selbst eine individuelle verbundene Schrift.

- Wegen der stoßenden Schreibbewegung ist für linkshändige Kinder der Bleistift das richtige Schreibgerät. Der Füller (auch der „Linkshänderfüller") ist völlig ungeeignet. Lassen Sie diese Kinder später ggf. mit dem Tintenroller oder Fineliner schreiben.

- Die von einigen Versandhäusern angebotenen Linkshänder„werkzeuge" sind nur zum Teil brauchbar. Zwingend notwendig ist es, daß das linkshändige Kind eine Linkshänderschere besitzt (gibt es inzwischen in allen Schreibwarengeschäften). Auch ein Bleistiftspitzer für Linkshänder ist brauchbar.

- Achten Sie darauf, daß die linkshändigen Kinder einen Sitzplatz haben, der ihnen zur linken Seite Bewegungsfreiheit verschafft (also links außen sitzend). So behindern sich links- und rechtshändige Kinder beim Schreiben nicht gegenseitig.

- Da linkshändige Kinder oft mit großem Druck schreiben, verkrampfen sie leicht. Hier sind häufige Lockerungsübungen notwendig.

- Beim Schreibenlernen ist es wichtig, darauf zu achten, daß das linkshändige Kind den Stift genauso wie das rechtshändige Kind hält. Damit das Kind die eigene Schrift nicht verwischt und auch lesen kann, ist es hilfreich, das Schreibheft so zu drehen, daß die rechte untere Spitze zum Körper zeigt.

Viele weitere Hilfen und Informationen finden Sie in:
Rolf W. Meyer: *Linkshändigkeit? Ein Ratgeber,* München 1991
J. B. Sattler: *Das linkshändige Kind in der Grundschule,* München 1993

Norbert Sommer-Stumpenhorst

Welche Lineatur paßt zum Kind?

Stellen Sie sich vor, die Lehrerin Ihres Kindes würde am Ende des Schuljahres sagen: „So, liebe Kinder, jetzt sind erst einmal sechs Wochen Ferien. Nach den Ferien seid ihr keine I-Dötzchen mehr, dann kommt ihr alle in die Klasse 2, dann dürft ihr auch alle mit Schuhen in der Schuhgröße 32 zur Schule kommen!" Nun, was hat die Schuhgröße mit Klasse 2 zu tun? Nichts! Doch genau so verhalten wir uns als Lehrerin und Lehrer, wenn es um die Schreibhefte und die Lineatur geht. Pünktlich zum Schuljahreswechsel werden auch die Hefte, die Linien und Rechenkästchen gewechselt.

Jahr für Jahr passen wir die Kinder an unsere Normlinien an. Warum eigentlich? Ist es nicht wichtiger, die Linien an die Kinder anzupassen, das Schreibheft danach auszusuchen, was das Kind mit seiner Schrift jetzt braucht?

Häufig wird z. B. in Klasse 1 mit Schreibheften begonnen, in denen jede Schreibzeile vier Linien hat: ein Mittelband, dazu nach oben eine Begrenzung für die Oberlängen und nach unten eine für die Unterlängen. Am breitesten ist dabei die Lineatur 1. In Klasse 2 wird zu einer schmaleren Breite gewechselt, in Klasse 3 zu einer Lineatur, die nur das Mittelband hat, in Klasse 4 zur einfachen Linie. Diese Abfolge erscheint sinnvoll, kann aber falsch sein.

Wer innere Differenzierung ernst nimmt, muß nämlich auch bei den Schreibheften und Schreibwerkzeugen danach fragen, was zum Kind paßt. Lassen Sie die Kinder auf einem unlinierten Blatt einige Wörter oder Sätze schreiben. Messen Sie dann mit dem Lineal die Größe der Spontanschrift des Kindes. Diese Spontanschrift ist eine gute Maßeinheit für die passende Lineatur (Zeilenabstand und Breite der Schreibbänder).

Kinder mit einer sehr ungelenken Schrift und Kinder mit motorischen Auffälligkeiten kommen meist mit einer Linie besser zurecht als mit der Doppel- oder Vierfachlinie. Erst wenn die Bewegungsabläufe der einzelnen Buchstaben (Druckschrift) weitgehend automatisiert sind, sollte zu der Doppellinie gewechselt werden. Die Zeitspanne hierfür ist von Kind zu Kind sehr verschieden (von Mitte Klasse 1 bis Mitte Klasse 3). Lernen Kinder die verbundene Schrift, ist im allgemeinen die Vierfachlineatur hilfreich. Doch auch dies gilt nicht für alle Kinder.

Als Faustregel kann gelten:
Einerseits: Kann ein Kind die vorgegebene Lineatur nicht einhalten, sollten sie von der Vierfach- zur Zweifach- und von der Zweifach- zur Einfachlineatur zurückgehen. Andererseits: Das Kind sollte die Hilfslineaturen erst verlassen, wenn es in der vorgegebenen Lineatur automatisiert schreiben kann.

Norbert Sommer-Stumpenhorst

Tips

Übersicht ist wichtig für Kinder, Lehrerin und Lehrer sowie Eltern

- Wenige, aber ständig verwendete Arbeitsmaterialien sind besser als viele, die nur sporadisch genutzt werden.

- Neue Arbeitsmaterialien führen Sie so ein, daß die Kinder sie dann *selbsttätig* nutzen können (evtl. zuerst gruppenweise einführen).

Arbeitsblätter · Hefte · Tafel · Tageslichtprojektor 23

● Durch Farbsymbole und einfache Ablagemöglichkeiten im Klassenraum können Sie und die Kinder leichter *Ordnung* schaffen und halten.

● Arbeitsblätter werden nicht einfach in den Tornister gesteckt, sondern in der Klasse abgeheftet (Blätter vorlochen, Einrichtung einer „Ordnungszeit", evtl. im Rahmen des Wochenplans).

● *Hefte* erleichtern gegenüber Arbeitsblättern Ihre Arbeit und die Arbeit der Kinder (Übersicht über den Stand der Arbeit, einfacheres Nachsehen, Korrigieren, Verbessern, Hilfe beim Ordnunghalten, Wertschätzung der „gebündelten" geleisteten Arbeit).

● Arbeitsblätter haben ihren Sinn bei Projektthemen. Sie werden mit einem Inhaltsverzeichnis versehen und zu einem Projektheft gebunden.

Qualität hat Vorrang

Eine Fülle von Arbeitsmaterial (Kopiervorlagen, Folien, Arbeitshefte, „Lernspiele" und anderes) überschwemmt den Markt. Neben wertvollem Material findet sich auch viel Minderwertiges. Deshalb prüfen Sie:

● Bietet das Material einen isolierten Lehrgang neben Ihrem Unterricht, oder hat es einen „Sitz" im Unterrichtszusammenhang?

● Üben die Kinder etwas, was sie eigentlich schon können, oder üben sie das, was sie für ihr Lernen brauchen?

● Werden die Kinder von Aufgabe zu Aufgabe gegängelt, oder wird ihre *Selbständigkeit* gefördert?

● Wird nur etwas memoriert, nur mechanisch geübt, oder werden höherwertige Lernprozesse angeregt wie Nachdenken, Transferieren, Entdecken?

● Ist das Material auf Einzelarbeit angelegt, oder fördert es auch das soziale Lernen (z. B. durch Partnerarbeit, Vorstellen von Ergebnissen in der Klasse)?

Tafel und Projektor sind unentbehrliche Lernhelfer

Mit Tafel- oder Folienbeschriftung können Sie den Lernprozeß wesentlich unterstützen:

● Die Kinder richten ihre Aufmerksamkeit auf Tafel oder Projektion.

● Lernschritte, wie Vermutungen, Zielangabe, Zwischenergebnisse, offene Fragen, Antworten, neue Fachbegriffe, werden von ihnen oder auch von Kindern notiert und dokumentieren den Lernweg. Der Lernweg kann dann später gemeinsam rekapituliert werden.

- Die Kinder können beide Medien auch selber mitnutzen (z. B. auf den vier Tafelflächen Ideen sammeln, Gruppenergebnisse notieren, Fragen zu einem Text aufschreiben, auf Folien Entwürfe von Texten, Ergebnisse von Gruppenarbeiten schreiben usw.).

Auch die Gestaltung muß stimmen

Gestalten Sie Tafelanschriften, Folienbeschriftungen und Arbeitsblätter.

- Der Schreibuntergrund muß sauber sein (z. B. keine verschmierte Tafel).

- Die Schrift muß klar gegliedert werden (Druckschriften bevorzugt, dazu Farben, Unterstreichungen) und für alle Kinder gut zu lesen sein.

- Am Ende sollten die Kinder den Lernweg auch mit Hilfe des Tafel- oder Folienbildes nachvollziehen können.

- Deshalb: Entwerfen Sie bei Ihrer Unterrichtsvorbereitung auch das Tafelbild, die Tafelanschrift, die Folienbeschriftung in Form und Inhalt.

- Arbeitsblätter müssen abheft-fähig sein (Namenleiste am oberen Rand, linker Rand frei für Lochung und Heftung, gegebenenfalls Markierung für die Lochung, oder die Blätter sind bereits vorgelocht).

Arbeitstechniken

Bei jeder Arbeit sind auch Fertigkeiten erforderlich, von deren Beherrschung die Qualität der Arbeit abhängt. Die Fertigkeiten, die für eine bestimmte Arbeit nötig sind, nennen wir Arbeitstechniken. Je anspruchsvoller eine Arbeit ist und je selbständiger sie erledigt werden soll, desto umfangreicher sind die erforderlichen Fertigkeiten und desto komplexer ist die dabei erforderliche Arbeitstechnik.

Das Nachschlagenkönnen in einem Wörterbuch ist z. B. eine wichtige Arbeitstechnik des selbständigen Rechtschreibers. Dazu sind mehrere Fertigkeiten erforderlich, die im einzelnen intensiv trainiert werden müssen:

- die Beherrschung der alphabetischen Reihenfolge, auch mit der Beachtung des zweiten, dritten Buchstabens usw.,

- das Flektieren der Wortformen, um z. B. die Verbform *kam* beim Infinitiv *kommen* oder das Nomen *Bäume* beim Singular Baum zu suchen,

- das Entwerfen von Schreibvarianten, wenn z. B. das Wort Vetter unter dem Buchstaben F nicht zu finden ist,

- das überfliegende Lesen als Lesetechnik, um das gesuchte Wort auf einer Seite auch schnell zu finden.

Viele elementare Techniken, wie mit Stift, Schere, Lineal umgehen oder etwas abschreiben, sind uns so selbstverständlich, daß wir leicht unterschätzen, welche Probleme sie Kindern bereiten, die sie noch nicht oder noch nicht sicher beherrschen. Oft gibt es in einer Klasse Kinder, die sie sicher anwenden, während andere Kinder z. B. wegen fehlender vorschulischer Übung oder wegen motorischer Probleme Schwierigkeiten haben. Aus fehlender Technikbeherrschung können dann leicht Lernprobleme erwachsen.

Da die Kinder selbsttätig und zunehmend selbständig arbeiten und lernen sollen, müssen die erforderlichen Arbeitstechniken bei allen Kindern gesichert werden. Arbeitstechniken haben – so gesehen – einen eigenen Rang als Qualifikation für selbständig lernende Kinder.

Literaturtip: In guten Lehrerhandbüchern zu Schulbüchern finden sich immer auch Hinweise darauf, wie fachbezogene Arbeitstechniken eingeführt und geübt werden. Auch wenn man mit dem betreffenden Schulbuch selber nicht arbeitet, sind die Hinweise oft hilfreich.

Hausaufgaben notieren

Die erste Arbeitstechnik, die ich in meiner ersten Klasse eingeführt habe, ist das Führen des Hausaufgabenheftes. In dieses Heft werden alle wichtigen Notizen eingetragen, die zum täglichen Schulalltag gehören: Hausaufgaben; Dinge, die jeder mitbringen muß; Stundenplanänderungen; Elterninformationen usw.

Zur Heranführung der Kinder an planvolles Arbeiten und Lernen gehört auch, Hilfsmittel für die eigene Ordnung zu erarbeiten. Das Hausaufgabenheft erfüllt dabei mehrere Funktionen:

- Das Aufschreiben der Hausaufgaben bildet am Schulmorgen einen Ruhepunkt kurz vor der ersten großen Pause. Zugleich ist diese Zeit eine Möglichkeit, sich von der bisherigen Arbeit zu lösen und auf die Pause einzustellen.

- Das Aufschreiben ist ein natürlicher Schreibanlaß. Mitteilungen an die Eltern werden zunehmend von den Kindern selbst formuliert und diktiert. (Das spart auch viele Kopierkosten!)

- Da ich im ersten Schuljahr mit den Eltern vereinbart habe, jeder von uns – sie und ich – sieht jeden Tag in das Heft, sind die Kinder daran gewöhnt, Briefträger zwischen den Eltern und mir zu sein. Dieser Weg hat sich bei kleineren und größeren Fragen als Kommunikationshilfe für die Eltern erwiesen.

- Die Eintragungen ins Hausaufgabenheft sollten am Anfang nur sehr wenige Worte, dafür aber festgelegte, möglichst leicht verstehbare Zeichen enthalten.

  Beispiel: Die erste Hausaufgabe am ersten Schultag (Klasse 1)

  $\diagup$: $\triangledown$ $\longrightarrow$ Schultüte malen

  $\delta\!\sigma$: 3 $\longrightarrow$ Fibel Seite 3 lesen

  Weitere Zeichen: $\boxed{5}$ $\longrightarrow$ Arbeitsblatt Seite 5 bearbeiten;

  8 ③ $\longrightarrow$ Buchseite 8 Nummer 3 bearbeiten;

- Diese Zeichen kehren auch in der Beschriftung des Wochenplans wieder.

Hildegard Hosterbach

Auch Abschreiben will gelernt sein

Vier Schritte sind nötig:

1. Der Text muß gelesen und verstanden werden. Nur dann kann zügig abgeschrieben werden, das heißt: nicht Buchstabe für Buchstabe oder Wort für Wort, sondern in Schreibabschnitten.

2. Der Text wird beim Abschreiben in Schreibabschnitte gegliedert, die so umfangreich sind, daß der Schreiber sie sich gut merken kann. Der Umfang ist individuell unterschiedlich, die Speicherkapazität kann aber trainiert und gesteigert werden.

3. Der Schreibabschnitt wird auswendig aufgeschrieben. Dabei sollte der Text innerlich mitgesprochen werden. Bei Anfängern in der Abschreib-technik und bei schwierigeren Texten sollten die Kinder beim Schreiben den Text murmelnd mitsprechen. Dies fördert die Durchgliederung der Wörter beim Schreiben und die Konzentration.

4. Der aufgeschriebene Textabschnitt wird mit der Vorlage verglichen. Dabei geht es um

   − den Wortlaut,
   − die Vollständigkeit,
   − die Rechtschreibung.

Gegebenenfalls wird der Text korrigiert. Ein falsch geschriebenes Wort wird durchgestrichen, die Richtigschreibung darüber- oder danebengesetzt.

Die Schrittfolge, die verinnerlicht werden muß:

lesen − merken − schreiben − kontrollieren.

Trainiert und genutzt wird das Abschreiben in vier Schritten ab Klasse 1 *bei einzelnen Wörtern,* z. B. bei den jeweils neuen „Merkwörtern der Woche":

1. Schritt: Wort lesen

2. Schritt: Augen schließen, das Wort mit dem Finger auf den Tisch schreiben. Gelingt das nicht zügig, dann Augen auf und das Wort noch einmal ansehen.

3. Schritt: Wort schreiben

4. Schritt: Wort kontrollieren: Buchstabe für Buchstabe

Der 2. Schritt beinhaltet Techniken zur Gedächtnisschulung, die im Laufe der Schulzeit weiterentwickelt werden: In Klasse 2 und 3 lernen die Kinder individuell zu unterscheiden, welche Wörter für sie leichter und welche schwerer zu schreiben sind. Sie machen die Stellen im Wort ausfindig, die man sich besonders merken muß, und markieren sie farblich. (Das kann man

z. B. am Projektor mit allen Kindern üben: *lieb* mit langem i, also ie und hinten mit b, warum? Weil man beim Verlängern das b hören kann: lie*b*e oder lie*b*er oder lie*b*en. Die besonderen Merkstellen werden farblich markiert.)

Ähnlich wird *mit Texten* geübt. Trainiert werden kann mit Rätseln und Reimen, mit Spaßtexten und mit zusammenfassenden Texten aus dem Unterrichtszusammenhang. Bei der Einführung der Techniken, beim gezielten Training und in der Fördergruppe werden die Zeilen, die noch nicht geschrieben werden, zunächst mit einer Pappe abgedeckt. Einfacher ist dies am Projektor zu realisieren.

Andere Arbeitsweisen für das Abschreiben in vier Schritten sind:

Dosendiktat: Man braucht eine Kaffeedose mit eingeschnittenem Schlitz und die Wörter oder die Diktierabschnitte des Textes auf Papierstreifen. Das Kind führt Schritt 1 und 2 durch, wirft den Papierstreifen in die Dose und führt Schritt 3 durch. Kontrolliert wird mit den Doseninhalten später.

Schleichdiktat: Die Wörter oder der Text liegen irgendwo in der Klasse aus. Das Kind schleicht dorthin, liest und merkt sich den ersten Diktierabschnitt, geht auf seinen Platz zurück, schreibt auf. Später wird kontrolliert.

Sofortkontrolle kann bei folgenden Varianten durchgeführt werden:

Blitzdiktat: Die Lehrerin oder der Lehrer schreibt ein Wort auf Folie. Nach kurzer Einprägzeit wird es abgedeckt. Die Kinder schreiben es auf und vergleichen dann. Die Wörtermenge wird gesteigert, die Einprägzeit verkürzt.

Partnerdiktat: Der Partner oder die Partnerin diktiert, ruft „Halt", wenn ein Fehler entsteht, und hilft beim Richtigschreiben. Die schwierige Stelle wird markiert.

Selbstdiktat mit Lernkartei: → Arbeitsmittel

Sichtfenster-Texte: Dazu werden Hüllen mit Sichtfenstern hergestellt (siehe Abbildung). Die Texte werden auf Karteikarten DIN A6 geschrieben – jede Zeile entspricht einem Schreibabschnitt. Der erste Abschnitt wird ins Fenster geschoben und eingeprägt; die Hülle wird gewendet und der Text auswendig geschrieben; die Hülle wird zurückgewendet und der Text kontrolliert.

Auf die Karteikarten werden auch rechtschreibschwierige Wörter geschrieben, Wortfamilien, ähnliche Rechtschreibfälle, insbesondere aber die Wörter, die die Kinder in ihren eigenen Texten gebrauchen und die sich als fehlerträchtig zeigen.

Weitere Hilfen zum fachgerechten Abschreiben:

Diktatformen · Diktatberichtigung · Fehlermarkierung   29

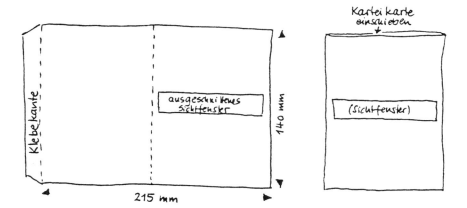

- Fachgerechtes Abschreiben wird in allen Fächern beachtet.
- Abschreibtexte von Tafel oder Folie werden so angeschrieben, daß sie gut zu lesen und zu gliedern sind: klares Schriftbild (möglichst Druckbuchstaben), statt Zwei-Meter-Zeilen kurze Zeilen in Sinnabschnitten. Dies gilt übrigens für alle Fächer.
- Wenn abgeschrieben werden soll, dann muß auch Zeit genug für Vergleich und Korrektur sein.
- Abschreiben wird nicht als Strafe mißbraucht.

Horst Bartnitzky

Unsinn und Sinn von Berichtigungen

Nicht alles, was *Berichtigung* heißt, führt auch tatsächlich zur Berichtigung, d. h. zu einem zukünftig richtigeren Schreiben.

Fehlermarkierung: Die immer noch verbreitete Technik von Lehrerinnen und Lehrern, falsch geschriebene Wörter rot zu unterstreichen, bewirkt das Gegenteil von Lernhilfe: Die Falschschreibung wird auffallend markiert und dadurch stärker eingeprägt als nicht unterstrichene richtig geschriebene Wörter. Sinnvoll dagegen sind folgende Möglichkeiten: Bei rechtschreibschwächeren Kindern und bei schwierigen Wörtern wird das Fehlerwort durchgestrichen, wenn erforderlich die Richtigschreibung drübergeschrieben. Bei anderen Kindern und bei rechtschreibhäufigen Wörtern wird am Rand ein Zeichen gemacht; das bedeutet: In dieser Zeile befindet sich ein Fehler. Das fehlerhaft geschriebene Wort wird dann von dem Kind durchgestrichen.

Diktatberichtigung: Das dreimalige Aufschreiben eines Wortes bringt oft wenig Gewinn, weil es das Rechtschreibmuster, das gelernt werden muß, nicht deutlich macht, und weil es bei vielen Fehlern auch eine unsinnige Technik ist, z. B. bei Grammatikfehlern. Das korrigierte Abschreiben das ganzen Textes führt oft nur zu neuen Fehlern und wirkt demotivierend, wenn es nicht durch ein Schreibprojekt begründet ist.

Sinnvoll dagegen sind Übungen mit den Fehlerschwerpunkten in dosierter Anzahl. Kinder, die viele Fehler gemacht haben, sollten nur an einer ausgewählten Menge weiterüben, sinnvollerweise zunächst orientiert an Wörtern aus dem bisherigen Grundwortschatz. Folgende Arbeitstechniken fördern dabei das Lernen:

- Alle Fehler, die in der Schreibung des Wortes selbst begründet sind, werden Wortfehler genannt (mögliches Zeichen dazu: W). Die Kinder schreiben es richtig auf und markieren die Stelle, die sie sich besonders merken müssen. Dann schreiben sie Wörter mit der gleichen Buchstabenkombination dazu und markieren dort auch die kritische Stelle. Das können sein: *verwandte Wörter* (z. B. zu sp*ie*lt: sp*ie*len, Sp*ie*lzeug, versp*ie*lt), wobei der Wortteil, dem man die Verwandtschaft ansehen kann, eingekreist wird, oder *Reimwörter* oder *beliebige Wörter mit demselben Rechtschreibfall* (z. B. zur falsch geschriebenen Vorsilbe ver- und andere Wörter mit derselben richtig geschriebenen Vorsilbe). Wenn die Kinder mit einer eigenen Lernkartei Rechtschreiben üben, dann kann die Berichtigung ins Heft entfallen. Das kritische Wort wird in die Lernkartei übernommen.

- Alle Fehler, die durch die Satzstruktur bedingt sind (Grammatikfehler), bleiben unberichtigt. Die Fehlerquelle kann die Lehrerin oder der Lehrer im Unterricht gesondert behandeln.

- Alle Fehler, die durch Nichtbeachtung einer Regelung, die die Kinder schon kennen, entstanden sind, zählen als Regelfehler (Zeichen: R). Die Regel wird gesucht (Regelheft, Sprachbuch, Wörterbuch), sie wird aufgeschrieben, zwei oder drei Beispiele werden ergänzt. Dies betrifft in der Grundschule nur wenige Fälle (Verlängern bei Auslautverhärtung, Umlautbildung, Großschreibung am Satzanfang, Zeichen bei wörtlicher Rede).

Aufsatzberichtigung: Das komplette, um Rechtschreibfehler berichtigte Abschreiben des Textes hat nur Sinn, wenn der Text für die Veröffentlichung bestimmt ist (Klassenzeitung, Geschichtenbuch, Dokumentationswand u. ä.). Sonst wirkt es eher demotivierend und wird neue Fehler erzeugen.

Alternative: Die Fehler werden markiert, rechtschreibhäufige oder sonst wichtige Wörter werden, wie eben dargestellt, geübt. Im übrigen steht das Überarbeiten des eigenen Textes als Aufgabe an, eine Aufgabe, die mit den Arbeitstechniken durchgeführt werden kann, die auf den nächsten Seiten erwähnt werden, siehe dort: *Texte entwerfen* und *Schreibkonferenzen*.

Horst Bartnitzky

Überschlagsrechnen

Genaues Rechnen gilt als „edel"; und angenähertes Rechnen wird als „schädlich" empfunden. Dieses – in unseren Schulen tief verwurzelte – Verständnis von Mathematik geißelte schon der uns allen bekannte Mathematiker Gauß: „In nichts zeigt sich der Mangel an mathematischer Bildung mehr als in einer übertrieben genauen Rechnung."

Für den Überschlag gibt es erfreulicherweise keine einzupaukende, narrensichere Methode. Vielmehr muß das Kind sich von Aufgabe zu Aufgabe erst einen Überblick verschaffen: über seine Zahlen und die Möglichkeiten ihrer geschickten Kombination. Und die können jedesmal anders sein. Überschlagsaufgaben stellen also *offene* Aufgaben dar, bei denen *mehrere* Lösungen zum Ziel führen können; Kinder müssen hier *eigene Strategien entdecken*. Mit den Kindern habe ich das so formuliert:

Merkzeugkiste „Überschlag":

1. Vereinfache die Zahlen, rechne bequem!

2. Rechne mit den führenden Ziffern im Kopf; der Rest ist Nullensache!

3. Runde, wie es dir paßt! Aber beachte:

4. Oft ist günstig
   bei + und · „Gegenverkehr"   ↓ ↑ oder ↑ ↓

   bei − und : „Einbahnstraße"   ↓ ↓ oder ↑ ↑

Die Begriffe „Gegenverkehr" und „Einbahnstraße" für gegensinniges bzw. gleichsinniges Runden stammen von Kindern. Andere verwenden Pfeile für „rauf und runter" bzw. „gleiche Richtung". Warum „gegensinnig" oder „gleichsinnig"? Damit der Fehler nicht zu groß wird, ist es bei Addition und Multiplikation sinnvoll, auf einen „Ausgleich" zu achten, d. h. *gegensinnig* zu runden.

Beispiel: 741 · 543 = ☐

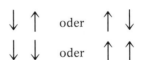

700 · 600 = 420 000 oder

800 · 500 = 400 000

Ein Überschlag mit gleichmäßig abgerundeten Hunderten wäre ungünstiger (wegen der ermittelten Größenvorstellung allerdings immer noch besser als gar keiner):

700 · 500 = 350 000.

Bei der Subtraktion und der Division empfiehlt es sich häufig, *gleichsinnig* zu runden.

Beispiel: $4\,484 : 76 = \square$

$4\,200 : 70 = 60$

Diese Empfehlungen beruhen auf den Gesetzen von der Konstanz der Summe, der Differenz, des Produktes bzw. des Quotienten; z. B. wenn

$$a + b = c, \quad \text{so } (a+n) + (b-n) = c \text{ und}$$
$$a - b = c, \quad \text{so } (a+n) - (b+n) = c.$$

Ein Tip: Bei schriftlichen Additionen und Subtraktionen läßt sich die *Konzentration* auf einen Überschlag mit *führenden Ziffern* durch *Abdecken* der übrigen Stellen fördern, hier:

$$9T + 1T + 28T = 38T.$$

9	305
+ 1	647
+ 28	190
+	403

Auch bei mehreren Summanden oder Geldbeträgen erzielt man so rasch eine brauchbare erste Näherung. Sie läßt sich, wenn man will, in einem zweiten Schritt „nachbessern". Dazu überschlägt man entweder die *erste* abgedeckte Stelle oder den gesamten Rest; hier: rund 40 000.

Um dies zu fördern, schlagen Autoren auch die Verwendung eines *Geo-Dreiecks* zum „Abtrennen" vor. Gewarnt sei jedoch vor zuviel Aufwand oder Genauigkeitsdrang. Sie machen alle Vorzüge eines raschen und bequemen Überschlags zunichte, der sich nach den individuellen Möglichkeiten des Kindes richtet.

Beispiel: Wenn Frank täglich zwei Stunden fernsieht, und das siebzig Jahre lang, was glaubst du: wie lange wird er vor dem Fernseher verbringen?

Ansatz: $2 \cdot 365 \cdot 70$ (Stunden), weil:

$\cdot 365$ [2 Std.   1 Tag] $\cdot 365$

$\cdot 70$ [1 Jahr
                      70 Jahre] $\cdot 70$

Überschlag: $2 \cdot 350 \cdot 70$

$700 \cdot 70 = 49\,000$, rund $50\,000$ Stunden (!);

also $(50\,000 : 24)$ Tage; das sind
          $(50\,000 : 24 : 365)$ Jahre

Überschlag: 50 000 : 25 = 2 000 (Tage), das sind

   2 000 : 365 =   (Jahre)

Überschlag: 1 800 : 300 = 6 (Jahre); Probe: 6 · 300 = 1 800

   2 400 : 400 = 6 (Jahre); Probe: 6 · 400 = 2 400

D. h.: rund sechs Jahre verbringt Frank vor dem Fernseher.

Anschlußfragen (Differenzierung):

a) Bei einer Stunde Fernsehen täglich: Ausrechnen oder die Hälfte? Bei vier Stunden Fernsehen am Tag: Ausrechnen oder das Doppelte? Bei drei Stunden?

b) Untersuche den *Ansatz* für eine Stunde:

   1 · 365 · $\boxed{70 : 24}$: 365 (Jahre)

Überschlag: 60 : 20 = 3 (Jahre)
   72 : 24 = 3
   75 : 25 = 3
   90 : 30 = 3

c) Überlege: 2 Stunden sind ein Zwölftel des Tages (von 24 Std.):
   70 (Jahre) : 12

Überschlag: 72 : 12 = 6 (Jahre)
   60 : 10 = 6 (Jahre)

d) Vergleiche den Ansatz von b) für zwei Stunden mit c):

   2 · 365 · 70 : 24 : 365

   $:2 \left[\begin{array}{c} 140 : 24 \\ \boxed{70 : 12} \end{array}\right] :2$

Weitere Rechengeschichten von Kindern:

Wir sind 28 Kinder in der Klasse. In den beiden anderen waren jeweils 29 Kinder. Jedes Kind durfte ins Landheim 10 DM Taschengeld mitnehmen. „Das sind ja fast 900 Mark Taschengeld", murmelt Andreas.

Eine Reitstunde kostete 13 DM. In unserer Klasse sind 22 Schüler. Immer zwei Kinder sind in einer Stunde geritten. Zum Schluß mußten wir zusammen nur 130 DM bezahlen.

In den Ferien bin ich mit meiner Oma im Bus nach Wien gefahren. Ich durfte 100 Mark tauschen und bekam 693,95 Schillinge. Mein Mathe-Lehrer hat mir beigebracht, wie ich das schnell im Kopf umrechnen kann.

Wir waren im Fantasialand, und ich wollte mit der Geisterbahn fahren. In der Schlange vor mir waren fast 50 Leute. In jeden Wagen gingen vier Personen. Da habe ich überlegt, wie viele Wagen ich noch abwarten mußte.

Hans Wielpütz

Vom Schneiden zum Nachschlagen – wichtige Arbeitstechniken im Unterrichtsalltag

Schere, Kleber, Lineal richtig zu benutzen – diese Fertigkeiten bringen viele Kinder bereits aus dem Kindergarten mit. Dennoch sind jede Lehrerin und jeder Lehrer gut beraten, diese Übungen fortzusetzen. Sauber mit der Schere auszuschneiden ist nicht für alle Kinder gleich einfach. Ich gebe dabei kleine Schneideblätter in verschiedenen Farben aus. Die ausgeschnittenen Teile müssen später wie Puzzle in vorgegebene Flächen aufgeklebt werden. Ein Lineal richtig anzulegen, mit mindestens zwei Druckpunkten rutschfest zu halten, stellt an viele Kinder hohe Anforderungen. Manchmal tun wir Lehrer so, als lernten die Kinder das von selbst. Dem ist jedoch nicht so. Wenn ich die Benutzung nicht hinreichend eingeführt und trainiert habe, darf ich mich später in Mathematik nicht beschweren, wenn Kinder das Lineal nicht ordentlich handhaben.

Arbeitsanweisungen selbständig zu erlesen ist eine Voraussetzung, die bereits im 1. Schuljahr eingeübt werden muß. Das stellt hohe Anforderungen an die Lehrkraft. Die Anweisung muß einfach, eindeutig und textarm formuliert sein. Es bereitet den Kindern Freude, sobald sie die ersten kleinen Wörter selbst erlesen können, Anweisungskärtchen in Handlung umzusetzen:

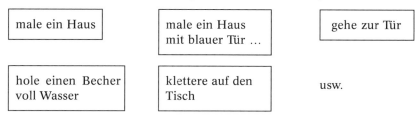

Materialien sachgerecht zu benutzen läßt sich ebenfalls mit Spielmaterialien einführen und einüben. Was ich geholt und gebraucht habe, muß ich auch ordentlich wieder wegräumen.

Hier – wie für alle anderen „Felder der Arbeitstechniken" – gilt: Ich übe etwas isoliert so lange, bis der Erfolg des Übens sichtbar wird. Erst dann erweitere ich den Katalog der Arbeitstechniken.

Texte abschreiben und Geschriebenes sorgfältig kontrollieren gehört zum Schulalltag von Anfang an. Dabei gilt: Ich benutze beim Schreiben die überdeutliche Aussprache der „Pilotsprache" (Dieter Betz).

Die Augen spuren dabei mehrfach über das Wort, immer langsam und gedehnt sprechend. Schließlich wird geschrieben „wie gesprochen" und anschließend sofort Buchstabe für Buchstabe kontrolliert.

Wörterlisten und Wörterbuch zu benutzen beinhaltet das Training mehrerer Schritte. Im 1. Schuljahr kann man bereits den Gebrauch einer überschaubaren Wörterliste einführen. Umfangreichere Wortsammlungen erfordern die Fähigkeit, Wörter nach dem ABC ordnen und finden zu können, meist auch gleich nach dem 2. oder 3. Buchstaben zu ordnen. Als erste Wörterlisten zur Einführung des Nachschlagens wähle ich meist die Namen der Kinder in der Klasse. Am Anfang verzichte ich dabei auf ein Ordnen nach dem 2. oder 3. Buchstaben:

Anna, Dieter, Detlef, Julia, Judith ... würde also von mir akzeptiert, da lediglich der erste Buchstabe wichtig ist.

Auch die Nachnamen der Kinder der Klasse werden geordnet, meist um ein kleines Telefonverzeichnis der Kinder der Klasse herzustellen. Gute Wörterbücher bieten „dünnere" Einführungsteile für das Nachschlagen und außerdem motivierendes Übungsmaterial an.

Nachschlagen in Lexika bzw. Inhaltsverzeichnissen ist unabdingbare Voraussetzung, um sich selbst Informationen zu beschaffen. Im Grunde handelt es sich dabei um die gleiche Fähigkeit wie beim Nachschlagen von Wörtern im Wörterbuch. Nur daß es hierbei um Stichwörter für Sachzusammenhänge geht. In der Regel verbinde ich das Einüben dieser Fertigkeit mit dem Trainieren der Fähigkeit, *Gelesenes zu berichten.*

Texte zu entwerfen wird für Kinder nur ein Problem, wenn die Lehrerin oder der Lehrer schon im 1. Schuljahr inhaltlich daran „herumverbessert". Ich bin begeisterter Freinet-Drucker. Die Kinder erfinden von Anfang an Texte und haben Freude daran. Ich versuche, ohne ihre Schreibmotivation zu stören, ihnen klar zu machen, daß Erwachsene bestimmte Schreibregeln in bezug auf die Rechtschreibung haben. Wenn wir einen Text nach außen weitergeben, d. h. veröffentlichen, egal ob an andere Kinder/Klassen oder Erwachsene, darf ich im 1. Schuljahr die Schreibung korrigieren. Da ich den Text sowieso für das Drucken aufbereiten muß, bereitet das den Kindern keine Probleme. Im zweiten Schuljahr erfolgen Korrekturen auch bereits mit Helfern. Es gilt, wie beim Ab- und Aufschreiben, mit Hilfe der Pilotsprache möglichst richtig zu schreiben.

Schreib-Konferenzen führe ich in Klasse 3 ein. Der Text wird von einem Kind entworfen (auf liniertem Papier, das so beschrieben wird, daß nach jeder geschriebenen Zeile eine Reihe frei bleibt für Korrekturen). Am Anfang erfolgt die Überarbeitung grundsätzlich in kleinen Gruppen mit dem Lehrer während der Freiarbeit. Jede Überarbeitung folgt einer Absprache für die Reihenfolge: 1. Vorlesen des Textes, 2. „Das fand ich gut!", 3. „Da würde ich etwas ändern/verbessern", 4. Schriftliche Überarbeitung, Erproben von Verbesserungsvorschlägen.

Manfred Pollert

Tips

- Arbeitstechniken sind Voraussetzungen für selbsttätiges und selbständigeres Arbeiten der Kinder. Richten Sie deshalb hierauf Ihr besonderes Augenmerk: Welches „Know-how" brauchen die Kinder, um die anstehende Aufgabe zu bewältigen?

- Bei einer neuen Arbeitstechnik überlegen Sie auch, welche einzelnen Fertigkeiten dabei nötig sind. Beherrschen die Kinder die Fertigkeiten schon? Was muß wiederholt, was muß neu gelernt werden?

- Eine neue Arbeitstechnik üben Sie Schritt für Schritt ein:
  - vormachen, dabei die einzelnen Schritte durch Piktogramme, in den Klassen 3 und 4 auch durch Stichwörter festhalten
  - von Kindern Schritt für Schritt „durchspielen" lassen, Schwierigkeiten besprechen
  - von allen Kindern durchführen lassen, Erfahrungen besprechen
  - in den nächsten Tagen immer wieder anwenden

- Wenn die Kinder bei einer Aufgabe Schwierigkeiten haben, überlegen Sie auch, ob nicht Unsicherheiten bei der Arbeitstechnik eine Ursache sein könnten. In diesem Fall üben.

- Eingeführte Arbeitstechniken müssen immer wieder in sinnvollen Situationen angewendet werden. Nur dadurch gehören sie zum festen, immer abrufbaren Repertoire.

- Das Training von Arbeitstechniken kostet zwar Zeit, doch lohnt die Investition. Die hier investierte Mühe und Zeit erspart ständiges Nachhelfen und Frustrationen. Außerdem gehört das Beherrschen von Arbeitstechniken zu den wichtigen Unterrichtszielen.

Ausflüge

In den vergangenen Jahren wurde viel über die veränderte Kindheit diskutiert. Einige Aspekte haben auch mit dem Stichwort Ausflüge zu tun:

Kinder leben in einer weithin mediatisierten Welt. Das heißt: Sie verbringen viel Zeit mit Fernsehen, Video, Gameboy, Computer. Dabei erfahren sie vieles von außerhalb ihres unmittelbaren Erlebnisbereiches, sie identifizieren sich mit Idolen, erleben fiktive Geschehnisse mit starker eigener emotionaler Beteiligung – aber alles als Erlebnisse aus zweiter oder dritter Hand bzw. auf einer fiktiven Ebene. Primärerfahrungen, „originale Begegnungen" sind für die kindliche Entwicklung aber hoch bedeutsam.

Kinder werden von klein auf in eine Konsumentenrolle gedrängt. Wie sie Fernsehen oder Computerspiele konsumieren, so oft auch den jeweiligen Modetrend, die Fast-Food-Produkte. Die Werbung suggeriert ihnen und uns: Nimm dir! Hol dir! Genieß es! Laß dich verwöhnen! Die Fähigkeiten, selbst aktiv zu werden und Situationen selbstbestimmt und eigenverantwortlich zu gestalten, bleiben bei solcher Vereinnahmung leicht unterentwickelt. Die Schule darf solche Tendenzen nicht als „Lernfabrik" verstärken, sie muß ihnen vielmehr entgegenwirken. Auch deshalb verlassen Lehrerinnen und Lehrer den Klassenraum, nämlich

- um Lebenswirklichkeit zu Lernorten zu machen (die Straßenkreuzung, den Supermarkt, die Sandgrube, die Kläranlage, die Baumschule, das Künstleratelier),

- um sich neugierig und lustvoll in der Lebenswirklichkeit zu orientieren (beobachten und protokollieren, befragen und etwas notieren oder auf Kassette aufnehmen, betrachten und zeichnen oder malen, eine Rallye mit Aufgaben durchführen),

- um gemeinsames Tun und Erleben als Primärerfahrungen miteinander zu gestalten (den Wandertag, das Picknick, ein Erkundungsprojekt, die Kartierung eines Waldstücks, den Sport- und Spieltag).

Der Bezug zum Erleben und Erfahren aus erster Hand wird dann ein doppelter: Kinder gehen aus der Schule hinaus in die Lebenswirklichkeit, und sie holen die Lebenswirklichkeit in die Schule herein.

Literaturtips: Karlheinz Burk, Klaus Kruse (Hrsg.): *Wandertag, Klassenfahrt, Schullandheim.* Frankfurt a. M. (Arbeitskreis Grundschule – Grundschulverband) 1993 (mit vielen Planungs- und Organisationshilfen).
Gerhard Sennlaub (Hrsg.): *Doch es geht auch ohne Sonne.* Heinsberg (Agentur Dieck) 1984

In der Schule – um die Schule

Die Erkundungen beginnen im ersten Schuljahr mit der *Erkundung der Schule:* Rundgang durch das Gebäude (Turnhalle, Keller, alle Klassenräume, Lehrerzimmer und Büro, Toiletten etc.); Begrüßung der in der Schule tätigen Personen: Hausmeister, Sekretärin, Putzfrauen.

Erkundung des Schulhofes: einmal mit den Schülern um den Schulhof rennen, um festzustellen, wie groß er ist, wie er begrenzt ist, welche Bereiche man während der Pause nicht verlassen darf; sachgerechtes Benutzen der Schulhofspielgeräte üben; Hinweise auf Schonung der Pflanzen und der Sträucher.

Kennenlernen des Schulbezirks: Rundgang um den Häuserblock (sicherer Schulweg); bei kleineren Klassen kann abwechselnd ein Kind von der ganzen Klasse im Rahmen eines Unterrichtsganges „besucht" werden (Eltern können den Unterrichtsgang begleiten); *Schulbezirksrallye* entwickeln und durchführen:

- Wo ist der nächste Briefkasten?
- Wo steht der nächste Glascontainer?
- Wie heißt die Postleitzahl?
- Wo ist die Polizeiwache?
- Wie lautet die genaue Anschrift der Schule?
- Wieviel Haltestellen gibt es?
- Wie lautet die telefonische Vorwahl?
- Wo ist die nächste Kirche?

Herausfinden der „Experten" in der Klasse: Welche Eltern können Kontakte herstellen zu Bäckern, Geigenbauern und anderen Handwerkern im Schulbezirk? Erkunden der Sport- und Spielplätze in der Umgebung („Wir machen einen Spielplatztest").

Weitere Erkundungen: Bücherei, Kirchen, Jugend- und Freizeiteinrichtungen, falls vorhanden (ggf. mit Elternhilfe auflisten, welche Aktivitäten nachmittags wo stattfinden).

Nach der Erkundung der engeren Umgebung *kleinere Strecken mit Bussen und Bahnen zurücklegen,* z. B. zum Wochenmarkt.

Wo immer möglich, *originale Lernorte* aufsuchen: Betriebserkundungen, Schulgarten, Kleingärten, Künstlerateliers, Theater; Feuerwehr, Krankenhaus, Flughafen.

Bei allen Unterrichtsgängen das Wegebuch führen, die Schulleitung vorher benachrichtigen, für ausreichende Aufsicht sorgen, rechtzeitig Fahrkarten besorgen, Verbandstasche mitnehmen.

Beate Hofmann, Ursula Kießler, Mechtild Peisker

Kinder lernen am konkreten Beispiel, in der aktuellen Situation unter Einbeziehung aller Sinne am besten. Um Unterrichtsinhalte anschaulich darstellen zu können, sollte die Lebenswirklichkeit der Kinder einbezogen werden. Damit sie handlungsorientiert lernen, sind außerschulische Lernorte nicht nur für den Sachunterricht wichtig. Als günstig hat sich eine standortbezogene Liste erwiesen: Welche Lernorte können in welchem Jahrgang aufgesucht werden, und an wen wendet man sich?

Eine solche Checkliste wird entsprechend den örtlichen Angeboten und Gegebenheiten unterschiedliche Schwerpunkte aufweisen. Hier einige Beispiele:

Im ersten Schuljahr: Schulwegsicherung mit der Polizei.

Im zweiten Schuljahr: Büchereibesuch, Besuch bei der Post, Einkauf auf dem Markt, Erkundung von Spielplätzen, Besuch von Zoo und Zooschule, Besuch der Feuerwehr.

Im dritten Schuljahr: Besuch von Bus- und Straßenbahnbetrieben, Besuch einer Druckerei oder einer Zeitung.

Im vierten Schuljahr: Besuch von Malschule und Museum, Besuch in einem Krankenhaus oder Altenheim, Waldführung mit dem Förster, Einfahrt in ein Bergwerk, Besuche beim Stromunternehmen, beim Wasserwerk, in einer Kläranlage, Stadtrundfahrt mit Abstechern zum Rathaus, zu historischen Gebäuden, Kirchen und technischen Denkmälern.

Dabei geht es immer auch um eine Kontaktaufnahme mit dem vor Ort arbeitenden und lebenden Menschen, um die Erkundung seines Lebensbereiches und Arbeitsfeldes und die Sicherung von Lernzielen. Eine pädagogische Rallye kann auf spielerische Art die Erarbeitung der Lernziele unterstützen.

Gisela Hohlwein

Regeln müssen sein

Haben Sie Mut zum „Rausgehen"! Das Verlassen des Schulgebäudes schafft nach meiner Erfahrung oft Luft, im wahrsten Sinne des Wortes und im übertragenen: raus aus der Enge, Abstand, Bewegung, neue Eindrücke. Es lohnt sich, die Klasse dafür so weit vorzubereiten, daß man spontan, also ohne eine zweite Begleitung, einen Unterrichtsgang unternehmen kann, wenn sich ein aktueller Anlaß bietet:

1. Schon beim ersten Unterrichtsgang übe ich ganz gezielt das „STOP" an Straßenübergängen, auch kleinen Nebenstraßen, Wegen etc. Eventuell beginne ich zunächst mit der halben Klasse.

2. Ich lasse die Kinder, nur wenn es unbedingt nötig ist, im geschlossenen Verband (2er-, 3er-Reihe) gehen, z. B. an verkehrsreichen Straßen, bei Menschenansammlungen usw. Sie sollen sich möglichst frei bewegen können, damit sich kein Bewegungsdrang aufstaut und sie sich auch natürlicher verhalten können.

   Oberste Regel: Ich darf mich nur so weit entfernen, wie ich meine(n) Lehrer(in) noch sehen kann!

3. Zur Sicherheit der Kinder und zur eigenen Ruhe ist es wichtig, von Anfang an jene Kinder, die die Anordnungen nicht befolgen, konsequent zu ermahnen, sie evtl. neben sich gehen zu lassen. Nur wenn sich ein Kind trotz solcher pädagogischer Maßnahmen nicht an die Regeln hält, kann ich das Kind einmal vom Unterrichtsgang ausschließen. Beim nächsten Mal würde ich daran erinnern, mit ihm Verabredungen treffen und durch ständigen Blickkontakt die Selbstdisziplin des Kindes fördern. Wenn wir uns auf die Kinder verlassen können, kann die Zeit außerhalb des Schulgebäudes wirklich den Unterricht bereichern, Spaß machen und entspannen!

4. Bei Erkundungsgängen lasse ich Notizen machen. Dazu nehmen die Kinder Klemmbretter als Schreibunterlagen mit. Falls nicht vorhanden, können sie leicht mit Hilfe eines Pappdeckels (z. B. Zeichenblock DIN A4) und zwei Wäscheklammern selbst hergestellt werden. Füller sind als Schreibgeräte unpraktisch, ebenso Stifte mit Kappe; wenn wir Bleistifte mitnehmen, an Spitzer denken! Es lohnt sich, einen Klassensatz Klemmbretter für die Schule anzuschaffen und bei Bedarf auszuleihen.

Regine Fischer

Eltern als Begleiter

Schnelle, spontane und zuweilen wetterabhängige Ausflüge/Unterrichtsgänge (z. B. Schlittenfahren, spontaner Besuch einer Wanderausstellung) lassen sich leicht organisieren, wenn einzelne Mütter oder Väter als feste Ansprechpartner abrufbereit sind.

Ich nehme stets nur einen weiteren Erwachsenen als Begleitung mit, weil

- eine Person rasch ermittelt ist,

- mehrere Elternteile als Begleiter meist miteinander beschäftigt sind und weniger auf die Kinder achten,

- zwei Aufsichten von den Kindern gut überschaubar sind und

- zwei Erwachsene für alle normalen Vorkommnisse absolut ausreichen.

Almut Greve

Klassenfahrten –
gut planen, aber nicht überorganisieren

Klassenfahrten sind für Lehrerinnen und Lehrer Freude und Belastung zugleich. Spaß mit den Kindern, sie von einer anderen Seite als sonst kennenzulernen – wer möchte schon darauf verzichten? Doch Klassenfahrten bedeuten auch Dienst „rund um die Uhr". Um so wichtiger ist es, daß der äußere Rahmen stimmt, die Vorbereitungen hinreichend organisiert sind.

Der „Originalbrief" (s. S. 42) enthält die Checkliste für Kinder. Mehr sollte es kaum werden. Die Taschen oder Rucksäcke der Kinder werden meist zu schwer. Wer trägt das Gepäck, wenn die Kinder es beim Umsteigen auf dem Bahnhof nicht schaffen?

Die Checklisten für die Kinder und für einige Dinge, die die Lehrerin mitnehmen soll, können natürlich im Unterricht in kleinen Planungsgruppen erarbeitet werden. Verantwortlich dafür, daß an alles gedacht ist, bleiben jedoch die Lehrkräfte. Wer eine Klassenfahrt leitet, sollte bei der Planung mehrere Bereiche beachten.

1. Vor Beginn der Klassenfahrt
   - Einverständnis des Schulleiters einholen
   - Einverständniserklärung der Eltern unterschreiben lassen
   - Fahrkarten und Platzkarten bzw. Autobus bestellen
   - Unterkunftsbestätigung, telefonisch Ankunftszeit durchgeben und Termin der ersten Mahlzeit absprechen
   - ggf. AV-Geräte (Film, Video) „sichern", Schecks, Kamera und Filme einpacken

2. Material für Wandern und Freizeit
   - Karte(n), Kompaß, Taschenmesser, Trillerpfeife, Prospekte, Fahrpläne
   - Materialien für Spiele unterwegs (Schnitzeljagd/Kreide, Schätze für die Schatzsuche, Taschenlampe für die Nachtwanderung, Notizblätter für die Erkundung, das mit den Kindern erarbeitete Programm)

Ausflüge

„Trecklinghof" - 500 Jahre alt
Tecklenburg - Ledde
Telefon 05482/7904
(nur für Notfälle)

Sehr geehrte Eltern,
liebe Mädchen und Jungen!

Nächsten Mittwoch geht's los!
Abfahrt mit Bus ab Schule:
  Mittwoch, 31.8. - um 8 Uhr 30
Rückkehr mit PKW - Ankunft Schule:
  Freitag, 2.9. - etwa 16 Uhr.

Das braucht jedes Kind:

1. Anorak oder Regenmantel
2. Feste Schuhe, Haus- oder Turnschuhe
3. kleinen Wanderrucksack

4. Kleidung zum Wechseln, falls wir mal naß werden, warmen Pullover
5. Beutel mit Seife, Zahnpasta, Zahnbürste, Kamm und Handtuch

6. Schlafanzug
7. warmen Schlafsack oder Bettuch + Decke
8. Schmusetier

9. Höchstens 5 DM Taschengeld (Elternbeschluß!)
10. wenig Süßigkeiten, etwas Obst

11. Spiele, Tischtennisschläger und -bälle, Malstifte, Buch

12. Gute Laune   Verboten: Rekorder / Walkman

Noch nicht bezahlt? Spätestens Montag beim Elternabend! Gibt's Probleme - bitte 787941 anrufen.

Mit herzlichem Gruß von der Begleitmannschaft

- Spielanregungen, Bastel-, Theater-, Tanzanleitungen
- Seilchen, Federballspiele, Frisbeescheibe, Gesellschaftsspiele, Luftballons
- Bastelmaterialien, Scheren, Klebstoff, Stifte
- Bestimmungsbuch, Liederbuch

3. Medikamente, Erste Hilfe, besondere Vorsorge
- Liste der Kinder, die Bettnässerprobleme haben (um 23 und gegen 0 Uhr noch einmal zur Toilette schicken, abends wenig trinken lassen!)
- Medikamente und Liste dazu, wer wann was einnehmen muß
- Erste-Hilfe-Tasche
- Salben gegen Insektenstiche, Wundsalbe
- Tabletten (Bonbons) gegen Heimweh

4. Für „Notfälle"
- Nähzeug, Schuhriemen, Nagelschere, Sicherheitsnadeln
- zwei bis drei Unterhosen verschiedener Größen
- Adressen- und Telefonverzeichnis der Schule und der Eltern der Kinder
- Reisewecker
- Streichhölzer/Feuerzeug
- ausreichend Papiertaschentücher

Wichtig: Nicht überorganisieren und übertrieben regeln. Ständiges Reglementieren führt zu Unsicherheit, und es passiert meist mehr als bei größerem Freiraum!

Manfred Pollert

Landheimaufenthalte – mehr als nur Urlaub von der Schule

Ist das Heim zumindest mäßig kinderfreundlich gebaut, auch für Regentage ausgestattet, die Umgebung für Spiele auf der Wiese, auf dem Platz, im Unterholz, am Bach geeignet, wurden genügend Bälle, Seile und Spiele mitgenommen, wurde ein Bus für Ausflüge gechartert, dann wird in aller Regel der Spaß nicht ausbleiben. Es werden ohnehin nur Lehrer(innen) fahren, die ihrerseits Freude am Spaß der Kinder haben und ihn deshalb nach Kräften fördern.

Urlaub von der Schule. Man mag es dabei bewenden lassen.

Doch greift dieses „Urlaubs"-Konzept pädagogisch allzu kurz. Es verschenkt eine Menge an Chancen, die in dieser Weise sich eben nur im Landheim auftun: Kinder und Lehrer(in) verbringen mehrere Tage rund um die Uhr gemeinsam in einer zum gemeinsamen Spiel einladenden, zum Erkunden und

Entdecken herausfordernden Umgebung – hier fällt eine Fülle an aktivierenden Aufgaben an, man braucht nur mit den Kindern das davon aufzugreifen, was getan werden muß, um das Miteinander im Heim zu regeln, was im übrigen verlockend erscheint und Spaß verspricht:

● Der gemeinsame Tagesablauf muß geordnet und verantwortet werden. Manches davon ist vorgeordnet, so wie die Essenszeiten, die Hausordnung; viel Raum bleibt aber für gemeinsames Überlegen, Vereinbaren, Besorgen und Durchführen: die Unternehmungen (Wandern, Geländespiele, Spielangebote, freie Zeit ...), die Einrichtung der Dienste, die Verwaltung des Taschengeldes, die Abendgestaltung (Spielen und Vorspielen, Lesen und Vorlesen, Singen und Tanzen ...), die Herausgabe einer Landheimzeitung ...

● Die jeweilige Umgebung bietet eine Fülle von Lernorten an, die sich von der häuslichen Umgebung unterscheiden und gerade deshalb die Neugier wecken. Hier kann erkundet, besichtigt, befragt, gesammelt, Karten- und Kompaßlesen geübt, kartiert werden, im Heim wird gesichtet, gezeichnet, mitgeteilt, ausgestellt ...

● Situationsbezogene Lerngelegenheiten können genutzt werden: Streitigkeiten zwischen Jungen und Mädchen, Heimweh, Grüße nach Hause, Tischsitten, Schuhe putzen, Reglement für ein Tischtennis-Turnier, Geburtstagsfeier.

● Der Landheimaufenthalt selber kann ein Thema sein, das in den Unterricht vorher und nachher einbezogen wird: Vorher wird die Finanzierung kalkuliert, der Bus bestellt, Pläne, Prospekte, Wanderführer u. a. werden besorgt und gesichtet. Ideensammlungen für die Unternehmungen angelegt ... Nachher wird eine Ausstellung aufgebaut mit Materialien aus Heim und Umgebung, mit Fotos, Bildern und kurzen Texten, einer Chronik usw., ein Elternnachmittag wird arrangiert mit „Liedern, Spielen und Szenen aus dem Schullandheim", Fahrtenbücher werden geschrieben ...

● Lernen geschieht hier eher beiläufig, zumindest aus der Perspektive der Kinder. Doch auf dem Rücken des Miteinanderlebens, der Übernahme und der Selbstorganisation der Ordnungsformen, des gemeinsamen Spaßes, der persönlichen Beiträge werden Lernprozesse bewegt, die der Lehrer sehr wohl einschätzen sollte: um die sich anbietenden Situationen bewußt aufzugreifen und dann zu sichern, daß in der Fülle von Gelegenheitsaktionen bestimmte Erfahrungsstränge kontinuierlich entwickelt werden.

Also: nicht „Urlaub von der Schule", sondern eher „Schule im Landheim – aber anders".

5 Tage Jugendherberge

Dieser Art war unser Aufenthalt in der Jugendherberge. Wir, das sind 30 Viertkläßler, eine Lehramtsanwärterin und ich, hatten nur fünf Tage Zeit, aber als

Projektunterricht · Sachunterricht 45

„alte Landheimhasen" (in der 3. Klasse waren wir 12 Tage fort) bewältigten wir diesmal vieles erheblich schneller: unsere „Ideenkiste" vorab, den Abschied, das Heimweh, den Einzug, die Eingewöhnung, die Planung der Unternehmungen usw.

Als Schwerpunkte setzte ich:

1. *Mitwirkung:* Vom Vorjahr her kannten die Kinder ein Repertoire an Unternehmungen, Spielen und Freizeitmöglichkeiten und hatten Erfahrungen mit Tagesplänen, Organisation und Schlechtwetterprogrammen gesammelt. Eine gewählte und mit Aufgaben bestückte Vorausgruppe erkundete mit mir die Umgebung und erstattete der Klasse Bericht. Diese Vorerfahrungen konnten die Kinder nutzen, um den Aufenthalt zum großen Teil selber zu planen (nicht als festes Touristenprogramm, sondern als Ideenkiste). Im Heim sollte dann von Tag zu Tag je nach Wetterlage, Erfahrungen vom Vortag und aktueller Lust und Laune der Tagesplan erstellt werden.

2. *Lernort: Tongrube:* Die Jugendherberge liegt in einer Gegend, in der Tonabbau und -verarbeitung (Ziegeleien, Keramikfabriken usw.) Tradition haben und auch heute noch zu einem guten Teil die Berufstätigkeit bestimmen. Einige nah gelegene Tongruben begeisterten schon die Vorausgruppe. Diese Tongruben boten sich als Erkundungsfeld mit vielseitigen Aspekten an: als Stromer- und Kraxellandschaft, zur Betrachtung der verschiedenen Erdschichten im Abbaubereich, zum Sammeln von Material (Tonklumpen z. B. wurden, in Plastiktüten verpackt, zu Hause weiter verarbeitet), zur Befragung der Arbeiter und zur geologischen Information.

3. *Fahrtenbuch:* Die Landheimtage sind so angefüllt mit Erlebnissen, daß hinterher außer einer Stimmungslage nur noch versprengte Details erinnerbar sind, wenn nicht zusätzlich Erinnerungsanker zu Hilfe kommen. Fotos z. B. können solche Funktion haben.

Im Sachunterricht bemühen wir uns, bei den Kindern ein Zeitbewußtsein zu entwickeln. Vermutlich hilft es Kindern, wenn sie dies an der eigenen Biographie erarbeiten. Ein Landheimaufenthalt ist sicher eine bedeutsame biographische Station. Im Aufsatzunterricht versuchen wir, die Kinder zum Versprachlichen und Darstellen von eigenen Erlebnissen, Erfahrungen, Gedanken und Meinungen anzuleiten, und haben oft Schwierigkeiten mit der Spezies Erlebniserzählung (Motivation, Adressierung, Erlebnisgrundlage, didaktische Vermarktung von Ausflügen). Die Ereignisfülle eines Landheimaufenthalts bietet viel Stoff zum Erzählen, Nachdenken, Meinungsäußern; fehlt noch eine kindgerechte Schreibsituation.

Dies alles zusammengenommen, förderte bei mir wieder die Idee des Fahrtenbuches zu Tage: Jedes Kind erstellt sein „Fahrtenbuch", in das alle aus seiner Sicht behaltenswerte Ereignisse geschrieben, Fotos, Prospekt- und

Kartenausschnitte, Briefe, Eintrittskarten, Zeichnungen, auch Texte von Mitschülern eingefügt werden können. In Eigenarbeit oder vom Buchbinder wird der Blätterpacken dauerhaft und ansehnlich gebunden – ein Stück eigener Biographie, das überschaubar und erinnerbar gemacht wurde, ein Werk, das sicherlich die Grundschulzeit und noch mehr überdauern wird.

Vorarbeiten in der Jugendherberge

In einer Ausstellungsecke wurde auf Computerpapier von wechselnden Gruppen die „Chronik unserer fünf Tage in Brüggen" geschrieben. Täglich war eine Schreibstunde eingerichtet (die Zeit variierte je nach Tagesplan und Wetterlage). Zu Beginn ließ ich Ideen für das Fahrtenbuch sammeln, die ebenfalls auf Computerpapier geschrieben wurden. Beide – sowohl die Chronik als auch die Ideensammlung – erwiesen sich nachher in der Schule als viel gebrauchte Erinnerungsanker und Anreger. In der anschließenden Schreibstunde konnten die Kinder Briefe oder schon Vorschriften fürs Fahrtenbuch schreiben, aber auch Karten, Prospekte, Eintrittskarten aufkleben, Blätter beschriften, zeichnen ...

Wochenthema: Fahrtenbuch

In der Woche nach dem Aufenthalt wurde es ernst: Am Schluß der Woche sollten alle fertig sein. Der folgende Organisationsplan wurde verabredet:

● An jedem Tag kann zwei Stunden am Fahrtenbuch gearbeitet werden (Stundenanteile von Sprache und Sachunterricht);

● jeder Text wird vorgeschrieben und zur Korrektur abgegeben bzw. auch in Schreibkonferenzen mit anderen Kindern besprochen (das Autorenkind sucht zu seiner Beratung Mitarbeiterkinder);

● die Texte werden auf einen DIN-A5-Block (blanco mit Linienblatt) in „Sonntagsschrift" geschrieben, Überschriften hervorgehoben, evtl. mit Zeichnungen oder Bildern geschmückt und in einem Briefumschlag abgelegt;

● auf einer Wandzeitung, die alle Namen enthält, wird für jede beschriebene Fahrtenbuchseite beim eigenen Namen ein Kreuz eingetragen.

● Grundanforderung: Bis zum Ende der Woche sind wenigstens sieben Seiten fertig (= sieben Kreuze auf der Wandzeitung). Der Termin wurde dann noch einmal bis zum Dienstag darauf verlängert.

Die Kraft, die ich fürs Unterrichten der Klasse gespart hatte, kam nun der *individuellen Betreuung* der Kinder zugute:

● Kinder, die noch unbeholfen ans Werk gingen, sammelte ich in der Leseecke, ließ jeden sagen, was er am liebsten schreiben möchte, schickte den einen oder anderen zur Ideensammlung, ließ reihum mündlich erzählen;

Aufsatzunterricht · Schreibkonferenz · Differenzierung   47

● Kinder, die bestimmte Schwierigkeiten in der Erlebnisdarstellung hatten, sammelte ich in der Leseecke. Ich ließ die Vorschriften vorlesen, die anderen Kinder beraten. Meist erklärten sie dem Kind, was noch zu verbessern war, sonst tat ich es. Wir suchten nach Verbesserungsvorschlägen;

● einzelnen Kinder half ich über Durststrecken hinweg;

● Kinder, die sprachlich sehr gewandt waren, ermunterte ich, auch schwierigere Texte zu schreiben (z. B. Spielbeschreibungen), die dann von anderen übernommen werden konnten;

● Kinder, die rasch fertig waren, erhielten weitere Aufgaben je nach Interesse und Neigung: eine Routenkarte zeichnen, das Heim zeichnen, die Chronik abschreiben, sie verzieren, Prospekte auswerten usw.;

● zwischendurch konnten fertige Seiten auch von anderen Kindern gelesen werden.

Zum Abschluß der Arbeit wurden die für alle gemeinsamen Blätter (Routenzeichnungen, Bilder, ein Lied, die Chronik, einige Texte) in Fotokopien jedem Kind übergeben. Jeder stellte jetzt sein Fahrtenbuch zusammen: in selbst gewählter Reihenfolge, mit Leerblättern für bestellte Fotos, alle Blätter durchnumeriert, mit Inhaltsverzeichnis und Titelblatt. Das Blätterpaket wurde in den Briefumschlag gesteckt und zum Buchbinder gebracht. Nach einer (langen) Woche waren die Fahrtenbücher fertig.

Horst Bartnitzky

Leben wie die Indianer – Geschichte einer einwöchigen Klassenfahrt

Nach den Osterferien wählten die Kinder für das nächste Projekt das Thema „Indianer" aus. Zuerst wurde im Kreis besprochen, was alles erfahren, erkundet und gemacht werden sollte. Dann begannen wir mit dem Lesen des Buches „Fliegender Stern" von Ursula Wölfel und der Arbeit an der „Indianerkartei" der Pädagogikkooperative Bremen.

Sehr bald äußerten die Kinder die Anregung, die bevorstehende Klassenfahrt einzubeziehen: Sie wollten dort leben wie die Indianer. Die Klassenfahrt wurde entsprechend vorbereitet, d. h., ich besorgte alle zu kaufenden Materialien (Schminke, Leder, Lederbänder, farbige Bänder, Wellpappe, bunte Federn, Perlen ...) für die verschiedenen Aktivitäten und suchte bzw. erstellte kindgerechte Gebrauchs-/Bastelanweisungen, um eigenständiges Handeln zu ermöglichen. Gemeinsam mit den Kindern wurde ein grober Zeitplan mit Angeboten, freien und Gruppenaktivitäten für die Woche erstellt.

Ich habe selten eine schönere, für mich streßfreiere Fahrt erlebt. Alle waren intensiv beteiligt, es gab keine Äußerung wie „Mir ist langweilig". Die Kinder lebten die ganze Zeit ihr „Indianerleben", natürlich mit entsprechender Kleidung, Bemalung und ihrem „Indianernamen".

Es bildeten sich Gruppen bei den verschiedenen Rollenspielen oder Aktivitäten:

- Im Wald wurden Stöcke gesammelt, Pfeile und Bogen, Köcher, Beile und Speere angefertigt und kunstvoll mit Schnitzereien und farbigen Bändern verziert;

- Stirnbänder, Federschmuck als Kopfschmuck, Ketten, Armbänder aus Perlen, Fäden oder Lederbändern wurden hergestellt;

- Kindertragetaschen für die Kinder (Puppen/Kuscheltiere) wurden gebastelt und in Rollenspiele einbezogen;

- Indianerzelte wurden gebaut, bemalt und bewohnt;

- Mokassins aus echtem Leder wurden genäht;

- Trommeln wurden gebastelt.

Es gab natürlich auch indianische Speisen: Suppen, Eintopfgerichte, indianisches Brot, Maisküchlein ... (aus einem indianischen Kochbuch). Zum Essen und zu allen Versammlungen rief das Indianerlied: „Wir sind die gelben Nasen ..." (von Birger Heymann, Volker Ludwig). Das Lied war ein so deutliches Signal, daß trotz des großen Geländes alle herbeikamen.

Zum Einschlafen wurde eine spannende Indianergeschichte vorgelesen. Die meisten waren aber von dem aufregenden Tag so müde, daß sie sofort einschliefen und das Kapitel am nächsten Tag hören wollten.

Neben den vielen kleinen Aktivitäten, die die Kinder überwiegend allein und mit nur geringer Erwachsenenhilfe organisierten und durchführten, gab es auch Gemeinschaftsaktionen. Einmal wurden beispielsweise Indianerprüfungen durchgeführt, bei denen die Kinder ihre Fähigkeiten im Schleichen, Spuren-Suchen, Riechen, Pfeilwerfen, Balancieren, Kriechen durch eine dunkle, unheimliche Höhle und in einem fairen Kampf unter Beweis stellen mußten. Für die bestandene Prüfung erhielt jedes Kind feierlich eine Friedenspfeife.

An einem anderen Tag raubte eine kleine Gruppe Indianer einen Schatz, hinterließ aber zum Glück Spuren, so daß die restlichen den Schatz finden konnten. Als Abschluß gab es ein großes Lagerfeuer mit Geschichten, Liedern, Tänzen und viel Palaver.

Hilfreich war für mich die folgende Literatur:

Unterrichtsmaterial zum Buch von Ursula Wölfel, *Fliegender Stern*, Pädagogik-Kooperative Bremen
E. Gloor, Ch. Burggraf: *Für kleine Indianer*, Ravensburg
Indianerkochbuch, Insel Tb 764

Sigrid Oschmann

Tips

- Gewöhnen Sie sich und die Kinder daran, regelmäßig (und nicht nur als Bonbon) den Klassenraum zu verlassen. Beginnen Sie mit kürzeren Rundgängen, bevor sie einmal „auf große Fahrt" gehen.

- Denken Sie auch bei einem kurzen *Unterrichtsgang* daran, frühzeitig die Schulleitung zu informieren und die Erste-Hilfe-Tasche mitzunehmen.

- Legen Sie vorher die *Regeln* fest (Verhalten im Verkehr, Pausenregelung, Verlaufsplan), und behalten Sie während des Ausflugs die Übersicht über die Gruppe. Dabei hilft es, wenn die Spitze und das Ende der „Karawane" festgelegt werden (z. B. ein Erwachsener vorn, ein Erwachsener hinten).

- Bei Wegen und Zielen, die Sie aus aktueller eigener Anschauung nicht kennen, führen Sie für sich, vielleicht auch mit den Begleitern, eine *Vorexkursion* durch, um Gefahrenstellen, Spiel- und Picknickmöglichkeiten zu erkunden, evtl. auch mit Interviewpartnern u. ä. vorher zu sprechen.

- Angesichts der heute mediatisierten und vom Konsum bestimmten Kindheit vermeiden Sie Ausflüge, die dies bestärken (z. B. Ausflüge in Erlebnisparks). Bevorzugen Sie *Ausflüge mit Projektcharakter*, bei denen die Kinder mitplanen und mitgestalten können.

- Für Klassenfahrten erhalten Sie viele konkrete Informationen zur Planung und Gestaltung, auch Adressen, Preise usw. von folgenden Verbänden:
  Hauptverband für Jugendwandern DJH, 32754 Detmold
  Verband Deutscher Schullandheime e. V., Marienkirchhof 6,
  24937 Flensburg

Ausländische und ausgesiedelte Kinder

In vielen Grundschulklassen leben und lernen Kinder aus verschiedenen Herkunftsländern.

Ein Kernauftrag der Grundschule liegt in *individueller Förderung*. Schon deshalb muß der Förderbedarf von Kindern, die nicht in der Umwelt- und Unterrichtssprache Deutsch zu Hause sind, in besonderer Weise berücksichtigt werden. Bei Seiteneinsteigern, also Kindern, die erst im Laufe ihrer Grundschulzeit nach Deutschland kommen, muß dazu sehr elementar angesetzt werden: Sie müssen zuerst die deutsche Sprache als Verständigungsmittel für ihren Alltag lernen und dann die unterrichtliche und die schulbezogenen Fachsprachen, was oft noch schwieriger ist. Schließlich müssen sie an das Lernniveau ihrer Regelklasse herangeführt werden. *Auffang- oder Förderklassen* am Ort erleichtern für diese Kinder die Anfangsförderung. Wo das nicht der Fall ist, muß in innerer Differenzierung und in hierfür notwendigen zusätzlichen Förderstunden die Aufgabe bewältigt werden. Die Sprachschwierigkeiten werden oft noch überlagert von den Lebensproblemen dieser Kinder, z. B. bei Kriegs- und Fluchterlebnissen, Trennungs- und Existenzängsten.

Ein zweiter Kernauftrag der Grundschule ist die *soziale Koedukation,* nach dem Kinder nicht nur sozusagen nebeneinanderher gefördert werden, sondern zugleich auch miteinander und voneinander lernen sollen. Gerade hierzu eröffnen Kinder aus anderen Herkunftsländern besondere Chancen. Denn sie personifizieren Internationalität, kulturelle Vielfalt und die Aufgabe zu interkulturellem Lernen. Die Chancen müssen nur gesehen und genutzt werden.

Häufig gibt es am Ort auch verschiedene Angebote des Muttersprachunterrichts. Die ausländischen Kinder sollten sie nutzen, um ihre eigene *Zweisprachigkeit* zu fördern, mehr noch: um ein Verständnis von sich zu gewinnen, das Herkunftsland und derzeitiges Lebensland mit ihren Eigenheiten und Gemeinsamkeiten einbezieht.

Literaturtips: Edith Glumpler: *Ausländische Kinder lernen Deutsch.* Frankfurt a. M.(Cornelsen Scriptor) 1995
Anne Spier: *Mit Spielen Deutsch lernen.* Frankfurt a. M. (Cornelsen Scriptor) [8]1992
Gabriele Pommerin: *„Und im Ausland sind die Deutschen Fremde" – Interkulturelles Lernen in der Grundschule.* Frankfurt a. M. (Arbeitskreis Grundschule – Grundschulverband) 1988

Interkulturelles Lernen mit Kindern aus sechs Nationen

Als ich ein erstes Schuljahr übernahm, waren von 24 Kindern sechs Kinder deutscher Nationalität. In der Klasse waren türkische, griechische, albanische, italienische, marokkanische Schüler und Schülerinnen.

Unsere gemeinsame Unterrichtssprache ist die deutsche Sprache, und doch war es mir wichtig, von Anfang an die verschiedenen Schülersprachen mit in das Unterrichtsgeschehen aufzunehmen. Ich wollte das Interesse der Kinder an Sprachen und Freude am Umgang mit ihnen wecken; außerdem sollte ihnen durch das Einbringen der verschiedenen Muttersprachen die Gleichwertigkeit von Sprachen bewußt werden. Dies sollte auch zum interkulturellen Lernen beitragen.

Guten Tag – buon giorno!

In der Eingangsphase des ersten Schuljahres geht es u. a. darum, daß die Kinder sich untereinander kennenlernen, auch erfahren, woher sie kommen, sich in ihrem Klassenraum einrichten usw.

Ich habe in dieser Phase die Kinder aufgefordert, von sich Fotos mitzubringen. Diese Fotos wurden im Klassenraum mit den jeweiligen Namenskarten aufgehängt. Zugleich habe ich zu jedem Bild eine weitere Karte angehängt, auf der „Guten Morgen" in der jeweiligen Muttersprache stand, unterstützt durch die Flagge der jeweiligen Nation. (Die Übersetzungsarbeit wurde von Eltern oder älteren Geschwistern getätigt – auch eine Möglichkeit, die Elternarbeit von Anfang an auf Kooperation auszurichten.)

Eine Zeitlang begrüßten wir uns morgens, vor dem täglich stattfindenden Morgenkreis, mit Handschlag und der jeweiligen Begrüßungsformel. Das dauerte sehr lange; ich habe dann ein bekanntes Begrüßungslied gewählt, die Grußformeln aus den Muttersprachen haben wir dazu „getextet" (s. S. 52).

Ich und du, Müllers Kuh …

Sowohl bei Schulhofspielen, Spielen in der Klasse, sogar im Sportunterricht erfreuen sich Abzählreime immer noch großer Beliebtheit. Die Kinder sind stolz, ihren Mitschülern Abzählreime aus ihrem Land beizubringen. Interessant ist, daß der Sprechrhythmus dem unsrigen entspricht.

Einige „unserer" Abzählreime:

italienisch: Ponze
           polente
           ponze

	pi, tappe tappe gri!	(Nonsensreim um das Wort „Polenta")
türkisch:	Bir iki kukla Atamam takla Yiyemem bakla Nokta	Eins, zwei Püppchen, ich kann keinen Purzelbaum, ich mag keine Saubohnen, Punkt.

Fuchs, wie spät ist es?

Im Bereich der Spiele können Kinder aus verschiedenen Heimatländern das Repertoire erheblich erweitern, und es ergeben sich ständig Situationen, in denen andere Sprachen von allen Kindern verwendet werden.

Das Fangspiel „Fuchs, wie spät ist es?" war den deutschen, türkischen und italienischen Kindern sehr vertraut:

Ein Spielfeld wird abgegrenzt. Ein Kind wird zum schlauen Fuchs. Der Lehrer (oder ein Kind, das sich an dem Tag vielleicht nicht bewegen darf) schlägt die „12-Uhr-Glocke".

Der Fuchs geht durch die Kindergruppe. Alle fragen ihn: „Wie spät ist es, Herr Fuchs?" Der Fuchs antwortet mit der Angabe verschiedener Uhrzeiten. Irgendwann beantwortet er die Frage mit: „Frühstückszeit". Das ist das Signal für die anderen Kinder, rasch davonzulaufen, denn der Fuchs versucht nun, möglichst viele Kinder zum Frühstück zu erhaschen. Die Kinder müssen so lange auf dem Spielfeld hin und her flüchten, bis es 12 Uhr geschlagen hat. Der Spielleiter klatscht nach einer vereinbarten Zeit 12 mal in die Hände und zählt dabei laut bis 12. Damit ist die Gefahr gebannt, und der Fuchs zählt seine Beute. Ein anderes Kind wird Fuchs.

Die türkische Variante:

Die Kinder stehen nebeneinander an einer markierten Linie. Der Fuchs steht ihnen gegenüber mit dem Gesicht zur Wand. Die Kinder fragen:

Tilki tilki saatin kaç (Fuchs, Fuchs, wie spät ist es?)

Der Fuchs antwortet mit einer Zahl auf Türkisch, und die Kinder machen entsprechend viele Schritte. Sobald sie in Reichweite des Fuchses angekommen sind, schlägt ein Kind auf den Rücken des Fuchses, und alle laufen davon. Wer nicht über die Anfangslinie kommt und sich vom Fuchs fangen läßt, ist sein Gefangener und darf am nächsten Spieldurchgang nicht teilnehmen.

Nur wenn es beim zweiten Spieldurchgang einem Freund gelingt, ihn durch Abschlagen zu erlösen, darf er fliehen.

Die italienische Variante:

Ein Kind wird als Wolf gewählt, die anderen sind die Schäfchen. Der Wolf sitzt in seiner Höhle, und die neugierigen Schäfchen nähern sich ihm langsam. Es spielt sich folgender Dialog ab.

Schäfchen: *Lupo, lupo, cosa fai?*
       (Wolf, Wolf, was machst du?)
Wolf: *Mi liscio il pelo ...*
       (Ich glätte mein Fell ...)
Schäfchen: *Lupo, lupo, cosa fai?*
       (Wolf, Wolf, was machst du?)
Wolf: *Affilo i miei denti ...*
       (Ich wetze meine Zähne ...)
Schäfchen: *Lupo, lupo, cosa fai?*
       (Wolf, Wolf, was machst du?)
Wolf: *Vengo a prendervi per mangiarvi!*
       (Ich komme und fresse euch alle auf!)

In diesem Moment springt der Wolf aus seiner Höhle und versucht, soviel Schäfchen wie möglich zu fangen. Eine sichere Zone, wo die Schäfchen nicht mehr gefangen werden können, muß vor Spielbeginn vereinbart werden.

Die Kinder spielten es zweisprachig. Die Rufformel: *Lupo, lupo, cosa fai?* wurde aber immer italienisch gesprochen.

Unterrichtsthema: Fremde und Freunde

Innerhalb des dritten Schuljahres beschäftigte sich die Klasse mit der Thematik „Fremde und Freunde" (eingebettet in die Bereiche Sprache, Sachunterricht, Kunst und Musik). Über mehrere „Kanäle" wollte ich freundschaftliches und ablehnendes Verhalten zwischen Menschen aufgreifen und dabei den Akzent auf die bewußte Wahrnehmung der Prozesse hinlenken. Neben anderen Zielen sollten auch sprachliche Anzeichen und Belege für freundschaftliches Handeln ermittelt und selbst angewendet werden. An dieser Stelle hat natürlich das Poesiealbum einen wesentlichen Platz. Seit Generationen kreist es durch das Schulleben, wird gefüllt mit z. T. poetischem Kitsch.

Gemeinsam wollten wir Sprüche sammeln und besprechen, unsere Alben mit denen von Eltern und älteren Geschwistern vergleichen. Hier fußte die Idee des „Klassen-Poesiealbums". Die Kinder schrieben mit viel Freude ausgeschmückte Verse an ihre Mitschüler und Mitschülerinnen, auch das Lehrerkollegium wurde aufgefordert, sich in diesem Buch zu „verewigen".

Ein türkischer Junge brachte einen Spruch aus seiner Heimat mit. Wir erfuhren, daß Poesiealben in der uns bekannten Form ebenfalls in der Türkei, in Marokko, in Italien usw. zu Hause sind.

Dies war der Beginn einer „Flut" von ausländischen Versen, die unserem Album auch jeweils in der deutschen Übersetzung (gefertigt von den Schülern selbst oder durch Eltern/ältere Geschwister) vorliegen. Innerhalb dieser Flut erreichten uns auch französische und englische Verse, beigesteuert von Eltern und älteren Geschwistern.

Gudrun Dohmes

Kinder ohne Deutschkenntnisse

Ich arbeite in einer pädagogischen Beratungsstelle zur schulischen Integration von ausländischen und ausgesiedelten Kindern. Oft spreche ich mit Lehrerinnen, die eine Lerngruppe von Kindern unterrichten, die kaum Deutsch sprechen.

Was muß ich über diese Kinder wissen?

Viele Informationen sind wichtige Voraussetzungen für die ersten unterrichtlichen Schritte:

1. Wie heißen die Kinder, und wie werden ihre Namen ausgesprochen?
Dies klingt banal und ist doch von zentraler Bedeutung. Ein Kind fühlt sich nur ernsthaft *angesprochen,* wenn es seinen Namen richtig hört. Es fühlt sich ernst genommen. Die Lehrerin hat sich die Mühe gemacht, einen vielleicht

sehr schweren Namen zu lernen und damit einen wichtigen Bestandteil seiner Identität wahrzunehmen.

2. Woher kommen diese Kinder? Aus welchem Land und Landesteil? Aus einem städtischen oder einem ländlichen Umfeld?
Will man die Erfahrungen der Kinder im Unterricht fruchtbar machen, will man ihre Lebenswelt mit einbeziehen, dann ist es notwendig zu wissen, woher sie kommen und was sie kennen und können. Ihre Herkunft gibt über Kenntnisse und Fertigkeiten vielerlei Aufschlüsse.

3. Wie lange sind die Kinder schon am Ort, in der Stadt, in der Klasse?
Will man die Lebenserfahrungen für den Integrationsprozeß nutzen, ist es auch von Bedeutung zu wissen, welche Orientierungen ein Kind in der ihm neuen Umgebung schon erworben hat. (Das gilt natürlich ganz generell.) Für die ausländischen Kinder sind hier erste kleine Projekte zur Erkundung des Schulnahumfeldes sinnvoll, vielleicht können auch Schülerpartnerschaften helfen, den Schulweg bald sicher zu meistern. Dies ist für alle Beteiligten eine konkrete gemeinsame Aufgabe und läßt sich für eine längerfristige Partnerschaft nutzen.

4. Waren die Kinder zuvor vorübergehend oder lückenlos in einer Schule?
Es ist für die Unterrichtsplanung mit ausländischen Kindern unerläßlich, die äußeren Bedingungen ihrer bisherigen Schullaufbahn zu kennen. Dabei ist es aufschlußreich, wenn der Schulbesuch nicht regelmäßig war, die Gründe hierfür zu kennen. War das Kind krank? War die Unterbrechung fluchtbedingt? Wurde der Schulbesuch aus anderen – z. B. politischen – Gründen unmöglich?

5. Haben die Kinder schon eine Schriftsprache erlernt?
Diese Frage stellt sich besonders bei auffälligen Unsicherheiten beim schriftsprachlichen Lernprozeß. Nicht immer sind Lernschwierigkeiten dafür verantwortlich zu machen, wenn Kinder sich beim Schreiben besonders schwer tun. Haben sie zuvor ein anderes Schriftsystem kennengelernt (z. B. kyrillisch, wo es bei Formgleichheit Bedeutungsunterschiede bei der Laut-Buchstaben-Zuordnung gibt), ist es erforderlich, dies beim Umlernen zu berücksichtigen und möglichst kontrastiv zu arbeiten. Wo dies kontrastiv nicht möglich ist (bei völlig unbekannten Schriften), muß der Alphabetisierungsprozeß besonders sorgfältig angeleitet werden.

6. Wie weit sind die Kinder in den Lernbereichen gefördert, insbesondere in Sprache und Mathematik?
Die Kenntnis über den Lernstand und die Lerngewohnheiten ist eine wichtige Voraussetzung für ein zielgerichtetes Förderkonzept. Kinder aus den Ostblockländern sind z. B. meist sehr viel weiter im Bereich Mathematik, aber sie haben auch eine andere Herangehensweise gelernt. Hier kann man nutzen, was sie schon können, und sich darauf konzentrieren, was sie so nicht kennen:

z. B. die selbständige Fragestellung, das mathematische Problem aus dem Text herauszulesen. Oft wird deutlich: ausländische Kinder haben andere *Formen* des schriftlichen Rechnens erlernt. Man sollte dies erst mal weiter zulassen und mit wachsender Vertrautheit mit den Anforderungen des Unterrichts die neuen Formen der Verschriftung, wie sie bei uns gebräuchlich sind, festlegen.

Weitere zentrale Fragen für die Planung des Unterrichts mit Förderanteilen in innerer und äußerer Differenzierung betreffen den bisherigen Spracherwerb in der Muttersprache und in der Zweitsprache. Über ihre sprachlichen Erfahrungen ist wichtig zu wissen:

7. Welche Muttersprache sprechen die Kinder?
Dies gilt insbesondere für Kinder aus mehrsprachigen Herkunftsländern mit Sprachminderheiten (z. B. Kurden aus der Türkei oder Berber aus Marokko), aber auch für Dialektsprecher, deren Muttersprache von der Amtssprache abweicht (z. B. für Kinder aus Süditalien). Relevant wird dieses Wissen, wenn man Dolmetscherdienste in Anspruch nehmen will. Die Kenntnis hat aber auch Bedeutung für die Einschätzung der Schwierigkeiten des jeweiligen Kindes mit dem schriftlichen Arbeiten.

8. Was können die Kinder schon in der Zweit- bzw. in der Zielsprache Deutsch?
Hier geht es um die Kenntnisse und Fähigkeiten, die gesteuert oder ungesteuert erworben wurden. Es ist wichtig, in Erfahrung zu bringen: Wie groß ist der passive Wortschatz, in welchen Bereichen ist er schon ausgebauter, und wo gibt es noch weiße Flecken. Einfache Verfahren, dies herauszufinden, sind das Arbeiten mit Bildkarten, Lottos, Bildergeschichten etc.

9. Was wissen die Kinder schon von den Gegenständen des Sachunterrichts?
Kinder aus ländlichen Bereichen wissen über Natur und Tierreich aus praktischer Erfahrung häufig genauer Bescheid, als Lehrbücher und Lehrerinnen dies annehmen. Hier kann Expertenwissen nutzbar gemacht werden, so daß sich die Kinder nicht ausschließlich als defizitäre Wesen begreifen.

10. Welche kulturellen Erfahrungen bringen diese Kinder mit?
Für das gemeinsame Lernen allgemein und für das interkulturelle Lernen bietet es sich an, in den Unterricht die konkreten Erfahrungen der Kinder mit einer anderen Kultur einzubringen. Andere Rollenerwartungen, andere Sitten, andere Strategien der Alltagsbewältigung können Anregungen zum Nachdenken sein und allen Kindern vermitteln, daß es Alternativen zu ihren Erfahrungen gibt.

Diesen Fragenkatalog kann man als Lehrerin oder Lehrer nicht immer durch Fragen an die Kinder allein beantworten lassen. Hilfen gibt es über Eltern, ausländische Lehrkräfte, aber auch im Einzelfall von Hilfsorganisationen (bei Flüchtlingskindern), Verbänden, die sich mit um die Familien kümmern. Sie alle helfen in der Regel weiter, die Lebensbedingungen und damit wichtige Voraussetzungen für den Lernprozeß und die notwendige Förderung kennenzulernen.

Barbara Schlotmann

Wie kann ich die Kinder fördern?

Die Möglichkeiten (der Förderung und Integration) werden mitbestimmt von der Klasse, der ich ja insgesamt gerecht werden muß. Ebenso bestimmend sind die Bedingungen jenseits des Klassenverbandes (äußere Differenzierung) und jenseits des Schulvormittags (Unterstützung durch außerschulische Partner) sowie der ungesteuerte Spracherwerb durch peer-group und Medien. Der Orientierungsrahmen für meine Arbeit wird also auf der einen Seite durch alle Kinder der Klasse in ihrer Unterschiedlichkeit – auch jenseits von sprachlichen Gegebenheiten – und den Voraussetzungen, die die ausländischen Kinder mitbringen, bestimmt sein.

Wenn ich das erworbene Handwerkszeug wie: differenzierte Ziel- und Aufgabenstellung; Arbeiten in Kleingruppen; Partnerarbeit; Arbeiten nach Tages- oder Wochenplan; Anleitung zur selbständigen Nutzung von Lernmaterialien wie Wörterbuch, Klassenwortschatz, und zum selbständigen Erarbeiten von Themen und Projekten in meinem Unterricht einsetze, gewinne ich Zeit für *alle* Kinder mit ihren je spezifischen Bedürfnissen an Zuwendung und damit auch Zeit für die besonderen Anforderungen der ausländischen Kinder.

Ich gewinne Zeit, um z. B. ihre Alphabetisierung weiterzubringen oder abzuschließen, ihren Wortschatz auszubauen. Dies sollte möglichst in enger Verbindung mit den Themen, an denen die Klasse aktuell arbeitet, geschehen. Deshalb eignen sich auch die klassischen Materialien für Deutsch als Fremdsprache in der Primarstufe überwiegend nur in Auszügen bzw. als Orientierung für die Lehrerin und sind nicht im Sinne eines geschlossenen Lehrgangs einzusetzen.

Sprach- und Lesebücher, ja sogar die Mathematikbücher, die Sachunterrichtsmaterialien allemal haben heute starken Lebensweltbezug für Kinder, insofern ist ein „Sonderkurs" für Ausländer nicht zwingend, eher schon die kontinuierliche Beachtung ihrer Bedürfnisse an den Unterricht. Es ist also immer wieder in den Blick zu nehmen, ob etwas und was denn den ausländischen Kindern den Weg zum Thema, zur Lösung einer Aufgabe versperrt.

Das sind in der Regel nicht immer nur der Wortschatz, die Grammatik, die Schwierigkeit der Aufgabenstellung. Es sind häufig die fremden Verhaltensrepertoires, die andere Rollenerziehung, die abweichende Arbeitsteilung, die diesen Kindern fremd sind. Sie brauchen daher Erklärungen und Vergleiche. Das bedeutet, „hinter die Worte zu schauen", offen zu sein für Unverständlichkeiten aus anderer Sicht, Distanz zu den eigenen Selbstverständlichkeiten zu gewinnen, sich hineinzudenken, was und warum die Kinder nicht verstehen.

Dazu gehört u. a., Darstellungen und Illustrationen daraufhin zu untersuchen, ob sie für die ausländischen Kinder die Wirkung haben und das leisten, wofür sie gemeinhin gedacht sind, also z. B.

- über etwas nachzudenken, zu sprechen oder zu schreiben,

- als Veranschaulichung von Dingen zu dienen, die nicht in der Klasse zu sehen sind,

- die Phantasie anzuregen,

- Tatbestände und Situationen aus fernen (zurückliegenden und zukünftigen) Zeiten zu beschreiben,

- fremde Welten näher zu bringen.

Die Interpretation von Zeichen, also auch Bildern, ist kulturabhängig. Sie bedeuten nicht zwangsläufig für alle das Gleiche. Die Interpretationen sind aber auch erfahrungsabhängig. Das gilt für alle Kinder. Deshalb sind hier Hilfestellungen nötig.

Eine Gruppe von Kindern erhielt z. B. die Aufgabe, aus einer Reihe von fünf Tieren vier Haus- und Hoftiere herauszusuchen. Es handelte sich um die Darstellungen von Huhn, Katze, Schwein, Hund und Kamel. Die deutschen Kinder waren mit der Aufgabe schnell fertig. Nur zwei islamisch erzogene Schülerinnen saßen lange grübelnd vor ihrem Blatt und entschieden sich schließlich für das Kamel und sonderten das Schwein aus. Das Schwein, ein im Islam geächtetes, unreines Tier, konnte unmöglich das gesuchte Haustier sein!

Sie handelten dabei durchaus gegen ihr „Wissen", z. B. aus Fernsehsendungen oder gar gegen die eigene Anschauung, erfahren bei Ausflügen in ländliche Regionen. Sie „verpatzten" eine Aufgabe also wissentlich, weil die kulturell verankerte emotional-religiöse Aversion gegen die richtige Lösung in ihnen obsiegte.

Ebenso sind Witze, Bilderwitze oder Comics nicht in jedem Fall für ausländische Kinder verständlich.

Für das Lernen (in) der Zweitsprache ist es also wichtig abzusichern, daß die ausländischen Kinder die Deutungsmuster der deutschen Kinder zumindest kennen, wenn sie sie auch nicht immer teilen können.

Barbara Schlotmann

Im *Musikunterricht* schaffe ich Situationen, in denen die ausländischen Kinder vom Zuhören und Mitsingen zur eigenen Darbietung kommen. Gerade in Rußland wurde und wird viel und schön gesungen. Singen gehört dort – besonders auf dem Lande – auch oft noch zur Familientradition. Die Kinder singen auch gerne einmal etwas vor. Ein Lied, das der Klasse gefällt, kann anschließend mit allen eingeübt werden. Ich denke hier an die deutschen Lieder, die die Kinder aus der Familie oder der Schule mitbringen. Aber mit Hilfe der bereits Sprachkundigen darf's auch mal ein russisches Lied (in lateinischer Transkription) sein. Das macht noch mehr Spaß.

Spiele gehören in die gleiche Kategorie. Auch Sprachanfänger können einfache Spiele zeigen. Dazu gehören Bewegungs- oder Kreisspiele ebenso wie Schreibspiele oder andere nicht kommerzielle Spiele. Türkische Kinder kennen wunderschöne Spiele mit Naturutensilien (z. B. beş taş; sprich: besch tasch). Kinder aus Asien fertigen durch Falten und Schneiden phantastische Figuren aus Papier. Diese Beiträge können eine Anregung für die ganze Klasse sein.

Im *Sportunterricht* finden sich besonders viele Möglichkeiten, vorhandene Fähigkeiten unter Beweis zu stellen. Hier drängen die Kinder häufig geradezu danach, ihr durch frühe Förderung erworbenes Können auch mitzuteilen. Eine Kollegin regt sie z. B. an, ihr Repertoire im Geräte- und Bodenturnen oder in Leichtathletik vorzuführen. Die Klasse bekommt so Anstöße aus ihrer Mitte, und die Kinder genießen die Bewunderung. Dies hilft ihnen über viele Mißerfolgserlebnisse des Anfangs hinweg.

Ich habe immer wieder als Klassenlehrerin erlebt, daß *ich* etwas von diesen Kindern lernen kann, wenn ich ihnen die Möglichkeit gebe, sich auf verschiedenen Gebieten mit ihren Erfahrungen zu äußern, und ich ihnen nicht ein Unterrichtskonzept überstülpe, mit dem sie zu Beginn nichts anfangen können. Diese Art interkulturellen Lernens macht den Unterricht unendlich viel spannender – für die Kinder und die Lehrerinnen.

Wie können die ausländischen Kinder von Anfang an mitarbeiten?

Ich habe immer wieder feststellen können, daß neu zugewanderte Kinder sehr schnell ihren Spracherwerb im Alltagsbereich – auch ungesteuert, also außerhalb der Schule – ausbauen, wenn sie Kontakte zu Gleichaltrigen haben. Hier gilt es, ihren individuellen Gebrauchswortschatz aufzugreifen und verwertbar zu machen.

Die Kinder sollten zu diesem Zweck vom ersten Tag an ein Wörterheft, einen Wörterkasten o. ä. führen, in dem sie alle neu ‚gesehenen' (sie lesen ja dauernd irgend etwas) oder gehörten Wörter sammeln. Diese sollten mit der Hilfe ihrer Paten möglichst auch schon richtig aufgeschrieben werden. Mit der Zeit wird diese Übung dann zum Aufbau eines Klassenwortschatzes genutzt. Hilfreich ist dabei die Sortierung nach grammatischen Kategorien wie Nomen, Verb, Adjektiv und Wortfamilien, Wortfeldern oder Oberbegriffen. Dabei braucht das Kind Hilfen, die es z. B. im Förderunterricht oder aber im sog. außerschulischen Nachhilfeunterricht (für Aussiedler) bekommt. Ein anfangs systematischer Austausch mit der Lehrkraft des Förderunterrichts ist notwendige Voraussetzung für zielgerichtetes, auf den Regelunterricht bezogenes Lernen.

Tips für den Förderunterricht

Wir wollen wissen, wieviel und was das ausländische Kind versteht:

Hörverständnisübungen können mit entlasteten, d. h. vereinfachten Texten, die man selbst auf Kassetten spricht, hergestellt werden. Die Texte sollten aktuelle Themen des Unterrichts zum Inhalt haben. Fragen kontrollieren das Verständnis.

Leseverständnis: Vor ersten Leseversuchen überprüfe ich, wie weit die in einer anderen Schrift alphabetisierten Kinder sicher in unserem lateinischen Alphabet sind, und schließe im Bedarfsfall zunächst die Lücken. Wir dürfen nicht vergessen, daß die meisten Kinder in ihrer Muttersprache lesen *können*. Die Technik ist vorhanden. Nun muß das Leseangebot *Bedeutung* bekommen. Deshalb ist das Verständnis der gelesenen Texte zu überprüfen und abzusichern (siehe Verständnisfragen und Wörterheft). Hilfreich ist es, wenn die Kinder so früh wie möglich lernen, mit einem zweisprachigen Wörterbuch umzugehen (Duden für Deutsch als Fremdsprache). Für den Erwerb der konkreten Wörter eignet sich das Bildwörterbuch *Wörter und Bilder* (Westermann) oder eine Bild-Wort-Kartei.

Rechtschreibung: Die deutsche Rechtschreibung ist stark regelgeleitet und vergleichsweise schwierig. Die Kinder bringen unterschiedliche Erfahrungen mit dem Problem Rechtschreibung mit. Das Türkische schreibt man beispielsweise so, wie man es spricht. D. h. die Laut-Buchstabenzuordnung ist eindeutig. Die meisten Herkunftssprachen kennen keine Differenzierung von Groß- und Kleinschreibung außer bei Eigennamen. Im Arabischen gibt es keine „Groß"- und „Kleinbuchstaben". Deshalb muß das Verständnis für dieses deutsche Phänomen schon zu Beginn des Unterrichts grundgelegt werden. *Modellwörter* für die zentralen Eigenarten wie: Vokaldehnung oder -kürzung, den s-Laut, die Umlaute, Buchstabengruppen wie sch/ch/st/sp ... sind Hilfen für die selbständige Weiterarbeit. Das Nachschlagen in der Wörterliste oder im Wörterbuch, Vergleichen und Kontrollieren beim Schreiben leite ich frühzeitig und systematisch als Hilfe zur Selbsthilfe an.

Aussprache: Zunächst muß ich als Lehrerin *hören* lernen und meine eigene Wahrnehmung schärfen. Dazu gehört, daß ich mich bemühe, langsamer als normal, deutlich und in einfachen Sätzen zu sprechen. Eine Tonbandkontrolle liefert hier erstaunliche Ergebnisse! Zum richtigen Schreiben gehört das richtige Sprechen, zum richtigen Sprechen das richtige Hören zwingend dazu. Ich muß also zunächst die typischen Ausspracheschwierigkeiten, die zu typischen Rechtschreibschwierigkeiten führen, einordnen. So schreiben eigentlich alle ausländischen Kinder (wie deutsche Schreibanfänger auch) die er-Endung zunächst phonetisch als a: z. B. ‚bruda'. Darüber hinaus hat jede Herkunftssprache ihre je eigene Wirkung. Die Sprecher slawischer Sprachen müssen erst die Vokallängen hören lernen, um sie richtig zu sprechen und dann auch zu schreiben. Die spanischen Kinder haben Probleme mit den Zischlauten (z. B. sch), besonders im Anlaut, und versuchen einen Vokal ‚davorzuschmuggeln'. Die türkische Sprache kennt kaum Konsonantenhäufungen, und so schieben sie Vokale als Sprechhilfen dazwischen (sog. Sproßvokale, z. B. in Film = filim). Das alles passiert aber nur und verfestigt sich, wenn keiner *zu*hört und niemand darauf aufmerksam macht. Mit entsprechendem Aussprachetraining verschwinden diese anfänglichen Schwierigkeiten im Grundschulalter bald.

Materialien und Literatur

Es gibt einen fast unüberschaubar großen Markt an Lehrwerken und Materialien für Deutsch als Zweitsprache (DaZ). Im folgenden sind nur einige Tips aufgeführt (s. auch Literaturtips S. 50):

Ping-Pong (hueber)
Das Deutschmobil, Stuttgart (Klett)
Manfred Huth (Hrsg.): Deutsch als Fremdsprache; Deutsch als Zweitsprache, das schnelle AOL-Nachschlagewerk, Hits für den Unterricht Bd. 4 und 5, Hohengehren (AOL-Verlag) 1994

Barbara Schlotmann, Doris Niggebrügge

Tips

- *Rechtlich* gesehen gibt es „Fallgruppen": Deutsche oder Nicht-Deutsche, Aussiedler oder Ausländer, Ausländer mit Bleiberecht oder Asylbewerber, Schulpflichtige oder nur Schulberechtigte ... *Pädagogisch* gesehen sind es Kinder, die ihre eigene Lebensgeschichte und ihre Lebensumstände mit in die Schule bringen und die alle ein Grundrecht auf Bildung haben. *Sehen Sie die Kinder pädagogisch.*

- Kinder aus unterschiedlichen Herkunftsländern in einer Klasse oder einer Schule eröffnen auch *Chancen zum interkulturellen Lernen.* Sie können sie täglich nutzen, wenn die ausländischen Kinder ihre Sprache, ihre Feste, ihre kulturellen Gewohnheiten, ihre Lebensweltbezüge in den Unterricht einbringen dürfen.

- Nutzen Sie auch die zusätzlichen Fördermöglichkeiten an Ihrem Ort zur Hausaufgabenhilfe, zum ergänzenden Deutschlernen, zur Zusammenarbeit mit Muttersprachlehrerinnen und -lehrern, zur sozialen Integration. Oft gibt es nämlich Hausaufgabenhilfe-Kreise, Initiativen und Angebote freier Träger, von Sportvereinen oder anderen. Auch Eltern können vielleicht zu privaten Hilfen angeregt werden (gemeinsame Hausaufgabenerledigung, Mitnahme beim Ausflug).

- Wenn Sie Seiteneinsteiger unterrichten, also Kinder ohne oder mit nur geringen deutschen Sprachkenntnissen, dann wählen Sie kein Lehrgangskonzept, bei dem Vokabeln und Grammatik ohne tatsächliche Sprachverwendung beigebracht werden sollen. In den Mittelpunkt des Lernens stellen Sie Situationen, in denen gehandelt, gesprochen und geschrieben wird (einkaufen, ein Tierbuch herstellen, Zaubertricks lernen und vorführen etc.). Der Ausbau von Wortschatz und Grammatik ergänzt dann diesen Unterricht in vertiefenden, systematisierenden „Lernschleifen".

- Ziel auch von Auffang-, Förder- oder Vorbereitungsklassen für Seiteneinsteiger muß die Integration in Regelklassen sein. Wenn Sie in einer solchen Spezialklasse oder -gruppe arbeiten, dann kooperieren Sie mit der Lehrerin oder dem Lehrer der Zielklasse „Ihrer" Kinder. Wenn Sie in der Regelklasse arbeiten, dann öffnen Sie Ihre Klasse für Seiteneinsteigerkinder, schaffen Sie Patenschaften und beziehen Sie die Sprachanfänger in gemeinsame Aktionen Ihrer Klasse ein.

Bewegungszeiten

Grundschulkinder waren immer schon bewegungshungrig. Grundschulkinder heute scheinen einen oft geradezu unstillbaren Bewegungshunger zu haben. Sie hampeln, zappeln, sind übernervös, manchmal hyperaktiv. Die Ursachen sind vielfältig:

- Kinder haben einen starken Bewegungsdrang. Wird den Bewegungsimpulsen durch zu langes *Stillsitzen,* wie es oft in der Schule verlangt wird, nicht Rechnung getragen, dann suchen sie sich Ventile.

- Kinder heute können sich zu wenig austoben, weil ihre Lebenswelt oft zugebaut ist, überall verbotene Zonen enthält, der Verkehr ihre Bewegungsmöglichkeiten weiter einschränkt, das Faszinosum Fernsehen und Spiele am Computer sie oft allzu lange stillhält. Der *Bewegungsdruck* explodiert dann geradezu in Situationen, in denen die Spannung nachläßt, geistige Konzentration gefordert ist, rezeptives, also z. B. zuhörendes Verhalten verlangt wird.

- Viele Kinder sind von action-reichen, aggressionsdichten Filmen und Fernsehsendungen, oft verbunden mit zu kurzen Schlafphasen, möglicherweise noch verstärkt durch Spannungen im Elternhaus, so unter Druck, daß sie zunächst nicht zu ruhiger Konzentration fähig sind. Montags sind z. B. die Auswirkungen der Wochenenden in vielen Klassen zu beobachten.

- Hinzu treten Lernstörungen bei hyperaktiven Kindern, die Kontakte zu Eltern und Arzt erfordern.

Bewegung darf deshalb nicht auf die Sportstunden und die Hofpausen beschränkt werden. Vielmehr muß Bewegung den Schulalltag durchziehen – als *Wechsel von Ruhe und Bewegung im Tagesrhythmus* und auch mit Möglichkeiten, individuell Bewegungszeiten wahrzunehmen.

Literaturtip: P. Ehrlich, K. Heimann: *Bewegungsspiele für Kinder.* Dortmund (Modernes Lernen) 1982

Einfache Lockerungsübungen für Kinder und Lehrerin oder Lehrer

Fingerübungen: Klavierspielen; Fäuste öffnen, schließen; Arme strecken – in Seithalte bei gleichmäßiger Atmung „Wer hält am längsten aus?" – Arme lösen (entspannen, Arme ausschütteln),

Hüpfen: auf der Stelle, Hampelmann, auf einem Bein, vor – zurück, links – rechts,

Herumwandern zur Musik (Kassette): schleichen wie ein Indianer, fliegen wie ein Vogel, laufen wie ein Hund usw.,

Pantomimen: Instrumente spielen; Handwerker spielen, Tiere nachmachen; Boxkampf, Kissenschlacht, Ameisenhaufen ... (alle Pantomimen ohne Sprache und ohne sich zu berühren).

Horst Bartnitzky

Bewegungs- und psychomotorische Übungen mit oder ohne Partner

- Begrüßungslied: „Guten Morgen, good morning ... ", Begrüßung beim Durchschreiten des Raumes mit Handschlag oder anderem Körperkontakt.

- Buchstaben oder Zahlen auf den Rücken eines Kindes schreiben, als Partner- oder Mannschaftsübung.

- Auf dem Boden liegende Buchstaben, Wörter, Sätze, mit oder ohne Hüpfball erhüpfen. Gleiches ist mit Rechenaufgaben, die jedes Kind ausgehändigt bekommt, deren Ergebnisse aber auf dem Boden ausliegen, möglich.

- Bei bestimmten Lautdifferenzierungen eines Buchstabens stehen alle Kinder auf oder verstecken sich unter dem Tisch o. ä. (‚K' = aufstehen, ‚G' = unter den Tisch kriechen).

- Hand- und Fingerführungsübungen mit eigenen Händen oder einem Partner.

- Anspannungs- und Entspannungsübungen, auf Körperregionen konzentriert oder ganzheitlich orientiert.

- Zeitlupenübungen.

- Achten laufen, malen, einhändig, beidhändig usw.

- Führen und Folgen.

- Massageübungen mit dem Tischnachbarn mit Tennisbällen, Küchenrolle.

- Pantomimische Übungen und Darstellungen, einzeln oder in der Gruppe, phantasie- oder sachbezogen.

Motorisch unruhigen Kindern kommen bewegungsorientierte Übungen zunächst entgegen, sollten aber nach Möglichkeit einen Ausklang in einer entspannten Körperhaltung finden.

Karin Voges

Lieblingsspiele von Kindern, berichtet von Lehrerinnen

Zugspiel

Ein Kind ist die Lokomotive. Alle Kinder (pardon: Wagen) hängen sich an. Zuerst fährt der Zug gemächlich an, er beschleunigt sein Tempo, verlangsamt, weil er einen Berg hinaufmuß, einzelne Wagen werden ausgekoppelt, rollen zurück, ruhen sich aus ...

Doris Niggebrügge

Urwald

„Urwald, Urwald, ich liebe meinen Urwald. Dort gibt es Löwen, Tiger und Leoparden."

Alle Kinder sprechen den Text, während sie im Kreis durch den Raum gehen. Der Text wird viermal wiederholt. Bewegungsänderungen werden beibehalten.

Bei der 1. Wiederholung gebe ich die Bewegungsänderungen zum Stichwort „Leoparden":

1. Lege die linke Hand auf die rechte Hand des Vordermanns,

2. fasse mit der rechten Hand den rechten Fuß des Vordermanns,

3. stelle dich ganz dicht an deinen Vordermann,

4. setze dich auf den Schoß des Hintermanns (alle Kinder gehen in die Hockstellung – und fallen wahrscheinlich um).

Barbara Korn

Katz und Maus

Zwei Kinder werden zu Katz und Maus. Alle anderen bilden einen Kreis und fassen sich bei den Händen. Die Maus ist im Kreis, die Katze außerhalb des Kreises. Sie muß versuchen, die Maus zu fangen. Dies wird ihr aber dadurch erschwert, daß die Kinder im Kreis ihr das Durchschlüpfen durch schnelles Zusammenrücken oder Senken der Hände möglichst schwermachen. Gelingt es der Katze aber dennoch, die Maus zu fangen, so muß diese eine neue, von den Kindern bestimmte Maus jagen. Die Katze kann aber auch nach einer vor Spielbeginn festgelegten Zeit abgelöst werden, ob sie die Maus gefangen hat oder nicht.

Storch und Frösche

Ein Kind ist der Storch, alle anderen sind die Frösche. Der Storch darf sich nur auf einem Bein hüpfend fortbewegen, die Frösche dürfen nur in der

Hocke, beide Hände seitlich in die Hüften gestützt, umherspringen. Fängt der Storch einen Frosch, tauschen beide die Rollen. Je nach Größe der Spielgruppe kann auch ein Storchenpaar oder gar eine ganze Storchenfamilie auftreten.

Schlange

Die Kinder bilden eine lange Schlange, indem sie sich an den Schultern und Händen festhalten. Nur der erste der Reihe, der Schlangenkopf, behält die Augen offen und führt die Gruppe über vorhandene oder erdachte Hindernisse, über den Schulhof, um einen Baum oder Tisch herum, unter – erdachten – Gegenständen hindurch, in weiten Bögen und langen Schleifen, in der Hocke, auf Zehenspitzen ...

Zeichen zur Richtungs- oder Bewegungsänderung dürfen von einem Kind zum anderen nur durch Berührung weitergegeben werden. Nach einer Weile sollte ein anderes Kind zum Schlangenkopf werden.

Paare fangen Paare

Immer zwei Kinder fassen sich an den Händen. Ein Paar wird zum Fänger bestimmt und muß nun versuchen, ein anderes Paar abzuschlagen. Gelingt ihm das, wird dieses Paar zum Fänger.

Horst Bartnitzky

Lieblingslieder und -musik von Kindern

Jetzt wird gezappelt

Als ich mein bewegungshungriges, hyperaktives Trüppchen von 27 Zwergen einschulte, war mir klar, daß ich mir für unseren gemeinsamen Aufenthalt im Klassenraum (ca. 7 m x 7 m) etwas einfallen lassen mußte. Ein Kassettenrecorder bekam seinen Stammplatz. Wenn nun der erste Stuhl samt Schüler kippt, die nächsten Kandidaten bereits auf der Stuhlfläche knien, der dritte mittlerweile unter dem Tisch sitzt, der vierte vor lauter Hilfsbereitschaft allen anderen einmal schnell über die Schultern schauen muß und dadurch nur noch auf Achse ist, kommt mein Einsatz:

Jedes Kind sucht sich einen Platz in der Klasse! Sie wissen ja, Platz ist in der kleinsten Hütte. Fenster auf, Recorder an, Band ab!

Ich stehe vorn (nach ganz kurzer Zeit täglich ein anderes Kind) und zeige vor. Wir machen gymnastische Übungen nach Musik, erlauben uns natürlich auch mal einen Spaß, indem wir uns beispielsweise beim Rock 'n' Roll nach allen Regeln der Kunst verbiegen oder selbst Gitarre spielen (pantomimisch). Der Phantasie sind hier keine Grenzen gesetzt.

Eine unumstößliche Regel: *Es wird nicht gesprochen!* Bestehen Sie darauf! Ansonsten sind tumultartige Szenen vorprogrammiert. Unser kleiner „Auftritt" (anfangs noch ziemlich ungeordnet, später fast fernsehreif) dauert ca. drei Minuten und kann beliebig oft wiederholt werden.

Danach sind Körper und Geist der Kinder wieder aufnahmefähig(er).

Cornelia Schade

„Zeigt her eure Füße ... "

Diese Liedvariante des bekannten Handwerker-Kinderliedes macht nach einigen Tagen den Kindern die Tätigkeiten bewußter, die den Alltag in Klasse 1 bestimmen. Zugleich ist es ein entspannendes Bewegungsspiel. Die Kinder stehen im Kreis oder an ihrem Platz, singen und führen die Bewegungen aus, z. B. indem sie die eigenen Füße zeigen:

„Zeigt her eure Füße,
zeigt her eure Schuh',
und sehet den fleißigen Schulkindern zu.
Sie schreiben, sie schreiben (die Kinder schreiben dabei in die Luft),
sie schreiben den ganzen Tag ... "

Weitere Strophen: Sie lesen (welche Bewegung dazu?), sie zählen, sie turnen, sie malen, sie schneiden, sie hüpfen, sie laufen ... Am Schluß: sie schlafen ... Bevor die Kinder nach Hause gehen, könnten Sie singen:

„... Sie gehen jetzt nach Haus',
die Schule ist aus ... "

Horst Bartnitzky

Nach Musik gehen

Von einem Kassettenrecorder wird Musik gespielt, nach der die Kinder im Raum umhergehen können. Ich stoppe die Musik und stelle die Aufgabe: Auf dem rechten Bein hüpfen. Etwa eine halbe Minute wird nun auf dem rechten Bein weitergehüpft. Weitere Aufgaben können sein: auf dem linken Bein hüpfen, auf allen Vieren kriechen, rückwärts gehen, Mäuseschritte oder Riesenschritte machen, wie ein Hase hüpfen, schließlich: wie eine Katze leise auf den Platz zurückschleichen.

Doris Niggebrügge

Lied: Wenn du glücklich bist ...

Wenn du glücklich bist, du weißt es – *klatsch die Hand* (dreimal),

wenn du glücklich bist, du weißt es, und du willst es allen zeigen,

wenn du glücklich bist, du weißt es – klatsch die Hand,

wenn du glücklich bist ...

... stampf die Füß' ...

... schnips die Hand ...

... knips das Aug' ...

... dreh dich um ...

... do it all ...

In der letzten Strophe werden alle Bewegungen hintereinander wiederholt. Das Lied kann auch auf Englisch gesungen werden.

Barbara Korn

Kinder erfinden Bewegungsaktionen selbst

Kinder können auch beim Sich-Bewegen einfallsreich sein und Bewegungsphasen z. T. selbst organisieren. Sie brauchen dazu einfache Hilfsmittel, ein paar Regeln, Platz und Zeit. Die Kinder lernen dabei, Bewegungsspiele und Bewegungsformen zu konzipieren und umzusetzen. Diese Fähigkeit hat dann nachhaltigen Einfluß auf die Pausen- und Freizeitgestaltung der Kinder. Dabei haben sich besonders ganz „alltägliche Hilfsmittel" bewährt wie Teppichfliesen, Waschmitteltrommeln, Umzugskartons, Bierdeckel, große Stoffreste u. a. (hilfsbereite Eltern haben mir beim Beschaffen dieser Dinge immer geholfen).

Reste-Verwertung für neue Spiele

Für dieses Unterrichtsvorhaben benötigt man etwa 200 Bierdeckel (in jeder Gaststätte zu erhalten), 20 bis 30 Teppichfliesen-Stücke (als Restposten im Teppichhandel) und leere Waschmittel-Trommeln. Auch andere Gegenstände aus „Haus und Hof" lassen sich beliebig einbauen.

Die Klasse wird in Gruppen eingeteilt, jede Gruppe bekommt einen anderen „Materialhaufen" (zweite Möglichkeit: Die Kinder suchen sich ihr Material selber aus) mit der Aufforderung:

„Mit diesem Materialhaufen könnt ihr sicher auch in der Turnhalle etwas Lustiges anfangen, laßt euch etwas einfallen, ihr dürft es nachher vorführen."

Nun beginnt – in Gruppen getrennt – das Ausprobieren. Mögliche Ergebnisse sind:

- Laufen auf gelegten Bierdeckeln

- Laufen auf Teppichfliesen (jeweils ohne den Hallenboden zu berühren)

- Hüpfen auf/über die Bierdeckel

- Hüpfen auf/über die Teppichfliesen

Bewegungsspiele · Sportunterricht   71

● Rutschen und Ziehen auf umgedrehten Teppichfliesen

● Rollen in Papp-Trommeln (Hineinlegen)

● Hüpfen über rollende Papp-Trommeln

Die Möglichkeiten scheinen unbegrenzt. Wenn nach einiger Zeit die Lust nachläßt, sollte man die Kinder zusammenrufen.

Da die gefundenen Bewegungsformen mit wenig Aufwand für alle Kinder nachvollziehbar sind, kann jetzt nach jeder „Vorführung" die ganze Klasse das Gezeigte ausprobieren und verändern.

Meine Klasse (ein zweites Schuljahr) war bei diesem Unterrichtsvorhaben so kreativ, daß wir etwa drei Schulstunden an unterschiedlichen Tagen benötigten. Und noch jetzt benutzen wir dort „erfundene" Spiele zum Aufwärmen oder als Abschlußspiel – mehr als ein Jahr später!

Karton-Baustelle

Für 24 Kinder benötigt man etwa 24 alte Umzugskartons oder große Kartons von Lebensmittelgeschäften. Der Unterricht muß nicht unbedingt in der Turnhalle stattfinden, es genügt auch der Schulhof, eine Pausenhalle, ein langer Flur oder ein Kellerraum. Die Turnhalle hat jedoch den stärksten Einfluß auf den Bewegungsdrang der Kinder.

Die Klasse wird in Gruppen mit je drei oder vier Kindern eingeteilt, und jede Gruppe bekommt zwei bis drei Kartons mit der Aufforderung:

„Wir wollen sehen, was ihr damit alles anstellt, ihr dürft es nachher allen Kindern zeigen." (Keine genaueren Anweisungen geben, sonst würde die Kreativität der Kinder gebremst!)

Meine Klasse (ein zweites Schuljahr) benötigte mindestens zehn Minuten zum „Zusammenbau" der Umzugs-Kartons, aber auch dies halte ich für einen wichtigen Lernschritt.

Danach beginnt meist eine zehn- bis fünfzehnminütige Experimentierphase. Die Kartons werden aufeinandergestapelt, ineinandergeschoben, durch die Halle gerutscht, Kinder krabbeln hinein und vieles mehr.

Weitere Möglichkeiten: Die Kinder bauen Häuser, Roboter oder Tiere. Dazu sollte man kleinere Hilfsmittel bereithalten (Messer, Scheren, Klebeband) und auch bei Bedarf Hilfestellungen geben, damit sich kein Kind verletzt. Die Kinder führen ihre Arbeiten den anderen vor. Bei meiner Klasse überwogen die bewegungsorientierten Ergebnisse (Roboter, Tiere ...).

Im Gespräch brachten die Kinder Verbesserungsvorschläge oder Ergänzungen ein. Diese konnten die Kinder anschließend ausprobieren oder damit ganz neu experimentieren. Die Kinder drängten auch darauf, die zusammengebauten Gebilde zu bemalen und zu verzieren. Es wurde dann geklebt, verschönert, bemalt, ausgeschnitten und gebastelt.

Am Ende der „Karton-Baustelle" waren acht bis zehn Schulstunden vergangen (in einem Zeitraum von zehn Tagen), die Ergebnisse machten allen viel Freude. Vergessen hatte ich nur von Anfang an meinen Fotoapparat, das passiert mir bei der nächsten „Karton-Baustelle" (in einer vierten Klasse) nicht mehr!

Michael Backhaus

Tips

Wechsel von Ruhe- und Bewegungsphasen

- Je jünger die Kinder sind, desto kürzer müssen die einzelnen Unterrichtsphasen sein. Kinder der Klasse 1 und 2 werden in der Regel nach 10 bis 20 Minuten unkonzentriert und brauchen dann einen *Wechsel der Arbeitsform,* immer verbunden mit Bewegung (z. B. Wechsel der Sitzform, vom Tisch zum Kreis, aufstehen – wegräumen – informelle Phase, Bewegungslied oder -spiel, kleine Pause auf dem Hof).

- Wo immer es geht, da beziehen Sie in den Unterricht auch die Bewegung der Kinder ein. Das kommt ihrem Bewegungsdrang entgegen und berücksichtigt, daß Kinder auch körperlich sinnlich lernen (z. B. mit pantomimischen Darstellungen bei Liedern und Texten, Tafelanschriften der Kinder an allen vier Tafelflächen, Lernen an Stationen im Klassenraum, Schleichdiktaten).

Individuelle Bewegungszeiten

- Akzeptieren Sie, daß die Kinder sich zwischendurch mit der notwendigen Rücksicht auf die anderen auch individuell bewegen können (z. B. aufstehen – um den Tisch gehen – der Arbeit zusehen – sich wieder setzen, sich für eine Zeit in die Leseecke zurückziehen).

- Ermöglichen Sie durch bestimmte Arrangements, Unterrichtsformen und Regelungen, daß die Kinder sich phasenweise im Klassenraum *frei bewegen* können (z. B. bei Freier Arbeit oder offenen Übungszeiten, zum Materialholen von einem Materialtisch, zum Toilettengang, zum Eintrag in eine Liste nach Erledigung von Aufgaben, beim Rundgang durch die Klasse, um die auf den Tischen ausgelegten Arbeitsergebnisse anzusehen).

Individuelle Bewegungszeiten 73

- Auch Sie bewegen sich ja während des Unterrichts häufig. Achten Sie darauf, daß Sie immer ein gutes Beispiel für *rücksichtsvolles Sich-Bewegen* im Klassenraum sind (genereller Flüsterton bei Allein- oder Gruppenarbeit, bei Ansprache eines Kindes oder einer Gruppe: hingehen und nicht durch die Klasse sprechen, langsam gehen).

Aufbau eines Repertoires an Bewegungsspielen und -liedern

- Führen Sie ein kleines Repertoire an Liedern und Spielen ein. Es müssen nicht viele sein, denn die Kinder singen und spielen gerne immer wieder dasselbe, wenn es als lustvoll erlebt wird.

- Wenn das Repertoire z. B. auf einem Plakat gesammelt wird, dann können die Kinder mitentscheiden, was sie singen oder spielen wollen.

Einschulung

Die Einschulung ist für Kinder und meist auch für die Eltern ein einschneidendes Ereignis:

Für *die Eltern,* zumal beim ersten oder einzigen Kind, ist die Einschulung mit Erwartungen und oft auch Ängsten begleitet: Schule wird als Eintritt des Kindes in die Leistungsgesellschaft verstanden, als erster Schritt in den „Ernst des Lebens". Ihre Sorge gilt häufig der Frage, ob ihr Kind die neuen Anforderungen bewältigt und ob es dabei von einer verständnisvollen Lehrerin geleitet wird.

Neben solchen, eher diffusen Erwartungen und Sorgen gibt es für viele Eltern auch sehr praktische Alltagsprobleme: Die Betreuung des Kindes in den Vormittagsstunden ohne Unterricht, oft mit wechselnden Zeiten, muß geregelt werden, ebenso die Hausaufgabenbetreuung.

Die Kinder freuen sich meistens auf die Schule, viele hegen hohe Erwartungen an sie als Ernstfall des Lernens, bei dem sie einen großen Schritt auf das „ernstere" Erwachsenenleben hin tun. Bei vielen Kindern mischen sich die Erwartungen auch mit Sorgen, angefangen bei relativ kleinen, für das einzelne Kind aber bedeutsamen Sorgen, z. B. ob es wohl mit einem bestimmten Kind in eine Klasse kommt, bis zu existenziellen Ängsten, ob es den hohen Erwartungen wohl entsprechen kann. Bei mißerfolgsängstlichen Kindern kann sich die Sorge zur Angst bis zur Lernblockade steigern.

Lehrerinnen und Lehrer fragen sich: Gelingt es, das Vertrauen der Eltern und der Kinder dafür zu gewinnen, daß die Schule alle Kinder erst einmal so annimmt, wie sie sind, und sie in ihren Möglichkeiten stärkt?

Oder stehen Erwartungen dem hinderlich entgegen wie: besser sein als andere, schnell lesen und schreiben können, viele Sternchen, Stempel und andere ausgewiesene Belobigungen dafür erhalten ...?

Lehrer und Lehrerinnen, die zum ersten Mal eine Klasse 1 übernehmen, entwickeln oft Ängste, ob die Kinder wohl auch zur rechten Zeit das Nötige lernen. Da Erfahrungen fehlen, springen die Überlegungen zwischen den Polen: Jedes Kind braucht seine Zeit! und: Ich muß aber doch vorankommen!

Insgesamt ist *Einschulung* ein brisantes und stark emotional geladenes Stichwort. Zugleich gibt es gerade zu diesem Thema eine Fülle an veröffentlichter Erfahrung und sicher an den meisten Schulen auch Kooperationen zwischen den Erstklaßlehrerinnen und -lehrern.

Literaturtips: Wolfgang Knörzer, Karl Grass: *Den Anfang der Schulzeit pädagogisch gestalten.* Weinheim und Basel (Beltz) 1992
Ingrid M. Naegele u. a.: *Schulanfang, Hilfen für Elternhaus, Kindergarten und Schule.* Weinheim und Basel (Beltz) 1994

Eine Lehrerin über ihren ersten Schulanfang

Im Sommer übernahm ich erstmalig nach Beendigung meiner Lehrerausbildung ein erstes Schuljahr. Da ich bisher nur wenig praktische Erfahrungen im Anfangsunterricht hatte, waren sowohl die Kinder wie auch ich „Schulanfänger". Als eine wesentliche Hilfe erwies sich meine Kollegin des anderen ersten Schuljahres. Sie bot mir ihre Zusammenarbeit und Unterstützung an.

Vor Beginn des neuen Schuljahres trafen wir uns, legten gemeinsame organisatorische Schwerpunkte und Zielvorstellungen für die ersten Schulwochen fest, z. B. Stundenplangestaltung und Stundenverteilung, Planung eines „Ich bin ich"-Projekts. Als sehr positiv erfuhren wir beide diese gemeinsame Vorbereitung, die von Erfahrung und Innovation bestimmt war. Natürlich haben wir nicht alles gleich gemacht, denn jeder hat seine eigenen Vorstellungen und seinen eigenen Stil. Und ich mußte ihn ja erst noch entwickeln. Meine Ängste und Probleme lösten sich jedoch fast von allein im offenen Gespräch und Austausch mit anderen. Und ebenso offen konnte ich dann auch den Kindern meiner Klasse entgegentreten.

Astrid Ficinus

Elternabend vor der Einschulung

Schon vor dem ersten Schultag nimmt man mit den Eltern der Schulanfänger in Form eines Informationsabends Kontakt auf. Die Atmosphäre an diesem Abend ist von nicht unerheblicher Bedeutung für die zukünftige Zusammenarbeit zwischen Elternhaus und Schule. Eine entspannte Atmosphäre (vorbereitet durch geschmückte Tische, eventuell Getränke und Plätzchen) erleichtert die Kontaktaufnahme auch der Eltern untereinander. Ein Kennenlernspiel überwindet vorhandene Barrieren und ersetzt steifes Nennen der Namen.

Die Lehrerin schreibt ihren Namen an die Tafel, die Eltern versuchen, ihre Namen nach dem Scrabble-Prinzip an andere Namen anzubauen.

```
                 R
                 O
        SCHMIDT
             E
        LEIBERT
             E
        ROLFF
```

Die Eltern erwarten und benötigen viele Informationen. Die allgemeinen Informationen zur Schule übernimmt am besten die Schulleiterin, die sich so auch vorstellen kann. Denkbare Themen:

- Feste und Feiern

- Projekte, Aufführungen usw.

- Geschichte der Schule

- Gefahren des Schulweges (vielleicht mit Bildern oder Dias)

Die besonderen Informationen erfolgen über die Klassenlehrerin. Punkte, die man nicht vergessen sollte:

- Unterrichtszeiten

- Abwicklung der Bücherbestellung

- Inhalt der Schultüte (statt Süßigkeiten Schulmaterialien)

- Materialien für die ersten Schulwochen

- Schulfrühstück (Organisation in der Schule und Tips für ein gesundes Frühstück)

Die Informationen werden auch schriftlich zur Verfügung gestellt. Andere Themen haben Zeit bis zur ersten Klassenpflegschaftsversammlung nach der Einschulung, damit der erste Abend nicht überfrachtet wird. Er könnte vielmehr mit einer gemeinsamen Aktion enden. Die Eltern haben für ihr Kind ein T-Shirt mitgebracht, die Klassenlehrerin hat Stoffarben bereitgestellt. Die T-Shirts werden von den Müttern und Vätern mit dem Namen ihres Kindes bemalt. So ist der erste Schritt für eine funktionsgerechte Sportbekleidung gemacht, und es bleibt noch Zeit für ein gemütliches Kennenlernschwätzchen.

Maria Niemann, Ute Kirch-Forthaus

Vorbereitung auf den ersten Schultag

Die erste Kontaktaufnahme mit den Schulneulingen begann für mich mit einer Einladung zum Kennenlernnachmittag und zum Elternabend vor den Sommerferien. In den Sommerferien richtete ich dann den Klassenraum her. Schwierigkeiten ergaben sich bei der Auffindung ausreichenden Mobiliars für die Kinder. Außer den Arbeitsmaterialien für die Freie Arbeit ließ ich den Klassenraum zunächst kahl.

Auf den nächsten Seiten sehen Sie den Einladungsbrief an die Eltern, an die Kinder, das Faltblatt für die Kinder mit den 31 Wartefeldern (es wurde in „Altarfaltung" geknickt: linke und rechte Viertelseite zur Mitte knicken).

Außerdem bekamen die Kinder eine Bilderseite, auf der für sie die Arbeitsmaterialien aufgezeichnet sind.

Hildegard Hosterbach

Städtische Katholische Grundschule
Essener Str.

Liebe Eltern der Schulneulinge!

Ihr Kind beginnt mit seinem Schuleintritt in wenigen Wochen einen wichtigen neuen Lebensabschnitt. Es soll unser gemeinsames Ziel sein, in der Schule einen Ort zu schaffen, an dem sich die Kinder wohl fühlen und wo sie „daheim" sind.

Zu einem offenen Gespräch und einem gegenseitigen Kennenlernen lade ich Sie deshalb herzlich ein

am Mittwoch, 30. 6. – 19.30 Uhr
im Klassenraum der zukünftigen 1a
in der 2. Etage – Nebeneingang der Katholischen
Grundschule Essener Str. 1

In erster Linie wollen wir uns gegenseitig kennenlernen. Gemeinsam wollen wir überlegen, wie unsere Zusammenarbeit in Zukunft aussehen soll.

Wie sieht der 1. Schultag aus?
Wie werden die ersten Schulwochen ablaufen?
Auch dazu wollen wir über Erwartungen, Anregungen und Vorschläge von Eltern, Lehrerin und Kindern sprechen.

Ferner möchte ich versuchen, Ihre persönlichen Fragen aufzugreifen und zu beantworten.

Für die Schulbuchbestellung beträgt der Elternanteil in diesem Schuljahr 21,60 DM. Bitte bringen Sie diesen Betrag in einem Umschlag mit Ihrem Namen versehen an diesem Abend mit.

Ich würde mich freuen, wenn Sie an diesem Elternabend teilnehmen, da diese Kontaktaufnahme für uns alle wichtig ist.

Mit freundlichen Grüßen

Kath. Grundschule
Essener Straße 1

Liebe

Bald ist es soweit, daß Du ein Schulkind bist und zu mir in die Schule kommst.
Ich möchte Dich gerne schon vorher kennenlernen. Wenn Du am Donnerstag, dem 1.7.1993 um 15 Uhr zu einem Spielnachmittag in Deine zukünftige Schule kommst, würde ich mich sehr freuen. Da kannst Du Deine Mitschüler, Dein Klassenzimmer, die Patenklasse und mich, Deine zukünftige Klassenlehrerin kennenlernen.
Ich freue mich schon auf unser erstes Treffen.
Viele Grüße

Hildegard Hosterbach

Einladungsbrief an Schulanfänger

Die Schule beginnt für Dich am 23.8.93. Um 10.15 Uhr treffen wir uns auf dem Schulhof.

Dann gehen wir in unsere Klasse. Um 11.45 Uhr hast Du die Schule aus.

In der ersten Woche hast Du jeden Tag von 10.15 Uhr bis 11.45 Uhr Schule.

Das 'Erde Deiner ersten Schulwoche werden wir am Freitag, dem 27.8.1993 mit allen Schulkindern und Lehrerinnen der Essener- Schule feiern. Dazu haben das 2.,3. und 4. Schuljahr schon einiges vorbereitet.

Du kommst um 8.15 Uhr zur Schule. Deine Eltern sind zu der Feier um 9 Uhr in der Turnhalle eingeladen.

Zum Abschluß gehen wir mit Deinen Eltern und Deinem Patenkind zum Wortgottesdienst um 10.30 Uhr in die Kirche St. Dreifaltigkeit (Jülicher Str.).

'Auf dem bei- liegenden Blatt kannst Du sehen, was Du mitbringen mußt.

Vergiß bitte nicht, auf alle Dinge Deinen Namen zu schreiben.

freut sich schon auf die Schule!

Kath. Grundschule
Essener Str.
Düsseldorf

30.6.1993

Wenn Du jeden Tag auf dem Bild einen Stein zur Schule ausmalst, weißt Du ganz genau, wie lange Du noch warten mußt.

Liebe

Dir und Deinen Eltern wünsche ich noch schöne Tage bis zum Schulanfang.

Viel Spaß beim Steinehüpfen!

Alle Schulkinder, besonders die Bten, freuen sich auf Dich.

Sie werden Dir helfen, wenn Du sie brauchst.

Deine Klassenlehrerin

A. Lobbach

Der erste Schultag

Die Kinder kommen zumeist mit großen Erwartungen in die Schule. Sie dürfen nicht enttäuscht werden. Deshalb sollte es am ersten Schultag mit dem Lesen und Schreiben, mit ernsthafter Arbeit und einem Stück Verantwortlichkeit auch beginnen. Zum Lesen und Schreiben dienen der eigene Name als Text, Tischreiter und ein Arbeitsblatt als Medien; zur Entwicklung von Verantwortlichkeit dient ein Merkheft (Oktavheft), in das Mitteilungen zwischen Schule und Elternhaus eingetragen werden und in das vom ersten Tag an die Kinder für zu Hause Notizen machen – zum Vorzeigen, zum Vorlesen und zum Selber-daran-Denken.

Vorbereitung des Klassenraums: Die Kinder und Verwandten werden am 1. Schultag, wie es an der Schule Brauch ist, begrüßt; die Verwandten werden daran anschließend zu einem kleinen Empfang von Schulleitung und Elternbeirat/Schulpflegschaft eingeladen.

Im Klassenraum hängt bereits die ABC-Straße mit allen Anlautbildern. Sonst ist aber an den Wänden viel Platz für die ersten Arbeitsergebnisse der Kinder. Auf den Tischen stehen Tischreiter mit den Namen der Kinder, auf dem Tisch der Lehrerin steht ebenfalls ein Reiter mit Namen. Die Namenkarten sind so verteilt, daß sich gemischte Tischgruppen ergeben, mit befreundeten und miteinander noch unbekannten Kindern, mit Jungen und Mädchen.

Vorstellung der Kinder: Einige Kinder (an manchen Schulen auch viele Kinder) werden ihren Namen bereits lesen können, anderen Kindern muß geholfen werden. Wenn alle Kinder ihren Platz gefunden haben, kann das Vorstellen beginnen. Jedes Kind nennt seinen Namen und hält sein Namenkärtchen dabei hoch. Die Lehrerin kann vorgeben, wie die „Vorstellung" verlaufen soll, wenn sie zuerst die eigene Namenkarte hochhält.

Mal- und Schreibaufgabe: Die Kinder holen nun ihre Wachsmaler oder Filzstifte und erhalten ein erstes Arbeitsblatt. Die Kinder sollen sich selber malen: „Ich am ersten Schultag mit meiner Schultüte (oder meiner Schultasche)". In das umrahmte Feld auf dem Arbeitsblatt kann der Name des Kindes eingetragen werden.

Die Kinder werden die Aufgabe unterschiedlich lösen, dabei können interessante und für die weitere Arbeit bedeutsame Beobachtungen gemacht werden, z. B. wie die Kinder mit den Stiften umgehen, wie differenziert sie sich malen, wie sie ihren Namen schreiben usw.

Eine Wortkarte mit der Aufschrift „KLASSE 1" ist vorbereitet, wird an die Pinnwand zusammen mit den fertigen Bildern der Kinder geheftet. Damit ist der Klassenraum schon ein wenig mit Kinderarbeiten geschmückt. Später können diese ersten Bilder das erste Dokument für eine Arbeitsmappe jedes

Kindes sein, in der wichtige Etappen aus dem ersten Schuljahr gesammelt werden.

Lied zum Schulanfang: Ein Schullied kann eingeführt werden, das die Kinder dann auch an den nächsten Tagen singen. Da das Kennenlernen der Kinder untereinander, das Kennenlernen ihrer Namen, damit verbunden auch das Lesen und Schreiben des eigenen Namens, im Mittelpunkt stehen, wählen wir ein Schullied mit den Namen der Kinder. Ein weiterer Vorzug dieses Liedes ist, daß es auch die Gemeinsamkeit der Kinder in der Klasse anspricht. Die Melodie ist dem Kinderlied „Ein Männlein steht im Walde" entnommen:

> Hurra, ich bin ein Schulkind
> und nicht mehr klein.
> Ich bin in meiner Klasse
> und nicht allein.
>
> Holger, Ingrid, Christian,
> Carla, Ela, Torsten, Jens,
> wir sind hier zusammen,
> und das ist fein.

Natürlich werden die tatsächlichen Namen der Kinder gesungen. Die Kinder, die jeweils im Lied vorkommen, dürfen aufstehen, bis zuletzt alle stehen – auch als sichtbares Bild der neuen Klassengruppe.

Eintrag ins Merkheft: Die Kinder holen ihr Merkheft heraus und tragen ein, woran sie für morgen denken müssen. Sie schreiben es zunächst an die Tafel und erklären es, z. B.

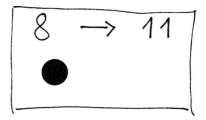

Das heißt: Unterricht von 8 bis 11 Uhr; Turnsachen mitbringen.

Eine schwierige Zahl wie 8 kann an dieser Stelle ruhig geübt werden: Großschwung, mit dem Finger auf der Bank, ins Heft. Am nächsten Tag wird das Erledigte abgehakt und der neue Merktext in einer neuen Reihe eingetragen. Später werden die Namen der Wochentage, zunächst mit der üblichen Abkürzung der beiden ersten Buchstaben, dazugeschrieben.

Bei der täglichen Nutzung des Merkheftes, in das die Kinder, aber auch die Lehrerin oder der Lehrer oder die Eltern, Hinweise oder Mitteilungen eintragen können, erfahren die Kinder eine wichtige Funktion von Schrift und wenden sie situationsgerecht auch selber an.

Vorlesen: Wenn noch Zeit ist, kann eine Geschichte vorgelesen werden – eine spaßige Geschichte von Heinrich Hannover oder Hanna Hanisch, ein Märchen oder eine andere geeignete Geschichte. Das Vorlesen sollte in den ersten Wochen gute Tradition werden, möglichst mit einer täglichen kurzen Vorlesezeit. In kleineren Gruppen, wenn z. B. ein Teil der Klasse früher kommt, ein anderer später noch bleibt, können auch Bilderbücher angesehen werden. Der Text wird vorgelesen, die Kinder vermuten bei bestimmten Stellen, wie es weitergehen mag, dann wird wieder vorgelesen usw. Später kann die Vorlesetradition auf besondere Ereignisse begrenzt werden: Geburtstag, Wochenschluß …

Die Kinder vertiefen ihre positive Beziehung zu Texten und lernen über die zunächst kurzen Lesetexte der Fibel hinaus andere Textsorten und Texte kennen.

Ausklang: Am Ende des ersten Unterrichtstages, der so wie dargestellt bis zu sechzig Minuten dauern kann, holen die Kinder ihre Verwandten, zeigen ihnen den Klassenraum, ihren eigenen Platz, die neue Bilderwand und singen vielleicht das Schullied vor.

Hausaufgabe: Viele Lehrerinnen und Lehrer wollen am ersten Tag auch schon Hausaufgaben erteilen, weil Kinder dies erwarten. Es ist schwierig, Aufgaben zu finden, die von den Kindern auch wirklich alleine bewältigt werden können und nicht faktisch Mutter-Kind-Aufgaben sind. Unsere Aufgabe an diesem ersten Tag ist es, zu Hause den Text im Merkheft vorzulesen und an alles auch selber zu denken. Denn dies stärkt Selbstbewußtsein und Verantwortlichkeit, und beides sollte mit der neuen Rolle „Schulkind" nun weiter entwickelt werden.

Horst Bartnitzky

Die Einschulungsfeier

Wir beginnen mit einer kleinen Feier in der Aula, die von den Schülern und Lehrern vorbereitet wurde, um dadurch in heiterer Form auf „Schule" einzustimmen. Danach lernen die Kinder ihren Lehrer oder ihre Lehrerin und ihren Klassenraum kennen. Der Klassenraum wird für den ersten Tag von Mitschülern durch Bilder geschmückt. Eine kahle Klasse wirkt bedrückend, eine überladene jedoch auch. Ich stelle nur die Arbeitsmittel hin, die auch wirklich genutzt werden. Der Klassenraum soll so schnell wie möglich durch Bilder und Bastelarbeiten der Kinder ausgestattet werden, denn es soll *ihre* neue Heimat werden. Damit sie sich gut und vertrauensvoll in das Schulleben eingewöhnen, übernimmt ein 4. Schuljahr die Patenschaft und steht den „Kleinen" auf dem Schulhof hilfreich zur Seite.

Christa Günther

Wir legten die Feier für die Schulneulinge auf den Freitag, den 5. Schultag. So ergab sich die Chance, gleich am ersten Tag nach den Sommerferien mit dem anzufangen, was die Schulneulinge sich von der Schule vorstellen: „Wir lernen Lesen, Schreiben und Rechnen!"

Als Indiz dafür, daß ich diesen Grundsatz beherzigen wollte, teilte ich nach einer kurzen Begrüßung und der Einrichtungszeit (d. h. dem Verstauen diverser Sachen, die in der Schule aufbewahrt werden) die neuen Fibeln aus, mit denen wir auch gleich begannen zu arbeiten. Richtige Hausaufgaben gab es an diesem ersten Tag natürlich auch.

In der ersten Schulwoche hatten wir genügend Zeit, eine kleine musikalische Darbietung für die Schulaufnahmefeierstunde einzuüben. Diese Darbietung konnten wir nicht nur den Eltern, sondern auch unserer Nachbarklasse und unserer Patenklasse vorspielen. Aus diesen Aktivitäten ergab sich wie von selbst ein starkes Zusammengehörigkeitsgefühl meiner Klasse und ein selbstbewußtes Auftreten gegenüber den „Großen".

Hildegard Hosterbach

Verkehrserziehung – auch ein Thema mit Eltern

Der erste Elternabend findet in der Regel vor der Einschulung statt. An diesem Abend stehen die Fragen und Ängste der Eltern zu diesem neuen Lebensabschnitt im Vordergrund. Einige dieser Fragen beziehen sich auch auf den Schulweg des Kindes, egal ob das Kind ihn zu Fuß, mit dem Fahrrad (im ersten Schuljahr nicht wünschenswert) oder mit dem Bus zurücklegt.

Darauf sollten Sie vorbereitet sein. Sie kennen zwar die örtlichen Gegebenheiten. Doch sollten Sie sich von den Eltern die Gefahrenpunkte an einer Karte des Schulbezirks zeigen und erläutern lassen.

Das ist eine Hilfe für die spätere Unterrichtsarbeit. Sie erfahren so, welche Themen für Ihren Unterricht relevant sind. Wenn sich z. B. auf dem Schulweg der Kinder eine Ampelkreuzung befindet, die überquert werden muß, so ist dieses eine Thematik, die im Unterricht ausführlich behandelt werden muß.

An diesem Abend können Sie nicht nur Informationen von den Eltern über die äußeren Gegebenheiten bekommen. Wenn die Eltern ihre Ängste äußern, erfahren Sie schon viel von den Kindern, die bald in Ihrer Klasse sitzen, z. B. ob sie bereits mit dem Fahrrad unterwegs sind, ob die Eltern den Schulweg begleiten, wie die Eltern ihr Kind in bezug auf bestimmte Fähigkeiten einschätzen, welche Erziehungsziele den Eltern wichtig sind.

Tips zur Gestaltung:

- Die Eltern sitzen in Kreisform, so daß jeder jeden sehen kann.

- Vor jedem Elternteil steht ein großes Namensschild, damit alle persönlich angesprochen werden können.

- Sie nehmen die Ängste der Eltern ernst.

Entweder an diesem oder an einem der folgenden Abende bietet es sich an, den Film *„Kinder haben keine Bremse"* einzusetzen. Dort wird in sehr eingängiger Form gezeigt, wo die entwicklungsbedingten Grenzen bei Kindern für ihr Verhalten im Straßenverkehr sind. Der Film ist schon recht alt, doch es gibt noch keinen neueren, der die entsprechenden Inhalte so eindeutig zeigt.

Viele Informationen sind für die Eltern neu. Deshalb sollte sich ein ausführliches Gespräch über die Inhalte des Films anschließen, evtl. begleitet von Informationsmaterial, das oft vom Landesministerium für Verkehr und von der Deutschen Verkehrswacht kostenlos zu erhalten ist.

Alles, was auf dem Elternabend besprochen wird, muß übrigens auf die Kinder eben dieser Eltern bezogen werden. Ansonsten bleibt manches zu abstrakt, und die Eltern fühlen sich nicht angesprochen.

Monika Isemann

Besonders mit dem Schuleintritt werden an das Kind neue Anforderungen im Verkehr gestellt. Daher sollte in den ersten sechs Wochen des 1. Schuljahres täglich Verkehrsunterricht erteilt werden. Hierzu gehören auf jeden Fall Unterrichtsgänge, die die Anschauung unterstützen (Eltern, Großeltern, Patenklassen oder Kinder des 4. Schuljahres sollten zur Hilfe und Unterstützung mitgenommen werden). Eine wertvolle Hilfe sind hierbei auch die Schulwegpläne, die in vielen Schulen vorhanden sind.

Weil in der alltäglichen Verkehrswirklichkeit immer mehr Kinder schon im Vorschulalter mit dem Fahrrad unterwegs sind (und verunglücken!), sollte in den Klassen 1 und 2 ein Radfahrtrainingsprogramm durchgeführt werden. Konkrete Hinweise finden Sie in: *Radfahren 1/2* von der Deutschen Verkehrswacht.

Zwei Voraussetzungen für ein solches Trainingsprogramm sind notwendig:

- Die Erziehungsberechtigten werden unter Beteiligung der Polizei (wenden Sie sich z. B. an den für Sie zuständigen Polizeibeamten der Jugendverkehrsschule) eingehend über die Notwendigkeit, Ziele und Inhalte des Programms informiert und auf die besondere Gefährdung der Kinder als Radfahrer im Straßenverkehr hingewiesen.

- Die Erziehungsberechtigten müssen der Maßnahme zustimmen (bei über-
  zeugender Darstellung kein Problem) und sich bereit erklären, bei den
  fahrpraktischen Übungen aktiv mitzuwirken (fünf bis sechs Helfer pro
  Klasse sind in der Regel ausreichend).

Michaela Gollwitzer

In den ersten Schulwochen muß mit den Kindern der sichere Schulweg
besprochen werden. Dazu gehört, daß die Kinder erfahren, der kürzeste Weg
ist nicht unbedingt der sicherste. Manchmal lohnt sich ein Umweg.

In der Umgebung der Schule sollte das Überqueren einer Straße ohne und
mit Ampelhilfe (soweit im Schulbezirk vorhanden) geübt werden. Dazu ist
auf jeden Fall die Hilfe von Eltern erforderlich, um mit entsprechend kleinen
Gruppen üben zu können. An vielen Schulen wird die Lehrerin hierbei auch
von einem Verkehrssicherheitsberater oder dem Ortspolizisten unterstützt.

Eventuell benutzen die Kinder einen kombinierten Geh-Radweg. Dann ist
über die möglichen Gefahren zu sprechen und in Rollenspielen das Verhalten
zu trainieren. Sollten die Kinder mit dem Bus fahren, sind alle Themen
aufzugreifen, die das Busfahren betreffen.

Monika Isemann

Die ersten Wochen

Für die Gestaltung des Schulanfangs stehen Ihnen – grob gesagt – drei
Strategien zur Verfügung:

- die Ernst-des-Lebens-Strategie,
- die Schonzeit-Strategie,
- die Entwicklungsstrategie.

Das Kind mit seinen Bedürfnissen, Fähigkeiten und Erwartungen muß wohl
der Gradmesser dafür sein, welche dieser drei Schulanfangsstrategien die
angemessene ist.

Die *Ernst-des-Lebens-Strategie* fordert vom Kind von heut' auf morgen die
Anpassung an schulische Riten und Normen. Sie nimmt gerade deshalb das
Kind in seinen Spiel-, Äußerungs- und Aktionsbedürfnissen nicht ernst. Die
Schonzeit-Strategie billigt dem Kind zunächst eine Schonzeit zu, mit Bauecke,
Bilderbüchern und Puppenecke, versteht sie aber als Vorlaufphase, bevor die
eigentliche Schule beginnt. Sie nimmt gerade deshalb das Kind in seinem
Lernbedürfnis und seinen Erwartungen an die Institution Schule nicht ernst.
Gesucht ist mithin eine *Entwicklungsstrategie,* bei der Schule vom 1. Tag an

Schule ist, in der Kinder lernen und sich an ihrem Lernfortschritt freuen, bei der sich aber die Kinder auch mit ihren Wünschen, Interessen und Bedürfnissen einbringen können. Die Entwicklung der Kinder und die Entwicklung der Anforderungsstrukturen der Schule geraten dabei in ein wechselseitiges Abhängigkeitsverhältnis.

Notwendig dazu sind Rahmenbedingungen für gemeinsames und individuelles Lernen, Vor-Ordnungen, die Sie im Klassenraum, im Klassen-Stundenplan und in der Einführung von Regeln und Ritualen schaffen – Vor-Ordnungen, die den Kindern eine Orientierung geben, die aber auch gemeinsame Entwicklungen und differenziertes Lernen ermöglichen.

Im folgenden werden Beispiele für solche Vor-Ordnungen in der Struktur des Tages und der Woche gegeben.

Wochenthema: Das Thema wechselt wöchentlich, Anregungen bieten aktuelle Ereignisse (Wir sind in der Schule. Wir gehen in den Park.), das jeweilige Fibelthema (Unsere Lieblingssachen. Die Bremer Stadtmusikanten.) oder Wünsche der Kinder (Eine Katze in der Klasse. Dinos.). Im regelmäßigen Montagmorgengespräch steht das Thema im Mittelpunkt: Erlebnisse werden ausgetauscht, Wünsche an den Unterricht gestellt; der Lehrer macht Vorschläge, kündigt Vorhaben an. Ein Plan entsteht, wird beschlossen, führt zu Verabredungen:

Beispiel Wochenthema: Eine Katze in der Klasse

Nadia bringt ihre Katze mit.

Wer etwas über Katzen weiß, darf im Morgenkreis davon erzählen.

Wir sammeln Bilder von Katzen.

Wir suchen in der Bücherei Bücher, in denen Katzen vorkommen.

Der Lehrer sucht eine Katzengeschichte und liest sie vor.

Wer Katzen malen oder kneten will, kann das in der Freien Arbeit tun.

Freie Arbeit: Jeder Unterrichtstag beginnt mit einer offenen Arbeitsphase, in der die Kinder angefangene Arbeiten weiterführen, lesen, Briefe schreiben oder aus Angeboten auswählen.

Die Angebote umfassen ein Repertoire an Materialien und Techniken, die inhaltlich in der Regel auf das Wochenthema bezogen werden, aber auch Wünschen der Kinder offenstehen. Die Kinder können täglich neu wählen. Ihre Namen werden unter das Angebot geschrieben; nach einigen Wochen machen sie das selbst.

Beispiel Wochenthema: Das kann fliegen

Angebot malen: was fliegen kann

Angebot bauen: Flughafen (Flugzeuge zum Spielen von zu Hause mitbringen)

Angebot kneten: was fliegen kann

Angebot Technikkasten: freies Bauen

Angebot basteln: ein Flieger (auf dem Schulhof erproben)

Angebot Bücher ansehen/lesen: frei

Übung nach Plan: Täglich wird von Anfang an eine feste Übungszeit eingerichtet: zunächst eine Viertelstunde, nach wenigen Wochen bis zu einer halben Stunde. Von der dritten Woche an gilt der Übungsplan für jeweils zwei Tage. Er enthält Pflichtteile, die in den Übungszeiten von allen erledigt werden müssen, und Freiteile. (Abstriche beim Pflichtteil sind individuell ebenso möglich wie andere Variationen.) Der Plan wird per Folie eingeblendet; dem Stand der Lesefähigkeit entsprechend werden auch Symbole benutzt. Die Reihenfolge der Pflichtaufgaben ist frei. Abgeschlossene Arbeiten bleiben so lange liegen, bis sie nachgesehen und abgezeichnet oder eingesammelt wurden. In dieser Phase arbeiten die Kinder allein und still, ggf. mit Partnerhilfe. Der Lehrer übt mit einzelnen Kindern oder in kleinen Gruppen individuell.

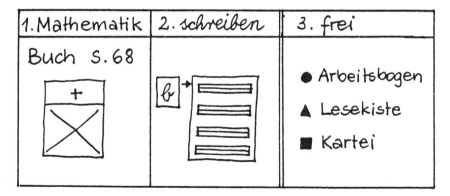

Diese Arbeit am Übungsplan wird zusammen mit der Freien Arbeit später zur Wochenplanarbeit weiterentwickelt.

Tagesplan: (Fast) jeder Tag hat bestimmte Elemente:

- Offener Anfang mit Freier Arbeit
- Morgenkreis mit Begrüßung, Lied, Festlegung des Tagesplans
- Einführung oder gemeinsame Übung mit allen
- 20 bis 30 Minuten differenzierte Arbeit nach Übungsplan

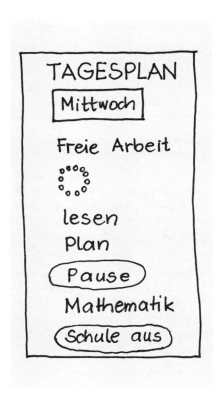

Die Anliegen der verschiedenen Fächer werden entweder als Wochenthema in den Mittelpunkt des Unterrichts gestellt oder nach Bedarf und Situation eingeschoben. Hinzu kommen Sport- und Spielphasen. Während des Morgenkreises wird der Tagesplan festgelegt und an die Seitentafel geschrieben.

Bei der Entscheidung für das Prinzip der Entwicklungsstrategie und bei der Wahl und Ausgestaltung der skizzierten Rahmenelemente wirken mehrere pädagogische Intentionen mit, die während der gesamten Schulzeit ihre Bedeutung nicht verlieren (dürfen):

● *Das Ziel: Lernen lernen:* Die Kinder erwerben mit den jeweils aktuellen Unterrichtsinhalten zugleich Zugriffsweisen auf Erfahrungsgebiete und Lernaufgaben, wobei sie in einem großen Maß eigenaktiv sind und zunehmend bewußt ihre Arbeits- und Übungsprozesse mitorganisieren. Hierzu ist bedeutsam, daß der Rahmen täglich und wöchentlich neu aufgebaut und mit den Kindern inhaltlich gefüllt wird. Die Seitentafel erhält eine wichtige Funktion zur Visualisierung dieses Prozesses und zur ständigen Orientierung.

● *Das Ziel: Mitwirkung lernen:* Der Rahmen wird immer wieder neu ausgebaut; Mitplanung (was wollen wir arbeiten) und Mitkontrolle (was haben wir bearbeitet) werden geübt; die Verläßlichkeit im Einhalten von Vereinbarungen wird sichtbar (Planungstafel, resümierende Gespräche). Dadurch werden Chaos ebenso wie Konsumhaltung vermieden und Fähigkeiten gefördert wie: an Entscheidungen über Was und Wie des Lernens mitzuwirken und Verantwortung für die eigene Arbeit zu übernehmen.

● *Die Absicht: Freiräume für Förderung schaffen:* Indem die Kinder selbständiger werden und längere Zeiten konzentriert arbeiten können, wachsen die Möglichkeiten, Kinder individuell zu fördern. In den Übungsphasen, während der Freien Arbeit können Kinder oder Kindergruppen beiseite genommen werden, um mit ihnen zu arbeiten; oder der Lehrer kann über einige Zeit die Arbeit einer Gruppe intensiver begleiten.

Um solche Arbeit zu entwickeln, brauchen Sie begünstigende Gegebenheiten:

Klassenlehrerprinzip: darauf dringen, daß man möglichst viele Unterrichtsstunden (auch sog. „fachfremde") in der eigenen Klasse erhält.

Stundenplan: nur festlegen, was räumlich und durch Fachlehrer unveränderlich ist. Alle anderen Stunden freihalten. Auf keinen Fall Häppchenkost von Einzelfächern verabreichen.

Förderstunden: die in der jeweiligen Stundentafel ausgewiesenen Förderstunden (o. ä.) dem Unterricht mit der ganzen Klasse zuschlagen, dafür aber häufig in innerer Differenzierung arbeiten.

Elternarbeit: Eltern in die Arbeit einbeziehen. Bei gemeinsamen Unternehmungen, Elternmitarbeit, Klassenfesten, Ausstellungen, Klassen-Kaffee-Klatsch erleben sie anschaulich Lerneifer und Lernerfolg ihrer Kinder. Das überzeugt Eltern mehr vom Wert dieser Schularbeit als Referate auf Elternabenden.

Langzeitplanung: das Unterrichtskonzept langfristig anlegen und die Entwicklungsstrategie kontinuierlich fortsetzen: Aus dem Zweitagesrhythmus der Arbeit nach Übungsplan wird die Wochenplanarbeit; die Freie Arbeit wird inhaltlich anspruchsvoller und mehr projektorientiert; die Wochenthemen werden zeitlich ausgedehnt, münden teilweise in Projekte, die gemeinsame Planung wird systematischer und bewußter.

Natürlich brauchten die Kinder und Sie noch andere begünstigende Rahmenbedingungen: oft kleinere Klassen und mehr Zeit für die Kinder. Doch das ist ein anderes, ein schulpolitisches Thema.

Horst Bartnitzky

In der Schule heimisch werden

Die eigene Schule zu erkunden, gehört in die Anfangsphase des ersten Schuljahres, damit die neuen Schülerinnen und Schüler wissen,

- wo der Hausmeister seinen Raum hat, bei dem Kreide, Trinkstrohhalme und gegebenenfalls auch ein Heftpflaster zu bekommen sind,

- wo sich das Sekretariat befindet, in dem es den Schulausweis, die Schulbescheinigung oder den Stempel für den Schwimmausweis gibt,

- wo die Schulleitung zu finden ist, die alles regelt,

- wo sich die Tür zum Lehrerzimmer öffnet, wenn eine Lehrerin oder ein Lehrer in oder außerhalb der Pause dringend gebraucht werden.

Gisela Hohlwein

Klassenlehrerprinzip · Erkundung

91

Tips

Auf die Einschulung vorbereiten

Angesichts der hohen emotionalen Ladung des Themas Schule bei Kindern, Eltern und auch Lehrerinnen und Lehrern ist eine gute Vorbereitung auf die Einschulung nötig:

- Erstklaßlehrer und -lehrerinnen um Ostern festlegen; in den Kindergärten hospitieren, die zukünftigen Schulanfänger in die Schule einladen (z. B. beim Anmeldetag, zum Schulfest, zu einem Besuch mit der Kindergartengruppe, zum Besuch in der zukünftigen Patenklasse)

- Elternabend vor den Sommerferien durchführen

- Brief an die zukünftigen Schulanfänger schreiben

Den 1. Schultag gestalten

Die Kinder erwarten, daß sie willkommen sind und daß die Schule auch gleich richtig losgeht. Ob nun eine Feier an diesem Tag oder etwas später stattfindet, am 1. Schultag sollten Sie mit Ihren Erstkläßlern unbedingt an folgendes denken:

- feste Plätze an Tischgruppen arrangieren

- alle Namen kennen (Namenkarten als Tischreiter, Kennenlernlied oder -spiel)

- etwas lesen und schreiben (z. B. den eigenen Namen)

- eine Hausaufgabe aufgeben

- den Klassenraum mit den ersten Kinderarbeiten, Briefen, Bildern oder dergleichen gestalten

Die mitgekommenen Erwachsenen werden in der Unterrichtszeit der Kinder zu einem Kaffee oder Tee eingeladen (gemeinsame Einladung von Schulleitung und Elternvertretung der Schule).

Die ersten Schulwochen gestalten

Die Kinder müssen nun rasch erfahren, welches die wichtigsten „Spielregeln" in der Schule sind, um ihrem Bedürfnis nach Sicherheit zu entsprechen und Ängsten vorzubeugen, und sie müssen erfahren, daß sie in der Schule auch mit Erfolg lernen, weil in neuen biographischen Situationen nur Erfolge zuversichtlich und damit letztlich erfolgreich machen:

- feste Gewohnheiten einführen (Tagesplan, Morgenkreis, gemeinsames Arbeiten, Spielpausen, differenziertes Arbeiten, Geburtstagsfeiern, Spiel- oder Vorleserunde am Wochenschluß)

- kritische Situationen klären und regeln (z. B. zu spät kommen, auf die Toilette müssen, an alle Sachen denken, über Streitfälle sprechen, akustisches Zeichen bei zu großer Unruhe in der Klasse verwenden)

- Unterrichtsformen für differenzierte Arbeiten einführen (z. B. feste Übungszeiten, „Wochenplan"-Arbeit für zwei Tage, Freie Arbeit mit Angeboten)

Eltern

Vieles im Arbeitsfeld Schule–Elternhaus ist formal in Gesetzen und in Erlassen geregelt, z. B. zur Elternmitwirkung, zu den schulischen Gremien, zu Elternsprechtagen, zu den Modalitäten bei der Zeugnisausgabe und beim Übergang auf weiterführende Schulen. In manchem gesellschaftlich heiklen Bereich gibt es häufig sogar besondere Vorschriften, wie z. B. zur Frage der Sexualerziehung.

Wenn diese Vorschriften nur notgedrungen als formale Pflichtübungen Jahr für Jahr abgehandelt werden, führen sie zu Lustlosigkeit und Verdruß im Umgang von Schule und Elternhaus.

Eltern sind die Hauptverantwortlichen für die Erziehung ihrer Kinder. Das ist der erste und wichtigste Grund für die Schule, mit Eltern in ein Gespräch über Erziehung und Unterricht ihrer Kinder zu kommen und nach gemeinsamen gleichsinnigen Wegen zu suchen.

Als professionelle Pädagogen tradieren Lehrerinnen und Lehrer überkommene Formen und Inhalte aber nicht unbefragt. Sie sind notwendigerweise auf dem neueren Stand der pädagogischen, der didaktisch-methodischen Erkenntnisse und versuchen, ihren Unterricht zeitgemäß weiterzuentwickeln. (Dies ist zumindest der Anspruch an professionelles Arbeiten.)

Eltern haben häufig nicht diesen Kenntnisstand. Deshalb muß er vermittelt werden. Wer für Eltern Ungewöhnliches praktiziert, wie Freie Arbeit, verbale Beurteilungen usw., der muß dies den Eltern nicht nur erklären, er muß sie möglichst dafür gewinnen, solche Konzepte zu unterstützen. Davon nämlich gehen vielfältige Impulse auf die Arbeit mit den Kindern aus. Von den Hilfsangeboten der Eltern ganz zu schweigen.

Von solcher lebendig sich entwickelnden Zusammenarbeit müssen dann auch die formal vorgeschriebenen Veranstaltungen geprägt sein. Soziologisch gesehen, unterscheiden sich Schulbezirke z. T. erheblich voneinander. Entsprechend sind auch die Einstellungen der Eltern, ihre Möglichkeiten zur Mitarbeit unterschiedlich.

Aber wenn Eltern spüren, daß der Lehrerin oder dem Lehrer an ihrem Kind viel liegt, daß hier nicht Stunden gehalten, sondern Kinder gefördert werden, dann schließt das Eltern in der Regel auf, sehr zum Nutzen der Kinder, der Klasse, der Schule.

Literaturtips: Informieren Sie sich schulrechtlich über die Vorschriften im Umgang mit Eltern und tragen Sie die vorgeschriebenen Termine in Ihren Kalender ein.

Drei Tips zum Miteinander

Tip 1: Wege zum Miteinander öffnen

Grundsätzlich gibt es zwei Wege, um eine Zusammenarbeit mit Eltern zum Schuljahresbeginn zu initiieren:

1. über problemorientierte Fragestellungen und Gespräche an den Elternabenden,

2. über aktionsorientierte Treffen für Eltern und Kinder oder nur mit Eltern.

Wichtigste Voraussetzung für eine vertrauensvolle Zusammenarbeit mit Eltern ist die „Vertrautheit" der Eltern untereinander und mit der Lehrerin. Dieser Prozeß des Vertrautwerdens kommt schneller über aktionsorientierte Treffen in Gang. Persönliche Kontakte untereinander werden durch die gemeinsamen Planungen und Vorbereitungen an Elternabenden aufgebaut.

Durch das gemeinsame Tun erhält jeder die Chance, seinen wichtigen Anteil zur „Aktion" zu geben und in der Elterngruppe Beziehungen zu anderen Eltern aufzubauen. Jeder kann sich mit seinen Fähigkeiten und Möglichkeiten einbringen und zum Gelingen des gemeinsamen Unternehmens beitragen.

Solche gemeinsam geplanten und gestalteten Unternehmungen schon vor oder nach Schuljahresbeginn können sein:

- Basteln von Schultüten oder eines Fotobaumes für den 1. Schultag

- Wanderrallye für die ganze Familie am Schulort oder an einem Ausflugsziel

- ein besonderer „Wandertag" für die ganze Familie mit Essen und Trinken und Spielen

- mehrere „Kleinprojekte" für Eltern-/Kindergruppen, zum Beispiel:
  - Gestaltung des Klassenraumes
  - Herstellung eines Spielmobils für den Pausenhof
  - Vorbereitung einer Klassenfeier oder eines Theaterspiels

Tip 2: Entspannte Atmosphäre schaffen

Das erreiche ich durch

- *nicht so förmliche Einladungen* mit der üblichen Tagesordnung 1., 2., 3. ..., sondern durch Einladungen, die wirklich einladen:
  - Aufhänger, Blickfang, Brücke zum *Warum?*
  - Wo? Wann? Was? Worum geht es? Aber auch: Wie wird vorgegangen? (Das mindert Unsicherheiten.) Was noch? (Getränke, Kosten u. a.)

- Einfache Sprache; knappe Aussagen, um Ziel, Zweck, Anliegen klarzu-
  machen.
- Einladungen verteilen, nicht versenden. Rückmeldungen planen: Antwort, Fragebogen, Wandzeitung.

● eine *Begrüßung*, die Sicherheit schafft:
  Ich bin als erster in der Schule, in der Klasse und begrüße jeden persönlich
  an der Klassentür. Jeder fühlt: „Ich bin willkommen!"
  Ich eröffne den Abend mit Hilfen zur Öffnung des einzelnen.
  „Warming up" statt Tagesordnungspunkt 1:
  Erzählen einer „Geschichte" aus der Klasse; Erzählen von mir, von meiner
  Arbeit; Vorstellen eines „Spiels" aus dem Unterricht. Wer hat Lust, es
  mitzuspielen?

● eine *Sitzordnung*, die ermöglicht, daß wir überhaupt miteinander und
  zueinander sprechen können.

● *interessante und abwechslungsreiche Arbeitsweisen*, zum Beispiel:
  - Wandzeitung mit Satzanfängen, Kleingruppenarbeit:
    Ich möchte mit anderen Eltern gern ...
    Ich hoffe, wir werden nicht ...
    Mich hat gefreut, daß ...
    Gar nicht gut fand ich, daß ...
  - Zetteltechnik für Ideensammlungen: Was können wir tun, damit wir
    Eltern, Lehrer, Kinder uns besser kennenlernen? – Die Zettel werden
    an die Pinnwand geheftet, die Teilnehmer sortieren sie, kommen dabei
    ins Gespräch.
  - Klebepunkttechnik: Was machen wir zuerst? Was ist uns wichtig? Die
    Teilnehmer erhalten eine feste Zahl von Klebepunkten und kleben sie
    auf die Ideenzettel u. ä. auf. Dadurch werden Präferenzen sichtbar.

Tip 3: Energie- und Talentreserven nutzen

Um ein erfolgreiches „Unternehmen" zu erreichen, beteilige ich immer möglichst viele oder sogar alle Eltern aus der Klasse an den Vorbereitungen (wer
erledigt was? bis wann?). „Außenstehende" spreche ich persönlich an und
bitte sie, diese oder eine andere Aufgabe zu übernehmen.

Durch Nachfragen und durch Kontakte der Eltern untereinander während
der Vorbereitungen entstehen zwischenmenschliche Beziehungen. Wohlbe-
finden und Identifizierung mit dem „Unternehmen" bestimmen letztlich den
Erfolg in der Klasse. Ich halte den Prozeß des Miteinanders in Gang.

„Wie können wir das ... in der Klasse verbessern?"

Jede Verbesserung bringt ein Mehr an Miteinander.

Willi Risters

Elternabende – Eltern in die Schule holen

Nach der Einschulung veranstaltete die Klasse 1a einen Spiel- und Kennenlernnachmittag für Eltern und Geschwister in unserem Klassenraum.

Das Interesse der Eltern war groß; einige boten an, sich an der Vorbereitung zu beteiligen.

Viele Eltern, auch die meisten ausländischen Mütter, kamen mit ihren Kindern. Die Atmosphäre war durch die Kinder sehr entspannt und offen. Eltern, die sich bereits durch die Kindergartenzeit kannten, nahmen andere Eltern in ihre Gespräche hinein. In der Klasse hing ein großer, von mir gezeichneter Straßenplan des Schulbezirks. In diesen Plan sollten die Eltern sich, entsprechend ihrer Wohnlage, mit ihrer Anschrift eintragen (später, nach der Erkundung des Schulbezirks mit der Klasse, wurden die zugehörigen Hausfotos eingeklebt). Über diesen Plan erfuhren Eltern von der Nachbarschaft von Mitschülern ihrer Kinder und konnten über gemeinsame Schulwege etc. diskutieren.

Eine Woche später fand der festgelegte erste Elternabend im Schuljahr statt. Ich hatte mich bemüht, den Klassenraum wohnlich zu gestalten. Aus dem Kindergarten sind Eltern eine heimelige Atmosphäre bei Elternabenden gewöhnt, und dies wollte ich in der Schule fortsetzen. Wir schoben die Schülertische zu einem langen, breiten Tisch zusammen und deckten ihn mit Servietten, Gläsern, Getränken und Gebäck. Die verbleibenden Schülertische ordneten wir zu einem Ausstellungstisch und legten hier das Buchmaterial der Klasse und erste Schülerarbeiten aus.

Bei diesem Elternabend waren von 22 Kindern insgesamt 19 Eltern vertreten, zwei Eltern ließen sich entschuldigen, fragten aber nach einem Protokoll der Sitzung. Dies ist natürlich zum einen darauf zurückzuführen, daß der Schuleintritt für Eltern der Beginn einer neuen Phase ist und sie neugierig macht, zum anderen denke ich aber auch, daß der Spielnachmittag hier ein positives Echo zeigte.

Ein wichtiger Tagesordnungspunkt dieses Abends war für mich, den Eltern das Angebot von „Unterrichtshospitationen" nahezubringen. Eltern sollen erleben können, wie, was und wo ihre Kinder lernen. Nur über diese Transparenz ist eine Einbindung von Eltern in Schule möglich. Des weiteren wollte ich die Eltern über die Funktion des „Mitteilungsheftes" ihrer Kinder informieren. Es soll verstanden werden als ständige Mitteilungsmöglichkeit zwischen Eltern, Schüler und Lehrer.

Die Stimmung bei diesem Elternabend war recht fröhlich und offen; ich hatte das Gefühl, daß die ersten Wahlen der Elternvertreter nicht in einem ganz „luftleeren" Raum erfolgten.

Die gewählten Elternvertreter machten noch an diesem Abend das Angebot, einen „Elternstammtisch" einzurichten. Außerdem fragten sie an, ob die Eltern eine Klassenliste mit Adressen und Telefonnummern wünschten, damit man untereinander problemlos Kontakt aufnehmen könne. Beide Vorschläge wurden positiv beantwortet.

Nach weiteren sechs Wochen Unterricht organisierte ich für meine Klasse einen *Elternsprechtag.* Die Entscheidung für diesen Elternsprechtag hatte seine Begründung hauptsächlich darin, daß Eltern von gerade eingeschulten Kindern sehr unsicher sind und viele Fragen haben: Helfe ich bei den Hausaufgaben? Mein Kind ist so langsam und unkonzentriert! Mein Kind erzählt nichts zu Hause! Wie „benimmt" es sich in der Schule? usw. Ich wollte den Eltern signalisieren, daß ihre Fragen wichtig und in das Schulleben eingebettet sind. Zu diesem Elternsprechtag kamen alle Eltern, und die Gespräche waren für mich und meinen Umgang mit den Kindern fruchtbar. Das Schuljahr nahm seinen Lauf; sechs deutsche Mütter nahmen das Angebot der „Unterrichtshospitation" an und besuchten z. T. mehrfach den Unterricht.

Die Klassenpflegschaftsvorsitzende lud zu weiteren Elternabenden ein. Die Elternbeteiligung sank. Ich stellte fest, daß hauptsächlich die türkischen Eltern wegblieben. Waren bei den ersten Treffen türkische Paare erschienen, so kam nun keiner mehr. Auf meine Nachfragen hörte ich Begründungen wie „Der Papa muß arbeiten, und Mama versteht kein Deutsch". Ich entschloß mich, ein älteres türkisches Geschwisterkind zu fragen, ob sie den Part einer Dolmetscherin auf Elternabenden übernehmen könne. Auf ihre Zusage hin war in unseren nächsten Einladungen immer zu lesen: „Übersetzung in die türkische Sprache ist möglich." Dieses Angebot wurde von den türkischen Müttern aufgegriffen; sie nahmen vollzählig teil und beteiligten sich rege an Diskussionen. Heute besuchen die Kinder die 3. Klasse.

Gemeinsame „Frühstücksvormittage" (St. Martin, Advent, Ostern), Spielnachmittage, Ausflüge, „Elternstammtischabende", Elternabende zur Erstellung von Freiarbeitsmaterial für die Klasse, Unterrichtshospitationen, Mitarbeit bei Aufführungen oder Projektwoche, wie auch die Arbeit des Fördervereins führten zu einer lebendigen Kooperation zwischen Schule und Eltern.

Gudrun Dohmes

Den offiziellen Teil eines Elternabends führe ich immer am liebsten im Klassenraum der Kinder durch, weil ich oft Material brauche (und leide, wenn geraucht wird). Das sage ich den Eltern, gebe aber nach, wenn die Mehrheit lieber in einer Gastwirtschaft tagt. In den meisten Klassen finden pro Schuljahr drei bis vier Elternabende im Schulgebäude statt oder in unterschiedlichen Abständen Stammtisch-Versammlungen.

Brigitte Beier

Eltern zeigen erfahrungsgemäß nur dann Interesse an Elternabenden bzw. Klassenpflegschaftssitzungen, wenn sie die Wichtigkeit des Treffens einsehen (z. B. erster Elternabend im 1. Schuljahr, vor einer Klassenfahrt, vor dem Übergang zur weiterführenden Schule ...). Deshalb sollte in der Einladung zu einem solchen Treffen immer mindestens *ein* Punkt deutlich hervorgehoben werden, dessen Wichtigkeit den Eltern einleuchtet. Wir sollten uns darüber klar sein, daß Eltern weniger an allgemeinen Diskussionen über Lerninhalte, -methoden und -ziele gelegen ist als am Gespräch über einen konkreten Anlaß, bezogen auf das eigene Kind. Daß solchen Gesprächen im Rahmen eines Elternabends kein Raum gegeben werden kann, muß deutlich gemacht, und es müssen alternative Gesprächsangebote gemacht werden.

Antje Heyn

Elternabende werden kurzweiliger, und die Anwesenden bleiben länger konzentriert, wenn die Eltern einen Einblick in die konkrete Arbeit ihrer Kinder erhalten bzw. an ihr teilhaben können. Beispiele:

- Kinderarbeiten (als kleine vorbereitete Ausstellung) zeigen,

- besonders gelungene Kindertexte vorlesen,

- eine Hörprobe aus dem Musikunterricht (Kassette) – z. B. ein Kanon, Verklanglichung eines Gedichts, ein Hörspiel – vorstellen; gemeinsames Singen oder auch Ausprobieren mit den Instrumenten könnte auch mit den Eltern durchgeführt werden;

- eine Zeichnung aus dem Kunstunterricht anfertigen lassen,

- eine kurze Phase der Freiarbeit (mit vorhandenem Material) durchführen,

- ein kleines Theaterstück aus dem Unterricht vorführen lassen.

Ingrid Nicklaus

Wenn Sie immer noch den Eindruck haben sollten, daß an manche Eltern nicht heranzukommen sei, so machen Sie es doch einmal so wie ich: Ich erstellte ein Arbeitsblatt für Eltern mit den Rubriken:

- Das finde ich gut ...
- Das gefällt mir nicht ...
- Das wollte ich immer schon einmal sagen ...

Alle Zettel kamen beantwortet – teilweise mit oder ohne Namen – zurück. Antworten, in denen alles gefiel, waren natürlich schmeichelhaft, aber längst nicht so interessant. Spannend wurde es, als Kritik geübt wurde. Diese Mutter hatte recht! Die Hausaufgaben waren wirklich zu viel gewesen!

Dagmar Schneider

Korrespondenz mit Eltern

Als *Mitteilungsheft* führen die Kinder ein Oktavheft mit sich. Es wird von Eltern und Lehrerin benutzt. Alle Mitteilungen – auch wenn ich sie von Kinder notieren lasse – werden von mir unterschrieben.

Brigitte Beier

Ein Mitteilungsheft sollte nur sachliche Mitteilungen und Informationen enthalten, damit es weder ein Belobigungs- noch ein Tadelheft wird. Der sachgebundene, informative Charakter eines solchen Heftes wird unterstrichen, und die Selbstverständlichkeit seines Gebrauchs wird eingeübt, wenn es nicht nur vereinzelt vom Lehrer oder der Lehrerin, sondern auch regelmäßig vom Kind, nämlich zur täglichen Eintragung der Hausaufgaben und anderer Mitteilungen genutzt wird. Wenn die Lehrerin oder der Lehrer Hausaufgaben und Mitteilungen zunächst in einfacher, bildlicher Form an der Tafel fixiert, können auch Erstklaß-Kinder von Anfang an entsprechende Eintragungen in ihren Mitteilungsheften vornehmen und sich so an dessen täglichen Gebrauch gewöhnen.

Um die Übersicht nicht zu verlieren, sollten die Kinder Eintragungen vom Vortag durch ein zuvor vereinbartes, deutliches Zeichen (farbiger Strich, Musterreihe, Leer-Zeile ...) absetzen. Sehr bald können sie dann bereits über die Eintragungen eines neuen Tages das Datum setzen.

Kinder machen später auch recht gern Gebrauch von der Möglichkeit, erledigte Aufgaben im Mitteilungsheft mit einem Farbstift durchzustreichen oder „abzuhaken".

Wichtige Mitteilungen sollten von den Eltern immer durch Datum und Unterschrift quittiert werden.

Antje Heyn

Elternbriefe und andere wichtige Mitteilungen auf losen Blättern sollten immer einen Abschnitt enthalten, auf dem die Eltern ihre Kenntnisnahme durch Datum und Unterschrift bestätigen können.

Da Elternbriefe, Arbeitsblätter u. ä. häufig auf Blätter im DIN-A4-Format kopiert werden, empfiehlt sich von Anfang an die Anschaffung einer Klarsichthülle. Diese ist (im Gegensatz zur Aktenhülle!) an *zwei* Seiten offen und daher in der Handhabung wesentlich unkomplizierter.

Eltern werden gleich zu Beginn (und wenn nötig, immer wieder) darauf hingewiesen, daß sie stets informiert sind, wenn sie *täglich* Einsicht in Mitteilungsheft und Klarsichthülle nehmen.

Antje Heyn

Sprechzeiten – Telefonzeiten

Gerade Eltern, die erstmals ein Kind eingeschult haben, verstehen oft nicht, wieso es für eine Lehrerin oder einen Lehrer störend und belastend sein kann, wenn sie kurz vor Unterrichtsbeginn, während der Pause oder nach Unterrichtsschluß ihres Kindes die Lehrkraft sprechen wollen – waren sie es doch vom Kindergarten her so gewohnt, jederzeit Kontakt aufnehmen zu können.

Damit Eltern nicht in der konkreten Situation abgewiesen werden müssen, sollte man von Anfang an klare Absprachen mit den Eltern hinsichtlich der Sprechzeiten treffen.

Eltern sollten darauf hingewiesen werden, daß wir bei aller Gesprächsbereitschaft auch telefonisch nicht „rund um die Uhr" verfügbar sein können und daß deshalb auch die telefonischen Sprechzeiten akzeptiert werden sollten, zumal dies ja auch in den Privatbereich hineinreicht.

Antje Heyn

Sinnvolle *Sprechzeiten* sind für Lehrer/innen mit voller Stundenzahl nicht leicht einzurichten. Ich war und bin für Eltern immer telefonisch erreichbar gewesen. „Kleinigkeiten" können oft schon am Telefon geklärt werden. Ansonsten ließ sich immer ein Termin für ein längeres Gespräch finden – u. U. nachmittags in einem Café.

Brigitte Beier

Für eine gute Zusammenarbeit zwischen Elternhaus und Schule ist es unumgänglich, Gelegenheiten anzubieten, in denen vorhandene Probleme in offenem Gespräch diskutiert und geklärt werden. Erfahrungsgemäß reichen dafür zwei Elternsprechtage im Jahr nicht aus. Es müssen zusätzliche Gesprächsmöglichkeiten eingeräumt werden, um aus kleinen Mißverständnissen oder Fehlern nicht große Schwierigkeiten werden zu lassen. Ich warne aber vor dem großzügigen Angebot: „Sie können mich jederzeit telefonisch erreichen!"

Manche Eltern nehmen dies leider allzu wörtlich und wenden sich tatsächlich zu jeder Zeit und mit allen Angelegenheiten per Telefon an Sie, ganz gleich, ob es mittags ist und Sie gerade müde aus der Schule kommen oder ob Sie abends Ihre Kinder ins Bett bringen oder selber Ruhe haben wollen. Ehe man sich's versieht, erklärt man per Telefon zum wiederholten Mal nicht verstandene Hausaufgaben, erläutert nochmals den Stundenplan, schlichtet Streitigkeiten, muß sich für allerlei unwichtigen Kleinkram rechtfertigen und wird zum Gesprächspartner und Ratgeber in allen Lebenslagen. Ärger und Erschöpfung sind vorprogrammiert, mit Sicherheit!

Sinnvoller dagegen ist es, *feste Sprechzeiten* in der Schule zu vereinbaren oder aber in dringenden Fällen telefonisch einen Gesprächstermin zu verabreden.

Auf diese Weise trennen sich von ganz alleine wichtige und unwichtige Angelegenheiten voneinander, und alle sparen ihre Kräfte für Wesentliches.

Ebenso zurückhaltend sollten wir Lehrerinnen und Lehrer mit dem Telefon umgehen. Nicht jedes kleine Vergehen muß sofort oder überhaupt dem Elternhaus gemeldet werden. Abgesehen davon, daß wir mit solchen Anrufen unsere eigene Hilflosigkeit demonstrieren, dürfen wir nicht ohne weiteres mit einer Unterstützung durch die häusliche Erziehung rechnen. Insbesondere bei schwierigen Kindern entwickelt sich Fehlverhalten leicht zum Teufelskreis, wenn wir die ohnehin vorhandene Hypothek von Fehlern, Versäumnissen oder Aggressionen durch unsere Mahnungen immer wieder belasten. Oft ist es sinnvoller, sich das Kind zum Verbündeten oder Freund zu machen. Unser Angebot, einen neuen Anfang mit ihm zu wagen, schafft eher Änderung als eine telefonische Beschwerde, die vom Kind immer als Verrat erlebt wird.

Wir sollten auch bedenken, wie belastend es für das Eltern-Kind-Verhältnis sein muß, wenn beim Mittagstisch oder vor dem Schlafengehen der Anruf der Lehrerin meldet, was an dem Tag alles in der Schule von unserem Kind „ausgefressen" wurde.

Regina Thulesius

Mit Zustimmung aller Eltern kann eine Telefonliste erstellt und an alle verteilt werden. Darauf sollte neben dem Namen der Eltern auch der des Kindes eingetragen werden, da die Kinder (und erst recht nicht die Eltern) sich nicht immer mit dem Nachnamen kennen.

Den Eltern sollte einsichtig gemacht werden, daß eine funktionierende Telefonkette, z. B. im Fall einer Erkrankung der Lehrerin, zur Übermittlung dringender Informationen wichtig ist.

Die Eltern müssen den Ablauf der Telefonkette genau kennen. Zur Kontrolle, ob die jeweilige Information richtig und vollständig weitergeleitet wurde, empfiehlt sich ein Anruf des letzten Teilnehmers auf der Liste beim ersten.

Antje Heyn

Eltern hospitieren, helfen, arbeiten mit

Grundsätzlich werden die Hospitationsregelungen vorher mit allen Eltern gemeinsam besprochen.

Eltern, die hospitieren möchten, melden sich mindestens einen Tag vorher an. Sie werden, wenn eben möglich, in die Unterrichtsarbeit mit eingebunden, damit sie von den Kindern nicht als „Kontrolleure", sondern als „Helfer" erfahren werden.

Empfehlenswert wäre auch eine kurze, direkte Nachbesprechung (z. B. in der Pause). In der Regel haben Eltern einen konkreten Anlaß für einen Wunsch zur Hospitation. Das anschließende Gespräch kann darüber Auskunft geben und darüber hinaus Gelegenheit zur Aussprache bieten. Zumindest aber ermöglicht es die Einschätzung, ob etwa ein weiteres, ausführliches Gespräch angebracht erscheint.

Antje Heyn

Ich empfehle den Eltern, möglichst mehrere Stunden in der Schule zu bleiben, da der Verlauf eines ganzen Morgens einen vollständigeren und damit zutreffenderen Einblick vermittelt als eine oder zwei Unterrichtsstunden.

Brigitte Beier

Führen Sie die Regel ein, daß Eltern während möglicher Hospitationen für *alle* Kinder dazusein haben; sie fungieren als eine Art Co-Lehrer. Somit beugen Sie dem egoistischen „*Ich* will mir heute mal *mein* Kind ansehen" vor. Geben Sie den Eltern Aufgaben, wie z. B. Handführen beim Schreiben erster Buchstabenformen. Anstrengen ist erlaubt. Das spricht sich herum. Sonst werden Sie die Geister, die Sie beschworen, nicht mehr los.

Cornelia Schade

Beim ersten *Elternabend* tragen sich die Eltern in eine Liste ein: Wer hilft nachmittags, Material zu basteln? Wer begleitet die Klasse bei Ausflügen, beim Schwimmen/Eislaufen/Gottesdienst? Wer hospitiert aktiv im Unterricht (als „Lesemutter", Betreuer/in von Kleingruppen, Berater/in bei freier Arbeit, bei der Kontrolle von Übungsblättern, als Helfer/in beim Basteln)?

Harald Neuhaus

Beim ersten Elternabend eines jeden Schuljahres liegt ein Blatt bereit, auf dem sich Eltern eintragen können, die grundsätzlich Zeit und Lust zur Mithilfe im Unterricht haben. Auf dieser Liste tragen die Eltern außer dem Namen auch die Telefonnummer und den jeweils bevorzugten Wochentag für mögliche Mitarbeit ein. Auf diese Weise entfällt manch unnötige Telefoniererei auf der Suche nach Mithilfe.

Es muß dann im Unterrichtsalltag darauf geachtet werden, daß nicht immer nur dieselben Eltern zur Mitarbeit herangezogen werden. Erstens, damit nicht der Eindruck entsteht, es werde eine grundsätzlich vorhandene Hilfsbereitschaft ausgenutzt. Zweitens aber auch, um zu vermeiden, daß Kinder, deren Eltern häufig mithelfen, als bevorzugt gelten, und andere sich demgegenüber als benachteiligt empfinden.

Wichtig ist, daß zur Mithilfe bereite Eltern so eingesetzt werden, daß sie ihre Mithilfe nicht nur dem eigenen Kind oder einigen ausgewählten zuteil werden lassen. Es empfiehlt sich daher, vorher Gruppen von Kindern festzulegen, denen die Helfer zugeordnet werden.

Antje Heyn

Es kommt immer wieder vor, daß wir Unterstützung brauchen: bei der preiswerten Beschaffung von Gegenständen, bei handwerklichen Problemen/kleinen Reparaturen, bei Recherchen, bei Ausflügen etc. Auf einer Tagung bekam ich von einem altgedienten Schulleiter einen guten Tip: Nun lege ich mir für die Schule eine Elternkartei an, in der alle besonderen Qualifikationen eingetragen sind. Dies kann natürlich nur dann geschehen, wenn die Eltern es ausdrücklich erlauben und ich gewährleiste, unter der Wahrung des Datenschutzes diese Informationen nur schulintern zu nutzen!

Habe ich nun ein spezielles Problem, gehe ich die Kartei durch und bitte die entsprechenden Eltern um Hilfe. Auf diese Weise wurden alle Ressourcen genutzt, und ich bin immer wieder erstaunt, welch ungeahnten Möglichkeiten sich für die Schule auftun. Aber es geschieht auch folgendes: Alle Eltern, nicht nur die finanziell stärkeren, können nun das Gefühl haben, wichtig für die Schule zu sein, und aktiv am Schulleben teilnehmen.

Eva-Maria Wuschansky

Eltern, Kinder, Lehrer machen Theater

Nachdem ich erfahren hatte, daß sich unter den Eltern eine theaterspielende Mutter (Kabarettistin) befand, unterbreitete ich den Eltern meine Vorstellungen über ein Projekt ‚Eltern und Kinder spielen zusammen Theater'.

Die grundsätzliche Bereitschaft war vorhanden – einige mußten noch etwas überzeugt werden, andere waren sofort begeistert. Jedes Elternteil fand eine für sich akzeptable Rolle oder Aufgabe, entweder als aktiver Schauspieler, als Requisitenbeschaffer oder Bühnenbauer. Ein pensionierter Schauspieler und Regisseur, der im Schulbezirk wohnt, konnte für die Mitarbeit begeistert werden. Das Ergebnis dieser Idee: Die *ganze Klasse* (alle Kinder waren beteiligt) brachte zusammen mit den Eltern das Theaterstück „Der Sängerkrieg der Heidehasen" (Theaterfassung) auf die Bühne.

Ebenso wichtig wie das *Ergebnis* war der *Weg*, der zur Umsetzung dieses Projektes führte. Eltern, Kinder und Lehrerin waren eine Solidargemeinschaft, deren Engagement sich ausnahmslos positiv auf den ganz normalen Schulalltag auswirkte.

Monika Baum

Eltern-Kartei der Grundschule . . . .

Irgend etwas kann jeder gut – denken wir und vielleicht auch Sie.
Bisweilen brauchen wir Hilfe, den Rat einer Fachfrau/eines Fach-
mannes, eine kleine Dienstleistung oder Gefälligkeit ...
Beispiele:

- Kostüme oder Kulissen für ein Theaterstück werden benötigt.
- Ein einfaches Regal soll gebaut werden.
- Wer druckt unsere Plakate, unsere Festschrift?
- Wer rastert die Fotos für die Schülerzeitung?
- Im Förderunterricht brauchen wir Lese- und Schreibmütter oder
  -väter.
- In den Arbeitsgemeinschaften arbeiten 16 Eltern mit.
- Bei Tagesfahrten, Klassenfesten, Sportveranstaltungen ...

Für diese und andere Gelegenheiten suchen wir Eltern (Mütter,
Väter), Freunde und Förderer unserer Schule.
Sie können immer nein sagen, aber vielleicht tragen Sie sich doch
in unsere Kartei ein, damit wir Sie ansprechen und fragen dürfen.

Name: Vorname:

Anschrift:

Telefon:

Sie können mich ansprechen in folgenden Angelegenheiten:
. . . .
. . . .
. . . .

Ich habe guten Kontakt zu (Firmen, Organisationen, Vereinen,
Handwerkern, Künstlern, ...):
. . . .
. . . .
. . . .

. . . . , den . . . .

(Unterschrift)

Hans Wielpütz

Ein Fenstermal-Projekt

In der Elternschaft einer anderen Klasse gab es einige Eltern mit besonderen Maltalenten und -interessen. Hier entstand die Idee eines „Fenstermalprojektes". Figuren und Motive wurden gemeinsam mit den Kindern ausgedacht, und anschließend wurde die Arbeit ausgeführt.

Wer von den Kindern nicht mehr malen wollte oder fertig war, konnte sich an der Zubereitung einer ‚Klassenpizza' beteiligen. Das abschließende gemeinsame Essen (und Spülen!) machte diesen Nachmittag zu einem bei allen Beteiligten lang im Gedächtnis haftenden Erlebnis.

Meine ‚Arbeit' bestand darin, Interesse zu zeigen, organisatorische Unterstützung zu leisten, und in der Bereitschaft, zu einer Zeit zur Verfügung zu stehen, die es auch berufstätigen Eltern ermöglicht mitzumachen (also Freitag spätnachmittags oder Samstag).

Die Eltern wirkten mit durch die Materialbeschaffung, Unterstützung der Kinder beim Malen und die gemeinsame Essensvorbereitung. *Die Kinder* konnten erfahren, daß ‚Schule' und ‚normales Leben' nicht zweierlei Dinge sein müssen.

In diesem Jahr wurden die Fenster neu bemalt: vor den Osterferien mit Frühlingsmotiven. Der ‚Tradition' des ersten Jahres folgend, wurde anschließend gemeinsam gegessen. Dieses Mal gab es ein Büfett mit internationalen Spezialitäten. Die Kinder und Eltern hatten eigene nationale ‚Frühlingsgerichte' vorbereitet (in der Klasse sind sieben verschiedene Nationalitäten vertreten).

Beim gemeinsamen Essen wurde manches von Traditionen und Bräuchen anderer Länder vermittelt. Ein geplanter Unterricht hätte den Kindern kaum mehr Einsicht und Sensibilität für andere Länder und Sitten vermitteln können.

Monika Baum

Eltern helfen mit Geld

Erfahrungsgemäß engagieren sich die Eltern der Erstkläßler am meisten, wenn es sich um die Aufbesserung der mageren Grundausstattung unserer Klassen dreht. Denn sie alle wollen, daß es ihren Kindern gutgehen soll. Nutzen Sie diese Chance!

Ab Klasse 2 meinen die Eltern manchmal, sie hätten genug getan. Rufen Sie sich immer wieder in das Gedächtnis Ihrer Elternschaft zurück, z. B. mit kopierten Schreiben, in denen Sie sich gleichzeitig für das zuletzt Geleistete bedanken und daran erinnern, woran es nach wie vor mangelt.

Finanziell gutgestellte Eltern, deren Kinder Schwierigkeiten beim Lernen haben, wollen manchmal ihr Gewissen durch wertvolle Gaben „freikaufen". Nicht beeindrucken lassen! Auch das teuerste Regal dient einem guten Zweck. Schließlich ist es kein Geschenk für Ihr Wohnzimmer.

Cornelia Schade

Schwierige Eltern

Grundsätzlich gilt: Haben Sie immer Zeit für ein offenes Gespräch, und vermitteln Sie nie den Eltern das Gefühl des Lästigseins. Wer von ihnen so behandelt wird, kann kein Vertrauen aufbauen und zieht sich zurück. Schade, denn Sie werden wichtige Dinge über das Kind nie erfahren!

Dagmar Schneider

In ganz schwierigen Fällen hilft es nur, sich bewußt zu machen, daß dem Kind ein Konflikt zwischen Schule und Elternhaus erspart bleiben muß: Ich mache es stillschweigend zu meinem Partner statt zum Gegner und versuche, ihm den Vormittag freudvoll und ermutigend zu gestalten.

Almut Greve

Am Anfang meiner Schullaufbahn als Lehrerin – und manchmal auch jetzt noch – passierte es mir, sogenannte Elternbeschwerden persönlich zu nehmen und als Angriff auf meine Kompetenz zu werten. So bekam ich recht schnell das Gefühl, mich verteidigen zu müssen. Ich versuchte zu beweisen, daß die Probleme überhaupt nicht existierten oder nicht an mir lägen, mit dem Ergebnis, daß Fronten aufgebaut wurden. In solchen Situationen kann nur ein Perspektivenwechsel weiterhelfen!

Wichtig ist, die Beschwerden der Eltern als das zu sehen, was sie sind: eine subjektive Wahrheit! Das Kind hat Schwierigkeiten, die Eltern wollen etwas dagegen tun, sie suchen bzw. haben ein Erklärungsmodell für diese Schwierigkeiten und wollen nun Abhilfe schaffen. Diesen Sachverhalt akzeptiere ich. Ich nehme die Sorgen der Eltern ernst, ohne eine Schuldzuweisung vorzunehmen, und werde als Experte gemeinam mit den Eltern einen Lösungsweg suchen, um dem Kind zu helfen.

Manchmal hilft mir der Gedanke weiter: Wäre ich ein Arzt, würde sich niemand wegen seiner Halsschmerzen bei mir beschweren, sondern sich von mir Hilfe erhoffen.

Eva-Maria Wuschansky

Es ist unumstößliches Gesetz bei uns, daß mit Eltern nicht über andere Kolleginnen und Kollegen geredet wird und daß keine Beschwerden entgegengenommen werden, wenn die betreffenden nicht dabei sind. Das verschafft jedem Sicherheit und hält unsere Zusammenarbeit von Mißtrauen und Intrigen frei.

Erwin Klinke

Besuche bei Eltern

Melden Sie sich nach einigen Unterrichtswochen im ersten Schuljahr zum obligatorischen Elternbesuch an. Räumen Sie den Eltern aber auch das Recht ein, Ihr „Begehren" abzulehnen.

Mit einem Elternbesuch können Sie erreichen, daß sich die Herzen der Kinder und Eltern öffnen. Vielleicht erfahren Sie auch etwas über die Tätigkeitsbereiche der Eltern und somit über später eventuell mögliche Hilfeleistungen.

Vor dem Elternbesuch immer die Schulleitung informieren und den geplanten Besuch ins Wegebuch eintragen.

Cornelia Schade

Schwierige Gespräche mit Eltern

Als Schulpsychologin kenne ich die Gesprächssituation zwischen Lehrern und Eltern in erster Linie aus der Sicht der Eltern, die sich wegen eines Schulproblems ihrer Kinder an die Schulberatung gewandt haben. Typische Klagen lauten: „Die Lehrerin hat auf uns eingeredet – wir wurden nicht gehört, oder unsere Argumente wurden ‚plattgewalzt', immer kam eine passende Antwort, da hatten wir gar keine Chance." Andere Eltern versuchen erst gar nicht, ihre Kritik der Lehrerin gegenüber vorzubringen, aus der Befürchtung heraus: „Das hat dann letztendlich mein Kind auszubaden."

„Lehrer haben immer recht", „Lehrer sind nachtragend und sitzen am längeren Hebel", dies ist die Übertragungsentwicklung, die ein Gespräch zwischen Lehrern und Eltern in irgendeiner Weise immer mit beeinflußt und der auch die Lehrerin selbst unterliegt – denn: Wird nicht erwartet, daß eine Lehrerin recht hat und mächtig ist?

Als Lehrerin oder Lehrer muß man also damit rechnen, daß Eltern mit Vorurteilen in ein solches Gespräch hineingehen. Die Vorbehalte sind – bezogen auf die aktuelle Situation – häufig völlig unbegründet und lassen sich nur dadurch erklären, daß die Eltern selbst als Kind ungünstige Erfahrungen in der Schule gemacht haben, die nun, angesichts der erneuten Begegnung, wiederbelebt werden. In der psychologischen Beratung wird dann häufig deutlich, welche Vorwürfe die Eltern den Lehrern gegenüber mit sich herumtragen – Vorwürfe, die sie in einem Gespräch aus Angst vor den Folgen häufig nicht offenlegen können.

Eine solche negative Übertragung läßt sich immer dann vermuten, wenn ständige „Mißverständnisse" im Zusammenhang mit den vom Kind zu erledigenden Hausaufgaben auftreten, wenn falsches Arbeitsmaterial in die Schule mitgebracht wird und wenn das Kind sich von der Lehrkraft ständig ungerecht behandelt fühlt. Das heißt: Die Kommunikationsstörung zwischen Eltern und Lehrerin drückt sich im Verhalten des Kindes aus. Den Kindern bleibt ja nicht verborgen, daß die Eltern eine Lehrerin oder einen Lehrer für pädagogisch inkompetent, ungerecht, voreingenommen, launisch und unberechenbar halten – selbst wenn dies dem Kind gegenüber nicht offen ausgesprochen wird.

Kinder wiederum erhalten damit ein Angebot, sich selbst aus der Verantwortung zu ziehen, und fühlen sich berechtigt zu einem Protest gegen alles, was mißfällt – sei es das Stillsitzen-Müssen, das Erledigen von Aufgaben, die als lästig erscheinen können usw. Der Konflikt spitzt sich dann zu, wenn die Lehrerin ihrerseits beginnt, sich persönlich betroffen zu fühlen und den Streit auszutragen.

Denn: Auch Lehrer und Lehrerinnen begegnen Eltern nicht vorbehaltlos. Die offen oder unterschwellig vorwurfsvollen Eltern, die darauf aus sind, alte Rechnungen zu begleichen, machen ihnen Angst. Sie erleben die zeitgenössischen Eltern zunehmend als anspruchsvoll, wenig kooperativ, unehrlich und überheblich. Mit ähnlichen Attributen werden umgekehrt Lehrerinnen von Eltern bedacht. Verspannungen in der Beziehung zwischen Lehrern und Elternschaft sind also an der Tagesordnung.

Für die Lehrerin ist es notwendig, sich mit eigenen Ängsten und Vorbehalten der Gesprächssituation gegenüber auseinanderzusetzen: Solche Ängste sind auch bei routinierten Lehrkräften durchaus verbreitet! Es ist wichtig, die irrationalen Anteile dieser Angst auszumachen. Solche irrationalen Anteile blockieren die Bewegungsmöglichkeiten im Gespräch und können zu unüberlegten, konfrontativen Abwehrreaktionen veranlassen.

Es ist wichtig, zwischen Eltern und Lehrkräften eine Gesprächskultur zu entwickeln, die den Austausch zur Selbstverständlichkeit macht.

Bevor der Konflikt also eskaliert, sollte auf jeden Fall das klärende Gespräch mit den Eltern gesucht werden. Dabei müssen die Eltern genügend Gelegenheit haben, selber zu Wort zu kommen. Wenn Eltern das Gefühl haben, daß ihnen zugehört wird, können sie eher Kritik äußern. Indem man ruhig und aufmerksam zuhört, wird man auch Möglichkeiten finden, eine „gemeinsame Sprache" mit dem „Gegenüber" zu entwickeln. Wenn man Eltern erreichen will, ist es nicht ratsam, sie mit Fachbegriffen zu überfluten – statt dessen empfiehlt es sich, den Eltern mit „ihren eigenen Worten" zu begegnen.

Wenn sich die Lehrerin oder der Lehrer emotional tangiert fühlen, weil der Konflikt bereits persönlich geworden ist, ist es wichtig, rechtzeitig das Gespräch mit einer kompetenten Vertrauensperson zu suchen, um sich über die Eigenart der Konfliktstruktur Klarheit zu verschaffen. Schulpsychologinnen und -psychologen bieten sich aufgrund ihrer neutralen Position an. Sind die Spannungen noch größer, kann es ratsam sein, einen Berater mit in die Gesprächssituation hineinzunehmen – seien es die Schulleitung oder aber externe Berater, die von den schulpsychologischen Diensten oder Regionalen Schulberatungsstellen in Ihrer Umgebung angefordert werden können.

Barbara Hürten-Ungar

Tips

Ihre 3 K: Seien Sie kindorientiert, konkret und kompetent.

- Vermitteln Sie den Eltern, daß Sie Ihren Beruf gerne ausüben und daß das Wohl und Wehe der Kinder Ihnen am Herzen liegen.

- Fertigen Sie Eltern nicht ab, sondern geben Sie ihnen das Gefühl, daß Ihnen die Zusammenarbeit wichtig ist. (Auch wenn zu Ihrem Selbstschutz Formalisierungen wie Sprechzeiten oft nötig sind.)

- Belehren Sie Eltern nicht über pädagogische Theorien, sondern zeigen Sie ihnen konkret, wie Sie unterrichtlich arbeiten, z. B. bei Hospitationen, durch Ausstellungen, Eltern-Kinder-Nachmittag, Klassenleitung …

- Vertreten Sie Ihre pädagogischen Überzeugungen selbstbewußt und professionell, wie es dem hohen Standard der grundschulpädagogischen Entwicklung entspricht.

Regeln Sie den Informationsfluß.

Regeln Sie mit den Eltern, wie Sie für die ständige und die Ad-hoc-Information sorgen. Möglichkeiten sind

- ein Mitteilungsheft oder eine farbige, besonders markierte Mitteilungsmappe

- Telefonkontakte, Telefonkette

- feste Sprechzeiten

Holen Sie die Eltern in die Schule.

Betten Sie die vorgeschriebenen Elternabende in Ihre Schule-Eltern-Aktivierung ein durch:

- Eltern-Kinder-Lehrer-Nachmittage mit gemeinsamem Kaffee-Klatsch, mit Spielen, Basteln, Ausstellungen, Vorführungen, Klassenfest ...

- Elternabende mit aktivierenden Arbeitsweisen und gemütlicher Atmosphäre

- Alternativen wie Elternstammtisch, gemeinsamer Ausflug mit Picknick (für informelle Gespräche), gemeinsamer Besuch einer Bibliothek (für die Erstellung einer Bücherliste).

Lassen Sie Eltern helfen.

- Basteln Sie mit Eltern Arbeitsmittel für die Kinder, z. B. Leselotto, Rechenlotto, Lernkartei.

- Laden Sie Eltern zum Helfen ein, z. B. beim Kochen, beim Arbeiten mit Gips, beim Lesenüben, beim Ausflug.

- Ermitteln Sie besondere Fähigkeiten und Beziehungen der Eltern, die dann bei Anschaffungen, bei der Schulgestaltung, für Arbeitsgemeinschaften, beim Aufsuchen außerschulischer Lernorte genutzt werden können.

- Nach einiger Erfahrungszeit können Sie vielleicht Eltern auch zur Mitarbeit im Unterricht gewinnen, z. B. als „Lesemütter oder -väter", denen Kinder vorlesen können, als Gruppenleiter beim Werken und Textilen Gestalten, als Berater bei der Freien Arbeit, als Helfer in der Spielpause.

Fachfremder Unterricht

Grundschullehrerinnen und -lehrer werden in bis zu drei Fächern oder Lernbereichen der Grundschule ausgebildet. In der Unterrichtspraxis werden sie aber oft auch in anderen Fächern eingesetzt, nicht nur aus Not, weil ausgebildete Fachlehrer an der Schule fehlen, sondern auch aus zwei guten pädagogischen Überlegungen heraus:

Erstens: Je jünger Schulkinder sind, desto mehr brauchen sie eine Lehrerin oder einen Lehrer als eine feste Bezugsperson, die Zeit genug hat, sie in verschiedenen Situationen kennenzulernen, sie individuell anzusprechen und zu fördern und ihre Entwicklung über die Zeit hinweg zu begleiten. Eine feste Bezugsperson entwickelt zudem ein in sich stimmiges pädagogisches Konzept, indem sie z. B. bestimmte Arbeitstechniken einführt und verwendet, ebenso Arbeits- und Sozialformen, Regeln und Rituale, Bräuche und Gewohnheiten im Klassenleben.

Der Unterricht „in einer Hand" kommt dem Bedürfnis der Kinder nach Verläßlichkeit und Geborgenheit entgegen. Sicher läßt sich vieles hiervon auch durch gute Kooperation im Lehrer-Team erreichen, aber zumindest für die jüngeren Schulkinder ist die Identität der pädagogischen Arbeit in einer Person wichtig.

Zweitens: Zeitgemäßer Grundschulunterricht ist nicht von Fächern her gedachter Unterricht. Vielmehr sind grundschulpädagogische Prinzipien leitende Aspekte, denen sich auch die Fachdidaktiken unterordnen müssen. Solche Prinzipien sind: Lebensweltbezug, Handlungsorientierung, Prinzip des entdeckenden Lernens. Unterricht nach diesen Prinzipien ist der Tendenz nach ein fächerübergreifender Unterricht, der seine Rhythmisierung nicht vom 45-Minuten-Raster der Unterrichtsstunde bestimmen läßt, sondern vom Arbeitsrhythmus der Kinder und vom Bearbeitungsmodus in bezug auf das fächerübergreifende Thema. Wer z. B. mit den Kindern das Thema *Unsere Sinne* bearbeitet und ein Riechmuseum herstellt (Sachunterricht), ein Daumenkino gestaltet (Sachunterricht und Kunst), die Sinneseindrücke mit Adjektiven versprachlicht (Deutsch), Klänge erzeugt, auf Kassette aufnimmt und abhört (Musik), der kann dies nur mit Verbiegungen in einem Fachstundenraster realisieren.

Gerade solche Zusammenhänge aber erleichtern den „fachfremden" Unterricht. Denn: Mögen das Fach und die fachspezifischen Inhalte und Verfahrensweisen fremd sein, die didaktischen Prinzipien sind über die Fachgrenzen hinweg jedem vertraut. Von hier her gewinnt man wohl am leichtesten den Zugang zum „fremden" Fach.

Literaturtips: Die Periodika für die Primarstufe: GRUNDSCHULE (Westermann), GRUNDSCHULZEITSCHRIFT (Friedrich) und GRUNDSCHULUNTERRICHT (Pädagogischer Zeitschriftenverlag) bieten durchgängig Themenhefte zu allen Lernbereichen an. Spezielle Literatur für „Einsteiger" findet sich bei den folgenden Fachartikeln.

Hilfe – ich muß ein fremdes Fach unterrichten!

Während meiner Ausbildungszeit hatte ich fast ausschließlich in meinen Studienfächern (Mathematik, Deutsch, Sachunterricht) unterrichtet und war nur in diesen Fächern praktisch ausgebildet worden. Als Vollzeitkraft und Klassenlehrerin wurde ich nun mit dem Problem konfrontiert, fachfremd auch Musik, Kunst und Sport zu unterrichten. Natürlich wollte ich ebenso in diesen Fächern meinen Ansprüchen an Unterricht gerecht werden. Dies war leichter gesagt als getan; ich verfüge nicht einmal über geeignete Literatur, und die Lehrerbücherei war schon lange ihrer Zeit hinterher.

Als erstes nahm ich deshalb Kontakt mit meinen ehemaligen Lehramtskolleginnen aus dem Studienseminar sowie den entsprechenden Fachlehrern und -lehrerinnen im Kollegium auf. Glücklicherweise existierte an meiner neuen Schule eine Fachkonferenz für das Fach Sport. So erhielt ich einige praktische Tips, Übungsvorschläge und Literaturhinweise, die mir zunächst einmal in meiner Not helfen konnten. Darüber hinaus erfuhr ich, daß innerhalb der Fachkonferenz neue Arbeitspläne entwickelt und erarbeitet werden sollten, die es insbesondere fachfremden Kollegen erleichtern würden, dieses Fach zu unterrichten. Alle Sportlehrer (auch fachfremde) sollten daran mitwirken. Die Konzeption wurde inzwischen an unserer Schule realisiert und fand im Kollegium so positiven Zuspruch, daß sie inzwischen auch in anderen Fächern Anwendung findet.

Des weiteren war es für mich wichtig, mich fachpraktisch fortzubilden. Um Kompetenz und Qualifikation (z. B. für den Schwimmunterricht) zu erlangen, habe ich die Gelegenheit wahrgenommen, an verschiedenen Fortbildungsangeboten teilzunehmen. Leider sind solche Angebote jedoch oftmals begrenzt, oder sie fallen der Kosteneinsparung zum Opfer. Dabei ist der Bedarf an diesen Fortbildungen sehr groß.

Astrid Ficinus

In unserer Schule herrscht Mangel an Unterrichtsbefähigungen für Musik, denn wir haben nur eine Lehrerin, die das Fach „gelernt" hat. Im Laufe der letzten Zeit sind zwei Kolleginnen, die fachfremd Musik unterrichten, zu Fortbildungen gefahren. Sie kamen sehr motiviert zurück.

Wir führen etwa dreimal im Schuljahr Fachkonferenzen für das Fach Musik durch. Sie werden von der Fachkollegin geleitet. Sie wählt Unterrichtsinhalte aus, die nicht unbedingt Musikalität voraussetzen, bietet aus ihrem Fundus Arbeitsblätter an, übt mit uns geeignete Lieder und nimmt sie auf Wunsch auf eine Kassette auf – zum Mitsingen.

Wir haben viel Spaß bei diesen Fachkonferenzen, die Kolleginnen und Kollegen sind begeistert von dem, was sie selbst lernen und plötzlich vermitteln können, und das ganze Kollegium ist „musikalisiert". Sogar in den Pausen wird nicht selten gesungen!

Brigitte Beier

Musikunterricht

Als erstes sollten Sie sich selbst beruhigen, indem Sie sich bewußt machen, daß Sie gelernt haben, unter Beachtung der kindlichen Bedürfnisse Kinder zu motivieren, zu aktivieren und Lernprozesse zu organisieren; denn Sie dürfen in Ihren ersten Musikstunden keine Unsicherheit ausstrahlen, wohl aber *Neugier* und *Lust auf Ausprobieren*.

Als nächstes kümmern Sie sich um die Beschaffung eines Musikunterrichtswerkes, das für Kinder interessante, auf ihr Leben bezogene Themen enthält, durch gutes, übersichtlich angeordnetes Bildmaterial und Zusatzmaterial wie Fotokopiervorlagen und Folien zu musikalischen Aktionen anregt und zu dem ein für Nichtmusiker verständlich geschriebener, methodisch anregender Lehrerband gehört (Musikkassetten gehören heute zu jedem Lehr- und Liederbuch dazu). Diese Bedingungen erfüllt meines Erachtens *Unser Musikbuch Quartett* (Klett) in besonderem Maße. Gerade bei Benutzung dieses Buches können Sie mit den Kindern „mitlernen" und zugleich sicher sein, daß diese hinsichtlich der wichtigen musikalischen Umgangsweisen gefördert werden. Arbeitspläne werden für jede Jahrgangsstufe mitgeliefert. Sollten Sie z. B. ein drittes Schuljahr übernommen haben, können Sie einige Themen aus dem Band für das zweite Schuljahr nehmen. Dadurch fällt Ihnen das Einarbeiten leichter.

Als dritten Schritt sollten Sie sich kundig machen, welche Hilfsmittel Ihnen in Ihrer Schule und am Dienstort zur Verfügung stehen:

- Klassensätze von Liederbüchern und Unterrichtswerken;

- Musikkassetten, Liederkassetten, Schallplatten und die entsprechenden Tonträger;

- Folien, z. B. zur Instrumentenkunde;

- Schulfunkprogramm-Übersicht;

- Orff-Instrumente;

- Arbeitspläne für Musik;

- „musikalische" Kolleginnen und Kollegen, die die von Ihnen ausgewählten Lieder auf Kassette singen und fachbezogene Ratschläge erteilen können;

- Katalog mit Musikmedien von der Stadt- oder Kreisbildstelle;

- Musikabteilung der öffentlichen Bücherei;

- Kantoren im Schulbezirk, Orchester, Musikschule.

Praktische Möglichkeiten ...

Die nun folgenden praktischen Möglichkeiten sind Vorschläge, wie Sie sich in den ersten Schulwochen in Ihr fachfremdes Unterrichten hineinfinden können:

... vom Fach Sprache aus

Ich gehe davon aus, daß Sie im Fach Sprache ausgebildet worden sind. Von diesem sicheren Fundament aus bietet sich fachübergreifendes Arbeiten an.

Im ersten Schuljahr ist das Trainieren der auditiven Wahrnehmung besonders wichtig. Lassen Sie aus Joghurtbechern, Metalldosen, Sand, Erbsen, Reis usw. Dosenrasseln bauen, ihre Klangunterschiede untersuchen und beschreiben, mit ihnen laut, leise, lauter und leiser werdend, schnell, langsam, gemeinsam oder in Gruppen musizieren und mit ihnen Sprechverse, Lieder oder Tanzmusik begleiten.

Andere Übungen und Spiele finden Sie u. a. bei Ger Storms: *Spiele mit Musik.* Frankfurt a. M. 1984 (Sauerländer/Diesterweg) und bei Klaus Holthaus: *Klangdörfer.* Boppard 1993 (Fidula).

Vom ersten bis zum vierten Schuljahr ist es möglich, die Stimme als Instrument zu benutzen, ohne zu singen.

Die Kinder *imitieren* akustische Ereignisse einer Bildergeschichte oder eines Bildes; sie imitieren Tierlaute, Maschinengeräusche und Umweltgeräusche. Sie *erfinden* Stimmklänge zu Gedichten und Geschichten. Sie *sprechen* Verse, Reime, Sätze *rhythmisch* und begleiten sich selbst auf Rhythmusinstrumenten. Reicht die Anzahl der in der Schule vorhandenen Klanghölzer nicht aus, kann man Bleistifte nehmen oder ein paar Bambusstangen vom Baumarkt zersägen.

Die Kinder *gestalten* den Gefühlsausdruck von Gedichten und Sprechszenen in einer eigenen Phantasie-Sprache. Stimmungen und Gefühle können durch Begleitinstrumente verstärkt werden, die von den Kindern ausprobiert und kritisch ausgewählt werden.

Sie können die vielen Möglichkeiten, was man mit der Stimme alles machen kann, auch sammeln und in die Felder eines *Würfelspiels* eintragen. Am besten stellen sich die Kindergruppen ihre Spiele selber her. Die Musikstunde wird zwar etwas laut, aber sehr fröhlich!

Entsprechende Anregungen finden Sie im *Musikbuch Quartett* und in W. Fischer u. a.: *Musikunterricht Grundschule.* Lehrerband und Schülerband I und II. Mainz 1991 (Schott); in M. Geck: *Singt und spielt.* Bielefeld 1986 (Cornelsen); in I. Becker: *Die Liederkutsche.* Frankfurt a. M. 1981 (Hirschgraben); in L. Stohlmann: *Singen in der Grundschule.* Lehrer-Bücherei Grundschule. Frankfurt a. M. 1990[2] (Cornelsen Scriptor).

Im dritten oder vierten Schuljahr ist die Begegnung mit einem Musikexperten interessant. Das Interview wird im Sprachunterricht vorbereitet. Der Kantor wird in der Kirche aufgesucht. Orchestermusiker oder Musikschullehrer werden in die Schule eingeladen. Die Kinder lernen ein Instrument kennen, hören Musikstücke und erfahren etwas über Beruf und Werdegang eines Musikers.

... vom Fach Sachunterricht aus

Vielleicht liegt Ihnen der Einstieg in das Fach Musik über das Bauen einfacher Instrumente. Die Kinder lernen dabei etwas über Tonerzeugung, Tonhöhenveränderung und Abhängigkeit des Klanges von Bau und Material.

Den Bau von Dosenrasseln habe ich schon genannt. Aus zwei Bambusstabstücken kann man eine Kuckucksflöte herstellen, aus Blumendraht, Kronkorken und Plastikschlauch kleine Schellenkränze. Einfach herzustellen sind auch Schrapphölzer, Saitenstäbe, Gummizither und Rumbarassel.

Da vor allem Umweltmaterial benutzt wird, finden Sie in Bastelgeschäften Literatur, aber auch in der Bücherei und in den Unterrichtswerken, z. B. in W. Fischer, a. a. O.; in Becker/Jung: *Musik macht Spaß.* Frankfurt a. M. 1979 (Hirschgraben); in W. Warskulat: *Instrumentenbau aus Umweltmaterialien.* Lilienthal/Bremen 1978 (Eres).

... vom Fach Kunst aus

Ist Ihr Schwerpunktfach Kunst, bietet sich ebenfalls fachübergreifendes Arbeiten an. Mit einer Liederkassette lernen Ihre Kinder ein Erzähllied singen. Aus dem Liedinhalt entwickeln Sie mit den Kindern eine Bildfolge, die nicht nur das Textgedächtnis der Kinder beim Singen unterstützt, sondern auch nach Intentionen des Faches Kunst gestaltet werden kann.

Zu einem anderen Lied, aber auch zu Musikstücken aus der Programmusik lassen Sie Puppen, Fingerpuppen oder Schattenfiguren *basteln* und diese zum Lied *bewegen*.

116 Fachfremder Unterricht

Gute Anregungen dazu finden Sie in den bereits genannten Unterrichtswerken und in *Unser Liederbuch Schalmei*. Große Ausgabe. Stuttgart (Klett).

Zu zahlreichen Werken der Programmusik können die Kinder Bilder malen. Entweder erzählen Sie das Programm, das der Musik zugrunde liegt, oder die Kinder denken sich eine eigene zur Musik passende Geschichte aus.

Zwei berühmte Kompositionen enthalten jeweils mehrere Musikstücke, die sich zum Malen nach Musik eignen:

Modest Mussorgsky: Bilder einer Ausstellung (Orchesterfassung); Camille Saint-Saens: Karneval der Tiere.

Beide Werke eignen sich aber auch sehr gut dazu, daß die Kinder sich zur Musik *bewegen* oder sie *in Szene setzen*.

Weitere Musikbeispiele und Themen für das Malen nach Musik, auch zur Umsetzung in graphische Gestaltung, finden Sie in: L. Stohlmann: *Malen nach Musik*. Zeitschrift „Grundschule", Heft „Klingende Schule" 3/1991 (Westermann).

... vom Fach Sport aus

Bewegung und Tanz kommen dem Bewegungsbedürfnis der Kinder entgegen. Sie selbst haben sich bestimmt schon nach Musik bewegt, bei Festen, im Tanzkurs, unbewußt mit Füßen und Fingern beim Hören von rhythmisch markanter Musik.

Nehmen Sie sich rhythmische Musik aus dem Radio auf Kassette auf. Oder lassen Sie sich von Ihren Kindern Kassetten mitbringen. Im Musikunterricht lassen Sie die Kinder *Begleitmöglichkeiten* mit *Körperinstrumenten* finden, probieren, in eine Reihenfolge bringen und musizieren (Trampeln, Schlurfen, Stampfen, Hüpfen, Tippen, Patschen, Klatschen, Schnipsen ...).

Sie fördern die Gestaltungskräfte von Kindern, wenn diese *Tierbewegungen* darstellen oder raten, sich nach Musik durch den Raum bewegen, wahrgenommene Bewegungen und Schrittarten durch *Instrumentenspiel* imitieren. Koppeln Sie die Aufgaben um der Motivation willen auf jeden Fall an ein Thema, z. B.: *Um Mitternacht wird's lebendig im Kinderzimmer. Bewegungsarten fremder Lebewesen im Weltraum.*

Nehmen Sie für die Aufgabe *Erfindet Bewegungen zu dieser Musik* auch einmal Materialien wie Schals, Tücher, Bälle, Stäbe, Luftballons, Seilchen; denn sie beflügeln die Phantasie der Kinder – auch Ihre! – und stärken das ästhetische Empfinden.

Die neueren Unterrichtswerke enthalten in der Regel einige Beschreibungen und Musikbeispiele von *Tänzen, z. B. Schalmei,* a. a. O.; *Quartett,* a. a. O.

Bewegung zu Musik · Singen　　　　117

Fragen Sie auch Ihre Kolleginnen und Kollegen. Die Schwierigkeit liegt weniger im Verstehen von Tanzbeschreibungen als im Zuordnen der Bewegungsteile zu den Musikabschnitten. Das sollten Sie zu Hause üben. Im 3. und 4. Schuljahr können Sie die Tanzgestaltung den Kindern übertragen.

Mediale Hilfe bieten u. a. der Georg Kallmeyer Verlag, Wolfenbüttel und der Fidula Verlag, Boppard.

Fragen und Ratschläge

● Wo finde ich gute und für Kinder interessante Lieder?
In: *Unser Liederbuch Schalmei*, a. a. O.; R. R. Klein/H. Weber: *Die kleine Lerche*. Frankfurt a. M. 1984 (Diesterweg); *Quartett. Lieder heute*. Stuttgart 1994 (Klett). Wenn Sie an modernen Kinderliedern mit sozialen, umweltbezogenen Themen interessiert sind, lassen Sie sich die Verlagsprospekte kommen vom Menschenkinder Verlag, Münster und vom Impulse Musikverlag Ludger Edelkötter, Drensteinfurt.

● Wie kann ich methodisch mit Liedern umgehen?
Hierzu empfehle ich Ihnen mein Büchlein *Singen in der Grundschule* (Cornelsen Scriptor) oder den Lehrerband zu *Unser Liederbuch Schalmei* (Klett).

● Wo finde ich Beispiele für die instrumentale Verklanglichung außermusikalischer Themen?
Welche Klangideen durch Textvorlagen ausgelöst werden können und wie man diese graphisch aufschreiben kann, erarbeiten Sie sich am gründlichsten mit: M. Neuhäuser: *Klangspiele*. Frankfurt a. M. 1975 (Diesterweg).

● Wie kann ich mir möglichst schnell die notwendigsten Kenntnisse hinsichtlich der traditionellen Notation aneignen, damit ich mit den Kindern ganz einfache vorgegebene Liedbegleitungen einüben kann?
Nehmen Sie aus der Schule ein Metallophon, Xylophon oder Glockenspiel mit den Zusatzklangplatten „Fis" und „B" mit nach Hause und kaufen Sie sich zum Beispiel das Heft *Flöten lernen* (zu *Unser Liederbuch Schalmei*, a. a. O.). Sie lernen „spielend" die wichtigsten Töne hinsichtlich Notenwert, Name und Lage in den Notenlinien und können auch noch zu den Liedern des Liederbuches in der Schule spielen, wenn Sie das wollen. Vielleicht versuchen Sie es gar mit dem Flötenlernen.
Eine andere Möglichkeit ist, sich ein Musiktaschenbuch zu leihen oder zu kaufen, z. B. *Musiklehre Compact* oder *Übungsprogramm Musiklehre* aus dem Schott Verlag. Sollten Sie einen Computer besitzen, finden Sie bestimmt entsprechende Lernprogramme.

● Wo finde ich geeignete Musikbeispiele zusätzlich zu denen auf den Musikkassetten meines Unterrichtswerks?

Sehr umfangreich ist die Hörbeispiel-Sammlung zum Unterrichtswerk *Musikunterricht Grundschule,* a. a. O.

Es gibt Schallplattenreihen (oder MC) mit Textbuch zu Leben und Musik berühmter Komponisten, die sich in Ausschnitten für den Musikunterricht in der Grundschule eignen; ganz bestimmt aber auch für eine Erweiterung Ihres musikgeschichtlichen Wissens: *Das Leben der großen Komponisten für Kinder erzählt von Karlheinz Böhm* und *Begegnungs-Reihe,* Lese- und Arbeitshefte für den Musikunterricht in der Sekundarstufe 1 (Diesterweg). Geschickt wäre auch, wenn Sie die Schulfunksendungen für Musik in der Grundschule auf Kassette aufnehmen und auf ihre Einsatzmöglichkeit in Ihren Musikunterricht überprüfen würden. Sie sind aber verpflichtet, die Aufnahme nach einem Jahr zu löschen.

● Wie kann ich meine Kinder auch im Musikunterricht zu Konzentration und innerer Ruhe bringen?
Sensibilisierungs- und Konzentrationsspiele sind für die Kinder der heutigen Zeit besonders bedeutungsvoll. Dazu zwei Literaturangaben: Rosemarie Holzheuer: *Praxishilfen zur Musik- und Bewegungserziehung für Kindergarten und Grundschule.* Band 1 Sensibilisierung. Band 2 Gestaltung. Donauwörth 1987^2 (Auer); Hans-Helmut Decker-Voigt: *Musik als Lebenshilfe,* Teil A. Lilienthal/Bremen 1975 (Eres).

Vielleicht werden Ihre Unterrichtserfolge, die ich Ihnen wünsche, und das Erlebnis der kindlichen Begeisterung am aktiven Umgang mit Musik Sie eines Tages dazu verleiten, mutig an örtlichen oder regionalen Lehrerfortbildungsveranstaltungen für Musik in der Grundschule teilzunehmen oder gar zu einem Fortbildungskurs zu fahren, z. B. nach Bad Berleburg. Veranstalter ist dort die IGMF (Internationale Gesellschaft für musikpädagogische Fortbildung e. V., Postfach 2020). Sie können sich das *Jahresprogramm* und die Terminübersicht schicken lassen.

Man nimmt immer etwas mit!

Lieselotte Stohlmann

Kunstunterricht

Mit Kindern malen und zeichnen, das kann eigentlich jeder, oder? Aber wenn es heißt, von heute auf morgen Kunst in einer neuen Klasse zu unterrichten, dann weiß nicht jeder, womit er beginnen soll.

Ich würde mir erst einmal einen Überblick über die Lern- und Arbeitsbedingungen der Gruppe verschaffen. Dazu gehören Informationen über vorausgegangene Arbeiten, vorhandene Arbeitsmaterialien, Materialsammlungen, Standortpläne, audiovisuelle Medien.

Zeichnen, Malen, Formen in den Klassen 1 und 2

Am liebsten beginne ich mit einer Aufgabe, die mir etwas über den Lern- und Entwicklungsstand der Kinder verrät. Bei Schulanfängern muß ich mich über den zeichnerischen Formbestand informieren. Er läßt sich besonders gut an figürlichen Darstellungen ablesen, die mit wenig Materialaufwand und ohne ausführliche Besprechungen über deren Gestaltungsmöglichkeiten initiiert werden. Es empfiehlt sich, mit nicht zu dünnen Faserstiften oder einem weichen Bleistift auf weißes Papier etwa folgende, auch subjektiv bedeutsame Themen zeichnen zu lassen:

Ich in meiner schönsten Kleidung, Ich an meinem ersten Schultag.

Die Entwicklung der Schemaform „Mensch" läßt sich ablesen an Kriterien wie

- Gegliedertheit der menschlichen Figur (Kopffüßler oder mit Kopf, Rumpf usw. gegliederte Figur),

- Gerichtetheit der Gliedmaßen (linear angesetzte Gliedmaßen, abgespreizte Finger),

- Differenziertheit der Formen und Flächen (Ausgestaltung des Gesichts mit gekritzelten Punkten und Strichen oder Wiedergabe von Details).

Bei der Auswertung achte ich auf Klischeebildungen, unter denen nicht entwicklungsfähige, schablonenhafte Formen (Formverhärtungen) verstanden werden, die die Kinder häufig von Erwachsenen übernommen haben.

Nur durch regelmäßige Gelegenheit zum Zeichnen und individuelle Hilfen oder Gespräche über das, was dargestellt wird und wie es dargestellt wurde, können Klischeebildungen überwunden und die Schemabildung gefördert werden.

Wichtig zu wissen ist, daß die Ausdifferenzierung des Schemas verschiedene Stufen durchläuft und in jeder Entwicklungsstufe zunächst das „motorisch Tunsmäßige" im Vordergrund steht. Erst danach wird eine „Sicherung" des einzelnen Schemas erreicht, auf die darauf das „additive Ausfächern" erfolgt.

Von Bedeutung ist auch, ob Thema oder Inhalt der Erfahrungswelt der Kinder entspricht und in engem Zusammenhang steht mit dem, was die Kinder gerade beschäftigt.

Im Anfangsunterricht bieten die Sprachanlässe der Fibeln gute Gestaltungsanlässe, durch die bei den Kindern der Wunsch, etwas Bestimmtes darzustellen und dazu die eigenen Ausdrucksmöglichkeiten weiterzuentwickeln, verstärkt wird: *Meine Lehrerin, Ich und meine Freundin, Im Zoo, Die Bremer Stadtmusikanten.*

Viele Kinder erfahren, wenn sie etwas Bestimmtes darstellen wollen, ihre eigenen Grenzen und lassen sich dann gerne den angemessenen Gebrauch der Mittel und Materialien erklären.

Während hierbei zunächst Einzeldarstellungen zu bevorzugen sind, können später menschliche Figuren in Bewegung dargestellt, zueinander in Beziehung gesetzt und erste Überschneidungen ausprobiert werden. Die Kinder lernen verschiedene Materialien kennen und erfahren ihre eigenen Gestaltungsmöglichkeiten. Auf großformatige Malunterlagen wird mit weichen Wachsstiften, auf kleineren Formaten eher mit Stiften, die feinere Linien zulassen, gearbeitet. Schwarzweißzeichnungen bedingen eine stärkere Differenzierung der Binnenformen, der Gebrauch von farbigen Stiften bewirkt Erfahrungen mit den Qualitäten von Farben und kann eine Vorstufe zum *Malen* sein.

Doch auch Kinder des ersten Schuljahres sollten pastoses Farbmaterial in seiner Konsistenz erfahren. Deshalb beginne ich gerne mit „Fingerfarben" oder „Kindermalfarben" in den Primärfarben, die die Kinder mit Fingern oder einem Holzstückchen auf eine Fläche auftragen.

Themenvorschläge: *Mein Handabdruck, Aus einer Schachtel wird ein Handpuppenkopf, Ein verrücktes T-Shirt.*

Dabei ergeben sich wie von selbst erste Mischerfahrungen, über die gemeinsam nachgedacht wird und die zum Farbkasten überleiten.

Bevor ich den Farbkasten einführe, vergewissere ich mich, daß die Kinder bestimmte Organisationsformen beherrschen, die sich bei weniger aufwendigen Aufgaben schon einüben ließen:

● Vorbereitung des Arbeitsplatzes mit Unterlagen, z. B. alten Zeitungen;

● Benutzung eines Malkittels;

● Wasserbehälter in der Tischmitte, um häufiges Umstoßen zu vermeiden, und nur zur Hälfte gefüllt;

● zur Grundausstattung gehören: ein Farbkasten mit 6 Farbtöpfen in DIN-Norm, ein Borstenpinsel, später ein Haarpinsel, sowie Lappen zum Abtupfen des Pinsels;

● Eimer (Schmutzwasser und sauberes Wasser) sowie alle benötigten Materialien befinden sich auf einem dafür bestimmten Tisch;

● Papier DIN A3 (wird in Großpackungen gekauft und nach Besprechung der Aufgabe an die Kinder verteilt, dadurch erspart man sich das mühsame Ablösen der Blätter vom Block).

Bei jeder neuen Materialerfahrung sollten auch Entdecken und Genießen im Vordergrund stehen. Die Kinder riechen und betasten die Farbe in den

Töpfchen, erkennen Unterschiede zu anderem Malmaterial, finden heraus, wie die Farbe aufgelöst werden muß, probieren aus, wieviel Wasser sie brauchen, wie der Pinsel die Farbpigmente löst, und malen dann zum Beispiel farbige Streifen nebeneinander auf die Blattfläche.

Wer eine *Ich-Ausstellung* plant, nutzt diesen *Streifenteppich* als Unterlage für das Lieblingsgericht, das später als Collage darauf entsteht.

Nachdem Farbstreifen neben Farbstreifen gesetzt und mit den Kindern über die entstandenen Farbvermischungen nachgedacht wurde, können die Kinder lernen, aus dem Farbfleck zu malen *(bunte Luftballons* oder *Wollknäuel).* Wir entdecken dabei, daß wir Formen aus der Mitte heraus entstehen lassen können, daß diese wachsen und sich mit anderen vermischen können.

Auf den Gebrauch von Deckweiß oder Schwarz sollte zunächst verzichtet werden, weil mit dem Aufhellen oder Eintrüben von Farben völlig andere Qualitäten entstehen, die später bewußt gemacht werden.

Die Kinder lernen zunehmend, bei figürlichen Darstellungen auf Umrandungen oder Konturen zu verzichten und sich mit wenig Farbe und viel Wasser Orientierungslinien zu zeichnen. Bevorzugt werden aber Darstellungen aus Farbflecken, die additiv verwendet werden. Daneben dürfen auch Flächen eher dekorativ ausgemalt werden, z. B. *Das Haus, in dem ich wohne ...,* in das später ein *Foto von mir vor meiner Haustür* eingefügt wird.

Mit Farben wird nicht nur gemalt, sie können auch gesammelt, miteinander verglichen und mit Namen versehen werden. Das macht nicht nur Spaß, sondern fordert zum bewußten Sehen auf. Das Gespräch über Wahrgenommenes und Erreichtes trägt bei zum Bewußtmachen der Erfahrungen und des eigenen Könnens. Bei der Auswahl der Themen beachte ich, daß die Kinder das, was sie leisten können, anwenden und neue Anforderungen daran anknüpfen. Während ich mich deshalb am Anfang eher an einer fachlichen Systematik, wie sie auch im Lehrplan aufgezeigt wird, orientiere, gehe ich mit zunehmender Erfahrung dazu über, in größeren, *projektartigen Zusammenhängen* mit den Kindern zu arbeiten. Vorschläge:

- *Das bin ich – so möchte ich sein*

- *Kinder lebten früher anders*

- *Leben wie die Indianer/Menschen in der Steinzeit*

- *Bilder sind wie Texte – wir sammeln Bilder, wie andere Geschichten sammeln*

- *Wie Bilder zu Filmen werden*

- *Verpackungen und Verpacktes*

122 Fachfremder Unterricht

Hier ergeben sich Verknüpfungen mit verschiedenen Erfahrungsbereichen der ästhetischen Erziehung und anderen Bereichen des Grundschulunterrichts. Ich muß mir in jedem Fall einen Überblick darüber verschaffen, was die Kinder dabei leisten müssen, und prüfen, welche Vorerfahrungen vorhanden sind.

Neben Zeichnen und Malen sind Formen und Bauen unverzichtbare Bestandteile einer umfassenden ästhetischen Erziehung. Dabei läßt sich anknüpfen an Phänomene aus der Umwelt (Räume, Bauten, zufällig Gefundenes und absichtsvoll Gestaltetes) und Erfahrungen aus dem kindlichen Spiel (Formen mit Sand, Bauen mit vorgefertigten Elementen oder Steinen, Ästen ...). Nach freiem Experimentieren mit den unterschiedlichen Materialien können gemeinsam Aufgaben gefunden, Lösungsmöglichkeiten entwickelt und erprobt und Erfahrungen eingeordnet werden.

Themen:

- *Obstkorb* (Montage aus Illustriertenfotos)
- *Hexe* (Collage aus Stoff und anderem Material)
- *Roboter, Stadt/Dorf, Dinosaurier* (aus Schachteln und anderen Materialien)

Gemeinsames Tun und die sich dabei ergebende Kommunikation der Beteiligten fördern Sach- und Sozialkompetenz. Mit zunehmenden Kenntnissen und Fertigkeiten wächst auch der Qualitätsanspruch. Die Kinder lernen, über ihre Arbeitsergebnisse nachzudenken und ihre Leistungen einzuschätzen. In jedem Fall sollten die Kriterien, an denen die Leistungen gemessen werden, mit den Kindern zuvor festgelegt werden.

Ich lege für jede Klasse und jedes Schuljahr ein Buch oder einen Ordner mit Fotografien und Anmerkungen zu den Gesamtergebnissen und Zwischenschritten an. Das erleichtert mir auch, die Leistungen zu bewerten und den Kindern ihren Lernfortschritt bewußt zu machen.

Zeichnen und Malen, Nachdenken über Bilder in Klassen 3 und 4

Oft wollen 9- bis 10jährige nicht mehr gerne Personen darstellen, weil sie sich über die Diskrepanz zwischen eigenem Anspruch und Darstellungsfähigkeit bewußt wurden. Auch hier bieten Spiel- oder Alltagssituationen sinnvolle Anlässe zum Malen oder Zeichnen menschlicher Figuren in Bewegung:

Kinder hantieren gerne mit *Daumenkinos*. Wir stellen sie her. Dazu müssen Bewegungsabläufe „im Zeitlupentempo" ausprobiert und in Teilschritten nacheinander dargestellt werden. Die Zeichnungen werden zunächst wie ein Trickfilm auf einer zuvor in gleich große Felder eingeteilten Fläche nebeneinander angefertigt und nach dem Auseinanderschneiden übereinandergelegt und zusammengefaltet.

Großformatige Wandbilder malen, auf denen die Kinder sich selbst in Sport- oder Spielsituationen darstellen. In Kleingruppen werden bestimmte Sport- arten ausprobiert, auch sie lassen wir im Zeitlupentempo ablaufen, „stoppen" den Ablauf an manchen Stellen, um davon „Schnellfotos" mit der Polaroid- kamera zu machen. Nachdem geeignete Fotos ausgewählt wurden (Kriterium: charakteristische Szenen), übertragen wir die Konturen der Figuren auf eine Folie, projizieren die Umrisse mit dem OHP auf großformatige Flächen (z. B. Packpapier), zeichnen mit schwarzen Linien die Konturen nach und malen die Flächen später mit pastosem, aufgehelltem Farbmaterial aus.

Am Ende der Grundschulzeit *Erinnerungsbücher gestalten* mit Selbstbildnis- sen, Zukunftsbildern (Traumbildern), bei denen Individuelles hervorgehoben wird und Wünsche dargestellt werden. Hier bieten sich auch Collagen oder Materialmontagen mit Fotos, Zeitungsausschnitten, Kopien, Lieblingsstoffen oder -gegenständen an.

Selbstporträts lassen sich gut anfertigen *aus Gipsabformungen* der Gesichter, die bemalt und mit verschiedenen Materialien ausgestaltet in eine Fläche eingefügt werden.

Wer etwas darstellen will, orientiert sich dabei auch an anderen. Wir denken im Unterricht darüber nach, wie wir etwas gemacht haben. *Das Nachdenken über und das Lernen von Bildern* im weitesten Sinne bilden grundlegende ästhetische Erfahrungen. Kinder begegnen täglich Tausenden von bewegten Bildern und lassen sich davon faszinieren. Selten fragen sie nach der Wirkung, die diese Bilder auf sie haben. Trotzdem lassen sie sich stark beeinflussen.

Schon deshalb lohnt es sich, mit den Kindern danach zu fragen, wie etwas gemacht wurde und warum es so gemacht wurde. Besonders aufgeschlossen sind Kinder dann, wenn das Nachdenken sich aus Fragen ergibt, die in konkreten Gestaltungsanlässen aufgeworfen wurden.

Beispiel: Für ein Erinnerungsbuch möchten wir uns selbst in herausragender Weise darstellen. Dazu sammeln wir alte und neue Kinderbildnisse, verglei- chen und ordnen sie in einer Zeitleiste ein.

Wir arbeiten die unterschiedlichen Mittel und Darstellungsabsichten an ver- schiedenen Beispielen heraus und wenden unsere Erkenntnisse für unsere Bilder an. So wird oft der soziale Status durch die Kleidung, die Haltung und die Attribute (Schmuck, Spielzeuge, Edelsteine …) dokumentiert. Ähnliches können auch die Kinder in ihren Selbstbildnissen verwirklichen.

Beim Gespräch über die Bilder ergeben sich neue Sichtweisen und Fragestel- lungen, so wird Wissenswertes gemeinsam erkundet. Wer sich selbst noch nicht zutraut, mit Kindern über Bilder zu sprechen, wendet sich an einen *museumspädagogischen Dienst,* den inzwischen fast alle Kunstmuseen an- bieten. Dort lassen sich meist Führungen organisieren, die auch Raum für

124   Fachfremder Unterricht

Selbsttätigkeit bieten, bei den Kindern auf gute Resonanz stoßen und Lehrer auf den Geschmack bringen.

Die Bilder, mit denen wir uns befassen, sind nicht nur Gemälde und Zeichnungen. Es sind auch Fotos, Collagen, Plastiken, Skulpturen, Objekte, bildnerische Arrangements, bewegte Bilder in Filmen und Videos, Spielzeug, Alltagsgegenstände.

Unter den Bildern haben auch die imaginierten und zufällig entstandenen Bilder besondere Bedeutung. Sie regen die Vorstellungskraft der Kinder an, veranlassen zum genauen Hinsehen und Entdecken.

Klecksografien aus zerlaufener Farbe, Tusche oder Tinte bieten sich zur Ausdeutung an. Danach können sie ausgeschnitten und als Spielfiguren für ein Schattenspiel verwendet werden.

Frottagen, die durch Durchreiben unterschiedlicher Materialien mit verschiedenartigen Oberflächenstrukturen entstanden sind, finden wir bei Max Ernst. Aber auch Grundschulkinder können beim Aneinanderfügen der verschiedenartigen Flächen zu herausragenden Gestaltungen gelangen.

Zufällig gefundene Äste, Metallabfälle, Holzstücke, Steine können durch Ausgestalten (Wegnehmen und Hinzufügen) zu *Skulpturen* weiterverarbeitet werden.

Bei allen Gestaltungen kommt es mir auf die Dichte und Geschlossenheit, aber auch auf die individuelle Idee und Qualität der Bearbeitung an. Von Bedeutung ist aber nicht nur das Ergebnis. Die Kinder sollen darüber nachdenken, wie das Ganze entstanden ist und welche Erfahrungen sie im Prozeß gemacht haben. Auch hier gilt, wie bei allen Aufgaben im Kunstunterricht: Der Weg ist das Ziel!

Kunstlehrer sammeln übrigens alles: neben Kalenderdrucken, Zeitungsausschnitten, Kunstpostkarten, Gestaltungsideen auch jegliches Wegwerfmaterial zum Bauen, Formen, Durchreiben, Ertasten, Riechen, Drucken, Zeichnen, Herstellen von Farben. Was zunächst mit einer Schachtel begonnen hat, füllt schließlich einen ganzen Keller.

Literaturtips: Hermann Burkhardt: *Grundschulpraxis des Kunstunterrichts,* Ravensburg 1971
Sieglinde Stark: *„Laßt Kinder malen".* *Malen und Zeichnen – Formen und Bauen in der Grundschule,* Heinsberg (Agentur Dieck) 1991
Gerold Wilhelm/Joachim Wloka: *Handbuch Kunstunterricht – Unterrichtsmodelle Primarstufe,* 3 Bde 1. bis 4. Schuljahr, Bielefeld (Cornelsen) 1979, 1981 und 1986
Grundlegende Aufsätze in der Fachzeitschrift Kunst und Unterricht (Friedrich Verlag, Velber)

Angelika Gerlach

Sportunterricht

Die erste Orientierung: Lehrpläne für den Sportunterricht

Bevor Sie zum ersten Mal die Sporthalle mit Ihren Kindern betreten, werden Sie sich wahrscheinlich zuerst einmal die Lehrpläne anschauen, um eine erste fachliche und inhaltliche Orientierung zu finden. Richtlinien und Lehrpläne stellen häufig die Inhalte für den Sportunterricht nach Sportarten dar. Sportliche Fertigkeiten stehen im Vordergrund. Diese Form der Darstellung darf aber nicht dazu führen, den Unterricht im Bereich Bewegung, Spiel und Sport ausschließlich an die Erfordernisse von Sportarten mit den dazu gehörenden Bewegungsfertigkeiten zu binden. Kinder wollen sich im Sportunterricht in vielfältiger Weise bewegen und sich und ihren Körper erproben. Sie wollen Spiele lernen und den verschiedenen Spielanforderungen nachkommen. Sie wollen sicherer in ihrer Bewegung werden. Sie wollen in der Schule lernen, wie sie auch außerhalb der Schule mit Freude Spiel und Sport betreiben können.

Folgende Aspekte können Ihnen dabei helfen, eine erste grundlegende Orientierung dafür zu bekommen, was der Unterricht im Bereich Bewegung, Spiel und Sport leisten soll:

1. Aspekt: sportartübergreifende Grundausbildung
Im Rahmen einer *sportartübergreifenden Grundausbildung* werden Sie vor die Aufgabe gestellt, die allgemeinen koordinativen und konditionellen Fähigkeiten der Kinder auf einer breiten Basis auszubilden. In der Grundschule geht es nicht vorrangig darum, daß die Kinder sofort lernen, möglichst schnell zu laufen, weit zu springen und weit zu werfen. Wenn Sie Bewegungsgrundtätigkeiten von Kindern zum Thema des Sportunterrichts machen (z. B. Springen, Laufen, Werfen, Klettern, Balancieren …), machen Kinder vielfältige Bewegungserfahrungen. Die Kinder lernen z. B., daß es nicht nur darum geht, schnell laufen zu lernen, sondern daß man auch wendig laufen kann (Slalom-Laufen), ausdauernd laufen kann (5-Minuten-Dauerlauf), auf etwas hinauflaufen kann und wieder herunterlaufen kann und daß man mit anderen zusammen laufen kann.

Literaturtips: Themenhefte der Zeitschrift ‚*Sportpädagogik'*, Friedrich-Verlag, Heft 3/ 1980: Laufen, Heft 3/1994: Werfen, Heft 3/1988: Springen, Heft 4/1993: Klettern
Rüdiger Klupsch-Sahlmann: *Bewegungsleben und Sportunterricht*. Chancen für sportartübergreifende Angebote in der Grundschule, in: *Sportunterricht* 40 (1991) 11, 425–432 (Hofmann-Verlag)

2. Aspekt: Spiele lernen und das Spielen lernen
In der Grundschule sollen Kinder *Spiele lernen* und *das Spielen lernen*. Bewegungsspiele gehören zum Bewegungsalltag der Kinder. Wenn Sie Ihren

Kindern viele Bewegungsspiele vermitteln, werden die Kinder darüber hinaus auch lernen, mit unterschiedlichen Spielbedingungen selbständig umzugehen, selbständig Spiele zu initiieren und durchzuführen. Sie lernen das Spielen. Grundlegende Devise Ihres Spielunterrichts sollte lauten: Alle spielen mit! Alle spielen gern! Alle spielen fair!

Literaturtips: Themenhefte der Zeitschrift ‚*Sportpädagogik*': Heft 1/1980: Spielen, Heft 1/1983: Bewegungsspiele, Heft 1/1992: Miteinander spielen
Klaus Kerkmann: *Wir spielen in der Grundschule* (Hofmann-Verlag)

3. Aspekt: Verbesserung der Wahrnehmungsfähigkeit und Schulung koordinativer Fähigkeiten
Gerade vor dem Hintergrund, daß die heutigen Kinder schon oft Defizite in ihrem Bewegungsverhalten aufweisen, wenn sie in die Grundschule kommen, müssen Sie der Aufgabe, *die Wahrnehmungsfähigkeit ihrer Kinder zu verbessern* und *ihre koordinativen Fähigkeiten zu schulen,* besondere Aufmerksamkeit widmen. Aufgabenstellungen in diesem Bereich stellen sicher, daß die Kinder sich in ihrem Bewegungshandeln immer sicherer und kompetenter fühlen.

Literaturtips: Themenhefte der Zeitschrift ‚*Sportpädagogik*': Heft 5/1985: Gleichgewicht halten
Renate Zimmer, Hans Cicurs: *Psychomotorik. Neue Ansätze im Sportförderunterricht* (Hofmann-Verlag)

4. Aspekt: soziales Handeln
Als letzten grundlegenden, aber unverzichtbaren Orientierungspunkt möchten wir Ihnen ans Herz legen, die Kinder im Sportunterricht zu *sozialem Handeln* anzuhalten. Die soziale Komponente von Bewegung, Spiel und Sport, das Erlebnis des Miteinanders und des Füreinander-Daseins erschließt sich den Kindern nur dann, wenn sie die Gelegenheit erhalten, Spielen und Bewegen auch in der Interaktion mit anderen zu erleben. So wird auf Dauer eine Unterrichtsatmosphäre des sozialen Wohlbefindens sichergestellt. In der sportpraktischen Literatur finden Sie viele Anregungen, gemeinsame Spiel- und Bewegungssituationen zu gestalten.

Literaturtips: Der Kultusminister des Landes Nordrhein-Westfalen/Die AOK in Nordrhein-Westfalen: *Gesundheitserziehung in der Schule durch Sport.* Handreichungen für die Primarstufe (AOK-Verlag)
Eckart Blumenthal: *Kooperative Spiele* (Hofmann-Verlag)

Die zweite Orientierung: Arbeits- und Organisationsplan der Schule

Die Fachkolleginnen und -kollegen an Ihrer Schule informieren Sie gerne über den Bildungsplan für das Fach an Ihrer Schule.

Der *Arbeitsplan* wird von der in einer Klasse unterrichtenden Lehrkraft für die jeweilige Klasse der Jahrgangsstufe 1, 2, 3 und 4 erstellt und weist in der Regel eine Darstellung und Beschreibung der Inhalte des Sportunterrichts und deren Ziele bis in die Grobzielebene aus.

Der *schuleigene Organisationsplan* wird von der Fachkonferenz Sport (bzw. dem Schulsportleiter/der Schulsportleiterin oder der Lehrerkonferenz für jede Grundschule) in der Form erstellt, daß er neben den Vorgaben des Lehrplans Sport die Interessenlage der Kinder und Lehrkräfte, die standortbezogenen Gegebenheiten (Sportstätten, Unterrichtsumfang) sowie die örtlichen außerunterrichtlichen Gegebenheiten (z. B. die Sportvereine) und die Fortsetzbarkeit des Lehrplans in der Sekundarstufe I berücksichtigt.

Wenn Sie sich den schuleigenen Organisationsplan und die Arbeitspläne von Ihren Kolleginnen und Kollegen beschafft haben, finden Sie dort vielfältige Informationen über das Schulsport-Profil Ihrer Grundschule und über die Inhalte und Ziele des Sportunterrichts in den einzelnen Jahrgangsstufen, aufgeteilt nach Zeitabschnitten über ein Schuljahr, die sich in der Regel nach den Ferienzeiten richten.

In der Fachliteratur finden Sie weitere Anregungen und Hinweise, wenn die Ihnen von den Kolleginnen und Kollegen überlassenen Materialien nicht genügend Hilfe geben.

Literaturtip: Hessisches Institut für Bildungsplanung und Schulentwicklung: *Materialien zum Unterricht. Sport 3: Sportunterricht in der Grundschule – Anregung zur Gestaltung eines schuleigenen Planes und zur Beurteilung*

Die erste Anregung: Aufbau einer Sportstunde

Nachdem Sie sich grundlegende Informationen über die Aufgaben des Sportunterrichts verschafft haben, werden Sie irgendwann dann doch vor der konkreten Situation stehen: Ihre erste Sportstunde. Die erste Frage bei der Vorbereitung lautet in aller Regel: Wie baue ich denn eine solche Stunde auf? In der Praxis des Sportunterrichts hat sich eine Dreigliederung als in aller Regel sinnvoll erwiesen.

Im *einleitenden Stundenteil,* der ca. 5–10 Minuten einer Sportstunde einnimmt, können die Kinder ihren Bewegungsdrang abreagieren. Dazu wird oft ein kleines Spiel eingesetzt. Der einleitende Stundenteil hat auch die Funktion, die Kinder auf die Thematik des folgenden Hauptteils einzustimmen. So

128 Fachfremder Unterricht

kann es zum Beispiel sehr sinnvoll sein, die Kinder zu Beginn der Stunde schon mit den Handgeräten frei spielen zu lassen, mit denen sie im Hauptteil der Stunde Bewegungsformen gestalten sollen.

Literaturtips: Themenheft der Zeitschrift *‚Sportpädagogik':* Heft 6/1989: Unterricht beginnen
Rüdiger Klupsch-Sahlmann: *Sich für ein Thema erwärmen* in: *Sportpädagogik* Heft 6/1989

Im *Hauptteil* der Stunde, der bei einer 45minütigen Sportstunde 25–35 Minuten einnehmen sollte, erarbeiten die Kinder eine Bewegungsfertigkeit, üben einen Bewegungsablauf, durchlaufen eine Gerätebahn zur Förderung der koordinativen Fähigkeiten, entwickeln zu einem bekannten Spiel Alternativen und anderes mehr. Achten Sie darauf, daß Sie jedem Kind die Chance einräumen, entsprechend seinem individuellen Leistungsvermögen etwas zu erlernen oder zu üben. In der einschlägigen Fachliteratur finden Sie vielfältige Anregungen zu den Möglichkeiten, den Hauptteil zu gestalten. Empfehlenswert sind in diesem Zusammenhang Stundenbilder wie z. B. von Ingrid Glücksmann/Rudolf Rösler, die unter den Aufgabenschwerpunkten ‚Grundlegende Bewegungserfahrungen sammeln', ‚Ausgewählte Bewegungsfertigkeiten verbessern', ‚Erfahrungen mit Großgeräten sammeln und Fertigkeiten verbessern' und ‚Tänze erlernen und vorzeigen' vielfältige Anregungen bieten.

Literaturtips: Ingrid Glücksmann, Rudolf Rösler: *Stundenblätter Sport und Spiel in der Grundschule* (1./2. Schuljahr) Stuttgart (Klett-Verlag)
Praxisbeispiele Primarstufe aus der Zeitschrift *Sportpädagogik* zu insgesamt über 40 Themenfeldern

Normalerweise beendet der *Schlußteil* die Sportstunde. Er nimmt je nach bisherigem Stundenverlauf und den Anteilen von Einleitung und Hauptteil zwischen 5 und 10 Minuten ein. Oft ist es angemessen, mit einem bewegungsintensiven Spiel die Stunde zu beenden oder in einem gemeinsamen Gespräch mit den Kindern über die vergangene Stunde zu reden und Perspektiven für die folgenden zu entwickeln.

Die zweite Anregung: Wichtige Planungsfragen für eine Unterrichtsstunde

Natürlich sind Sie trotz der Kenntnisse über grundlegende didaktische Orientierungen und über den Aufbau einer Sportstunde immer noch unsicher, wenn es konkret darum geht, nun eine Sportstunde zu planen. Die folgenden Fragestellungen, die nur eine Auswahl darstellen, können Ihnen eine Orientierung geben, um vor unliebsamen Überraschungen einigermaßen geschützt zu sein.

Die erste Frage betrifft die Wahl des Inhalts und die daraus zu entwickelnde Stundenthematik. Die Lehrpläne bieten in aller Regel vielfältige Anregungen für die Inhalte des Sportunterrichts in den unterschiedlichen Jahrgangsstufen. Doch das Wissen um Inhalte allein reicht nicht aus. Wichtiger ist es, die *Interessenlage und Motivation,* die *Konzentrationsfähigkeit* und *Leistungsfähigkeit* der Kinder Ihrer Klasse zu kennen. Wenn Sie sich unsicher in der Beantwortung der Frage fühlen, fragen Sie doch einfach bei der Lehrkraft nach, die Ihre Klasse vorher im Fach Sport unterrichtet hat. Auch die Klassenlehrerin oder der Klassenlehrer können Ihnen bei der Beantwortung dieser Fragen weiterhelfen.

Ein wichtiger Aspekt für die Planung einer Unterrichtsstunde ist die Frage nach den *Bewegungserfahrungen* der Kinder, die sie im Zusammenhang mit der gewählten Thematik haben. Die Beantwortung dieser Frage hilft Ihnen dabei, das Thema und die Ziele passend auf die Kinder der Klasse abzustimmen.

Die Frage nach den *äußeren Bedingungen* für Ihre Sportstunde ist unerläßlich. Findet der Unterricht in einer Turnhalle statt? Wie ist die Turnhalle ausgestattet? Welche Geräte stehen zur Verfügung? Welches Becken habe ich im Schwimmunterricht? Wie viele Kinder muß ich unterrichten? Wenn Sie die Fragen nach den äußeren Bedingungen beantwortet haben, haben Sie schon einen Schritt in Richtung einer gelungenen Unterrichtsstunde getan. Bei der Beantwortung sind Ihnen die erfahrenen Sportlehrkräfte gerne behilflich.

Beantworten sollten Sie bei Ihren Planungsüberlegungen auch die Frage nach *möglichen Unterrichtsstörungen.* Häufig sind fehlende Differenzierungsangebote Grund für Unterrichtsstörungen, weil Kinder sich unter- oder überfordert fühlen. Wechsel in der Arbeitsform sind erforderlich, um neue Motivationen zu sichern (… was man allein mit einem Ball ausprobiert hat, kann man dann vielleicht auch mit einem Partner oder in einer Gruppe ausprobieren …). Das Einfühlen in eine Bewegungssituation (… heute gehen wir in den Dschungel …) schafft zusätzliche Bewegungsanreize und beugt Unterrichtsstörungen vor. Eine angenehme, von gegenseitigem Vertrauen geprägte Unterrichtsatmosphäre verhilft auch ängstlichen Kindern dazu, nicht durch Unterrichtsstörungen ‚aus der Reihe zu tanzen', und führt dazu, daß Kinder weniger aggressiv sind. Und: Verzichten Sie auf allzuviele Wettkämpfe. Diese fördern übertriebenen Ehrgeiz und Ich-Bezogenheit und lösen damit Unterrichtsstörungen aus. Stellen Sie vielmehr das gemeinsame Bewältigen einer Bewegungsaufgabe in den Vordergrund und bestätigen Sie alle Kinder in ihrer individuellen Leistung.

Die dritte Anregung: Mit Farben einfacher und schneller organisieren

Es wird Ihnen viel Sicherheit verschaffen, wenn Sie die Fragen nach der *Organisation des Sportunterrichts* für sich beantwortet haben. Denn bei der Planung und Durchführung des Sportunterrichts in der Grundschule steht die Lehrkraft, insbesondere als Berufsanfängerin oder als ‚nichtausgebildete' Sportlehrkraft, häufig vor dem Problem, wie die unterrichtliche Organisation möglichst effektiv bestimmt werden kann, um einen reibungslosen Ablauf der Lern- und Erfahrungsprozesse der Kinder zu erleichtern.

Gerade im Bereich der Grundschule zeigen die Erfahrungen, daß die Kinder überfordert werden, wenn sie neben den Aufgabenstellungen, die das Stundenthema betreffen, noch weitere Informationen aufnehmen und behalten müssen, die den organisatorischen Ablauf bestimmen (‚Welche Wege muß ich laufen, in welcher Gruppe bin ich, wo stellt sich meine Gruppe auf, wo ist meine Station ...?').

Bei der Bewältigung dieses Problems ist zu berücksichtigen, daß die Informationsaufnahmefähigkeit von Kindern in der Grundschule noch sehr begrenzt ist, wenn Informationen umwelt*ungebunden* sind (‚Nach dem Sprung lauft ihr in einem großen Bogen zurück und macht auf dem Rückweg als Zusatzaufgaben Balancierübungen'). Gerade die Orientierung an Farben ermöglicht es, umwelt*gebundene* Informationen zu geben (‚Nach dem Sprung laufen die grünen Kinder um das grüne Fähnchen herum, machen auf der schwarzen Linie Balancierübungen, laufen dann zum zweiten grünen Fähnchen und schließen sich dann ihrer Gruppe hinten wieder an').

Während Grundschulkinder in der Regel nur sehr wenige umwelt*ungebundene* Informationen aufnehmen können (je nach Alter und Entwicklungsstand 2 bis 4 Einzelinformationen), erhöht sich die Informationsaufnahmekapazität der Kinder bei umwelt*gebundenen* Informatonen auf bis zu sechs, teilweise bis zu acht Einzelinformationen.

Solche umweltgebundenen Informationen erweisen sich auch beim *Geräteaufbau*, der in aller Regel an eine Vielzahl von Einzelanweisungen gebunden ist, als sehr effektiv.

Um dem Entwicklungsstand der Kinder in der Grundschule in bezug auf deren Informationsaufnahmekapazität gerecht zu werden, ist es von großem Vorteil, Informationen umweltgebunden zu geben. Dabei erweisen sich insbesondere *Orientierungen an Farben* als sehr hilfreich.

Wenn sich auch in aller Regel die Bewegungsräume der Kinder in der Grundschule, und das sind die Sporthallen, häufig nur als ein tristes, farbloses, grau in grau gehaltenes Etwas zeigen, so gibt es doch bei der Anschaffung von Geräten für den Sportunterricht vielfältige Möglichkeiten, durch eine zielgerichtete Auswahl die notwendigen Voraussetzungen für die Effektivierung der

Unterrichtsplanung und -durchführung auf der Grundlage der Orientierung an Farben zu schaffen.

Im folgenden möchten wir Sie darüber informieren, welche Geräte und Hilfsmittel für den Sportunterricht in unterschiedlichen Farben bzw. mit unterschiedlichen farbigen Markierungen vorhanden sind. Dabei orientiert sich die Auswahl nicht nur an den traditionellen Sport- und Handgeräten, sondern bezieht auch neuere Spielgeräte mit ein. Erkundigen Sie sich vor Ihren Sportstunden bei den Fachlehrkräften, welche von den im folgenden aufgeführten Geräten an Ihrer Schule zur Verfügung stehen!

Bälle in den Farben Grün, Rot, Blau, Gelb (Gymnastikbälle, unterschiedliche Größen, unterschiedliches Gewicht/Medizinbälle, unterschiedliche Größen, unterschiedliches Gewicht/Moosgummibälle/Luftballons, normale Größe, Riesenballons von 55 cm bis 115 cm Durchmesser, Spezial-Rundballons, 40 cm Durchmesser/Schaumstoffbälle/Softbälle in verschiedenen Größen/ Basketbälle)

Handgeräte in den Farben Grün, Rot, Blau, Gelb (Gymnastikstäbe/Gymnastikreifen/Gymnastikbänder/Baumwolltuch/Sandsäckchen/Sprungseile/ Wurfscheiben)

Spielgeräte in den Farben Grün, Rot, Blau, Gelb (Speckbretter/Holztennisschläger/Tischtennisschläger/Rollbretter/Teppichfliesen/Schwungtücher, in verschiedenen Formen, rund, quadratisch und verschiedenen Größen/ Hockeyschläger)

Hilfsmittel für den Sportunterricht in den Farben Grün, Rot, Blau, Gelb (Parteibänder/Fähnchen/Bodenmarkierungen/Markierungskegel)

Hilfsmittel beim Schwimmen in den Farben Blau, Rot, Natur (Schwimmbretter/Schwimmflügel)

Falls Sie an Ihrer Sporthalle über diese Geräte nicht verfügen, sollten Sie in Gesprächen mit den Fachlehrkräften und auf den Lehrerkonferenzen anregen, nach und nach auch Ihre Sporthalle mit farbigen Geräten auszustatten. Dennoch brauchen Sie nicht auf diese Organisationshilfe verzichten. Nutzen Sie die Möglichkeiten, wenn z. B. ein ‚Neuanstrich' der Sporthalle, des Gymnastikraumes oder anderer Bewegungsräume vorgenommen werden muß. *Farbige Hallenecken* und *Hallenwände* erleichtern Kindern, sich in der Sporthalle zurechtzufinden. *Farbige Markierungen* auf den Hallenwänden können z. B. zum Zielwerfen benutzt werden, und *farbige Markierungen* auf dem Fußboden in der Form von Kreisen und Vierecken helfen bei der Organisation.

Viele der angesprochenen Möglichkeiten für eine ‚*farbige' Sporthalle,* ja die Chance, ‚mehr Farbe in den Sportunterricht' zu bringen, lassen sich auch mit

Hilfe der Eigeninitiative der Sportlehrkräfte verwirklichen. Die folgenden Beispiele können Sie vielleicht dazu veranlassen, Ihre Organisation des Sportunterrichts mit Farben durchzuführen. Dazu brauchen Sie Farben, farbigen Karton, farbiges Band und farbiges Klebeband.

Folgende *Geräte* lassen sich farbig mit Farbe oder Klebeband gestalten: Gymnastikbälle, Gymnastikreifen, Gymnastikstäbe, große Kästen, kleine Kästen und Langbänke. Jetzt brauchen Sie den Kindern nur noch zu sagen: „Bringt bitte die blaue Bank auf die blaue Linie, und die rote auf die rote Linie!"

Als dauernde oder zeitweilige Markierungen können die Bewegungsräume mit farbigem Karton versehen weren: Wände, Hallenecken, die Eingänge zu den Geräteräumen, die Türen zu den Umkleideräumen, die Stellplätze der Langbänke und anderes mehr. Jetzt brauchen Sie den Kindern nur noch zu sagen: „Holt aus dem gelben Geräteraum die kleinen Kästen" oder „Bringt die Langbänke entsprechend ihrer Farbe an die Wände zurück!" Nach kurzer Zeit werden Sie diese Organisationshilfen zu schätzen wissen.

Die vierte Anregung:
schnell, einfach und abwechslungsreich Gruppen bilden

Wollen Sie dem Anspruch nachkommen, den Kindern Ihrer Klasse vielfältige Erfahrungschancen im Bereich des sozialen Lernens einzuräumen, müssen Sie entsprechende Situationen schaffen. Erfahrungen dieser Art können die Kinder nur sammeln, wenn sie mit anderen Kindern etwas gemeinsam tun. Aber auch beim Erwerb von Bewegungsfertigkeiten ist der Einsatz von Gruppen beim differenzierten Vorgehen unverzichtbar.

Die Gruppierung der Kinder ist ein wesentliches Element der Organisationskompetenz von Sportlehrkräften. Denn die bei der Gruppenbildung im Unterricht auftretenden Probleme sind vielfältig:

● häufig hoher Zeitaufwand, der zur Unruhe bei den Kindern führt,

● unzufriedene Kinder aufgrund der entstandenen Gruppenzusammensetzung,

● unterschiedlich leistungsstarke Gruppen, z. B. bei Spielen,

● ineffektive Gruppengröße,

● Jungen und Mädchen wollen nicht zusammen in einer Gruppe sein,

● in einer Gruppe finden sich alle ‚Problemkinder'.

Wenn Sie für Ihren Unterricht Gruppen bilden wollen oder müssen, ist es für Sie sehr wichtig, Ihre Absichten noch einmal zu überdenken. Sind in dieser Stunde

Differenzierung · Gruppenbildung   133

- homogene Gruppen erforderlich?
  (z. B. bei differenzierenden Maßnahmen im Bereich der Erarbeitung von Fertigkeiten im Turnen)

- heterogene Gruppen erforderlich?
  (z. B. bei den Spielen, wenn alle Mannschaften gleich stark sind)

- gemischt geschlechtliche Gruppen erforderlich?
  (bei Unterrichtsthemen mit dem Erfahrungsfeld des sozialen Lernens)

Die im folgenden aufgeführten Anregungen zur Gruppierung erheben nicht den Anspruch auf Vollständigkeit. Ihre Entscheidung für oder gegen die eine oder andere Form sollten Sie grundsätzlich immer vor dem Hintergrund der Themenstellung, der verfolgten Intentionen und der Bedingungen der Lerngruppe treffen.

Spielerische Formen der Gruppenbildung – vier Beispiele:

Die Lehrkraft hat verschiedenfarbige Bälle in der Halle verteilt. Die Kinder spielen einen Augenblick mit den Bällen, dann fordert die Lehrkraft die Kinder auf, entsprechend der Farbe der Bälle Gruppen zu bilden (andere Geräte: Gymnastikreifen, Luftballons, …).

Alle Kinder laufen durcheinander. Die Lehrkraft zeigt immer mit den Fingern, wie viele Kinder sich zusammenfinden sollen. Zum Schluß zeigt sie eine Zahl, die die Bildung der gewünschten Gruppen ermöglicht (Atomspiel).

Die Lehrkraft hat Zettel vorbereitet, auf denen verschiedene Tierarten aufgezeichnet sind. Anschließend müssen sich alle Kinder mit den gleichen Tieren zusammenfinden. Bei diesem Spiel müssen alle Kinder ganz leise sein.

Die Lehrkraft verteilt in vier verschiedenen Farben an alle Kinder je ein Parteiband, das von ihnen seitlich in die Turnhose oder von unten in den Gymnastikanzug gesteckt wird. Ein Kind hat kein Parteiband. Dieses Kind muß nun versuchen, ein Parteiband eines anderen Kindes zu fangen. Dieses Kind wird dann zum neuen Fänger. Wenn viele Parteibänder ihren Besitzer oder ihre Besitzerin gewechselt haben, können vier Gruppen nach der Farbe der Parteibänder gebildet werden (Schwänzchen fangen).

Von der Lehrkraft angesagte Formen der Gruppenbildung – sieben Beispiele:

- Die Lehrkraft benennt fünf Kinder und fordert den Rest der Klasse auf, sich gleichmäßig hinter diese Kinder zu verteilen.

- Die Lehrkraft fordert ihre Kinder auf, fünf gleich starke Gruppen zu bilden.

- Die Lehrkraft läßt abzählen: 1, 2, 3, 4, 5, 1, 2, 3, 4, 5, …

- Die Lehrkraft stellt fünf Fahnenstangen hin und fordert die Kinder auf, sich gleichmäßig hinter die Fahnenstangen zu verteilen. Als Tip gibt sie noch den Hinweis, wie viele Kinder in einer Gruppe sein müssen.

- Die Lehrkraft bestimmt 4 Kinder, zeigt dann anschließend jeweils nacheinander auf weitere 4 Kinder, die sich hinter die ersten Kinder stellen.

- Die Lehrkraft bestimmt 5 Kinder und läßt diese wählen.

- Die Lehrkraft teilt die Kinder selbst in Gruppen ein, indem sie bestimmt, wer in welche Gruppe geht.

Die fünfte Anregung: Planung von Unterrichtsreihen

Vielleicht haben Sie Ihre ersten Sportstunden mit einigermaßen oder auch gutem Erfolg hinter sich gebracht. Die bislang gegebenen Orientierungen und Hilfen haben Sie schon sicherer in der Planung und Durchführung einzelner Sportstunden gemacht. Nun suchen Sie nach Möglichkeiten, die Lern- und Erfahrungsprozesse von Kindern auch über einen längerfristigen Zeitraum zu planen. Sie denken an Unterrichtsreihen. Nur Mut! Wenn Sie so denken, haben Sie erfahren, daß die Kinder von Ihnen mehr einfordern als nur eine Summe von schönen Einzelstunden. Denn Lern- und Erfahrungsprozesse von Kindern sind nicht in einer Sportstunde zu erzielen, und Bewegungsfertigkeiten können nicht in einer Stunde geübt werden. Jede Sportstunde steht in der Regel im Rahmen einer übergeordneten Unterrichtsreihe. Erst die Konzeption von Unterrichtsreihen führt zu einem planvollen und über eine Einzelstunde hinausgehenden Lernprozeß und erweitert die vielfältigen Erfahrungsprozesse in einer sinnvollen Weise.

Im folgenden geben wir Ihnen Beispiele für Unterrichtsreihen. Sie haben lediglich die Funktion, Ihnen eine Orientierung zu verschaffen, und machen darüber hinaus auch vielleicht Mut, den Rahmen von Einzelstunden zu verlassen. Unterrichtsreihen lassen sich nach grundlegenden Prinzipien erstellen. Diese wollen wir Ihnen vorstellen und dazu für verschiedene Jahrgangsstufen Beispiele geben, wobei jeweils das Thema der Unterrichtsreihe sowie die Einzelthemen der Unterrichtsreihe aufgeführt sind.

Die Reihenfolge der folgenden Beispiele für Unterrichtsreihen bedeutet keine Gewichtung der Prinzipien. Sie erfolgt lediglich vor dem Hintergrund der gewählten Jahrgangsstufe.

Prinzip: die Verbindung von Inhalten verschiedener Sportarten (1. Schuljahr)

Thema der Unterrichtsreihe:
Sammeln von Bewegungserfahrungen und materialen Erfahrungen im Umgang mit dem Gymnastikball

Gliederung/Inhalte der Unterrichtsreihe:

- *Kleine Spiele*
  kleine Spiele mit dem Gymnastikball (Rollen – Nachlaufen – Aufnehmen, Hochwerfen – Fangen, Spiel: ‚Haltet den Kasten voll')

- *Leichtathletik*
  Werfen mit dem Tennisball (aus dem Stand, aus der Bewegung, auf nahe/weite Ziele, über Hindernisse, Spiel: ‚Haltet das Feld frei')

- *Gymnastik/Tanz*
  Übungsformen mit dem Gymnastikball (Rollen mit der linken Hand, mit der rechten Hand, mit beiden Händen, im Gehen, im Laufen, im Stand, im Kniestand, im Sitz, Spiel: kleine Staffelformen)

- *sportartübergreifend*
  ‚Wir gehen auf die Kirmes': Anwendung der gemachten Bewegungserfahrungen, materialen Erfahrungen und Spielerfahrungen an unterschiedlichen ‚Wurf- und Spielbuden' (Dosenwerfen – Tennisball, Zielscheibenwerfen – Tennisball, Kegelbahn – Gymnastikball, Geschicklichkeitsbahn – Gymnastikball, ...)

Prinzip: eine Orientierung an sportartübergreifenden didaktischen Prämissen des Sportunterrichts in der Grundschule (2. Schuljahr)

Thema der Unterrichtsreihe:
‚Gemeinsam macht's mehr Spaß'. Förderung der Kooperationsbereitschaft durch das Bereitstellen verschiedener sozialer Lerngelegenheiten

Gliederung/Inhalte der Unterrichtsreihe:

- *‚Wir spielen mit dem Luftballon'*
  kooperative Spiel- und Bewegungsformen mit einem Partner

- *1 + 1 = 1*
  kooperative Lauf- und Bewegungsspiele mit einem Partner

- *‚Jägerball ist UNSER Spiel'*
  Regelfindung, -variation und -einhaltung unter dem Aspekt einer gemeinsamen Spielaufgabe

- *‚Im Dschungel muß man zusammenhalten'*
  Anwendung der Bewegungsformen des Hängens, Schwingens, Kletterns über ‚Gräben', ‚Schluchten und Flüsse', gemeinsamer Transport des ‚Gepäcks', Bewegungsgeschichte: ‚Wir suchen einen Schatz'

- *‚Man kann auch gut miteinander spielen – das macht mehr Spaß'*
  kooperative Ballspiele mit Holzbrettschläger und Softball, Aufrechterhalten der Spielsituation im Sinne eines Miteinanders

136 Fachfremder Unterricht

Prinzip: eine Orientierung am Bewegungsleben der Kinder (3. Schuljahr)

Thema der Unterrichtsreihe:
,Auf Rollen und Rädern'. Schulung der Bewegungsgeschicklichkeit mit Fahrrädern, Rollschuhen und Skateboard

Gliederung/Inhalte der Unterrichtsreihe:

● *,Bewegungskunststücke mit dem Fahrrad'*
Bewegungsfertigkeiten und Kunststücke im Rahmen eines Geschicklichkeitsparcours auf dem Schulhof

● *,Die Rollschuh-Fahrer'*
Bewegungsfertigkeiten auf Rollschuhen (Vorwärts-, Rückwärtsfahren, Kurvenfahren)

● *,Die Rollschuh-Disco'*
Bewegungsformen allein und mit einem Partner auf Rollschuhen zu musikalischen Vorgaben

● *,Skateboard-Fahren'*
Grundlegende Bewegungsfertigkeiten zum Fahren mit dem Skateboard

● *,Skateboard-Fahren im Schulbezirk'*
Erkundung von angemessenen Bewegungsräumen zum Skateboard-Fahren im Schulbezirk

Prinzip: die erforderliche methodische Abfolge von Unterrichtsschritten bei der Erarbeitung von Fertigkeiten (3. Schuljahr)

Thema der Unterrichtsreihe:
Erarbeitung und Übung der Grobform des Schrittweitsprunges unter Berücksichtigung der Verbesserung der Sprungkoordination

Gliederung/Inhalte der Unterrichtsreihe:

● *Leichtathletik/Schrittweitsprung*
Bewegungsarrangement zum Springen: verschiedene Gerätearrangements zum Hochspringen, Überspringen, Herunterspringen; Sprungformen wie Drehsprünge, Mehrfachsprünge

● *Leichtathletik/Schrittweitsprung*
Erarbeitung des Absprunges und Einsatz des Schwungbeines, Übungen zur Verbesserung der Sprungkoordination

● *Leichtathletik/Schrittweitsprung*
Üben und Festigen des Absprungs und Einsatz des Schwungbeines sowie Erarbeitung des Einnehmens einer Schritthaltung während der Flugphase, Übungen zur Verbesserung der Sprungkoordination

Bewegungsübungen · Weitsprung · Laufen 137

● *Leichtathletik/Schrittweitsprung*
Üben und Festigen des Absprungs, des Einsatzes des Schwungbeines, des
Einnehmens der Schritthaltung sowie Erarbeitung der Landung (Vorbrin-
gen des Sprungbeines zum Schwungbein), Übungen zur Verbesserung der
Sprungkoordination

● *Leichtathletik/Schrittweitsprung*
Üben und Festigen der Gesamtbewegung ‚Schrittweitsprung' unter besonderer Berücksichtigung des Absprungs in einer Absprungzone, Übungen
zur Verbesserung der Sprungkoordination

**Prinzip: die Berücksichtigung von verschiedenen Zielperspektiven
eines Inhalts (4. Schuljahr)**

Thema der Unterrichtsreihe:
‚Laufen – Laufen – Laufen'

Gliederung der Unterrichtsreihe:

● *Perspektive Kondition*
‚Wir wollen weiter und länger laufen' (Laufspiele und Laufformen zur
Verbesserung der Laufausdauer)

● *Perspektive Fertigkeiten*
‚Wir teilen uns eine lange Strecke' (Einführung in den Staffellauf, Technik
der Stabübergabe)

● *Perspektive Kenntnisse/Taktik*
‚Laufen kann man überall' (lange, mittlere und kurze Läufe in der Sporthalle, auf dem Sportplatz, auf dem Schulhof, im Gelände, im Park, auf
dem Spielplatz)

● *Perspektive Kenntnisse/Taktik*
‚Wir laufen zusammen' (30-Minuten-Lauf: ein Gruppenmitglied läuft, die
Gruppenmitglieder teilen sich die Zeit auf/5000-Meter-Lauf: ein Gruppenmitglied läuft, die Gruppenmitglieder teilen sich die Gesamtstrecke
auf, sie dürfen auch mehrere Male laufen)

● *Perspektive Organisieren*
‚Wir planen eine Laufolympiade' (Wettkampfbestimmungen, Wettkampf-
ort, Wettbewerbe, Kampfrichter)

● *Verbindung aller Kategorien*
‚Unsere Laufolympiade' (Kurzstreckenlauf, Langlauf, Dauerlauf, Staffellauf)

Prinzip: das Nutzen situativer Angebote (4. Schuljahr)

Thema der Unterrichtsreihe:
‚Der Zirkus Pepperoni'. Bewegungssensationen und Kunststücke mit den Kindern der Klasse 4c

Gliederung/Inhalte der Unterrichtsreihe:

● ‚*Die Tiere des Zirkus Pepperoni'*
Bewegungsfertigkeiten und Kunststücke aus dem Bereich Turnen

● ‚*Die Akrobaten des Zirkus Pepperoni'*
Bewegungsfertigkeiten aus dem Bereich Turnen, Jonglieren, Balancieren

● ‚*Tänzer und Tänzerinnen aus allen Ländern der Erde'*
Volkstänze, z. B. ‚Seven Jumps›, Raspa Mexicana

● ‚*Die Fußball-Mannschaft des Zirkus Pepperoni'*
Bewegungskunststücke mit dem Fußball, Clownerien mit dem Fußball

Ein allerletzter Tip: ... nur nicht den Mut verlieren ...

Nach Ihren ersten Unterrichtsstunden werden Sie erfahren haben, daß Sport in der Grundschule zu unterrichten eine wunderschöne Angelegenheit sein kann. Kinder haben nämlich viel Freude daran, sich zu bewegen, zu spielen und sich im sportlichen Vergleich zu messen. Und dennoch gibt es immer wieder diese trüben Momente. Weil etwas nicht geklappt hat, weil die Kinder dauernd gestört haben, weil Sie die Kinder über- oder unterfordert haben und vieles andere mehr. Verlieren Sie nie den Mut!

Ein Buch kann Ihnen dabei helfen, mit diesen schlechten Erfahrungen besser umzugehen, darüber nachzudenken und wieder neuen Mut zu fassen. Meinhard Volkamer und Renate Zimmer haben in kurzweiliger Art und ohne wissenschaftlichen Anspruch die vielen großen und kleinen Macken, die im Sportunterricht immer wieder auftreten, beschrieben. Aus der Sicht der erfahrenen Praktiker geben sie viele hilfreiche Tips. Es ist ein Buch, das Sie sich einfach besorgen sollten. Es kann eigentlich überall im Hause herumliegen. Man kann es einfach aufschlagen und irgendein Kapitel lesen. Sie werden die genannten Probleme wiedererkennen und von den Lösungsvorschlägen angenehm überrascht sein.

Literaturtip: Meinhard Volkamer, Renate Zimmer: *Vom Mut, trotzdem Lehrer zu sein* (Hofmann-Verlag)

Margot Crummenerl, Rüdiger Klupsch-Sahlmann

Wenn man eines Tages von seinem Schulleiter die Chance erhält, zu einem „Fast-Universalgenie" zu avancieren, und nun auch noch Sport unterrichten darf, dann gibt es nur eine Lösung: Tief durchatmen und hinein in die Höhle des Löwen, sprich Sporthalle. Doch zunächst bitte *ohne* Kinder. Schauen Sie sich den Hallenbetrieb genau an! Regional bedingt, gibt es Sporthallen, in denen man mit *einer* Klasse allein ist (Glückwunsch!), und Hallen, in denen zeitgleich *bis zu vier* Klassen ein „schmales Handtuch" zugewiesen bekommen (das ist meine Situation).

- Suchen Sie sich Gesprächspartner: den Schulleiter oder die Schulleiterin, die im Fach ausgebildeten Sportkollegen, den Hallenwart ...

- Lassen Sie sich sämtliche Nebenräumlichkeiten zeigen, in denen Sportgeräte aufbewahrt werden (Schlüssel!).

- Lassen Sie sich vorführen, wie man größere Geräte (Kasten, Stufenbarren) sachgemäß fortbewegt sowie auf- und abbaut.

- Besorgen Sie sich nun den Lehrplan und darüber hinaus jede Menge Literatur mit didaktischen Hinweisen (Stundenblätter, Sportspiele).

- Bitten Sie die erfahrenen Sportleute, Ihnen die geltenden Empfehlungen zur Leistungsbewertung (sofern überhaupt bewertet wird) zur Verfügung zu stellen.

- Studieren Sie die Gesetzlichkeiten zur Fürsorge- und Aufsichtspflicht im Sport. Bemühen Sie sich um eine Lehrerfortbildung!

Sollten Sie, so wie ich, nicht allein in der Halle sein, besorgen Sie sich bitte eine Pfeife, die anders klingt als die Ihrer Kollegen. Anderenfalls kann es rasch dazu kommen, daß die Kinder nicht mehr nur nach Ihrer Pfeife tanzen. Um nicht wie ein Feldwebel brüllen zu müssen, rate ich an, ein Repertoire von Handzeichen mit bestimmter Bedeutung einzuüben.

Als Sportlehrerin in der *eigenen* Klasse hat man übrigens noch einige Pluspunkte mehr: Bereits im Klassenraum motiviere ich für die bevorstehende Stunde, skizziere gegebenenfalls ein neues Spiel an die Tafel, sage, welche Geräte aufzubauen sind. Eine solche Stunde verläuft dann wie von Geisterhand gesteuert, und ich spare mir den untauglichen Versuch, noch ein paar Dezibel auf die schon in der Halle vorhandenen draufzusetzen.

Sind Sie sich noch immer nicht im klaren, ob Sie es schaffen werden? Aber ja! Überlegen Sie doch einmal, welche Betätigung Ihnen privat Freude bereitet. Vielleicht Kegeln, Wandern, Tennis, Skifahren, Judo, Handball, Aerobic? Beziehen Sie solche Fähigkeiten mit in den Unterricht ein. Alles ist Sport! Und die Kinder werden begeistert sein.

Meine bekommen ab und zu eine Lektion in Shukokai-Karate und Selbstverteidigung.

Cornelia Schade

Tips

● Denken Sie sich in die unterrichtlichen Möglichkeiten der Ihnen fremden Fächer ein, so daß Sie Ihr Repertoire an didaktischen Ideen und methodischen Wegen erweitern. Lehrpläne, Fachzeitschriften, Einstiegsliteratur, Arbeitspläne an Ihrer Schule, Konferenzen, Hospitationen bei Fachlehrerinnen und -lehrern können Ihnen dabei helfen.

● Probieren Sie selber Inhalte und Wege der Ihnen zunächst fremden Fächer aus, am besten mit Kolleginnen und Kollegen gemeinsam. Zum Beispiel könnten Sie im Fall Kunst aus Abfallmaterial eine Collage anfertigen, eine Plastik gestalten, ein Miro-Bild betrachten und mit den Elementen ein neues Bild malen; im Fall Musik könnten Sie z. B. neue Kinderlieder nach Kassette mitsingen, Rhythmusinstrumente aus Joghurtbechern oder Hölzern bauen und zu einer Musik vom Band dazu mitspielen; im Fall Sport könnten Sie in der Turnhalle mit Luftballons spielen, sie sich zuspielen, in der Luft halten, sie könnten sich mit Bändern zur Musik bewegen oder eine Hindernisbahn aus verschiedensten Geräten aufbauen, bei der man balancieren, kriechen, hüpfen muß ... Ihre Freude an solchen Tätigkeiten wird sich auf die Kinder übertragen.

● Planen Sie Ihren Unterricht von Lebensweltthemen her und nutzen Sie Ihr ganzes Repertoire auch in bezug auf die „fremden" Fächer, um fachübergreifenden und viele Sinne einbeziehenden Unterricht zu realisieren.

Feste und Feiern

Feste und Feiern sind nicht nur emotional anrührende, die Gemeinsamkeit stärkende Lebensformen, sie sind auch Gestaltungsaufgaben für die Beteiligten. Sie sind Projekte. Ein Fest, eine Feier wird als Idee geboren und im einzelnen vorbereitet, wird durchgeführt und erlebt, wird schließlich kritisch reflektiert und gewürdigt.

Vielfältigen Gewinn ziehen alle Beteiligten hieraus:

- gemeinsames Arbeiten und Feiern fördert die Gemeinsamkeit;

- Feste und Feiern schaffen Zäsuren, Höhepunkte im Alltag; sie tragen bei zur Rhythmisierung des Lebens;

- die Vorbereitung, Durchführung und Reflexion von Festen und Feiern bergen eine Vielzahl fruchtbarer Lernsituationen sowohl für allgemeine Ziele wie Planen, Kooperieren, Sich-Abstimmen, Verläßlichsein, als auch für fachliche Ziele, z. B.: Einladungen schreiben, Lieder, Szenen, Tänze einüben, Einkäufe berechnen und vieles andere mehr;

- als Veranstaltungsprojekte sind sie Ernstfälle des Lernens: die Einladung z. B. ist nicht Spielmaterial, sondern sie ist ein funktionaler Text.

Gelegenheiten für Feste und Feiern bieten sich ständig. Neben den obligatorischen Geburtstagsfeiern sind da die vielen jahreszeitlichen Möglichkeiten (Frühlings-, Sommer-, Herbst- und Winterfest; Karneval, St. Martin, Advent; Monatsfeier, Zeugnisfest, Einschulungs- und Abschiedsfeiern); im Unterricht bietet eigentlich jedes Thema auch die Möglichkeit für ein Fest an: Ritterfest, Baumfest, Indianerfest, Suppenfest, Buchstabenfest, Fest der Tiere, Dino-Fest oder einfach: Spielfest, Nachbarschaftsfest, Hitzefest, Schneefest ...

Noch ein Gedanke zum Unterschied zwischen einem *Fest* und einer *Feier*. Beide Begriffe werden zwar auch synonym verwendet, doch verbinden wir mit Fest eher etwas Fröhlicheres, Bunteres (Schulfest), mit Feier etwas Rituelleres, Getrageneres (Abschlußfeier). Vielleicht versuchen Sie einmal gedanklich zu unterscheiden: Einschulungsfest – Einschulungsfeier.

Man soll die *Feste feiern,* wie sie fallen. Angesichts der unendlichen Fülle der Möglichkeiten muß man aber wohl wählerisch sein.

„Wie schön, daß du geboren bist!" – Geburtstage feiern

Geburtstagsfeiern in der Klasse beginnen wir mit einem Geburtstagslied. („Wie schön, daß du geboren bist!" von R. Zuckowski) und einem Wunschlied oder -tanz des Geburtstagskindes. Alle Geburtstagskinder des Jahres bekommen ein kleines (gleiches) Geschenk (z. B. Holzlineal mit den Unterschriften aller Kinder, Aufkleberkarte mit allen Unterschriften, Klassenfoto mit allen Unterschriften ...). Ich habe es abgeschafft, daß die Geburtstagskinder Süßigkeiten mitbringen, da sich dieser Brauch zu einem Wettbewerb auswuchs.

Brigitte Beier

In meiner Klasse freut sich jedes Kind auf sein *Trullala*. Das Trullala ist ein Lied nach der Melodie „Dornröschen war ein schönes Kind":

Der Anja gilt ein Trullala, Trullala, Trullala,
der Anja gilt ein Trullala, Trullala.

Deeeeer (gedehnt gesungen von ganz tief nach ganz hoch bis zum „geht nicht mehr") Anja gilt ein Trullala, Trullala, Trullala; der Anja gilt ein Trullala, Trullala.

Es folgt: Hoch soll sie (er) leben ...
              dreimal hoch, hoch, hoch.

Während der ganzen Zeremonie sitzt das Kind auf unserem besonderen Stuhl und wird selbstverständlich dreimal in die Luft gehoben. Die übrigen Kinder ordnen sich um den Stuhl herum an. Der besondere Stuhl ist eigentlich unser Lesestuhl (auf dem man eben besonders gut lesen kann). Es handelt sich dabei um eine altehrwürdige Sitzgelegenheit, die von einer märchenhaften, bis auf den Boden reichenden Stoffhülle umgeben ist. Alles in allem: eine ausgesprochen hohe Ehre, auf diesem Stuhl sein Ständchen zu erhalten.

Cornelia Schade

Auf dem Platz des Geburtstagskindes stehen eine Kerze, die den ganzen Vormittag brennt, und eine Blume. Außerdem die Kartensammlung (Tier- und Pflanzenfotos vom Jugendherbergskalender, Kunstpostkarten vom Museumsbesuch). Das Geburtstagskind sucht sich eine Karte aus, auf der dann später zum Glückwunsch alle Kinder des Gruppentisches unterschreiben. Das Geburtstagslied wird gesungen, und in der Frühstückspause wird aus dem Geburtstagsbuch (Kinderbuch) ein weiteres Kapitel vorgelesen.

Horst Bartnitzky

Buchstabenfest und Lesenacht – kleine Feste

- Nach Abschluß des Schreib-Lehrgangs und wenn alle Buchstabenblätter ausgefüllt und verschiedene (Schön-)Schreibübungen absolviert sind, erhalten die Kinder einen *Füller-Führerschein* (als gestaltete Urkunde). Dazu gibt es ein *Buchstabenfest:* Ein ABC-Gedicht wird mit vielen Kindern aufgesagt, Kinder bilden mit ihren Körpern Buchstaben, einzelne Buchstabenformen wurden gebacken und werden nun verspeist usw.
  + Urkunde : Lese - Meister
- Zum Abschluß der Unterrichtseinheit *Rund ums Buch* findet ein *Lesefest* statt. Jeder Teilnehmer erhält eine Urkunde. Bücher stehen zur Verfügung in der Klassenbücherei oder Schulbücherei oder werden von zuhause mitgebracht (Lieblingsbuch). Es wird vorgelesen (spannende Stellen, witzige Stellen), Kinder verkleiden sich als Pippi Langstrumpf, als kleiner Vampir, als Mickymaus, spielen Szenen aus bekannten Kinderbüchern vor, die erraten werden müssen. Vielleicht kann auch eine Autorin oder ein Autor zur Dichterlesung eingeladen werden.

  In einer Klasse wurde das Lesefest als Lesenacht durchgeführt. Die Kinder kamen abends mit Schlafsack, Schmusetieren und Lieblingsbuch in die Schule. Zuerst wurde gemeinsam gegessen, dann bei Kerzenlicht vorgelesen … Morgens endete die Lesenacht mit dem gemeinsamen Frühstück.

- Kinder veranstalten ein *Lyrik-Festival.* Sie stellen gelernte Gedichte, Balladen … in kleinen Szenen den Mitschülern, Eltern und Lehrern vor.

- In der Klasse oder in einer AG wird eine Suppe zubereitet. Die Kinder haben aus Lesebüchern, Märchen- und Gedichtsammlungen Texte zum Essen, bevorzugt mit dem Thema Suppe, ausgesucht. Beim Löffeln der Suppe und danach werden sie vorgelesen (Suppenlesung). Außerdem gibt es ein Suppenheft mit Rezept und den Texten und Platz für ein Foto (Ich beim Suppeessen).

Harald Neuhaus

Klassenfeste mit Kindern und Eltern

Etwa zweimal im Jahr feiere ich mit meiner Klasse sowie allen Eltern, Geschwistern und Großeltern ein Klassenfest (meist zu Weihnachten und zum Schuljahresende). Der für ca. 20 Schulkinder konzipierte Klassenraum hält dann eine Menschenfülle von 70 bis 80 Personen aus, inbegriffen das von den Eltern gestaltete kalte Buffet, eine Getränkebar usw. Meist bereitet die Klasse in Eigeninitiative kleine Sketche, gespielte Witze und sonstige Einlagen nach freier Wahl und Lust dafür im Unterricht vor.

Weihnachtsfeier der Klasse 3a
von 16 - 18 Uhr
in unserem Klassenraum

1. Wir singen: Wir wollen heut Weihnachten feiern, Str. 1-5.

*

2. Wir begrüßen unsere Eltern und zünden die schwimmenden Nußschalen an.

*

3. Eine Mutter liest dazu die Weihnachtsgeschichte vor.

*

4. Marc und Peter sagen das Gedicht: „Traumbescherung" auf.

*

5. Jens, Sonja und Jennifer spielen auf der Flöte.

*

6. Wir spielen ein Krippenspiel und machen dazu Musik.

*

7. Wir essen gemeinsam unsere selbstgebackenen Weihnachtsnußkekse.

8. Unsere Weihnachtsspiele:

☆ Anke, Brigitte, Stefan und Andre summen Weihnachtslieder.
Wer weiß, welches Lied es ist?

☆ Martin, Rene, Ina und Anna stellen Fragen zur Weihnachtsgeschichte.

☆ Nüsse würfeln (bitte Würfel mitbringen!)
Wer hat zuerst die meisten Nüsse gewürfelt?
Wer hat sie als erster wieder in die Schale zurückgelegt?

9. Sandra sagt das Gedicht auf: „Was werden wir schenken?"

10. Wir singen : Wir wollen heut Weihnachten feiern, Str. 6 und 7.

11. Wir bescheren die Eltern (nichts verraten!)

Die gemeinsamen Feiern, die in der Regel von allen Familien besucht werden und deren Fülle sich eher als Anziehung denn als Abschreckung erwiesen hat, haben sich als Basis für vielseitige Integration gezeigt:

1. Die Eltern lernen sich besser kennen und akzeptieren.

2. Elternhilfe untereinander entwickelt sich.

3. Kinder, die ihre Eltern immer wieder in einträchtigem Gespräch mit verschiedenen anderen Eltern erleben, sind ebenfalls leichter bereit, ihre verschiedenartigen Mitschüler anzunehmen.

Bei diesen Feiern bereite ich stets Spiele und kleine Bastelarbeiten nach Wahl im Nachbarklassenraum für die Kinder vor. Diese kleine Vorbereitungsarbeit und „Aufsicht" wird vielfach belohnt: Tobereien und Konfliktsituationen werden vermieden, die Eltern können ungestört plaudern – und auch den Kindern macht der Nachmittag Spaß.

Almut Greve

Klassenfeste werden bei uns so geplant, daß die „Last" der Arbeiten auf möglichst viele Schultern verteilt wird. Geschirr und Besteck wird von allen selbst mitgebracht, also auch wieder mit nach Hause genommen (kein Einkauf, kein Abwasch, keine Abfallbeseitigung).

Heiße Getränke (Kaffee etc.) werden ebenso in Thermoskannen von allen selbst mitgebracht. Saft und Sprudel werden „in Kommission" genommen. Programme werden meist von der Klasse im Unterricht vorbereitet.

Brigitte Beier

„Nikolaus, wir essen dich gerade!" – ein Fest für andere

Inhaltlich sollten Bräuche und Legenden zum Nikolaustag verstanden und auf ihren Sinn hinterfragt werden; eine neue Form sollte gefunden werden, diese Inhalte zu füllen.

Eine Elterngruppe – gezielt angesprochen – fand sich bereit, mit der Lehrerin zusammen dieses Fest vorzubereiten. Nach einem *Vorgespräch* kamen die Eltern zum *Planungsgespräch der Klasse* hinzu. Hierbei wurde ermittelt:

Was wissen die Kinder vom Nikolaus, wie stellen sie sich eine Feier vor, was macht ihnen in der Vorweihnachtszeit Spaß? Die Kinder illustrierten ihre Vorstellungen auf Bildern, die sie an der Pinnwand sammelten. Die Ergebnisse waren unterschiedlich – genauso wie die Vorstellungen der Eltern. Das

Wissen der Kinder reichte von diffusen Vorstellungen von der Nikolauslegende bis zu genauem Detailwissen, die Vorstellungen gingen von Spiel- und Spaßfesten bis zu ernsten Feiern. Das *Auswertungsgespräch mit der Elterngruppe* machte deutlich, daß es nun galt, eine gemeinsame Vorstellung vom Fest zu finden.

Der Ablauf des Festes wurde schließlich in folgender Form festgelegt: Im Unterricht sollten die Nikolauslegende und deren Inhalt besprochen werden; das Fest sollte aus dem gemeinsamen Backen von Nikolausfiguren bestehen, die dann dem benachbarten Kindergarten für Behinderte zum Geschenk bei einem gemeinsamen Frühstück gemacht werden sollten. Die Eltern übernahmen den organisatorischen Teil, stellten zusammen, was zum Backen notwendig war, die Kinder stellten den Kontakt zum Behindertenkindergarten her. Das Backen der Figuren sollte einen Tag vor dem Nikolaustag stattfinden, die Nikolausfeier am 6. Dezember im benachbarten Kindergarten, der zuvor mit einer Kindergruppe besucht wurde.

Im Unterricht der ersten Dezembertage standen die Vorbereitungen zum Nikolausfest im Vordergrund.

„Der Weihnachtsmann und seine Vorgänger" ließ die Kinder erkennen, wie verschiedene Überlieferungen sich in einer Figur getroffen hatten: Voraussetzung dafür, beim Herstellen der Nikolausfiguren möglichst vielfältige Formen gestalten zu können. Am 5. Dezember kamen die Eltern – auch die, die bei der Planung nicht dabei waren – mit dem fertigen Mürbeteig und Backblechen in die Schule. Mit den Eltern gemeinsam wurden die Nikolausfiguren geformt, während dieser Arbeit kam immer wieder das Gespräch auf die zuvor erhaltenen Informationen über den Weihnachtsmann, den Nikolaus, Knecht Ruprecht. Die eigentliche Aussage der Legende, das Sorgen des Bischofs von Myra für die Kinder seiner Stadt, wurde umgesetzt für die Klasse in ein Verantwortungsgefühl den Kindern des Behindertenkindergartens gegenüber. Nach dem Backen in der Schulküche (man hätte die Bleche auch bei einigen Eltern zu Hause abbacken können) wurden die Figuren mit Zuckerguß, Bonbons usw. verziert und fertiggestellt.

Am 6. Dezember fand das gemeinsame Frühstück im Kindergarten mit Kindern und Eltern statt. Daß während dieses Frühstücks ein „richtiger" Nikolaus kam, der allen Kindern eine Tüte brachte, versteht sich fast von selbst. Ein Vater hatte sich bereit erklärt, diese Rolle zu übernehmen. Daß er nicht mehr als Disziplinierungsfigur verstanden wurde, zeigte die spontane Äußerung eines Kindes: „Nikolaus, wir essen dich gerade!"

Mechtild Peisker

Schulfeste als Schulprojekte –
und was unsere Klasse beitragen kann

Das Zirkusfest der Schule

Auf dem Schulhof ist eine Manege aufgebaut: Kastenteile aus der Turnhalle markieren die Runde, ein großes Zelt den Manegeneingang, die Kinder sitzen auf Bänken und Tischen, die Größeren und standfestere Erwachsene stehen dahinter. Rechts neben dem Zelt ist aus Schultischen eine Bühne aufgebaut, darauf sitzt die Zirkuskapelle der 4 a, die auf Kazoos (Billigblasinstrumente aus dem Musikgeschäft), verlängert durch Gartenschlauch und Trichter, und auf bemalten Waschmitteltrommeln Musik macht: Zirkuslieder, Trommelwirbel, Tusch. Ich habe mir für diesen Tag Frack und Zylinder ausgeliehen und mime den Zirkusdirektor. Jede Klasse hat in den Wochen vorher eine Programmnummer eingeübt, am Tag zuvor war Generalprobe, damit heute alles Schlag auf Schlag geht. Eröffnet wird unser „Grundschul-Zirkus" durch das gemeinsam gesungene, von der Zirkuskapelle begleitete Zirkusfestlied. Anschließend lassen die Kinder ihre Luftballons mit Antwortkarten steigen.

Die Manegenvorstellung ist der erste Teil unseres Zirkusfestes. Der zweite folgt unmittelbar: Jede Klasse bietet ein Spiel zum Mitmachen an: Zirkusmaler (nach dem Muster der Montagsmaler), Mini-Golf mit Tierszenen, Tierwettlauf (je zwei Kinder schlüpfen in ein Tierkostüm), Balancieren auf dem Schwebebalken, Riesenpuzzle, Jongleur-Spiele, Schminkstube für Clowngesichter ... Eltern verkaufen in Buden, als Zirkuswagen dekoriert, Waffeln, Würstchen, Limo und Bier, in der Zirkusrestauration werden die ca. einhundert gestifteten Kuchen zum Kaffee gereicht. Damit sind nicht alle Aktivitäten aufgezählt, zur Veranschaulichung mag dies aber reichen.

Abends, nach dem Abbauen, Wegräumen, Schulhoffegen, sind alle aktiven erwachsenen Helfer zur Helfer-Fête eingeladen.

Überlegungen zwischen den Festen

Wir haben an unserer Schule – wie vielerorts auch – in den letzten Jahren mehrere Schulfeste durchgeführt, immer zum Spaß der Kinder und mit Erfolgserlebnissen für die aktiven Mitgestalter. In der pädagogischen Diskussion dieser Feste wurden uns aber zunehmend Bestimmungsstücke für Schulfeste deutlich, die sie pädagogisch ergiebiger machen.

● Schulfeste sollten nicht nur überwiegend von einer Reihe aktiver Eltern organisiert werden, als Tummelwiese für Eltern, abgeschirmt vom „eigentlichen" unterrichtlichen Geschehen. Vielmehr sollte das Schulfest als willkommene Gelegenheit genutzt werden, daß Eltern mit Lehrern und Kindern gemeinsam Aktionen der Schule vorbereiten und verantworten.

Punkt 1 also: *Das Schulfest ist ein Schulprojekt von Kindern, Eltern, Lehrern (Sekretärin und Hausmeister eingeschlossen).*

● Schulfeste sollten die Kinder nicht in der Konsumentenhaltung von Kirmesbesuchern belassen. In das lerntheoretische Konzept unserer Grundschule als einer aktivierenden Kinderschule paßt eigentlich erst dann ein Schulfest, wenn die Kinder in Planung, Organisation und Verantwortung ebenso eingebunden sind wie in den gemeinsamen Spaß. Eine Teilaktion des Schulfestes ist damit Thematik des Unterrichts in der Vorbereitungs- und Reflexionsphase.

Punkt 2: *Jede Klasse übernimmt eigenverantwortlich Teilprojekte des Schulfest-Projekts im Rahmen des Unterrichts.*

● Von Jahr zu Jahr sollten Kinder (und Lehrerinnen, Lehrer) neu an die Arbeit gehen. Die Klasse, die zum drittenmal die Wurfbude aus dem Schulkeller holt, hat keine Chance mehr, die wichtigen Lernprozesse des Suchens, Probierens und Gestaltens zu durchlaufen, für sie sind die Schulfeste auch keine unverwechselbaren Fixpunkte in der eigenen Schulbiographie. Deshalb müssen sich die Aufgabenstellungen ändern, sei es, daß die Klasse ein anderes Spiel übernimmt, sei es, daß ein neues Motto neue Aufgaben stellt. Auch für uns ist dieser Wechsel nötig, weil er neue Überlegungen mit den Kindern erzwingt.

Punkt 3: *Neue Aufgabenstellungen eröffnen jeder Klasse (einschließlich dem Lehrer und der Lehrerin) die Chance für neues Lernen und neue Erfahrungen.*

● Die „offene Schule" sucht nicht nur Lernorte vor der Schultür auf, sie stiftet auch Beziehungen zwischen den Generationen, sie holt Fachleute, Eltern, Schulnachbarn in die Schule. Das Schulfest ist eine gute Gelegenheit, zum Besuch einzuladen und positive Beziehungen zu einer veränderten Schule aufzubauen. Dies gelingt um so eher, als ein Schulfest die Gemeinsamkeit der Arbeit von Kindern, Eltern und Lehrern demonstriert, ernsthaftes und begeistertes Bemühen sichtbar macht und Gastfreundschaft anbietet.

Punkt 4: *Das Schulfest ist gemeindeöffentlich.*

Die Arbeit in unserer Klasse

Als das Schulmotto: *Zirkusfest* bekannt war, überlegten wir, was es alles im Zirkus gibt, und sortierten durch, was wir davon selber machen könnten.

● Nach einigen Erprobungen fanden Jongleur-Spiele mehrheitliche Zustimmung. Die Kinder probierten zu Hause und brachten in die Schule allerlei Jonglierbares mit: Bälle, Stöcke, Flaschen, Ringe, Tabletts ... Die Kinder trugen sich in Meldelisten ein und probierten weiter. In den Tagen vor dem Fest gingen wir täglich eine halbe Stunde auf den Hof und trainierten, ließen uns gelungene Kunststücke vorführen, gaben gegenseitig Anregung und Hilfe. Zwei Tage vor dem Fest stellten wir unser endgültiges Programm zusammen.

Für Mitmachspiele boten sich ebenfalls Jongleur-Spiele an. Drei einfachere wurden ausgesucht. Die Mithilfe von Eltern bei der Betreuung des Standes wurde von den Kindern abgelehnt: Die Durchführung, einschließlich pünktlicher Ablösung, trauten sie sich selber zu.

● Zum Musikunterricht brachte ich ein Kazoo mit. Der Plan zu einer Zirkuskapelle war schnell gefaßt. Die Instrumente wurden von den Kindern ausgestaltet, dabei wurden Vorwissen und Fähigkeiten aus dem bisherigen Musikunterricht aktiviert (Schalltrichter, rhythmische Begleitungen, Dirigierzeichen usw.).

● Das Beispiel einer 4. Klasse aus dem Vorjahr, die erfolgreich an alle umliegenden Firmen mit der Bitte um Sach- und Geldspenden für die Wettbewerbe geschrieben hatte, machte auch hier Schule und wurde übernommen.

● Unter Mitarbeit der Eltern waren in den Wochen vorher Druckstöcke mit großen Lettern entstanden – sie wurden jetzt für die Herstellung von Plakaten eingesetzt.

Horst Bartnitzky

Tips

● Entwickeln Sie mit den Kindern eine „Feststruktur" für das Schuljahr mit obligatorischen Festen wie Geburtstagsfeiern, Festen zum Unterrichtsschluß vor den Ferien, mit einem Fest im Jahr oder im Halbjahr mit Kindern, Geschwisterkindern, Eltern; dazu Gelegenheitsfeste wie Buchstabenfest, Ritterfest, Schneefest.

● Wenn Feste und Feiern ein Motto, ein Thema, einen Anlaß haben, dann wird dadurch auch die Fantasie für Ideen und Gestaltungsmöglichkeiten usw. angeregt. Bei einem Ritterfest z. B. kostümieren sich die Kinder wie die Burgleute, dekorieren die Klasse mit angefertigtem Ritterzubehör, sie spielen Ritterszenen, essen Ritterbrote, trinken Turniersaft (was könnte im Burggarten wachsen?).

● Halten Sie die Planung auf Tapete oder Wandzeitung fest: Thema, Zeit und Ort, Programmpunkte, Dekoration, Speisen und Getränke mit den dafür jeweils Verantwortlichen. Die Kinder lernen dabei auch, wie Planungen entstehen, wie Vereinbarungen getroffen werden, wie Absprachen und Zusagen auch in die Pflicht nehmen.

- Zu einem Projekt gehört immer durch die Reflexion nachher: Was war gut, ist gelungen, hat Spaß gemacht? Was ging schief, muß beim nächsten Mal anders, besser gemacht werden?

- Fotos, Programmfolge, Berichte und Meinungen der Teilnehmerinnen und Teilnehmer stellen Sie mit den Kindern für die Klassenchronik zusammen.

Fördern

Fördern wird häufig noch als Gegenbegriff zu Fordern verwendet. Gefordert werden sollen die leistungsstarken, gefördert werden die leistungsschwachen Kinder. Förderung ist danach mit dem Blick auf Defizite verbunden und wird in gesonderten Maßnahmen, z. B. in eigenen Förderstunden, realisiert. In einer solchen Praxis ist eine eigentlich deprimierende Erfahrung, daß Förderkinder meistens über die Schulzeit hinweg auch Förderkinder bleiben.

In den letzten Jahren hat ein Umdenken eingesetzt: weg vom Defizitblick auf immer dieselben Kinder, dafür hin zu einem Verständnis von Fördern, das alle Kinder einschließt und den Förderauftrag als eine der zentralen Aufgaben der Institution Schule begreift. Dieses Verständnis impliziert mehrere Prinzipien:

- Aufgabe der Grundschule ist nicht das Heranfördern aller an denselben Standard, letztlich die Nivellierung auf mittlerem Niveau, sondern ein differenzierender Unterricht, der die Heterogenität der Lerngruppe erhält.

- Fördernder Unterricht ist nicht vereinzelnder Unterricht, sondern immer bezogen auf den sozialen Zusammenhang in der ganzen Lerngruppe.

- Fördern umfaßt gezielte Hilfen zum Überwinden von Lernschwierigkeiten, aber auch Ermutigung, eigene Fähigkeiten zu entwickeln und zu erproben, selbständiges und selbstverantwortliches Handeln zu erlernen und zu erweisen.

Damit müssen für das Unterrichtskonzept tiefgreifendere Konsequenzen gezogen werden als beim traditionellen additiven Verständnis von Förderung in Form von ein bis drei Förderstunden zusätzlich zum übrigen Unterricht:

Der Unterrichtstag muß bestimmt sein von *Phasen differenzierter Arbeit* (z. B. in Partnerarbeit, Gruppenarbeit, im Wochenplan-Unterricht, in Freier Arbeit), von *differenzierenden Arbeitsmöglichkeiten der Kinder,* die sich zur selben Zeit verschiedenen Aufgaben zuwenden, zugewiesenen und selber gewählten, die unterschiedlich Erarbeitetes in der Lerngruppe vorstellen und austauschen, und von *differenzierenden Hilfen, Anregungen, Herausforderungen für die Kinder* durch die Lehrerin oder den Lehrer, durch Materialien und durch andere Kinder. Förderunterricht zusätzlich zum übrigen Unterricht ist dann Weiterarbeit mit einer kleineren Lerngruppe.

Literaturtips: Reinhold Christiani (Hrsg.): *Auch die leistungsstarken Kinder fördern,* Frankfurt a. M.: Cornelsen Verlag Scriptor 1994
Karlheinz Burk (Hrsg.): *Fördern und Förderunterricht,* Frankfurt a. M. (Arbeitskreis Grundschule – Grundschulverband) 1993

Gemeinsamer Unterricht – Förderung inbegriffen

Ein Unterrichtstag in Klasse 1	Förderung
Dies alles sollen Erstkläßler lernen: lesen, schreiben, rechnen, musizieren, ihren Körper beherrschen, ihre Fantasie entwickeln, selbständig arbeiten, miteinander sprechen und arbeiten und vieles andere mehr. Dabei dürfen sie ihre Lernfreude nicht verlieren, sondern im Gegenteil: durch Erfolge soll sich ihre Lernfreude bestätigen und festigen. Nur – jedes Kind lernt anders und macht andere Fortschritte. Jedes braucht also auch persönliche Zuwendung und Hilfe. Wie dies alles als Tagesration aussehen kann, soll dieser Bericht zeigen.	Förderung ist kein Sonderprogramm außerhalb des übrigen Unterrichts, sondern ein den Unterricht durchziehender Auftrag.
Jeder Morgen beginnt gleich: Wir begrüßen uns im Morgenkreis und singen. Dann besprechen wir, was wir am Vormittag tun werden. Unser Tagesprogramm schreibe ich an die Seitentafel. Unser Wochenthema heißt: bauen. Im Stuhlkreis zeigen einige Kinder, was sie mit Fischer-Technik-Material gebaut haben. Der Konstrukteur erklärt sein Werk, antwortet auf Fragen der Mitschüler und führt es „in Funktion" vor: die Mühle, das Kranauto, die Eisstielmaschine. Die Kinder geben sich gegenseitig Tips fürs Weiterbauen. Dann gehen alle auf ihren Platz zurück.	Das Wochenthema regt die Kinder zu verschiedenen Tätigkeiten an: Sie können etwas bauen, erfinden, zeichnen, erklären … Interessen und besondere Fähigkeiten werden gefördert und bestätigt. Möglicherweise lassen sich andere Kinder hier „anstecken".
Ich schreibe Wörter an die Tafel: neue lange Wörter, deren Bestandteile die Kinder schon kennen. Beispiele: aus-ein-ander-bauen, zusammen-bauen. Einige Kinder schaffen den schwierigen Schritt noch nicht, Laute zusammenzuziehen und sinnvolle Wörter daraus zu formen. Mit ihnen werde ich gesondert üben.	Der Lehrer beobachtet, welche Kinder auch bei grundlegenden Anforderungen noch Schwierigkeiten haben und deshalb hierzu besonders gefördert werden müssen.

Die Gruppenhelfer besorgen für ihre Gruppe Steckwürfel. Wir rechnen Größer-als- und Kleiner-als-Aufgaben. Zuerst vergleichen wir Kinder, dann Türme, dann rechnen wir mit den Steckwürfeln. Einige Kinder haben schon eine genaue Größenvorstellung der Zahlen und lösen die Aufgaben ohne Material. Wer noch unsicher ist, nimmt die Würfel.

Die Kinder differenzieren sich selbst, indem sie nach eigenem Bedarf mit oder ohne Material arbeiten.

Jetzt ist es schon 9.00 Uhr. Die Kinder haben lange still gesessen und aufgepaßt und brauchen eine Bewegungspause. Sie wünschen sich Stop-Musik. Ich spiele auf Kazoo und Gitarre ein flottes Lied, die Kinder tanzen, springen, hüpfen umher; plötzlich breche ich ab – alle Kinder erstarren in ihrer Bewegung. Dann geht es mit Musik weiter. Am Ende singen wir ein ruhiges Lied.

(Entspannung für alle)

Dann üben wir nach Arbeitsplan. Der steht an der Tafel und gilt für zwei Tage. Die Kinder wählen selbst die Reihenfolge ihrer Arbeiten, müssen aber einen Pflichtteil erledigen. Wenn sie den fertig haben, dürfen sie zwischen verschiedenen Arbeiten frei wählen. Für die freie Wahl gibt es ein Leseregal mit Lesespielen, Leseblättern, verschiedenen Fibeln und Bilderbüchern, für fortgeschrittene Leser schon einige Taschenbücher. Dann gibt es Kartenkästen mit Schreibvorlagen und Mathematikaufgaben, die ich in verschiedenen Schwierigkeitsgraden auf Arbeitskarten zusammengestellt habe. Die Kinder wählen durchweg solche Aufgaben, die sie mit etwas Mühe schaffen (denn alle Kinder wollen etwas leisten). Einige schwache Leser hole ich an den freien Arbeitstisch hinter dem Regal und helfe ihnen bei der Leseübung. Nach einer Viertelstunde gehen sie an ihren Platz zurück und arbeiten alleine weiter. Ich gehe jetzt von Gruppe zu Gruppe und helfe. Bei einem Kind sitze ich längere Zeit. Einmal muß ich auf den Gong schlagen und zum leiseren Arbeiten ermahnen.

Im Arbeitsplan, einer Vorstufe zum Wochenplan, erhalten die Kinder auch unterschiedliche Pflichtaufgaben, jeweils den individuellen Möglichkeiten angepaßt. Diese vom Lehrer vorgegebene Differenzierung wird ergänzt durch die Freiwahl-Angebote, bei denen die Kinder sich wieder selber differenzieren.
Da die Kinder gelernt haben, auch ohne ständigen Lehrerkontakt zu arbeiten, kann der Lehrer die Zeit zur individuellen Förderung nutzen.

Frühstückspause, Hofpause.
In der dritten Stunde gehen wir in die Turnhalle. Die drei „Sportmütter", die immer dienstags helfen, sind schon da. Ich baue verschiedene Stationen auf. Zwei Mütter bleiben zur Sicherheit an den Rutschen stehen, einer Mutter zeige ich die Hilfestellung beim Bockspringen. Eine Hälfte der Kinder turnt hier in freier Wahl, mit den anderen spiele ich Hockey: Wir üben Ballannahme und Weitergabe, dann machen wir ein kleines Spiel. Zur Halbzeit der Stunde wechseln die Kinder: Die Turnkinder kommen zum Spiel, die Spieler gehen an die Turnstationen.

Insbesondere durch die Hilfe der „Sportmütter" ist auch im Sportunterricht individuelle Förderung möglich. Aber auch ohne diese personelle Verstärkung können die Kinder an „Lernstationen" gewöhnt werden, so daß der Lehrer für individuelle Hilfe Zeit hätte und die Kinder sich wiederum auch selbst differenzieren können.

Nach dem Sport und einem Lied ist Freie Arbeit. Die meisten Kinder wollen an ihrem Fischer-Technik-Werk weiterbauen. Einige Kinder bauen in der Bauecke gewagte Türme mit Holzklötzen. Die übrigen malen mit Wasserfarbe, zwei Kinder kneten. Um 12.00 Uhr ist die Schule aus. Hausaufgaben haben die Kinder keine bekommen. Sie haben vier Stunden lang gelernt, in der Übungsstunde fleißig und gerne gearbeitet. Das soll reichen.

Freie Arbeit ist hier anderes als „Blätter-Differenzierung". Kinder können Interessen entwickeln, an selbst gewählten Aufgaben arbeiten, der Lehrer kann dabei individuell und gruppenbezogen beraten.
Wer will, kann sich auf einen Vortrag für den Morgenkreis am nächsten Tag vorbereiten (siehe Anfang).

Horst Bartnitzky

Der „Fördertisch"

Das individuelle Arbeiten mit einem Kind im Rahmen des Klassenverbandes sollte von Anfang an eingeübt werden. Organisatorisch lassen sich solche freien „Nischen" gut durch Wochenplan- und Freiarbeit einbauen. Wenn nicht alle Kinder zur gleichen Zeit das Gleiche tun, können sie sich bei Schwierigkeiten auch Rat und Hilfe bei den anderen Schülern holen, so daß ich Zeit gewinne für gezielte individuelle Unterstützung. Damit solche Phasen der Einzelarbeit dann auch intensiv genutzt werden können, ist ein zusätzlicher, etwas zurückgezogener Arbeitsplatz sehr nützlich.

Vielen Kindern fällt es dennoch schwer, die Lehrerin, die mit einem Kind arbeitet, nicht zu stören. Um klar zu signalisieren, daß jetzt meine Konzentration ganz ungeteilt diesem einen Kind gilt, brennt (quasi als optische Unterstützung) für die Dauer der Arbeit eine Taschenlampe mit „Rotlicht" am „Fördertisch". Springt sie dann auf „Grünlicht" um, so ist der Weg wieder frei für alle anderen, die mir stolz ihre Arbeitsergebnisse zeigen wollen, bei Problemen meine Unterstützung möchten oder sich mal nur wieder kurz meiner Aufmerksamkeit versichern müssen.

Beate Schweitzer

Einzelförderung im Klassenunterricht

In jedem Unterricht finden sich Möglichkeiten, sich intensiv um einzelne Kinder oder kleine Gruppen zu kümmern. Je mehr die Kinder gewohnt sind, selbständig und differenziert zu arbeiten, je mehr Raum hat der Lehrer für Einzelförderung. Einige Möglichkeiten:

Erweiterter Gesprächskreis

Im Kreis wurde die nächste Arbeitsphase besprochen, Aufgaben und Material verteilt, Lernpartner gewählt etc. Nun können die meisten an ihre Arbeit gehen und werden mich auch in den nächsten 10 Minuten nicht vermissen.

Kinder, die noch Hilfe brauchen, bleiben im Kreis zurück. Ich warte ein paar Minuten, bis alle an den Plätzen sind und eine akzeptable Arbeitsruhe herrscht. Dann schlage ich auf eine Triangel und beginne die Arbeit mit den im Kreis gebliebenen Kindern.

Diese Zeit nach dem Planungskreis nutze ich auch für andere Dinge:

- Einzelberatung beim Geschichtenschreiben;

- Wortdiktat bei Kindern, die zu Hause keine Möglichkeit haben und sich mit Partnerdiktat schwertun;

- Zusatzübungen mit meinen ausländischen Schülern usw.

Diese Zeit eignet sich für alle Übungen, die 10 Minuten nicht überschreiten.

Meine Kinder akzeptieren, daß ich in dieser Zeit mit einer kleinen Gruppe arbeite und für sie nur bedingt ansprechbar bin. Danach stehe ich wieder allen zur Verfügung.

Innerhalb einer Stillarbeit

Habe ich mich überzeugt, daß alle Kinder eine Weile ohne meine Hilfe arbeiten können, gehe ich mit einzelnen in die sogenannte „Stille Ecke".

Es sind nicht immer die gleichen Kinder, die einer zusätzlichen Förderung bedürfen. Mal war ein Kind länger krank, mal hat sich plötzlich irgendwo eine Schwierigkeit ergeben. Oft reicht es dann, wenn man hier und da ein paar zusätzliche Minuten für dieses Kind hat. In dieser Ecke kann ich Sonderaufgaben besprechen, kann Lernhilfen erklären, mit denen das Kind eine Weile arbeiten sollte. Die Zeit reicht für all die kleinen notwendigen Sondermaßnahmen, die sich innerhalb der Woche ergeben.

Lernpartner: Kindern, die einer ständigen und längerfristigen Sonderförderung bedürfen, versuche ich durch Zusatzangebote und differenzierte Arbeitsmittel zu helfen.

Hierbei hat es sich als hilfreich erwiesen, wenn diese Kinder einen festen Lernpartner haben. Ich bespreche immer mit beiden das „Lernprogramm", und das schnell und gut lernende Kind findet immer Zeit, seinem Partner zu helfen. Für solche Arbeiten stehen in der Klasse und auch auf dem Flur nicht benutzte Tische zur Verfügung.

Gabriele Lanser

Freie Angebote

Sehr häufig arbeite ich im Rechnen und auch im Sprachunterricht mit einem freien Angebot. Das sind zusätzliche Arbeiten, die sich zum jeweiligen Thema ergeben. Häufig entwickeln die Schüler hier selbst Ideen. Besteht ein solches Angebot, gibt es weniger Probleme mit schnell arbeitenden Kindern.

Immer besteht auch die Möglichkeit, mit einem Kind, das ebenfalls fertig ist, etwas gemeinsam zu üben (Partnerdiktat etc.). Außerdem habe ich in der Klasse Ideenkisten. Darin sind Anregungen zur selbständigen Arbeit in unterschiedlicher Richtung:

- Suchaufgaben im Lexikon,
- Leseaufgaben zu Büchern der Klassenbücherei,
- Suchaufgaben für den Atlas,
- Aufgaben zu verschiedenen Sachunterrichtsbereichen,
- Ideen und Hilfen für eigene Geschichten,
- Bastelanleitungen,

- Knobel- und Trickaufgaben,
- Rezepte für das eigene Kochbuch usw.

Ich habe hier Aufgaben ausgesucht, die attraktiv sind und von den üblichen Aufgaben des Angebots abweichen. Eigentlich ist alles geeignet, was die Kinder selbständig, ohne Lehrerhilfe tun können und wovon eine Motivation ausgeht. Die Kinder selbst bringen auch Ideenkarten mit. Beliebt sind schöne Bilder von Tieren, Autos, Pflanzen usw. Diese kleben die Kinder ein, schreiben etwas dazu oder schlagen etwas dazu nach. Für die Ideenarbeit haben die Kinder ein eigenes Heft.

Gabriele Lanser

Wenn die einen fertig sind und die anderen noch arbeiten, ist es günstig, einen Tages- oder Wochenplan zu haben, der noch einige zusätzliche Auswahlaufgaben enthält, z. B. ein Saurier-Puzzle mit Leseübungen kombiniert, Rechenaufgaben zum Ausmalen je nach Ergebnis oder anderes selbst erstelltes oder gekauftes Material. Dieses Arbeitsmaterial sollte unbedingt mit Selbstkontrolle sein, weil die Lehrerin in der Zeit mit denen beschäftigt ist, die noch nicht fertig sind.

Natürlich können auch Kinder, die fertig sind, weil sie schneller gearbeitet haben, als Helfer oder Berater für die anderen eingesetzt werden. Auch in der Bastel-, Leseecke (Klassenbücherei) oder an der Schreibmaschine (Elternspende) können sich solche Kinder beschäftigen.

Harald Neuhaus

Förderunterricht für leistungsschwache Kinder

Der Förderunterricht dient dazu, einerseits besondere Fähigkeiten und Begabungen der Kinder zu unterstützen und andererseits Lernrückstände und Lernschwierigkeiten aufzugreifen. Er sollte in erster Linie dazu genutzt werden, unterrichtsbegleitende, also auf den Stoff der Klasse bezogene Weiterführungen oder Hilfen anzubieten.

Wenn Sie Kinder mit Lernschwierigkeiten im Förderunterricht zusammenfassen, dann sollten Sie diesen auf keinen Fall dazu nutzen, den in der Klasse durchgenommenen Unterrichtsstoff zu wiederholen. Hierdurch erreichen Sie in der Regel genau das Gegenteil von dem, was Sie beabsichtigen. Das lernschwache Kind wird, weil es große Lücken hat, dem Unterricht nur eingeschränkt folgen können. Der Unterricht ist für dieses Kind nur halb so effektiv. Zudem wird es in seiner Mißerfolgshaltung verstärkt: „Das versteh' ich ja sowieso nicht, das ist alles viel zu schwer für mich." Auf Dauer verstärkt das Förderangebot bei dem Kind die Haltung im Unterricht: „Da brauch' ich gar nicht erst hinzuhören, das verstehe ich ja doch nicht; die Lehrerin wird mir das im Förderunterricht schon noch richtig erklären." Auf diese Weise wird der Förderunterricht zum eigentlichen Lernort, eine Wiederholung kann nicht stattfinden, weil der Stoff im Förderunterricht für das Kind „neu" ist. Fallen nun die Förderstunden weg, sackt das Kind in den Leistungen sofort stark ab.

Der Förderunterricht macht für leistungsschwache und für Kinder mit Lernschwierigkeiten nur einen Sinn, wenn er den Unterrichtsstoff der Klasse vorbereitet bzw. vorwegnimmt. Besprechen Sie mit diesen Schülerinnen und Schülern im Förderunterricht das, was Sie in der nächsten Woche mit der Klasse durchnehmen wollen. In der kleineren Fördergruppe wird es dem leistungsschwachen Kind leichter fallen, das Neue zu verstehen. Der Unterricht in der nächsten Woche kann nun eine echte und effektive Wiederholung sein, er wird genutzt und die Zeit nicht mehr „verplempert". Zudem erfährt das Kind im Klassenverband, daß es dem Unterricht folgen kann. Es hat einen kleinen Vorsprung, kann sich auch einmal melden und so fruchtbar den Unterrichtsverlauf mitgestalten. Das stärkt sein Selbstvertrauen und führt zu einer Anerkennung auch durch die leistungsstarken Schülerinnen und Schüler. Auf diese Weise unterstützen Sie die Entwicklung einer positiven Lernstruktur und stärken die intinsische Motivation des Kindes mit Lernrückständen. Da das betroffene Kind immer mehr dem Unterricht folgen kann, werden Sie auf Dauer die zusätzlichen Förderstunden mehr und mehr abbauen können, ohne daß es zu einem Leistungseinbruch kommt. Dies gilt insbesondere dann, wenn Sie den Förderunterricht dazu nutzen, dem Kind Hilfen zum selbständigen Arbeiten in seinem Problembereich zu geben.

Norbert Sommer-Stumpenhorst

Montagsgruppe oder Mittwochsgruppe – Förderunterricht ohne Leistungsauswahl

Mir stehen in der Woche zwei sogenannte Förderstunden zur Verfügung. Die Gruppierungen in diesen Stunden habe ich nicht nach irgendwelchen Leistungskriterien ausgewählt, was aufgrund des Busfahrplanes auch gar nicht möglich wäre. Es gibt eine Montagsgruppe und eine Mittwochsgruppe, und die Kinder konnten sich zu Beginn des Jahres mit meiner Beratung in eine Gruppe hineinwählen. Hierbei konnten dann Freundschaften, Fahrgemeinschaften und Lernpartnerschaften berücksichtigt werden. Jedes Kind ist wenigstens in einer Gruppe. Die Teilnahme ist verpflichtend. Manche Kinder kommen generell oder zeitweise zu beiden Gruppenstunden. In diesen Gruppenstunden versuche ich, besonders differenziert auf einzelne Schwierigkeiten oder besondere Interessen einzugehen. Hier arbeite ich meist mit einem

Angebot, an dem die Kinder in kleinen Gruppierungen Schwierigkeiten aufarbeiten, eine Sache vertiefen oder sich an besonders schwierige Knobeleien heranwagen können. Ich selbst habe in dieser Gruppenstunde immer wieder Zeit, mich um einzelne Kinder ganz gezielt zu kümmern.

Viele Kinder bleiben auch in der zweiten Gruppenstunde da, weil sie Arbeiten fertig machen wollen, gerne mit der Freundin in der Leseecke sind oder sich als Helfer betätigen. So besteht die Förderstunde immer aus einer „Stammgruppierung", die an einem mit mir abgesprochenen Angebot arbeitet, und einer kleinen Gruppe Freiwilliger, die ganz frei arbeitet.

Ich finde diese Gruppenstunden sehr schön und wertvoll. Ich nutze sie nicht nur, um schwache Lerner „heranzufördern" oder starke „herauszufordern".

Diese Stunde mit verringerter Schülerzahl (meist 16) bietet Raum für vieles:

● Ich kann neue Lernpartnerschaften zusammenführen.

● Ich kann einmal eine Viertelstunde gemütlich mit den Kindern zusammenhocken, etwas mit ihnen zusammen essen, mit ihnen erzählen oder etwas vorlesen.
Im kleinen Kreis erfahre ich eher die Bedürfnisse der Kinder. Ich kann auch besser den Bedürfnissen der Kinder und auch des Lehrers nach Gemütlichkeit, Atmosphäre und Anlehnung nachkommen. Danach klappt die Arbeit doppelt so gut.

● Häufig schreiben Kinder zu Hause kleine Texte oder fertigen Arbeiten freiwillig zu einer Themenarbeit an. Nicht immer ist Zeit, alles in der ganzen Klasse zu würdigen. Hier finden sie Gelegenheit, ihre Arbeiten anderen zu zeigen oder vorzulesen.

● Immer wieder erfinden Kinder zu einem Lesestück ein kleines Spiel oder denken sich zu einer Thematik selbst eine kleine Szene aus. Meist spielen sie das zuerst in der Gruppe vor, lassen sich dann noch von den anderen beraten, proben noch einmal im Flur und spielen es am nächsten Morgen allen vor.

● Ich bereite auch schon einmal einen Unterrichtseinstieg mit einer kleinen Gruppe vor (Sprechstück mit verteilten Rollen, Lied, kleine Spielszene). Diese Gruppe eröffnet dann am nächsten Tag den Unterricht. Das macht den Kindern viel Spaß. Sie tun dann sehr geheimnisvoll vor den anderen, und ich muß immer genau darauf achten, daß ich nicht zweimal in der gleichen Gruppe vorbereite.

Es gibt sicher noch viele andere Dinge, die sich einfach besser in der Kleingruppe machen lassen und die zur Förderung der Selbst- und Sozialkompetenz unerläßlich sind.

Gabriele Lanser

Förderunterricht: Mathematik

Drei wichtige Erkenntnisse habe ich in meinem Lehrerdasein gewonnen, die für meinen Förderunterricht prägend geworden sind:

1. Lehrer, Lehrerinnen helfen in der Regel so, wie ihnen selbst am besten geholfen werden könnte.

Das bedeutet, ein visuell veranlagter Lehrer – wie ich – wird Bildchen malen, Klötzchen aufbauen usw. Ob das Kind, dem man etwas beibringen möchte, auch ein visueller Lerntyp ist? Seitdem ich diese Erkenntnis gewonnen habe, bemühe ich mich herauszufinden, welcher Lerntyp vorliegt. Wenn ich das nicht feststellen kann oder noch nicht ganz sicher bin, versuche ich, möglichst viele „Eingangskanäle" anzubieten.

2. Man kann nur dann erfolgreich fördern, wenn man weiß, wo die Defizite liegen.

Beispiel aus dem Mathematikunterricht: Ein Kind macht unverhältnismäßig viele Fehler bei der schriftlichen Division. Ursache kann sein, daß das kleine Einmaleins noch nicht beherrscht wird, die Subtraktion mit Zehnerüberschreitung noch nicht gekonnt ist, die unsaubere, ungenaue Anordnung der Zahlen untereinander zu Fehlern führt usw. Ergebnis: Zuerst die Analyse, dann die Förderung!

3. Meist nützt es wenig, eine Erklärung zwei-, drei-, x-mal zu wiederholen!

Neue Ansätze sind zu suchen.

Wie sieht der Förderunterricht praktisch aus?

● Förderunterricht als „Nachhilfeunterricht":
Es ist etwas Besonderes, wenn man daran teilnehmen darf. Ich bestelle nur fünf bis sechs Kinder und vermittle ihnen das Gefühl, daß sie heute die wichtigsten sind: Der Lehrer ist nur für sie da! Nach einer Einführung gibt es Aufgaben zu lösen. Gleichzeitig setzt die individuelle Förderung ein. Sitze ich bei einem Kind, dann wissen die anderen, daß jetzt nicht gestört werden darf. Wer nicht weiterkommt, darf leise die anderen fragen. Sind die Probleme beim ersten Kind gelöst, gehe ich zum nächsten usw. Wenn ich den Eindruck habe, daß das Ziel der Stunde erreicht ist, dann stelle ich für alle Kinder noch einmal eine Aufgabenserie und lege fest, welcher Anteil richtig gelöst sein muß, wenn man von sich behaupten will: „Jetzt kann ich es!" Eventuell werden weitere Termine vereinbart.

- Vorausförderung:
Im Mathematikunterricht hat sich sehr gut bewährt, langsam lernende Kinder *vor* Einführung eines neuen Sachverhaltes im Förderunterricht zusammenzufassen und ihnen im voraus Wissen zu vermitteln. Im nachfolgenden Unterricht haben sie einen Vorsprung, können sich beteiligen, das Selbstwertgefühl steigt, neue Motivation baut sich auf.

- Förderung von lernstarken Kindern:
Mehrmals im Jahr biete ich den schnelleren, leistungsstarken Kindern „kleine Exkurse" an. In Stichworten:

Teilnehmerzahl: max. 10 bis 12
Dauer: ca. 3 bis 4 Stunden
Themen: Parkettierung; Zahlenfolgen; „schwere" Textaufgaben; Zusammensetzung/Ergänzung räumlicher Gebilde; Geschichte der Längenmessung; Schlußrechnung durch die Jahrhunderte, Strategiespiele usw.

Rudolf Keßler

Tips

- Schaffen Sie sich *einmal an jedem Unterrichtstag* die Möglichkeit, mit einzelnen Kindern oder einer Kindergruppe zu arbeiten, sie zu fördern. Dazu müssen die anderen Kinder eine Arbeit haben, die sie selbständig erledigen können; Arbeit nach Übungsplan oder Wochenplan-Arbeit sind hierzu besonders geeignete Konzepte.
Sie sind dann in der Förderzeit auch nur für die Kinder da, mit denen Sie arbeiten wollen.

- Geben Sie Kindern am Anfang *einmal in der Woche* Zeit, nach eigenen Interessen ihre Arbeiten auszuwählen. Dazu können Sie Angebote machen, die sich auf das Unterrichtsthema beziehen, aber auch Angebote darüber hinaus (siehe Ideenkarten) und unkonventionelle Möglichkeiten (z. B. Schach spielen, ein Fußballalbum herstellen). Die Kinder sollten ihre Arbeiten und Erfahrungen dann auch in der Klasse vorstellen.

- Bei „gezielter Förderung" legen Sie nicht irgendwelche Arbeitsblätter aus Kopiervorlagen oder Übungsmitteln aus, sondern diagnostizieren Sie zuerst, wo die Förderung nötig ist, und wählen Sie dann das Material. (Warum sollen Kinder Päckchen rechnen, die die Rechenoperationen längst beherrschen; warum sollen sie ck-Wörter schreiben üben, die sie bereits können?)

Vorlernen · Freie Angebote · Elternmitarbeit 163

- Wenn Sie Förderstunden erteilen, dann folgen Sie bei lernschwächeren Kindern dem Konzept Vorlernen statt Nachfördern. Im übrigen könnten Sie die Förderstunden auch dem Unterricht im Klassenverband zurechnen. Sie gewinnen dadurch mehr Stunden für förderintensive Unterrichtsformen (Wochenplan, Freie Arbeit).

- Suchen Sie für die Förderung von Kindern Lernpartnerinnen und -partner, die Sie unterstützen können. Bei besonders großen Klassen gewinnt man Lehrerwochenstunden, die auch der großen Klasse zukommen sollen, auf diese Weise könnten in einigen Stunden in der Woche zwei Lehrkräfte in der Klasse arbeiten. Kinder könnten Lernpartner einzelner Kinder sein. Vielleicht gewinnen Sie auch Eltern zur Mitarbeit (Lesemütter, Turnväter oder umgekehrt, Elternangebote für AGs in Schach, Backen oder Modellbau).

Hausaufgaben

Hausaufgaben werden in der Presse schon mal als Fall von „Hausfriedensbruch" bezeichnet, Mütter und Großmütter als „Hilfslehrerinnen der Nation". Lehrerinnen und Lehrer, die selber Schulkinder haben, können den Wahrheitskern solcher Schlagzeilen bestätigen. Nimmt man hinzu, daß Nachhilfeinstitute längst auch Grundschulkinder als Zielgruppe entdeckt haben, dann muß man am pädagogischen Sinn der Hausaufgaben, die ja eigentlich Schul-Aufgaben sein sollten, zweifeln.

Tatsächlich stellen Hausaufgaben tagtäglich Millionen von Betroffenen vor erhebliche Probleme:

Die *Lehrerinnen und Lehrer* müssen solche Aufgaben stellen, die sinnvoll sind, aus dem Unterricht erwachsen, von den Kindern selbständig erledigt werden können. Hohe Anforderungen, zumal wenn noch hinzugenommen wird, daß die Aufgabenerledigung auch aufmerksam durchgesehen und gewürdigt werden muß. Weder die improvisierte Aufgabenstellung „Und dann macht ihr mal die Aufgabe 3 ... und (such) die Aufgabe 4a ..." noch das rasche Abhaken der Arbeiten beim Durchgehen durch die Klasse kommt diesem Anspruch auch nur annähernd entgegen.

Die *Eltern* fühlen sich oft verantwortlich dafür, daß die Aufgaben auch ordentlich gemacht werden. Also dringen sie notfalls aufs Nochmalabschreiben, telefonieren herum, um sich eine Aufgabe erklären zu lassen, sagen vor, diktieren ganze Aufsätze ... Bei schlechten Leistungen des Kindes werden oft zusätzliche Aufgaben erfunden. Andere Eltern kümmern sich gar nicht um die Aufgaben, wollen und können nicht helfen, schaffen keine häusliche Arbeitsgelegenheit für das Kind ... Chancenungleichheiten potenzieren sich.

Die *Kinder* brauchen eigentlich nachmittags viel Bewegung. Häufig haben sie zur Hausaufgabenzeit auch längst den unterrichtlichen Faden verloren, und sie empfinden die Arbeit eher als Belastung.

Sicher gibt es auch gute Gründe für Hausaufgaben:

- Zu Hause können sie lernen, sich die Zeit einzuteilen, Aufgaben selbständig zu erledigen, Arbeitstechniken dazu eigenständig anzuwenden.

- Zu Hause können sie weiterüben, was in der Schule gelernt wurde. Für viele Fertigkeiten ist häufiges verteiltes Üben wichtig.

- Zu Hause können die Kinder Aufgaben allein und mit anderen erledigen, die sie oft in der Schule gar nicht machen könnten, wie Eltern befragen, eine Fernsehsendung ansehen, Blätter sammeln, ein Buch lesen ...

Zur Lösung des Hausaufgabenproblems ist das (selbst-)kritische Nachdenken über sinnvolle Hausaufgaben und ihre angemessene Würdigung wichtig, ebenso aber auch die Verständigung mit den Eltern über die Hausaufgabenerledigung am Nachmittag.

Literaturtips: Lesen Sie den einschlägigen Hausaufgabenerlaß durch, in dem Sie auch Aussagen finden über die verbindlichen Zeitgrenzen und die Aufgabentypen.
Georg E. Becker, Britta Kohler: *Hausaufgaben*. Weinheim (Beltz) 1992

Was sind sinnvolle Hausaufgaben?

Hausaufgaben, die das im Unterricht Erarbeitete einprägen, einüben, anwenden sollen

Es gibt Kenntnisse und Fähigkeiten, die Kinder sicher beherrschen lernen müssen, z. B. müssen sie lernen, gut lesbar, flüssig und richtig zu schreiben oder mit Schnelligkeit und Sicherheit Aufgaben des kleinen Einmaleins zu lösen. Solche Kenntnisse und Fähigkeiten müssen häufig geübt werden. Dies kann zum Teil auch zu Hause geschehen.

Doch lernen die Kinder bei solchen Übungen nur dann etwas, wenn drei Bedingungen erfüllt sind:

- Das Kind muß bereits genau wissen, wie die Aufgabe richtig „geht". Nur dann übt und trainiert es auch das Richtige. Wenn es z. B. bei einem Aufgabentyp falsch rechnet, dann setzt sich der falsche Lösungsweg mit jeder weiteren Aufgabe immer mehr fest. Ein Umlernen ist aber noch schwieriger als ein Neulernen. Übungsaufgaben für zu Hause schaden also, wenn das Kind noch unsicher ist. Denn in der Schule ist die Lehrerin oder der Lehrer dabei und kann korrigieren, zu Hause können das die Eltern häufig nicht.

- Der Übungsstoff muß für das Kind einen Sinn haben, es muß den Wunsch haben, durch das Üben ein Stück weiterzukommen. Deshalb muß es seine geübten Kenntnisse und Fähigkeiten in der Schule wiederum unter Beweis stellen können. Wenn dies nicht der Fall ist, dann erledigt das Kind die Aufgaben lustlos, ohne innere Beteiligung. Aus der Gedächtnisforschung wissen wir, daß solche Übungen schnell wieder vergessen werden – vergebliche Liebesmüh' also und ein weiterer Schritt zur Schulunlust.

- Ansporn zum Üben gibt vor allem die Rückmeldung an das Kind, ob es auch erfolgreich geübt hat. Übungsaufgaben müssen deshalb besonders sorgfältig überprüft werden. Dazu muß sich die Lehrerin oder der Lehrer auch Zeit nehmen.

Dies alles heißt: Kinder bekommen nur dann Übungsaufgaben auf, wenn diese Bedingungen auch erfüllt sind.

Hausaufgaben, die den weiteren Unterricht vorbereiten

Beispiele für Mathematik:

- Die Kinder sollen Preise für bestimmte Waren vom Wochenmarkt, vom Supermarkt notieren, weil im Unterricht mit Mark und Pfennig Einkäufe berechnet und Preise verglichen werden sollen.

- Die Kinder sollen mit Schritten, mit dem Zollstock bestimmte Plätze und Wege abmessen, weil im Unterricht mit Meter und Zentimeter gemessen und gerechnet wird, weil Längen- und Größenvorstellungen anhand bekannter Plätze und Wege geschaffen werden sollen.

Beispiele für Deutsch:

- Die Kinder sollen bei Verkaufsgesprächen aufmerksam zuhören, weil im Unterricht Gesprächstechniken besprochen werden.

- Die Kinder sollen sich aus dem Lesebuch ein Gedicht heraussuchen, das ihnen besonders gut gefällt, und es vortragen üben, weil im Unterricht regelmäßig „Lieblingsgedichte" vorgetragen und besprochen werden.

Beispiele für Sachunterricht:

- Die Kinder sollen feststellen, wann der öffentliche Briefkasten geleert wird, die Leerung beobachten und dazu Stichwörter notieren, weil im Unterricht der Weg des Briefes besprochen werden soll.

- Die Kinder sollen ihre Eltern befragen: Warum wohnen wir hier? Was gefällt euch hier? Was gefällt euch hier nicht? Weil im Unterricht Vor- und Nachteile des Wohnbezirks ermittelt und diskutiert werden sollen.

- Die Kinder sollen regelmäßig Ausschnitte und Bilder aus Zeitschriften und Zeitungen sammeln, auf denen etwas Interessantes zu sehen oder zu lesen ist, weil in der Klasse für ein Archiv gesammelt wird, aus dem die Kinder bei bestimmten Unterrichtsthemen Material herausfinden können.

Auch bei solchen Aufgaben gelten die drei Bedingungen, die schon bei den Übungsaufgaben genannt wurden:

- Die Kinder müssen wissen, wie die Aufgabe zu erledigen ist.

- Die Kinder müssen den Sinn der Aufgabe einsehen.

- Die Kinder brauchen eine Rückmeldung über den Erfolg ihrer Arbeit.

Doch liegt der besondere Wert dieser Aufgabe hierin:

- Das Interesse am Lernen in der Schule muß nicht von Tag zu Tag aufs neue geweckt werden. Vielmehr wird das Interesse auch schon zu Hause angesprochen und für die Schule vorbereitet.

- Das Kind lernt, selbständig Aufgaben für das gemeinsame Lernen in der Schule zu übernehmen und zu erledigen, die Ergebnisse kommen dem gesamten Unterricht zugute.

- Das Kind wendet Arbeitsweisen und Kenntnisse an, die es in der Schule bereits gelernt hat und die es nun sinnvoll gebraucht und dabei übt.

- Das Kind lernt vieles, was es im Schonraum „Schule" sonst gar nicht lernen kann, was es aber im Alltag braucht: andere um Auskunft bitten, um Meinungen fragen, einer Sache über längere Zeit nachgehen, seine Umwelt aufmerksamer beobachten usw.

Hausaufgaben, bei denen Kinder sich mit einer neuen Aufgabe selbständig auseinandersetzen

Solche Hausaufgaben entstehen vor allem in Interessenbereichen der Kinder: Eine Dinosaurier-Fanggruppe trifft sich nachmittags, um Dinos zu plastizieren. Sie werden dann zu einer Ausstellung in der Klasse beigesteuert. Oder ein Kind stellt Material über Pferde zuammen, zeichnet auf Folien Planeten und fertigt ein Modell dazu, baut neu erfundene Fahrzeuge usw. Die Ergebnisse werden in der Klasse vorgestellt und gewürdigt.

Hausaufgaben als Ersatz für ausfallenden Unterricht oder zur Disziplinierung (Strafarbeiten)

Wenn Unterricht ausfällt oder wenn man in der Stunde mit „dem anderen Stoff" nicht durchkommt, dann darf nicht die Last den Kindern aufgebürdet werden. Gerade in solchen Situationen ist der Lernprozeß in der Schule in der Regel nicht so weit vorangekommen, daß die Kinder nun auch sicher die Aufgaben erledigen können – Halbverstandenes lustlos üben richtet aber mehr Schaden an, als es nutzt.

Der andere Punkt betrifft die berüchtigten „Strafarbeiten", manchmal auch verschleiert: „Übungsarbeiten" genannt, also solche Hausaufgaben, die zur Disziplinierung dienen. Solche Aufgaben sind widersinnig. Kinder sollen doch in der Schule erfahren, daß Lernen sinnvoll ist, sie weiterbringt, Spaß machen kann. Strafarbeiten erzeugen genau die gegenteilige Wirkung. Sie sind pädagogisch kontraproduktiv.

Horst Bartnitzky

Erkunden und Beobachten als Hausaufgabe

Hausaufgaben mit Erkundungs- und Beobachtungscharakter können der Vorbereitung des Unterrichts dienen und ermuntern Kinder, außerschulische Erfahrungen in die Schularbeit einzubringen.

Ich habe die Erfahrung gemacht, daß Hausaufgaben des oben genannten Typs auf Kinder sehr motivierend wirken und wertvolle Grundlagen für den nachfolgenden Unterricht schaffen. Durch die im Rahmen der Hausaufgaben erworbenen Vorkenntnisse und Fragehaltungen kann das Lerngeschehen in weitaus größerem Maße durch die Kinder gestaltet und getragen werden.

Ich möchte dies nachfolgend in einem Beispiel verdeutlichen: Für die Klasse 4a stand das Thema ‚Umweltschmutz – Umweltschutz' an. Es sollten in dieser Unterrichtseinheit die Entstehung von Müll, Müllmengen, verschiedene Arten von Müll, Müllbeseitigung, Recyclingverfahren und Alternativen, wie Müll beseitigt werden kann, thematisiert werden.

Nach einer Einstiegsphase, in der die Kinder ihre Erfahrungen, Meinungen und ihr Wissen zum Thema zusammengetragen hatten, legten wir die Hausaufgabe für die folgende Woche fest: Jeder Schüler sollte morgens und abends den Hausmüll wiegen (meist im Mülleimer in der Küche der Wohnung). Die reinen Abfallwerte (also ohne Mülleimergewicht) sollten in einer Tabelle festgehalten werden. Im Gespräch äußerten die Kinder die Wichtigkeit, die Eltern über das Vorhaben zu informieren und so zu sensibilisieren, daß der Mülleimer nicht, wie gewohnt, einfach im Verlauf des Tages geleert wurde. Es wurde nun also arbeitsteilig verfahren: Eine Gruppe entwickelte ein Informationsschreiben an die Eltern, eine andere Gruppe erstellte die notwendige Tabelle, während die anderen in Zeitungen nach entsprechenden Berichten o. ä. suchten.

Nach dieser Woche brachten die Kinder ihre Tabellen mit in den Unterricht. Sie hatten eifrig die Werte des täglichen Hausmülls notiert. Einige hatten die Hausaufgabe sogar genutzt, um erste Analysen schriftlich festzuhalten, andere hatten in Textform Recyclingmöglichkeiten benannt.

Nach dem Vorstellen der Ergebnisse waren die Schüler geschockt: Soviel Müll nur bei uns! Wieviel ist das denn zusammen? Wieviel Müll haben wir denn in unserer Familie in einem Monat, in einem Jahr? Nun wurde ganz konkret das Thema „Müll – Müllvermeidung" diskutiert. Die Kinder berichteten von Erfahrungen aus ihrer eigenen Familie.

Das Thema „Kompost" spielte auf einmal eine Rolle, weil eine Schülerin spannend von dem Komposthaufen in ihrem Garten erzählen konnte. Wir verglichen die Werte dieser Familie mit anderen Werten und konnten einen deutlichen Unterschied feststellen.

Die Unterrichtseinheit nahm nun einen Verlauf, den die Kinder festlegten: 1. Kompostieren, 2. Alternative Möglichkeiten suchen zu Plastikverpackungen – Besuch eines Supermarktes, 3. Film über Einschmelzen von Altglas ... bis hin zu einer größeren Gestaltungarbeit. Die Hausaufgabe, die den Kindern die Möglichkeit gab, selbständig in dieses Thema einzusteigen und damit umzugehen, blieb bis zum Ende der Unterrichtseinheit der zentrale Ausgangspunkt und gab immer wieder neuen Anlaß zu weiteren Diskussionsschwerpunkten.

Gudrun Dohmes

Hausaufgaben stellen

● Nicht immer machen Hausaufgaben „Sinn", d. h. nicht an jedem Tag gibt es etwas vor- oder nachzuarbeiten, zu üben, zu transferieren usw. Dann fallen Hausaufgaben aus. (Freiwillige Angebote werden häufig sehr gern angenommen!)

● Differenzierender Unterricht braucht auch differenzierte Hausaufgaben. Dies bezieht sich nicht nur auf quantitative, sondern auch auf qualitative Unterschiede. Hausaufgaben sollen so vorbereitet werden, daß sie wirklich selbständig bearbeitet werden können.

● Der zeitliche Rahmen sollte die Vorgabe bis zu 30 Minuten für Klasse 1 und 2, bis zu 60 Minuten für Klasse 3 und 4 unbedingt berücksichtigen; Rückmeldungen durch die Eltern sind oft wichtig und hilfreich.

Beate Schweitzer

Meine Abfolge:

● Aufgabe stellen, an der Tafel in Kurzform notieren,

● den Sinn der Aufgabe für die Kinder verständlich erläutern,

● rückfragen lassen und Fragen von Kindern beantworten lassen oder selber beantworten,

● Hausaufgabe von einzelnen Kindern wiederholen lassen,

● Aufgabenstellung mit Datum ins Mitteilungsheft eintragen.

Doris Niggebrügge

Hausaufgaben würdigen

Hausaufgaben müssen gewürdigt und besprochen werden. Kinder möchten eine Rückmeldung über ihre Arbeit. Diese kann auch durch die Mitschüler erfolgen. Ein vollständiges Erfassen der Leistungen von allen Kindern an einem Tag gelingt mir nur sehr selten und ist m. E. auch nicht notwendig. Persönliche Notizen helfen mir, nicht den Überblick zu verlieren.

Beate Schweitzer

Jede Lehrerin und jeder Lehrer stellen bald fest, wie wichtig es ist, täglich die Hausaufgaben zu kontrollieren. So wird dann auch oft, vor allem in Mathematik, Aufgabe für Aufgabe überprüft und verglichen. Dies nimmt sehr viel Zeit in Anspruch, Zeit, die ich als Lehrer meiner Ansicht nach pädagogisch besser nutzen kann. Ich habe mir angewöhnt, Hausaufgaben in einer ruhigen Minute nur kurz zu kontrollieren und abzuzeichnen, immer dann, wenn sie nur nachbereitenden, also übenden Charakter haben.

Wichtig für solche Art von Hausaufgaben halte ich,

- daß Kinder eine positive Rückmeldung, eine Bestätigung von mir erhalten (Verbindlichkeit von Aufgaben),

- daß die Aufgaben mit Sorgfalt angefertigt sind (Arbeitshaltung),

- daß die Kinder die Aufgaben generell in einer angemessenen Zeit geschafft haben (Rückmeldung für mich),

- daß die Kinder keine „Systemfehler" gemacht haben (Rückmeldung für meinen Unterricht).

Das Nachsehen der Hausaufgaben bedeutet aber nicht, daß jeder Fehler, vor allem jeder Flüchtigkeitsfehler, ausgemerzt wird. Das hieße, sehr unökonomisch mit Zeit umzugehen, und brächte nichts für den Lernprozeß des Kindes.

Eva-Maria Wuschansky

Sternchen unter Hausaufgaben?

Die Lehrerin einer 1. Klasse sah täglich die Hausaufgaben der Kinder nach. Unter Ergebnisse, die besonders sorgfältig und optisch ansprechend erledigt waren, die über das Mindestmaß hinaus weitere Aufgaben vorwiesen, setzte sie ein Sternchen – Kürzel für „Hausaufgaben besonders gut gemacht und lobend zur Kenntnis genommen". Ergebnisse, die zwar diese Ansprüche nicht erfüllten, aber der Aufgabenstellung entsprachen, wurden schlicht abgehakt – Kürzel für „Hausaufgaben gemacht und zur Kenntnis genommen".

Auch in dieser Klasse gab es Kinder, die nie oder selten ein besonders optisch ansprechendes Bild, einen gleichmäßigen Schriftzug, glatte und saubere Blätter ohne Knick, Eselsohren oder Flecken mit in die Schule brachten, woran auch immer dies liegen mochte: an fehlender Hilfestellung zu Hause, an Konzentrationsschwierigkeiten des Kindes, seinem Bewegungsdrang, seiner nicht zu bremsenden Spontaneität, an Verkrampfungen der Fingermuskulatur, an Gleichmut oder Großzügigkeit in den Ansprüchen an die eigene Arbeit ...

Der Lehrerin war sehr daran gelegen, diese Kinder durch geduldige Hilfe und Ermutigung zu fördern. Deshalb wich sie auch von der anforderungsbezogenen Vergabe der Sternchen ab und individualisierte: Wenn ein solches Kind sich bemüht, wenn es zumindest Teile der Hausarbeit ansprechend erledigt hatte, erhielt es ebenfalls ein Sternchen. Durch diese Regelung konnten Aufgaben mit objektiv etwa gleicher Qualität dennoch verschieden honoriert werden, weil die individuelle Anstrengung unterschiedlich eingeschätzt wurde.

Die Kinder waren stolz, wenn sie ihr Sternchen bekamen: die Kinder mit Dauer-Abonnement ebenso wie die Kinder, die es mal geschafft hatten. Die anderen Kinder nahmen es, soweit ersichtlich, gelassen hin, nur einen Haken zu erhalten. Tägliche Routine eines Verfahrens, das sich anscheinend (oder scheinbar?) bewährt hatte.

Nach einigen Wochen gab es Anfragen bei der Lehrerin, nach welchen Gesichtspunkten sie die Sternchen und Häkchen verteile. Die Lehrerin nahm sich vor, beim nächsten Elternabend auf dieses Problem einzugehen und ihre Maßnahmen zu erläutern. Auf diesem Elternabend wurden nun schon deutlicher Stimmen laut:

● wie denn die Lehrerin der Hausarbeit die investierte Mühe oder die Sorglosigkeit ansehen könne,

● ob nicht das Gerechtigkeitsgefühl der Kinder durch die Ungleichbehandlung verletzt würde und dies zu Kränkungen der nicht besonders honorierten Kinder führen könnte.

Im Zuge der Diskussion wurde deutlich, daß in vielen Elternhäusern täglich registriert wurde, wie die Hausaufgaben honoriert worden waren, daß die Kinder, die häufiger nur ein Häkchen erhielten, in verschiedenen Familien zu größerer Anstrengung ermahnt wurden, daß schließlich auch die Aufgaben in mehreren Fassungen erledigt werden mußten, bis sie sternchenreif schienen, daß im Gespräch zwischen benachbarten Mitschüler-Eltern Arbeitsergebnisse und Honorierung verglichen wurden und der Vergleich bisweilen Erstaunen hervorgerufen hatte, daß teilweise die Kinder ausgefragt wurden, was denn Susanne, Martina oder Jens für ihre Hausarbeit bekommen hätten. Schließlich wurde von tränenreichen Nachmittagen erzählt, weil das betreffende Kind kein Sternchen erhalten habe.

Die Lehrerin war betroffen darüber, wie von Eltern ihre Rückmeldungen an die Kinder hochgespielt wurden. Sie hatte mit guter Absicht ein schon häufiger praktiziertes Verfahren verwendet. Nun sah sie aber keine Möglichkeit, die Eltern zu mehr Gelassenheit zu bringen. Deshalb verzichtete sie nun auf die Sternchen und hakte alle erledigten Hausaufgaben nur noch ab.

Ich halte die Ereignisse für symptomatisch in verschiedener Hinsicht:

● für die Arglosigkeit, mit der wir Lehrerinnen und Lehrer in der Schule häufig unsere Routine praktizieren,

● für das nervöse Reagieren von Eltern auf Leistungsrückmeldungen der Schule,

● für die Schwierigkeit, Vergleiche zu verhindern und gerade auch die Schwachen zu ermutigen.

Tatsächlich schafft die tägliche Entscheidung: „Sternchen oder Haken?" Probleme für alle Beteiligten: Die besonders ehrgeizigen *Eltern* möchten früh die erfolgreiche Schulkarriere ihres Kindes absichern und bemühen sich nach Kräften, daran mitzuwirken. Sternchen scheinen die ersten greifbaren Indizien zu sein. Bleiben sie häufiger aus, obwohl Nachbarkinder eines erhalten, dann setzen sie ihre Möglichkeiten daran, auch ihr Kind in die hohe Honorarzone zu bringen.

Wie auch immer das persönliche Engagement aussieht: die Eltern investieren neben Zeit auch erhebliche Emotionen und reagieren, weil selbst betroffen, beim Ausbleiben des erwarteten Zeichens oft mit Aggressionen, die sich zunächst beim Kind entladen.

Die *Kinder* dieser Eltern erfahren bei Erfolg Liebesbeweise, bei Ausbleiben ihren Entzug. Dadurch wird die Entscheidung der Lehrerin auch zur Entscheidung über die Beziehung des Kindes zu seinen Eltern. Die Kinder, die aufgrund günstiger persönlicher Konstellationen Sternchen im Dauer-Abonnement erhalten, ohne daß die investierte Arbeit als besondere Mühe empfunden wird, geraten leicht in Versuchung, die Arroganz von Glückskindern anzunehmen. Die Kinder, die aufgrund ungünstiger persönlicher und familiärer Konstellationen selten oder nie ein Sternchen erhalten, möglicherweise häufiger nicht einmal einen Haken, erfahren sich zunehmend als erfolglos. Auch wenn ihre Eltern selbst keine Notiz von den Zeichen nehmen, so zeigt ihnen die Reaktion von Mitschülern deren gesellschaftliche Wertschätzung. Sie nehmen in der Regel Haken oder Nicht-Haken kommentarlos hin – Gewöhnung an einen Zustand – und leben mit dem Selbstkonzept des Nicht-Erfolgreichen.

Die *Lehrerinnen und Lehrer* setzen sich in den täglichen Zwang, in Sekunden den Einsatz des Kindes zu würdigen, oft ohne genauere Kenntnis der Situation, in der die Aufgaben erledigt wurden – eine hohe Fehlerquote ist damit programmiert. Der Druck, der nachmittags auf Kinder ausgeübt wird, die Überforderung durch zu lange und zu einseitige Arbeitsbelastungen, die falsche Hilfestellung – dies sei als weitere Problemstellen nur genannt.

All das wird noch heikler, wenn weitere Differenzierungen verwendet werden: Sternchen mit vier oder sechs Zacken, als zusätzliche Steigerungsstufe: ein Schmetterling.

Man mag einwenden, die Lehrerin hätte sich die Schwierigkeiten ersparen können, wenn sie alle Leistungen nach einheitlichem Maßstab beurteilt hätte. Möglicherweise. Doch wären damit viele der genannten Probleme nicht aus der Welt, sondern nur unter den Tisch geschafft. Hinzu käme ein Weiteres: Wenn Auslese der Kinder aufgrund ihrer Herkunft von der ersten Hausaufgabe an betrieben wird, dann steht dieser Rückfall in vordemokratische Prinzipien in Widerspruch zu den verbrieften Prinzipien der Grundschule heute.

Unterschiedliche Honorierungen für Hausaufgaben sind tatsächlich eine Spielart der Zensurengebung. Da sie Leistungen werten, die außerhalb des Wirkungsbereichs der Schule zustande kommen, spitzt diese Praktik das Hausaufgabenproblem noch weiter zu:

Kinder müssen ihre Aufgaben alleine bewältigen können und wollen. Geschieht dies tatsächlich? Kann ich dies an jedem Tag, bei jedem Kind angemessen einschätzen? Ist Individualisierung treffsicher möglich? Sicher nicht. Das Korrektiv der Beobachtung fehlt eben außerhalb der Schule. Hausaufgaben trotzdem erteilt und gestaffelt honoriert, fordern die Mithilfe von Eltern geradezu heraus und legen die Selbsttäuschung des Lehrers über die Leistung des Kindes nahe.

Hausaufgaben müssen in kürzerer Zeit erledigt werden (die Erlasse schreiben 30 Minuten für die Erst- und Zweitkläßler als tägliche Höchstzeit vor). Kann ich dies immer bei allen Kindern richtig einschätzen? Kann ich die Eltern davon abhalten, zumal wenn es besondere Bewertungen gibt, über die Zeit hinaus arbeiten und auch wiederholt abschreiben zu lassen? Schwerlich. In aller Regel erfahren wir bei vielen Kindern gar nicht, wie lange sie tatsächlich an ihren Hausarbeiten sitzen. Details werden als Familiengeheimnis gehütet, um nur nichts über die Schwierigkeiten des Kindes nach außen dringen zu lassen.

Wir sollten das Unsere dazu tun, um die Kinder vor Überforderungen ehrgeiziger Eltern zu bewahren und zu verhindern, daß Kinder sich auf das Selbstkonzept des Nie-und-nimmer-Erfolgreichen festlegen.

Regelungen ohne Haken und Sternchen

Wenn ich Hausaufgaben erteile, dann nehme ich sie tags darauf zur Kenntnis. Stellung beziehe ich nur mündlich, oft nur als freundliches: Ja!, als bestätigendes: Hm! Manchmal: „Da hast du aber fein geschrieben. Siehst du auch, welche Wörter besonders schön geworden sind?" oder ähnlich individuell gehaltene Kommentare. Die Kinder, die ihre Aufgaben nicht gemacht haben, schreiben sich selbst auf eine Erinnerungstafel auf.

Wenn die Aufgabe nachgemacht wird, auch in der Schule in Phasen Freier Arbeit, wischt das Kind seinen Namen wieder aus. Am Freitag ist „Großreinemachen". Die Namen an der Erinnerungstafel werden ausgewischt. Ich merke mir die Kinder, die häufig ihre Aufgaben nicht vollständig oder gar nicht gemacht haben. Bei ihnen muß ich nachforschen, woran das liegen mag, um dann zu entscheiden, ob ich z. B. durch stärkeres Insistieren, durch Gespräche mit den Eltern Abhilfe schaffen oder ob ich wegen ungünstiger Konstellationen das Ausbleiben der Arbeiten tolerieren und nach Ausgleich im schulischen Rahmen suchen muß.

Hefte, die vollgeschrieben sind, nehme ich mit, ebenso hin und wieder die gesammelten Arbeitsblätter. Ich sehe mir die Kontinuität der Aufgabenerledigung an und schreibe in das Heft oder auf ein beigelegtes Blatt einen individuell gehaltenen Kommentar, z. B.:

„Du hast ordentlich gearbeitet. Die Schrift und die Bilder hast Du auf den Blättern gut verteilt. Prima finde ich, daß Du so viele Herbstblätter gesammelt, geordnet und dazugeklebt hast."

Sind die Kinder selbständiger geworden, legen sie ihre Blätter oder Hefte in eine Gruppenmappe und legen sie auf meinem Tisch ab. In Phasen selbständiger Schülerarbeit kann ich dann die Gruppenmappen durchsehen und gegebenenfalls die einzelne Arbeit kommentieren. Später holen die Kinder ihre Mappe wieder ab und nehmen ihre eigene Arbeit zurück. In kritischen Fällen spreche ich natürlich mit dem betreffenden Kind.

Es zeigt sich, daß die Kinder keine Sternchen, Schmetterlinge, Wein- oder Lachmännchen, Belobigungsstempel oder ähnliches als Arbeitsmotive brauchen. Sie erledigen ihre Hausaufgaben regelmäßig und oft sogar gerne und liebevoll, wenn sie nur deren Sinn kennen, wenn sie wissen, wie's geht, wenn die Aufgaben kurzweilig gehalten sind und in der Schule auch gewürdigt werden – durch persönliche Hinwendung und ihren didaktischen Ort im Unterricht.

Wie man die Hausaufgabenfrage im einzelnen und konkreten Fall auch regelt, dies sind wesentliche pädagogische Orientierungspunkte:

- Die Hausaufgaben werden vor allem ihres jeweiligen Sinns wegen gemacht und nicht wegen symbolischer Honorare,
- die Kinder sind Adressat der Lehrerurteile über die Hausaufgaben, nicht die Eltern, auch nicht mittelbar,
- besonders ehrgeizigen Eltern arbeiten wir nicht in die Hand,
- Hausaufgaben dürfen die Kinder nicht abhängiger, sondern müssen sie selbständiger machen.

Horst Bartnitzky

Was tun, wenn Kinder keine Hausaufgaben machen?

Wenn ein Kind ohne Hausaufgaben in der Schule erscheint, versuche ich zunächst im Gespräch den Hintergrund zu klären (vergessen, häusliche Gegebenheiten, nicht verstanden, nicht notiert …). Wenn es häufiger vorkommt, bemühe ich mich, die Eltern zur Mitarbeit zu gewinnen: in Form von Hinweisen, Erinnerungen, Unterstützungen, sanfter Kontrolle. Sollten die Eltern nicht helfen können oder wollen, sollte man erreichen, daß das Kind mit einem Freund oder einer Freundin die Hausaufgaben gemeinsam erledigt (Verabredung am Nachmittag). Eine andere Möglichkeit ist, das Kind zu einer Hausaufgabenbetreuung zu schicken, die von manchen Schulen, den Kirchen und anderen Trägern angeboten werden (Kinderclub, Offene Tür).

Harald Neuhaus

Tips

- Hausaufgaben müssen immer einen Zusammenhang zum Unterricht haben: ihn vorbereiten oder ihn weiterführen; Gelerntes einprägen oder anwenden. Diesen Zusammenhang müssen auch die Kinder kennen.
- In einem differenzierten Unterricht werden auch Hausaufgaben so differenziert, daß die Kinder ihre Aufgabe selbständig und mit Gewinn erledigen können: Dies betrifft Pflichtaufgaben und Angebote für freiwillige Hausaufgaben.

● Regeln Sie wichtige Bedingungen:

- Hausaufgaben immer in der Klasse anschreiben, ins Merkheft oder Mitteilungsheft oder Hausaufgabenheft mit Datum eintragen lassen, von Kindern mündlich wiederholen und erklären lassen. Die hierfür nötige Zeit muß sein.
- Mit Eltern Art der Hausaufgabenerledigung absprechen, bei Überziehen der Zeit oder bei Unverständnis für die Aufgabe abbrechen lassen.
- Hausaufgaben immer würdigen, was mehr ist als nur abhaken. Möglichkeiten: Selbst-oder Partnerkontrolle, Besichtigung in der Klasse (die Aufgaben liegen auf den Tischen, Kinder und Lehrerin gehen herum und sehen die Aufgaben an), Hefte oder Arbeitsmappen gruppenweise mit nach Hause nehmen und ausführliche Rückmeldung dazuschreiben. Bei Hausaufgaben, die den Unterricht vorbereiten, ergibt sich die Würdigung von selbst.
- Wenn Aufgaben nicht gemacht wurden, Gründe ermitteln, Regelungen vereinbaren.

● Im Zweifelsfall: auf Pflicht-Hausaufgaben verzichten.

Klassenraum

Mit der Gestaltung des Klassenraums schafft man auch Bedingungen für den Unterricht: Wie das Mobiliar angeordnet wird, wie die Kinder sitzen, stehen, sich bewegen können, ob und wie Lernstationen, Lernecken, Materialablagen und Ausstellungsmöglichkeiten eingerichtet werden, wie Wände, Fenster, Decke gestaltet sind, welchen Platz der Lehrer oder die Lehrerin einnimmt usw. – solche Gegebenheiten bestimmen das Konzept des Lebens und Lernens im Klassenraum entscheidend mit. Sind die Schülertische in Reih und Glied zum Lehrertisch und zur Tafel hin ausgerichtet, ist die Ordnung auf Einzelarbeit und frontalen Unterricht hin konzipiert; unverzichtbare Sozialformen wie Gespräch und Gruppenarbeit, pädagogische Intentionen wie Entwicklung eines Gruppenbewußtseins und einer Werkstattatmosphäre sind dadurch ausgeschlossen.

Zu einem zeitgemäßen Grundschulunterricht gehören folgende Kriterien für die günstige Gestaltung des Klassenraums:

- Alle wichtigen Sozialformen des Unterrichts vom Frontalunterricht über Gruppenarbeit bis zum Gespräch müssen ohne größere Umstände möglich sein.

- Für differenziertes Arbeiten müssen Funktionsecken oder -plätze geschaffen werden. Es muß aber immer soviel Platz bleiben, daß die Kinder freien Zugang zu diesen Ecken und Plätzen haben.

- Auf Ausstellungsflächen, an den Wänden und Fenstern muß sich das Leben und Lernen in der Klasse mit Arbeitsdokumentationen und organisatorischen Darstellungen spiegeln.

In kaum einem Klassenraum mit mehr als zwanzig Kindern sind diese Aspekte ohne Abstriche zu realisieren. Häufig müssen Kompromisse gefunden werden: Der Flur wird einbezogen, beim Wechsel der Arbeitsform werden Tische umgestellt, eine Druckerei kann nicht eingerichtet werden u. a. m.

Die Grundrisse des Schulbaus und die Ausstattungsrichtlinien sind eben oft noch nicht auf dem Stand der notwendigen Weiterentwicklung der Grundschule.

Literaturtips: Karlheinz Burg (Hrsg.): *Wieviel Ecken hat unsere Schule?* Band I und Band II, Frankfurt a. M. 1979
Hildegard Kasper (Hrsg.): *Vom Klassenzimmer zur Lernumgebung.* Ulm (Vaas) 1979

Sitzordnungen – so oder so?

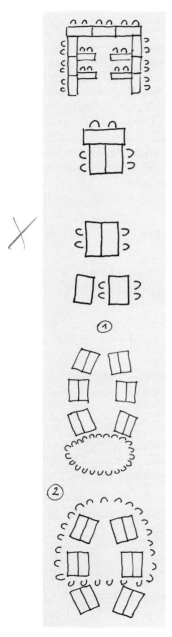

Die Hufeisensitzform mit innen quergestellten Tischen ist beliebt, aber unzweckmäßig. Alle Kinder, die in einer Fluchtlinie sitzen, können sich gegenseitig nicht sehen. Gruppenarbeit ist nur nach Umräumaktionen möglich. Ein Gruppenbewußtsein kann sich nicht entwickeln.

Diese Form des Sechsertisches trifft man häufig an. Auch sie hat entscheidende Nachteile: Die Distanz der Kinder zueinander ist z. T. zu weit, die Zahl sechs für eine Gruppe zu groß, als daß Zusammenarbeit in der Gruppe möglich wäre. Zumeist fällt die Gruppenarbeit in Partnerarbeiten oder in zwei aktive und vier inaktive Kinder auseinander.

Der Vierertisch ist insbesondere für jüngere Schulkinder (Klasse 1 und 2) eine überschaubare und praktikable Größe für Partner- und für Gruppenarbeit. Wenn die Kinder zu viert enger zusammenarbeiten sollen, läßt sich ein Tisch leicht einen Meter wegstellen, und die Kinder setzen sich an einen Tisch.

Die Anordnung der Tische im Raum muß immer auch eine Kreisformierung zulassen. Die Kinder können dazu mit ihren Stühlen in einem freien Feld der Klasse zum Kreis kommen oder dort auf Teppichfliesen sitzen (1),

oder die Kinder bilden einen Stuhlkreis in der Mitte oder, wenn der Platz nicht reicht, um einige Tische herum (2).

Sitzordnung · Gruppentisch · Stuhlkreis

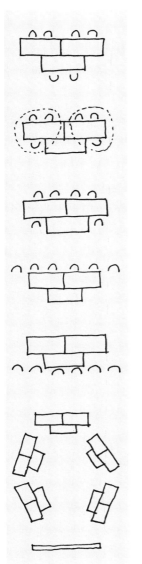

Diese Form des Sechsertisches ist eine besonders vielseitig zu nutzende Tischanordnung. In der nebenstehenden Form ist er für Einzel- und Partnerarbeit geeignet.

Wenn sich nur zwei Kinder mit dem Stuhl umsetzen, dann können die Kinder in zwei Dreiergruppen arbeiten, eine für viele Gelegenheiten optimale Gruppengröße.

Für Kreisgespräche gibt es je nach Platz drei Varianten: Zwei Kinder drehen ihren Stuhl, so bilden sich in der Klasse ein Innen- und ein Außenkreis.

Oder die beiden Kinder setzen sich nach außen

oder die vier Kinder nach innen.

Bei der Verteilung der Sechsertische muß die Kreisformierung bestimmend sein. Dann sind die Gesprächssitzordnungen möglich, und die Mitte des Klassenraumes ist immer frei für Arbeitsdokumente, Modelle, Arbeitsmaterialien usw.

Ich empfehle für Klasse 1 und 2 die für die Kinder überschaubarere Vierertischgruppierung und für Klasse 3 und 4 den Sechsertisch in der gestreckten Form mit Kreisanordnung.

Horst Bartnitzky

Wir richten unsere Klasse ein

Für meine erste Klasse hatte ich nur ältere Schultische, ein massives Lehrerpult, Stühle und einen häßlichen Schrank zur Verfügung. Ich ergänzte den Fundus um folgende Elemente:

Regal: Es wurde mit Hilfe eines Vaters, der Schreiner ist, gebaut und dient zur Aufbewahrung der Spiele, der Bücher und eines Schuhkartons für jedes Kind, in dem es Schere, Malsachen, Wolle, Häkelnadel usw. aufbewahrt. Schriftkarten am Regal erleichtern das Ordnunghalten.

Lagertische: Das sind alte Schultische aus dem Keller, auf denen Malblätter, Farben, Pinsel, Technikkästen, Arbeitsbögen, Knete usw. aufgehoben werden. Plastikkisten (eigentlich für Milchtüten) stehen unter den Tischen und enthalten Sammelmaterial: Computerpapier, Korken, kleine Kartons usw. Auch hier sind Schriftkarten an der Wand „Wegweiser".

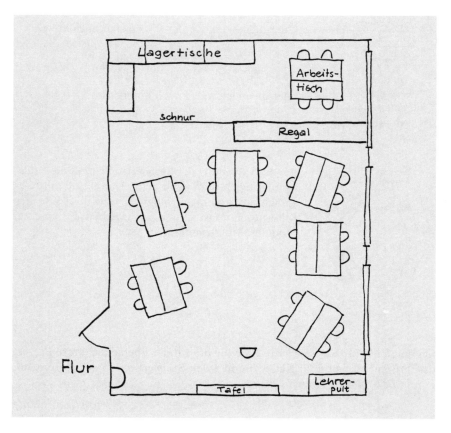

Schnur: Hier werden Bilder, Laternen, Weihnachtsschmuck usw. mit Wäsche-klammern aufgehängt, so daß zusammen mit dem Regal optisch der hintere Teil des Raumes abgetrennt ist, aber auch eingesehen werden kann. Die Schnur dient auch dazu, um provisorisch ein Puppentheater herzurichten.

Flur: Ein zusammengerollter Teppich kann jederzeit ausgerollt werden und dient dann als zusätzliche Spiel- oder Lernzone (in Klasse 1 z. B. als Bautep-pich).

Horst Bartnitzky

Mit vorhandenem Mobiliar optimal Platz schaffen

In meiner Klasse wechselt Frontalunterricht mit Wochenplan-Unterricht und Freiarbeit. Das bedingt eine diesen Unterrichtsformen angepaßte Raumgestal-tung. Wir hängten an unserer Klassenschrankwand die Türen aus und gewan-nen so Regalfächer. Dahinein packten wir mit Tapete beklebte Waschmittel-kartons – für jedes Kind zwei übereinander – als persönliche Fächer (eins für Zeichen- und Bastel-Utensilien, eines für Bücher und Arbeitshefte).

Arbeitsmittel und Spiele für Tagesplan und Freiarbeit sind, nach Lernberei-chen geordnet, ebenfalls in gesonderten Regalfächern untergebracht.

Lern- und Arbeitsbereiche; Ruhe-Insel

Für die Tagesplan- und Freiarbeit bekam jedes Kind ein Ablagekörbchen; dahinein werden die Hefte und Arbeitsblätter mit den gelösten bzw. bearbei-teten Aufgaben gelegt. Nach der Lehrerkontrolle werden sie in einem neben dem jeweiligen Körbchen plazierten Pappschuber aufbewahrt. Eine evtl. notwendige spätere Nachkontrolle ist somit möglich. (Für Tagesplan- und Freiarbeit werden gesonderte Hefte geführt.)

Ein quer in die Klasse gestelltes Regal trennt eine Lese- und Ruhe-Ecke, mit Teppich, Decken und Kissen ausgelegt, von einem Arbeits- und Basteltisch.

Im Regal selbst ist die Klassenbücherei untergebracht, unterteilt in die Berei-che *Zum Lesen, Zum Nachschlagen, Sachunterricht, Reime und Gedichte.* Diese Unterteilung bewährt sich sehr während Tagesplan- und Freiarbeit.

Arbeitsplatz der Kinder und Sitzordnung

Grundsätzlich stehen die Tische in (umgekehrter) U-Form, in der Mitte des U ein Sechsertisch. Bei Tagesplanarbeit entstehen kurzfristig auch einige Vierertische – die U-Form löst sich also auf.

Seit Beginn der 1. Klasse wählen die Kinder ihren Sitznachbarn nach eigenem Wunsch. Etwa vierwöchentlich darf gewechselt werden – nicht alle tun es auch. Ich kündige das ca. eine Woche vorher an, damit die Kinder genügend

Zeit haben, sich miteinander abzusprechen. Das klappt sehr gut; nur zweimal in diesen eineinhalb Jahren mußte ich eine Sitzpartnerschaft rückgängig machen. Im übrigen wechseln die Kinder während Tagesplan- und Freiarbeit sowieso häufig die Arbeitspartner, was vom Fach und von der Aufgabenstellung abhängig ist. Da die Kinder an diese Verfahren gewöhnt sind, entsteht störende Unruhe dabei höchst selten.

Gudrun Bernt

Möbelfreier Platz im Klassenraum

Ich halte bei der Gestaltung des Klassenraums so viel Platz wie möglich möbelfrei. Dort können wir, ohne Tische zu verstellen, den Stuhlkreis bauen. (Den Platz nutzen wir auch zum Tanzen, Rollenspielen etc.) In großen Klassen läßt sich u. U. nicht so viel Platz freihalten. Dann nehmen wir schon mal einen Gruppentisch in den Gesprächskreis hinein. In jedem Fall ist es wichtig, beim Gestalten des Raumes zu überlegen und zu probieren, wie und was für verschiedene Unterrichtsorganisationsformen umgeräumt werden muß. Das Suchen nach ökonomischen Formen lohnt!

Brigitte Beier

Grundausstattungen

Wichtige Grundausstattung für jeden Klassenraum:

- eine gut lesbare Wanduhr,
  Kehrblech, Handfeger, Besen,
  Seife und Handtücher am Waschbecken,
  Pflaster und Papiertaschentücher im Pult,

- für Geburtstage oder Klassenfeiern: Namensbecher, Löffel, Servietten,

- Kalender zur zeitlichen Orientierung und zum Eintragen von Geburtstagen und Festen/Feiern,

- ein fester Platz (kleine Tafel, Plakat o. ä.) zum Eintragen der Klassendienste,

- eine Pinnwand als „Info-Tafel" (von Kindern für Kinder: Mitteilungen, Verabredungen, Empfehlungen …),

- eine Klassenbücherei,

- Tiere und Pflanzen sollten nur dann für die Klasse angeschafft werden, wenn eine artgerechte Haltung und die Garantie der Pflege in den Ferien sichergestellt sind.

Beate Hofmann/Ursula Kießler/Mechtild Peisker

Neben einem Schuhkarton, in dem die Kinder ihre Malsachen aufbewahren, steht für alle Kinder ein offener Karton mit Namensschild im Regal. In diesem Karton hat jedes Kind einen Klebestift, eine Schere, ein Lineal, sein Lexikon und alle Materialien, die es gerade für seine persönliche Arbeit benötigt. Hier hinein werden außerdem alle Arbeiten abgelegt, die noch nicht fertiggestellt sind. Dieser Karton hat sich als sehr praktisch erwiesen: Alle Sachen sind rasch geholt und abgelegt, und Kind und Lehrer behalten einen Überblick über nicht Erledigtes.

Locher, Klebestreifen, Vorschreibpapier, Papier aller Art und Farbe, Zeichenblätter etc. liegen an einem festen, für alle zugänglichen Platz in der Klasse.

Gabriele Lanser

Im Klassenraum hat sich als variables und dauerhaftes Gestaltungselement ein großer, trockener Ast bewährt, der, an der Decke befestigt, je nach Jahreszeit oder aktuellem Klassenthema behängt werden kann.

Elke Dickler

Die Leseecke

Neben dem angeleiteten Umgang mit Texten müssen den Kindern auch Zeiten und Möglichkeiten eingeräumt werden, selbstbestimmt zu lesen. Freude an Büchern kann nur durch echte Lese- und Vorlesesituationen geweckt werden.

Die Leseecke in der Klasse erlaubt individuelles Lesen während der Unterrichtszeit, z. B. während der *Freien Arbeit*. Dadurch wird eine Lesehaltung eingeübt, die dem häuslichen Lesen weitgehend entspricht.

Abgetrennt vom übrigen Klassenraum durch Regale, in denen die Bücher stehen, ausgestattet mit Teppich und Polstern, geschmückt mit Bildern und Kinderbuchpostern, wird die Leseecke zu einer Nische, die es den Kindern ermöglicht, sich zurückzuziehen.

Improvisation kann die Einrichtungskosten niedrig halten: Zur Abgrenzung der Leseecke und Unterbringung der Bücher können auch Kisten, Segeltuchtaschen, Paravants, Schülertische oder auf Ziegelsteinen ruhende Bretter genutzt werden. Als Sitzgelegenheiten können Kissen, Matratzen und Teppichfliesen dienen. Blumen, eine Pinnwand mit Buchempfehlungen, ein Baldachin oder ein aufgehängter Zweig setzen dekorative Akzente.

Wegen möglicher Einwände von Hausmeister und Reinigungspersonal ist es wichtig, vor der geplanten Einrichtung der Leseecke das Vorhaben mit allen Betroffenen zu diskutieren, Bedenken auszuräumen und deren Qualifikation werbend mit einzubeziehen.

Im übrigen ist es sinnvoll, die Pflege der Leseecke mit den Kindern selbst zu organisieren. Das entlastet das Reinigungspersonal, weckt die Selbstverantwortung der Kinder für diese Lernzone und ermöglicht ihnen die Identifikation mit ihrer Lernumgebung.

Irmgard Mai

Bücherecke

● Am Ende des ersten Schuljahres mache ich auf einem Elternabend den Vorschlag zur Einrichtung einer Bücher-Ecke, erläutere Aufbau und Ausleihmodus, bitte um Einverständnis zum Buchkauf (pro Kind ein Buch bis zum Wert von 10 DM).

● An einem Nachmittag wählen interessierte Eltern, Kinder und ich aus Prospektmaterial und mitgebrachten Büchern geeignete Titel aus und stellen eine Bücherliste zusammen.
Oder: ich übernehme allein die Auswahl geeigneter Bücher (Mischung beachten: Sachbuch – Abenteuer – Märchen/Fantasie – lustige Bücher – Probleme).

● Mit dem Zeugnis bekommt jedes Kind einen Zettel mit den nötigen Angaben für „sein" Buch, das es in den Ferien besorgen soll.

● Ich richte eine „Bücherei-Ecke" aus zwei Tischen ein.

● Nach Erhalt aller Bücher kopiere ich von jedem Buch die Vorderseite des Umschlags (Titel).

● Ich stecke die Kopie in eine Klarsichthülle und befestige dann alle Hüllen nebeneinander in Reihen auf den vorbereiteten Tischen. Das jeweilige Buch wird später immer auf die Hülle gelegt. Dadurch können wir sofort sehen, welches Buch gerade ausgeliehen ist.

● Mit Elternhilfe klebe ich auf die Umschlaginnenseite jedes Buches ein Pappdreieck (mit etwas Glück in einer Bücherei zu bekommen!).
In das Pappdreieck stecken wir eine kleine Karteikarte, auf der drei Spalten für die Eintragungen der Kinder vorbereitet sind:

Verfasser, Titel:		
ausgeliehen von:	ausgeliehen am:	zurück am:

- Ich erarbeite mit den Kindern Regeln für die Ausleihe, z. B. :
  - Wann ist die Bücherei geöffnet?
  - Wie viele Bücher darf ich ausleihen?
  - Wie lange darf ich ausleihen?

Die Regeln werden gut sichtbar ausgehängt. Wir basteln gemeinsam Lesezeichen, und die Ausleihe kann beginnen! Ausgefüllte Bücherkarten werden bei der Ausleihe in einen Karteikasten gesteckt und kommen bei Rückgabe wieder in das Buch.

Beate Hofmann, Ursula Kießler, Mechtild Peisker

Die Pflanzenecke

Im Frühjahr hatten wir im Klassenzimmer mit der Gartenarbeit begonnen! Unser Schulhof, asphaltiert und von Mauer und Bäumen beschattet, bot wenig Möglichkeiten zur Anlage eines kleinen Gartenstückchens. Der Wunsch der Zweitkläßler, selber zu säen und zu pflanzen, war aber so groß, daß wir beschlossen, unsere Fensterbank und ein altes Holzregal zum „Gärtchen" umzufunktionieren. Als Pflanzgefäße dienten uns Balkonkästen mit Untersetzern sowie flache Gemüsekisten aus Holz, die wir mit dicker Plastikfolie auskleideten, in die mit einer Stricknadel Löcher zum Abfließen des Wassers gepiekt wurden. Mit Erde gefüllt, ergaben sich so acht kleine Beete, die jeweils von drei bis vier Kindern betreut wurden.

Wir hatten eine Liste von Pflanzen aufgestellt, die in unserem Garten wachsen sollten, und die einzelnen Gruppen zeichneten Pflanz- und Säpläne für ihre Beete. Nach diesen Vorbereitungen war es soweit: Dill, Schnittlauch, Basilikum, Radieschen, Kresse und Spinat wurden nach der Anweisung auf den Samenpäckchen gesät, Tomaten, Petersilie, Salat- und Kohlrabipflänzchen gepflanzt, Bohnenkerne wurden in einzelne Töpfe gesteckt. In einem schwarzen Plastikpapierkorb steckten wir drei Kartoffeln in die Erde. In einem Beet wurden nur Blumen gesät: Sonnenblumen, Tagetes, Bechermalven und Wicken.

Nun hieß es abwarten und – vorsichtig! – gießen. Alle drei bis vier Tage mußten die Zeitungen, die wir als Unterlage für die Beete benutzten, ausgewechselt werden. Schon nach wenigen Tagen zeigten sich die ersten Kressekeimlinge, die bald geerntet und verzehrt wurden. Auch die anderen Samen keimten, doch die Pflänzchen standen viel zu dicht, so daß es nötig war, sie etwas zu lichten. Die Kartoffelpflanze wurde regelmäßig mit neuer Erde angehäufelt, bis der Rand erreicht war. Die Kinder sorgten gut für ihre Beete und lernten die Bedürfnisse der Pflanzen nach Licht, Wasser und Platz kennen. Wir achteten besonders darauf, daß durch Wasser und Erde nichts verschmutzt oder beschädigt wurde, damit auch unsere Raumpflegerin mit unserer Aktion einverstanden war.

In den Pfingstferien übernahm die Lehrerin den Gießdienst, und kurz vor den Sommerferien konnten wir den Lohn unserer Mühen genießen: Wir feierten ein Salatfrühstück! Der Kohlrabi war zwar klein, doch Salat und Radieschen waren gut gediehen. Basilikum verschenkten wir sogar, so wucherte es. Für die Tomaten, Bohnen und den Kartoffelkorb waren schnell „Sommerpaten" gefunden. Die Blumenpflänzchen versetzten wir in kleine Plastiktöpfchen, und jeder durfte einige nach Hause nehmen. Nach den Ferien wurde dann berichtet und gezeigt, wie sich die Pflanzen entwickelt hatten.

Im folgenden Schuljahr nahmen wir uns vor, verschiedene Zimmerpflanzen durch Ableger oder Stecklinge zu vermehren und die Pflanzen dann im Rahmen eines Schulfestes zu verkaufen. In Büchern machten wir uns kundig über die Vorlieben und Eigenheiten der von zu Hause mitgebrachten Pflanzenteile und erstellten zu jeder Pflanze einen Steckbrief. Danach wurden diese in Wassergläsern auf die Fensterbank gestellt. Bald waren fast alle Ableger bewurzelt und konnten in Töpfe gepflanzt werden.

Im Winter steckten wir noch Zitruskerne und ließen einige Avocadokerne bewurzeln. Dabei muß man darauf achten, daß das obere Drittel des Kerns von Wasser und Erde frei bleibt und die Pflanze, wenn sie 20 cm hoch ist, in 10 cm Höhe gekappt wird, damit sich Seitenäste entwickeln können. Der Pflanzenverkauf fand großen Anklang. Für unser Klassenzimmer behielten wir je ein Exemplar.

Nina Mozer-Neuschwander

Die Fotowand

Wenn Sie fotografieren können und den Aufwand nicht scheuen, eröffnet sich eine Form der aktuellen Klassendokumentation, z. B. an einer Fotowand.

Es kann so festgehalten werden, daß Andreas eine Gipsnase hatte, daß die neue Pflanze am Fenster ihre erste Blüte entfaltete, oder wie die Gemeinschaftsarbeit aus Pappe und Papier: *Vögel an ihren Futterplätzen* aussieht. Kleine Ereignisse geraten schnell in Vergessenheit, obwohl sie eine kurze Zeit im Mittelpunkt des Klassengeschehens waren. Alle Kinder und Erwachsenen können Fotos nachbestellen, wobei Eltern oftmals nur auf diese Weise sehen können, wie ihr Kind an seinem „Arbeitsplatz" während der „Arbeit" aussieht. Neue Fotos werden gegen alte in der Fotowand ausgetauscht. So kann ein eigenes Fotoalbum der Klasse entstehen, das Kinder selbst mit kleinen Kommentaren versehen.

Elke Dickler

Tips

- Machen Sie sich wie bei der Einrichtung einer neuen Wohnung eine Grundrißzeichnung Ihres Klassenraums. Schülertische, Pult, Schrank und anderes Mobiliar schneiden Sie maßstabsgerecht aus leichter Pappe aus. Sie können nun die Möblierungsmöglichkeiten durchprobieren.

- Berücksichtigen Sie dabei die drei Kriterien:

  a) Alle wichtigen Sozialformen müssen möglich sein.
  Vierer- oder Sechsertische? Platz für Gespräche (die Tische im Kreis oder Gesprächskreis auf einer Freifläche)? Sicht zur Tafel und Projektionsfläche?

  b) Funktionsecken oder -plätze einrichten.
  Sind Regale vorhanden, oder muß mit freien Schülertischen als Ablagetischen improvisiert werden? Ist ein Raumteiler möglich, oder muß alles an die Wände und in die Ecken? Platz für eine stillere Leseecke, für einen zusätzlichen Arbeitstisch? Wohin mit Pflanztöpfen, halbfertigen Konstruktionen, Schreibmaschinen u. ä.? Kann der Flur einbezogen werden?*Prüfen Sie, ob immer noch genug Platz für die freie Bewegung der Kinder im Raum bleibt.*

  c) An den Wänden dokumentieren.
  Wo sind Tafelflächen? Seitentafel für Tagesplan, Verabredungen, Hausaufgaben? Zusätzliche Pinnwand? Wandleisten für Bilder, Plakate, Zeitleiste, Zahlenstrahl oder Buchstabenstraße? Wäscheleine für Bilder und leichte Materialien?

- Probieren Sie das, was Sie auf dem Papier entschieden haben, auch im Klassenraum mit den Möbeln aus. Wieder Prüffrage: Bleibt den Kindern genug Platz für die freie Bewegung im Raum?

- Sprechen Sie Ihre Überlegungen mit der Schulleitung durch. Immer wenn die Wände „beschädigt" werden müssen (dübeln, nageln), wenn „schulfremdes" Mobiliar hinzugenommen wird (Teppich, Regal, Sofa, Aquarium …) und wenn Sicherheitsaspekte hinzukommen (freistehendes Regal, Fluchtwege), *muß* die Schulleitung einverstanden sein und der Hausmeister „mitspielen".

- Für die Realisierung von Sonderwünschen wie Regal, Einrichtung einer Leseecke, Herstellen und Befestigen einer großen Pinnwand können oft auch Eltern gewonnen werden.

- Für die Kinder soll es ihr eigener Klassenraum sein, nicht ein vom Innenarchitekten gestylter und ausdekorierter. Deshalb beteiligen Sie die Kinder an der Ausgestaltung.

- Nur eins dürfen Sie sich von den Kindern nicht abreden lassen: Wenn Kinder lieber frontal sitzen wollen, weil sie es vielleicht von früher so gewohnt sind, weil es ihrem Bilderbuch-Bild von Schule eher entspricht, weil es auch mehr Sicherheit verleiht als offene Sitzformen, dann bestehen Sie auf der von Ihnen verantworteten Grundsitzordnung und versuchen Sie, sie rasch mit Leben zu erfüllen. Die Kinder werden sie schätzen lernen, wenn sie den Klassenraum erst einmal entsprechend nutzen können.

Konzentration

Die Klagen über mangelnde Konzentration der Kinder sind vielfältig. Es gibt Untersuchungen, in denen 20 bis 40 % aller Kinder als „gestört" eingeschätzt werden. Die Ursachen werden im gesellschaftlichen Bereich (Gewalt, Reizüberflutung, Alltagshektik, ungesunde Ernährung, schadstoffhaltige Luft ...), im familiären (Spannungen im Elternhaus, Scheidungs- und Trennungsrate, Überbehütung, Vernachlässigung, Verwöhnung ...) und im organischen Bereich (hyperaktive Kinder, fehlhörige Kinder ...) gesucht.

Unruhe zu mindern, Ruhe und Konzentration zu fördern, sehen viele Lehrerinnen und Lehrer – zu Recht – als wichtige erzieherische Bemühung von Schule heute an, denn nur in der Ruhe kann die Schule ihre Kernaufgabe erfüllen, nämlich Kinder zu unterrichten; nur konzentriert in ihrer Aufmerksamkeit können Kinder lernen.

Konzentrationsübungen aber nur als Disziplinierung zu verstehen, würde den Problemen nicht gerecht: Nicht die äußere Ruhe bei innerer Unrast ist gemeint, sondern die Fähigkeit, zu innerer Ruhe zu kommen, sich auf sich, auf andere, auf Sachverhalte, auf Probleme gelassen und konzentriert einzulassen.

Für die Schule ganz neue Bereiche wurden in den letzten Jahren dazu erschlossen, z. B.

● *Wahrnehmungsübungen,* bei denen die Wahrnehmungsfähigkeit auch auf Reize außerhalb des visuellen Bereichs konzentriert wird;

● *Meditationsübungen,* bei denen sich Körper und Geist entspannen, um in Ruhe nach innen zu schauen, um sich auf sich selbst zu konzentrieren.

Daneben gerieten stärker Prinzipien eines *konzentrationsfördernden Unterrichts* in den Blick wie: Grenzen setzen und konsequent sein, Klarheit über den Ablauf des Unterrichts und die dafür nötigen Tätigkeiten schaffen, Anspannung und Entspannung abwechseln lassen, Kindern und sich Zeit zum Lernen lassen, Unterrichtsinhalte thematisch konzentrieren ...

Die Fähigkeit der Lehrerin oder des Lehrers, selbst zur inneren Ruhe, zur Gelassenheit und Konzentration zu kommen, dürfte im übrigen eine entscheidende Rolle für den Erfolg spielen.

Literaturtips: Gabriele Faust-Siehl u. a.: *Mit Kindern Stille entdecken.* Frankfurt a. M. (Diesterweg) 1991
Gerda und Rüdiger Maschwitz: *Stille-Übungen mit Kindern.* München (Kösel) 1992

Nun erst mal ganz ruhig werden

Nach meiner Erfahrung hat es sich bewährt, die Kinder morgens mit Musik zu empfangen, klassische oder meditative Musik, Kinderlieder oder -tänze, je nach Stimmung und bevorzugter Musik einer Klasse bzw. auch der einzelnen Kinder. Es ist immer wieder erstaunlich, welchen beruhigenden und dämpfenden Einfluß dieser Beginn auf die Kinder hat. Bis alle Kinder im Klassenraum sind und ihre Plätze gerichtet haben, können die anderen sich noch unterhalten, schon eine Arbeit beginnen, mir etwas erzählen oder auch schon helfen und kleine Dienste verrichten. So wird äußerlich ein entspannender Rahmen geschaffen.

Karin Voges

Leise Meditationsmusik hilft, die Gedanken zu sammeln und die Außengeräusche nicht zu beachten. Ich stelle mir die Stationen meines Weges vor vom Aufwachen an bis zu meinem Platz hier und erlebe noch einmal die dazugehörigen Gefühle (z. B. Müdigkeit, Freude, Streit, Hetze, Kaffeeduft). Nun bin ich ganz da und kehre allmählich in die jetzige Situation zurück.

Beate Bogalho

Sie sollten sich Zeit nehmen zum „Innehalten", wenn zu viele Kinder gleichzeitig auf Sie einreden, Antworten erwarten, Nähe suchen. Manchmal kollidieren die eigenen Gedanken auf die geplanten Inhalte der nächsten Stunde mit bedrängenden, aktuellen Kinderbedürfnissen, etwa wenn es einen Streit zu schlichten, eine „Ungerechtigkeit" geradezubiegen, ein weinendes Kind nach der Pause zu trösten gilt.

Als Hilfe könnten Sie Gedanken wie vor einem inneren Kurzfilm ablaufen lassen, begleitet von tiefen Atemzügen: „Warum mache ich (gerade jetzt), was ich mache, so wie ich es mache?" Ich las dies bei Hub van der Zanden (Schulberater in Venlo). Manchmal kann ein kurzes Besinnen schon entspannend sein.

Elke Dickler

Nach der Pause kommen Kinder häufig aufgeregt und mit hochroten Köpfen vom Toben aus der Pause. Eine sehr einfache und effektive Methode, um sie zu beruhigen und auf den Unterricht einzustimmen, ist das Spiel „Eine Minute". Dazu stellen sich die Kinder so vor ihre Stühle in der Klasse, daß sie sich geräuschlos hinsetzen können. Nun lassen alle die Arme herunterhängen und schließen die Augen. Sie geben ein Signal. Von diesem Moment an sollen die Kinder versuchen, möglichst genau eine Minute stehen zu bleiben. Wenn ein Kind meint, die Minute sei um, setzt es sich leise hin. Sie achten auf die Uhrzeit und stellen fest, wer die Minute am ehesten eingehalten hat. Meist setzen sich die ersten Kinder nach 30 Sekunden; die letzten bleiben fast zwei Minuten stehen.

Thomas Sudeik

Tips für die Durchführung von Entspannungs- und Meditationsübungen mit Kindern

- Machen Sie zunächst Ihre eigenen „Stille"-Erfahrungen! Erst erfahren – dann vermitteln! (Nur diejenigen, die voll dahinterstehen, sollten diese Methode weitergeben und in ihrer Arbeit anwenden. Stille-Übungen sind keine Disziplinierungstechnik!)

- Schaffen Sie ein Klima der Offenheit, Wärme, Akzeptanz und Toleranz.

- Beginnen Sie so früh wie möglich (schon im 1. Schuljahr). So erfahren Kinder die Arbeit in den Übungsfeldern als Bestandteil des Unterrichts und des Schullebens.

- Zu Beginn ganz kurze Übungsphasen (15–30 Sekunden) planen.

- Üben Sie regelmäßig!

- Niemals Kinder zu Übungen zwingen! Das Prinzip der Freiwilligkeit muß gewährleistet sein.

- Jeder Stille-Übung sollte möglichst eine Bewegungsphase vorausgehen.

- Das Schließen der Augen braucht bei vielen Kindern Vertrauen und setzt viel Übung voraus.

- Kindern, die Schwierigkeiten haben, anbieten, sich einen besonders ge-schützten Platz im Raum aussuchen zu dürfen (Spiel-, Lese- oder Rück-zugsecke); so sind sie für sich und lenken die anderen nicht ab.

- Die Schwierigkeiten ernst nehmen, die Kinder bei den Übungen haben können, und mit ihnen anschließend darüber sprechen. Fortschritte ein-zelner sensibel wahrnehmen und (evtl. auch vor der Gruppe) positiv hervorheben.

- Kindern imaginäre Bilder (Reise zur Wiese, zum Baum, zum Haus, zum Fluß, mit einer Wolke) mit auf den Weg geben.

- Variieren mit Bildern, mit Musik, mit Wahrnehmungsaufgaben für alle Sinne und auch mit Bewegungen (z. B. meditativem Tanz).

- Von den Empfindungen erzählen und diese auch ggf. aufschreiben oder malen lassen: So kann sich jeder mitteilen, ohne gleich durch sein Spre-chen die anderen in der Verarbeitung ihrer Erfahrungen zu stören.

- Übungen und Gespräche darüber sollten nicht gewertet werden. Übungs- und Gesprächsphasen sollen getragen sein von Offenheit, Toleranz und Ruhe.

- Wichtig ist die Erkenntnis, daß jeder anders wahrnimmt und selbst ähnliche Wahrnehmungen von unterschiedlichen Menschen unterschiedlich empfunden und erlebt werden.

- Elternarbeit und -information sind wichtig und unerläßlich, damit Ihr Tun richtig eingeordnet, eingeschätzt und auch unterstützt werden kann. Es ist sinnvoll, mit den Eltern die Übungen durchzuführen, die Sie mit den Kindern machen wollen – auch hier gilt: Erst erfahren – dann vermitteln.

- Wenn Sie selbst nicht ruhig und entspannt sind, sollten Sie das auch nicht von den Kindern erwarten. Nur wer ruhig ist, kann auch Ruhe lehren.

Rita Schafferhaus

Innere Stille erreichen

Um die Aufmerksamkeit der Kinder für eine kurze Informationsphase zu erreichen, genügt ein vereinbartes Zeichen, woraufhin alle alles aus der Hand legen und nach vorne schauen (z. B.: Schlag auf eine Triangel, einen Gong).

Möchte ich die Kinder jedoch in eine längere Konzentrationsphase hineinführen, so ist es nicht eine äußere Stille, die ich erreichen will, sondern eine innere Stille. Da reicht der Schlag auf den Gong nicht. Das muß ein wenig geübt werden. Hierzu gibt es unterschiedliche Möglichkeiten. Ich habe mit dem Einsatz von Musik gute Erfahrung gemacht. Es ist wenig aufwendig, macht den Kindern und mir Spaß und kann nach wenigen Übungen gezielt im Unterricht eingesetzt werden.

Was ich benötige? Eine Kassette mit ruhiger Musik und ein wenig Suggestion. Ich beginne im 1. Schuljahr. Die Tische sind leer, die Taschen aufgehangen, die Stühle angeschoben, und auch sonst liegt und steht nichts im Weg. Die Kinder sitzen mit mir auf dem Boden, die Musik wird angestellt, ich erzähle im Flüsterton etwas von einem Raumschiff, wir steigen aus, sind schwerelos, bewegen uns wie auf Wolken, steigen über Wolkenhügel, berühren nichts und niemanden, machen keine Geräusche, sind lautlos, gehen auf Zehenspitzen über Watte, heben die Arme, usw.

Welche Geschichte ich erzähle, welche Anweisungen ich im Flüsterton gebe, während wir uns alle geräuschlos durch die Klasse bewegen, ist unwichtig und kann variieren. Wichtig ist nur, daß es gelingt, durch Stimme und eigenes Tun die Kinder ganz auf sich, ihre Bewegung und den Raum zu konzentrieren. Ich beende die erste Übung nach einer guten Minute, indem ich mich still auf den

Entspannungsmusik · Stille-Übungen 193

Boden setze und nichts mehr sage. Es dauert nicht lange, dann sitzen alle schweigend im Kreis. Ich stelle die Musik ab, und wir halten die Stille eine Weile aus. Danach sprechen wir über die Übung. Die Kinderäußerungen sind sehr interessant.

Zu Beginn mache ich die Übung vielleicht an zwei Tagen in der Woche, meist nach der großen Pause oder nach dem Sportunterricht. Die verbale Einführung und Unterstützung wird immer kürzer. Bald reichen ein paar Sätze, und ein jeder ist ganz mit sich selbst, der Musik und seinem Gehen beschäftigt.

Nun beginne ich die Übung zu erweitern und zu verändern.

Wer mag, kann die Übung kurz unterbrechen, indem er sich leise auf einen Stuhl setzt und mit dem Kopf auf dem Tisch ausruht. Es ist gar nicht so leicht, einen Stuhl geräuschlos vom Tisch abzuschieben.

An einem anderen Tag lege ich auf sechs oder acht Tischen Blätter und Wachskreiden hin. Wer will, kann sich hinsetzen und malen. Möchte ein Kind ablösen, stellt es sich wortlos hinter den Malenden und wartet, bis er aufsteht. Das andere Kind malt weiter. Alles geschieht fast ohne Geräusche. Die Kinder finden das wichtig. Fällt einmal ein Stift, empfinden sie das plötzlich als laut und als Störung.

Die Kinder haben gelernt, in kürzester Zeit, in drei bis vier Sekunden, ruhig zu werden und sich konzentriert im Raum zu bewegen. Sie können ihr Gehen für eine kurze Arbeit unterbrechen und sich leise hinsetzen. Diese Fähigkeit kann ich jetzt einsetzen, um sie in eine konzentrierte Stillarbeit hineinzuführen:

Eine Baumgeschichte soll geschrieben werden. Die vorbereiteten Arbeiten sind geleistet. Jetzt müssen die Kinder ihre eigenen Worte finden, ihren eigenen Anfang, ihre eigene Geschichte. Sie sollen sich in einen Baum, in den Lieblingsbaum verwandeln und dem Leser erzählen, was sie als Baum so erleben.

Wir bereiten den Tisch vor. Nur das, was sie für das Geschichtenschreiben brauchen (das kann auch ein Bild von einem Baum sein), liegt auf dem Tisch. Die Stühle werden angeschoben usw. Der äußere Ordnungsrahmen ist eine wichtige Voraussetzung!

Ich stelle die Musik an, die Kinder gehen ohne Aufforderung ruhig durch die Klasse. Jedes achtet auf seine Füße und auf die Musik. Ich fordere auf, an den Baum zu denken, sich in den Baum zu verwandeln, den Baum erzählen zu lassen, leise, nur im eigenen Kopf. Wer die ersten Sätze gefunden hat, geht an den Platz und beginnt zu schreiben. Wenn alle an der Arbeit sind, stelle ich die Musik ab. Es dauert viel länger, bevor die ersten Arbeitsgeräusche wie Blätterschieben, Füßescharren usw. das übliche Maß erreicht haben.

Gabriele Lanser

Schon in der *1. Klasse* folgten die Kinder sehr gern meinen Anleitungen:

- Bei geschlossenen Augen (auch sich gegenseitig bei den Händen haltend) auf Geräusche im Raum und außerhalb des Raumes achten; nach ca. zwei bis drei Minuten Augen öffnen – sich leise über das Gehörte austauschen;

- Arme auf den Tisch legen, Kopf darauf, Augen schließen; bei leiser Musik auf „Traumreise" gehen; danach darüber sprechen bzw. ein Bild davon malen.

In der *2. Klasse* habe ich das Angebot erweitert:

- Im Kreis sitzend mit geschlossenen Augen auf den Atem konzentrieren, bis er ganz ruhig geht; versuchen, in den Körper hineinzuhorchen.

- Auf dem Rücken liegend (die Kinder haben zu diesem Zweck ein kleines Kopfkissen mitgebracht) werden zu leiser, ruhiger Musik einzelne Muskelgruppen vom Fuß bis zum Kopf angespannt und wieder entspannt – mit Schwerpunkt auf ruhigem, entspanntem Atmen.

- *„Traumreisen":*
  - in einen Sommerwald (Winterwald)
  - zu einer Fee im Märchenwald
  - ans Meer
  - auf eine Blumenwiese usw.

Die Resonanz ist bei den Kindern sehr groß. Diese Minuten tun ihnen sichtlich gut. Ich bin deshalb dazu übergegangen, jeden zweiten Tag mit einer solchen Stille-Übung zu beginnen und einen „langen" Schultag der Kinder damit ausklingen zu lassen.

Gudrun Bernt

Viele Kinder haben Schwierigkeiten, bei Entspannungsübungen die Augen zu schließen. Sie kneifen die Augen zu und verkrampfen sich. Eine Entspannung ist nicht möglich. Hier zwei Tips, was man dagegen tun kann:

- Aus Waschlappen, die man doppelt aufeinanderlegt, und Gummibändern näht man Augenbinden für alle Kinder. Diese sind undurchsichtig, angenehm zu tragen und rutschen nicht so leicht wie Tücher.

- Alte Schutzbrillen (Labor, Werkstätten usw.) beklebt man von außen mit passend zugeschnittener Klebefolie. Die Brillen können im Kunstunterricht gestaltet werden. Nach anfänglich „großem Hallo" werden die Brillen schnell zur Normalität.

Thomas Sudeik

Formulierungshilfe für die Phantasiereise „Wiese"

Komm mit zu einem Spaziergang an einem schönen, warmen Sommertag.
Du trittst hinaus in die laue, belebende Luft.
Vorbei geht es an goldgelben Kornfeldern, die sich sanft im Wind wiegen.
Nun erreichst du eine große, tiefgrüne Wiese, auf der viele bunte Blumen blühen.
Du spürst unter deinen Füßen das Gras, weich und sommerwarm.
Es lädt dich ein, dich hineinzulegen.
Du fühlst es unter dir wie eine warme, weiche Decke.
Du liegst auf der Wiese und riechst den Duft der Blumen, des Grases und der Erde.
Sanft streicht der Wind über deine Haut.
Du bist ganz ruhig, entspannt und frei.
Es geht dir gut.
Du fühlst dich wohl.
Du schaust auf zum blauen Sommerhimmel.
Deine Gedanken kommen und gehen wie die Wolken am Himmel.
Du läßt sie kommen und gehen, kommen und ziehen, wie Wolken …
Du läßt sie zu und läßt sie los …
Du beobachtest sie, wie sie wie Schiffe auf einem Fluß an dir vorbeiziehen – sie kommen, sind da und gehen vorbei …

Zurücknahme

Und nun stell dich ganz langsam darauf ein, deinen Spaziergang zur Wiese zu beenden.
Atme dreimal ganz tief durch.
Schließe deine Hände zur Faust und öffne sie wieder.
Recke und strecke deine Arme und Beine.
Rekle dich und gähne ganz genüßlich.
Nun öffne deine Augen vorsichtig (ganz sanft).

Entspannungsübungen müssen immer gut zurückgenommen werden.

Rita Schafferhans

Der Ruhe- und Trösterstein

Jedes Kind meiner Klasse hat einen handgroßen, glatten Kieselstein. Er liegt in einer großen Schale, die mit Vogelsand gefüllt ist. Dieser Stein gilt als „Ruhe- oder Trösterstein".

Folgende Übungen praktizieren wir. Sie sind meditativ, taktil – sinnerfahrend und konzentrativ wirksam:

1. Den selbst gewählten Stein mit den Händen „begreifen" und wärmen.
2. Phantasieübung mit anschließendem Malen: Wo mag der Stein gelegen haben?
3. Ein Muster mit allen Steinen legen (Kreis, Herz, Straße usw.).
4. Sich mit dem Stein nach einer erhitzten Pause abkühlen (Stirn, Gesicht, Nacken, Arme).
5. Die Kinder hinlegen lassen und jedem den Stein spürbar auf den Körper legen. Etwas über Steinerlebnisse erzählen und dabei leise den Stein wieder neben das Kind legen. Spüren und zeigen lassen, wo der Stein zuvor lag.
6. Stein auf den Bauch legen und bewußte Bauchatmung einleiten.

Dieses sind nur einige Beispiele, wie man über ein Medium, das der kindlichen, aber auch der Erwachsenenphantasie viel Raum läßt, Entspannungsübungen einführen kann. Begleitend hierzu ist das Lied „Der Kiesel, die alten, die ururalten ..." ein idealer Einstieg.

Karin Voges

Gegenstände erfühlen

Mit geschlossenen Augen sitzen wir im Kreis. Ein Gegenstand wird herumgereicht. Wir fühlen: Ist er weich oder hart, glatt oder rauh ...? In der Weihnachtszeit kann das ein Tannenzweig, eine Kerze, zum Erntedank eine Ähre, eine Frucht sein.

Gegenstände erhören

Die Kinder hören mit geschlossenen Augen. Ich lasse etwas fallen – eine Stecknadel, Kreide, Papier ... Die Kinder benennen anschließend die Gegenstände.

Hör-Spaziergang

Zum Beispiel unterhalten sich zwei geknüllte Papiere (verschiedene Papiersorten: Transparentpapier, Seidenpapier ...). Worüber haben sie wohl gesprochen?

Flüstergruß

Die Kinder flüstern sich einen Morgengruß ins Ohr. Verlauf wie „Stille Post".

Der große Regen

Die Kinder machen Bewegungen der Lehrerin nach: Reiben der Finger, Ausschütteln der Hände, Fingerschnalzen, Klopfen auf die Oberschenkel, Trampeln mit den Füßen, Trommeln mit den Händen auf den Tisch – dann alle Bewegungen rückwärts. Zuletzt wird es ganz still.

Doris Niggebrügge

Hinweise, um Unruhe zu mindern

Besonders für Kinder mit Problemen in den Wahrnehmungsbereichen und für sonstwie verhaltensauffällige Kinder sind die folgenden Hinweise gedacht. Sie sind aber für alle Kinder wichtig, um Unruhe zu mindern, um Ruhe und Konzentration zu fördern.

1. Wenige, aber eindeutige Regeln

Sie gelten zu jeder Zeit und für jeden, auch für die Lehrerinnen, z. B. das Sammeln vor Unterrichtsbeginn auf dem Schulhof; der Arbeitsbeginn erst, nachdem alle Erklärungen gegeben sind; die Heftführung; die Kontrolle der Hausaufgaben.

Sie ziehen zuverlässig Konsequenzen nach sich, die mit den Regeln in Beziehung stehen. Die Maßnahmen müssen sofort realisierbar sein, z. B. werden vorzeitig herbeigeholte Materialien wieder zurückgelegt; die Ankündigung, nicht mit dem Bus zu fahren, wenn die Klasse nicht geordnet einsteigt, muß durchgeführt werden. Wenn halbherzige Anweisungen nicht eingefordert werden, lernen die Kinder: „Es hat keine Bedeutung, was die Lehrerin fordert. Ich kann tun, was ich will." Sie müssen jeweils ausprobieren, ob es diesmal ernst gemeint ist oder nicht. Bei der Einführung von Regeln muß Sinn und Zweck mit den Kindern, evtl. auch mit den Eltern, besprochen werden. Die Maßnahme soll nicht zu unreflektiertem Gehorsam führen. Vielmehr soll über eine zuverlässige äußere Ordnung eine „innere Ordnung" hergestellt werden.

Es können nur solche Regeln und entsprechende Konsequenzen eingeplant werden, die im Schulalltag von der Lehrerin alleine durchführbar sind. Häufig werden Regeln aus Zeitmangel nicht eingehalten, z. B. wird am Ende eines Schulvormittags die Klasse nicht aufgeräumt. Die Kinder lernen dann nur, daß Regeln nicht eingehalten werden müssen. Sie probieren in jeder Situation erneut aus, welche „Regel" gerade gilt.

Kinder haben häufig keine sichere „innere Ordnung", auf die sie sich verlassen könnten. Eine „äußere Ordnung", die auch durch Regeln für sie hergestellt wird, macht die Umwelt für sie planbar, zuverlässig und sicherer.

Wenn bekannte Regeln ohne Ankündigung geändert werden, reagieren wahrnehmungsgestörte Kinder häufig mit Wutausbrüchen, Trotz oder Rückzug. Sie
fordern durch ihr Verhalten das Einhalten von Regeln und damit die notwendige Sicherheit.

2. Klare und überschaubare Strukturen

Komplexe Aufgaben und Vorgänge werden in einzelne Schritte zerlegt. Die
nun überschaubaren Arbeitseinheiten beinhalten jeweils eine „Erfolgsgaran-
tie" für das Kind.

Bei Kindern, die die einzelnen Arbeitsschritte noch nicht selbst organisieren
können, wird zunächst ein Teilziel genannt und vom Kind realisiert, bevor
das nächste Teilziel benannt wird.

Kinder, die wegen mangelnder Wahrnehmungsverarbeitung und unzureichender Integrationsleistungen Handlungen nur ungenügend planen und nicht
automatisieren können, neigen dazu, mit dem zuletzt Gehörten zu beginnen.
Oft arbeiten sie unabhängig von einer sinnvollen Reihenfolge, weil sie das
Ziel nicht vor Augen haben oder aus den Augen verloren haben.

Wenn wahrnehmungsgestörte Kinder zunächst mit den entsprechenden
Strukturierungshilfen eine Aufgabe erfolgreich bewältigen konnten, kann
danach eine Anleitung zur Handlungsplanung durch Visualisierung (z. B.
Piktogramme) oder Stichworte erarbeitet werden.

Förderstunden in der kleineren Gruppe sind besonders geeignet, diese Ar-
beitsstrategien einzuüben. Wenn unter Zeitdruck gearbeitet wird, ist der
Erfolg dieser Strukturierungshilfe fraglich. Wahrnehmungsgestörte Kinder
können die einzelnen Informationen häufig nicht zu einem schlüssigen Auftrag oder zu einer sinnvollen Information integrieren. Sie brauchen häufige,
konstante Wiederholungen, bevor sie „automatisieren" können.

Mit Hilfe zuverlässiger Regeln, zunehmender Eigensteuerung und gewachse-
nem Vertrauen in die eigene Leistungsfähigkeit können Handlungsabläufe so
weit automatisiert werden, daß das Kind seine Aufmerksamkeit z. B. einer
neuen Anweisung der Lehrerin zuwenden kann, ohne dabei sein Ziel zu
„vergessen".

3. Bewegung

Besonders unruhige Kinder mit Schwierigkeiten im Gleichgewicht können
besser aufpassen, wenn sie sich bewegen. Deshalb sitzen in manchen Klassen
motorisch unruhige Kinder während des Unterrichts auf Petsi-Bällen oder auf
einbeinigen Schemeln. Weitere geeignete Bewegungen, die das kindliche
Gehirn aufnahmefähiger machen, sind: rollen, rutschen, drehen, schaukeln,
wippen, fahren, hüpfen, springen. Eine kurze Pause auf dem Schulhof, in der

Pausenhalle oder auf dem Spielplatz ist deshalb keine vergeudete Zeit. Vielmehr wird durch die folgende erhöhte Aufmerksamkeit die anschließende Unterrichtszeit effektiver zum Lernen genutzt.

Die Angebote sollen, wie oben beschrieben, nach zuverlässigen Regeln und Strukturierungshilfen gestaltet werden. Chaotisches Toben und Raufen führen nicht zu einer besseren Wahrnehmung, sondern zu größerer Desorganisation.

4. Training und Koordination von Berührungsreizen und Bewegungen

Für die Förderung ist insbesondere auch die Anregung des Bewegungsgefühls durch Stimulation der Finger und Füße bedeutsam. Häufige, wenn möglich tägliche *Fingerübungen* (Bewegungsgeschichten, Koordinationsübungen, Geschicklichkeitsspiele, taktile Erfahrungen mit unterschiedlichen Materialien und Temperaturen) verbessern nicht nur die bewegungsbezogene Wahrnehmung und damit auch die Vorstellung vom eigenen Körper, sondern wegen der aneinander grenzenden Hirnzentren auch die Sprache.

Die *Füße* sind an der Regulation des Gleichgewichts wesentlich beteiligt. Alle Spiele und Übungen, die die Füße beweglich machen und kräftigen, dienen auch der bewegungsbezogenen Wahrnehmung. Die Wirkung wird intensiviert, wenn die Übungen ohne Schuhe und Strümpfe durchgeführt werden.

Neben Laufen, Hüpfen, Springen, Auf-den-Zehen-stehen, Balancieren, Schleichen, Stampfen und Federn sind Tasten mit den Füßen und Greifen mit den Zehen fördernd.

Ein „Fußparcours" mit verschiedenen Materialien, verschiedenen Temperaturen, ein Waldspaziergang ohne Schuhe sind auch für nicht wahrnehmungsgestörte Kinder ein Erlebnis.

„*Massagen*", die nach wenigen Stunden mit der gesamten Klasse nutzbringend durchgeführt werden können, verhelfen zu neuen bewegungsbezogenen Erfahrungen, sie dienen der Klasse zur Regeneration und verbessern das soziale Klima (Beispiel: „Kuchen backen").

5. Hilfen bei visuellen Wahrnehmungsproblemen

Klare und übersichtliche Strukturen helfen allen Kindern, Übersicht zu gewinnen und sich selbst in ihrer Arbeit gut zu organisieren. Kinder, die in der visuellen Wahrnehmung beeinträchtigt sind, sind auf eine entsprechende Gestaltung des Klassenraumes und des Arbeitsmaterials angewiesen. Selbst wenn die Schwierigkeiten der einzelnen Kinder nicht genau erfaßt werden können, dient die übersichtliche und klar gegliederte optische Strukturierung des Klassenraums allen Kindern: Regale mit Wegweisern, eindeutige Ablagen, Planungstafel, Lernecken ... All dies muß eine „gute Gestalt" haben. Bilder, die nicht geradehängen oder von denen eines im Längs-, das nächste im

Querformat hängt, ein weiteres beim nächsten Windhauch von der Wand zu fallen droht, bilden keine „gute Gestalt".

Es wäre aber ein Mißverständnis, wenn daraus geschlossen würde, die Klassenräume sollten steril und ohne Schmuck sein.

Oftmals sind jedoch die Wände neben der Tafel übersät von einem Durcheinander von Arbeitshilfen, die zur Zeit gar nicht benötigt werden, Bildern vergangener Epochen, Pinnwänden und ähnlichem. Kinder mit Wahrnehmungsproblemen haben unter diesen Umständen kaum eine Chance, sich auf die Informationen an der Tafel zu konzentrieren. Alles, was nicht direkt zum Unterrichtsthema benötigt wird, muß seinen Platz an anderen Wänden finden, am besten im Rücken der Kinder.

Das selbst gebastelte Mobile findet als Dekoration im Flur sicher einen besseren Platz als in der Blickrichtung zur Tafel. Vielen Kindern gelingt es nicht, an dem Mobile „vorbei" zu sehen. Sie müßten ein so großes Maß an Konzentration an diese vom Lehrer gar nicht registrierte Leistung binden, daß sie dem Unterricht nicht folgen können. Sie sind bald erschöpft und wenden sich anderen Dingen zu.

Materialien zur Freien Arbeit müssen einerseits zugänglich und andererseits „wahrnehmungsfreundlich" geordnet untergebracht sein. Wenn ein offenes Regal in der Blickrichtung der Kinder steht, hilft vielleicht ein Vorhang oder ein Rollo. Die Plätze für die Materialien müssen bekannt und gekennzeichnet sein, so daß die Kinder die vorgegebene Ordnung auch selbst einhalten können.

Veränderungen im Raum sollten mit den Kindern besprochen werden und nicht zu oft oder ohne sachliche Begründung geschehen.

Gerade fortschrittliche Lehrerinnen und Lehrer bedauern manchmal, daß die Kinder eine frontale Sitzordnung einklagen. Hier kann es sich um einen Versuch der Kinder handeln, sich vor den vielen optischen Reizen zu schützen. Ein Gespräch mit der Klasse und die Reduzierung der visuellen „Streßfaktoren" im oben angedeuteten Sinn können helfen.

Für die *Arbeitsmaterialien*, die die Kinder zur Verfügung gestellt bekommen, gilt in etwa das Gleiche. Viele Kinder sind auf klare, eindeutige und wiederkehrende (und damit zuverlässige) Strukturen angewiesen.

6. Hilfen bei auditiven Wahrnehmungsproblemen

Auch in der Verarbeitung der akustischen Reize können Störungen der Wahrnehmungsleistungen und ihrer Integration auftreten. Selbst ohne differenzierte Diagnose gilt für alle Kinder und Lehrerinnen: Reizreduzierung, klare Strukturen und Prägnanz dienen der Zentrierung auf das Wesentliche und damit der Streßreduzierung. Alles Unwesentliche (Straßenlärm, Geräusche aus dem Schulgebäude, Geräusche vom Stühlerücken, vom Scharren mit den Füßen, vom Klappern der Stifte, vom Schreien und Rufen der Mitschüler ...) muß durch eine aktive Leistung des Gehirns als unwesentlich erkannt und in den „Hintergrund" gestellt werden.

Dagegen müssen die für den Unterricht bedeutsamen Geräusche, z. B. die Stimme der Lehrerin oder des Lehrers, als wesentliche Information erkannt und in das Zentrum der Wahrnehmung gestellt werden. Je mehr unwesentliche Geräusche vorhanden sind, desto schwerer wird es einem Kind mit auditiven Wahrnehmungsproblemen fallen, das Wesentliche herauszufinden und zu verfolgen.

Der Reduzierung des Geräuschpegels in der Klasse dienen: Teppichboden, Gardinen, evtl. Deckenverkleidungen in schallenden Räumen, Filz unter den Stuhlbeinen, Folien auf den Tischen, Regeln und Organisation für wiederkehrende Arbeitsabläufe, Gesprächsregeln und deren Einhaltung.

Heide Luckfiel

Tips

● Kontrollieren Sie Ihren Unterricht auf Unruheherde, die Sie selber erzeugen:
  – Ist Ihr Klassenraum vollgehängt und vollgestellt, ohne daß sich eine klare Struktur ergibt?
  – Ist es in der Klasse häufig unruhig, lärmig; sprechen und handeln Sie in den Lärm hinein?
  – Sind Sie hektisch, gereizt, haben Sie ein negatives Urteil über die Kinder, über die Klasse („eine schlimme Klasse")?
  – Stören Sie die Kinder bei ihrer Konzentration, indem Sie z. B. nach begonnener Arbeit noch eine Erklärung, eine weitere Anweisung in die Klasse rufen oder indem Sie bei Allein- oder Partnerarbeit nicht flüstern, sondern in normaler Lautstärke sprechen?
  – Sind Sie im Einhalten der Regeln inkonsequent, indem z. B. einmal die Kinder dazwischenrufen dürfen, ein andermal sich melden müssen, ein Dazwischenrufer dann aber drankommt?
  – Machen Sie häufig „leere Drohungen", indem Sie z. B. Konsequenzen ankündigen (Abbruch des Vorlesens, Ausfallen der Spielrunde), die aber dann nicht erfolgen?

- Betrachten Sie die Stoffvermittlung als Ihre eigentliche Aufgabe und alles andere wie sich begrüßen, Konflikte und Streitfälle besprechen, eine Pause gestalten, Sitzform einüben, sich entspannen ... nur als lästige Beiwerke, die Sie schnell hinter sich bringen wollen?
- Schreien Sie in der Klasse, um sich Gehör zu verschaffen?
- Lassen Sie die Kinder im unklaren darüber, wie der Vormittag verläuft?
- Nehmen Sie chaotische Phasen in Kauf, indem Sie z. B. nie richtig üben, wie die Kinder sich zum Erzählkreis setzen sollen, sondern es den Kindern selbst überlassen?
- Ist Ihr Unterrichtstag durchgehend frontal mit langen erarbeitenden Phasen gestaltet?
- Treiben Sie die Kinder immerzu zur Eile an? Orientieren Sie sich dabei am 45-Minuten-Takt?
- Dürfen die Kinder sich in ihrem Unterricht nicht frei bewegen?
- Regeln Sie Störungen immer autokratisch, nie mit den Kindern?
- Fühlen Sie sich von störendem Verhalten persönlich gekränkt?

- Wenn Sie eine oder mehrere dieser Fragen mit Ja beantworten müssen, dann tragen Sie zur Unruhe in der Klasse bei. Zur Abhilfe könnten Sie eine Kollegin oder einen Kollegen um Hospitation und Rat bitten.

- Probieren Sie die Vorschläge in diesem Kapitel zuerst an sich selbst aus. Suchen Sie Partnerinnen und Partner dafür. Nur wenn Sie die Wege auch für sich selbst als hilfreich erlebt haben, können Sie sie mit Kindern gehen.

- Wenn Sie mit den Kindern die Stille üben, dann holen Sie sie hinterher wieder zurück und lassen Sie etwas Zeit, um über die Erfahrungen zu sprechen.

- Stellen Sie einige Übungen, um Mißverständnisse zu vermeiden, den Eltern vor. Am besten lernen auch die Eltern durch Selbsterfahrung den Wert der Übungen kennen, wobei Sie beobachten werden, daß sie Kindern viel leichter fallen.

Leistungsbeurteilung

Erfolgreich ist die Grundschule, wenn sie

● allen Kindern für das Weiterlernen tragfähige fachliche Grundlagen vermittelt,

● die Kinder selbständiger macht

● und sie in ihren sozialen Fähigkeiten fördert.

Dazu braucht die Grundschule allerdings keine Zensuren, denn sie verhindern die pädagogische Ausgestaltung zu einer kindorientierten, leistungsfähigen Schule. Zensuren sind weder objektiv noch informativ. Sie geben keine Auskunft über die Leistungsfähigkeit, den Lernfortschritt, über besondere Stärken und Schwächen sowie den Förderbedarf. Sie schlagen alle über einen Leisten, verbreiten Angst und fördern rivalisierendes statt solidarisches Verhalten.

In den Klassen 1 und 2 fast aller Bundesländer werden die Leistungen nicht durch Zensuren beurteilt. Hier gilt zunächst der individuelle Beurteilungsmaßstab: Was hat das Kind dazugelernt? Hat es so gelernt, wie es seinen Lernmöglichkeiten entspricht? Wo liegen die Stärken und wo die Schwächen? Hier werden also der persönliche Lernfortschritt und die Anstrengungsbereitschaft beurteilt. Dann tritt der anforderungsbezogene Beurteilungsmaßstab hinzu: Welche Anforderungen kann ich in dieser Klasse stellen? Hat das Kind sie erreicht? Wo muß ich noch gezielt fördern, um das Sockelniveau zu erreichen? Dieser Maßstab gilt dann endgültig mit der Einführung der Zensuren – in den meisten Bundesländern in der Klasse 3. Die für alle Bundesländer verbindliche *Notendefinition* ist anforderungsbezogen.

Leistungsanforderungen haben nur dann eine erzieherische Funktion, wenn das Kind sie auch einlösen kann: Leistenkönnen ist Voraussetzung für Leistenwollen. Werden die Anforderungen auf die individuelle Leistungsfähigkeit der Kinder abgestellt, gilt es, auch bei den Leistungsüberprüfungen konsequent zu sein: *Differenzierte Klassenarbeiten* verhindern, daß die leistungsschwachen Kinder nicht allein durch den Vergleich mit den leistungsstarken zu Versagern werden. Ziel sind die für alle gemeinsamen Grundlagen, auf die hin die Lernschwachen und über die hinaus die Leistungsstarken zu fördern sind.

Das *Zeugnis ohne Zensuren* soll so geschrieben werden, daß es zum weiteren Lernen ermutigt. Für Kinder und Eltern hat es nur dann Informationswert, wenn es in einer verständlichen, nicht zu fachlichen Sprache geschrieben ist (besser: als Zeugnisbrief mit Du-Anrede). Antworten soll es auf folgende Fragen geben: Wie ist die Lernentwicklung des Kindes? Wie weit ist es – bezogen auf die grundlegenden Anforderungen – gekommen? Was ist an zusätzlicher Förderung nötig? Welche besonderen Fähigkeiten, Interessen und Probleme sind hervorzuheben? Wenn auf dem Zeugnis Zensuren gegeben werden, sollten sie in bezug auf Lernfortschritt, Anstrengungsbereitschaft und Fördernotwendigkeit kommentiert werden.

Literaturtip: Horst Bartnitzky, Reinhold Christiani: *Zeugnisschreiben in der Grundschule.* Heinsberg (Agentur Dieck) 1994

Beim Beobachten ist keiner ohne Fehler

Zu viele Komponenten wirken auf unsere Wahrnehmungsprozesse ein: die erzieherischen Wertvorstellungen, die Sie als Lehrerin oder als Lehrer haben, Ihre persönlichen Erfahrungen, der Grad an Informiertheit, schließlich Ihre persönlichen Eigenschaften und Befindlichkeiten wie z. B. Güte, Verständnis und Offenheit oder Strenge, Mißtrauen und schnelle Erregbarkeit.

Eher zufällig prägt sich Ihnen ein, was Sie im Unterrichtsalltag beobachten. Ein Bild von jedem einzelnen Ihrer Schülerinnen und Schüler entsteht in Ihnen. Sie können aber jedem einzelnen dieser Kinder nur gerecht werden, wenn Sie dieses Bild durch kontinuierliches Beobachten systematisch ergänzen und es auch zu revidieren bereit sind.

Wenn Sie sich kritisch beobachten (lassen) können, fallen Ihnen die Fehler auf, die unsere Wahrnehmung verzerren:

- **Der Milde-Effekt.** Nicht ohne Sympathie und Antipathie beurteilt man hier generell streng, dort eher großzügig.

- **Der Halo-(dtsch.: Heiligenschein)Effekt.** Was an einem Kind beobachtet wird, das wird auf andere Eigenschaften des Kindes übertragen. Wer z. B. sauber schreibt, gilt bald als fleißig. Wer in den „Hauptfächern" gute Leistungen zeigt, wird entsprechend – selbst bei geringen Leistungen – auch in den „Nebenfächern" positiv beurteilt.

- **Der Erwartungseffekt.** Zu leistungsstarken Schülern verhält man sich anders als zu schwachen. Bei den schwachen führt man gute Leistungen eher auf Zufall zurück; bei den leistungsstarken hingegen auf deren Fähigkeit. Und mit Sicherheit übernehmen alle Schüler früher oder später die Einstellungen des Lehrers.

Jeder von uns unterliegt solchen (und auch noch anderen) Fehlerquellen. Sie lassen sich letztlich wirksam nur durch eine ständige Kontrolle des eigenen

Urteilsverhaltens – z. B. durch die pädagogische Diskussion und durch gegenseitiges Hospitieren im Kollegium – verringern. Allerdings sollte die Vielzahl der Fehlerquellen nicht derart einschüchternd wirken, daß Sie nur noch hohen wissenschaftlichen Anforderungen genügen wollen – woran Sie dann schließlich verzweifeln werden. Wissenschaftlichen Kriterien können Sie im Unterrichtsalltag mit seinen vielfältigen und komplexen Anforderungen wohl kaum genügen. Jedoch sollten Sie ein Instrumentarium entwickeln, das sowohl pädagogisch verantwortbar als auch praktikabel ist.

Von den Formen der Schülerbeobachtung, die in der Pädagogischen Diagnostik angeboten werden, möchte ich zwei nennen, die aufgrund unserer Erfahrungen auch tatsächlich anwendbar sind:

● **Die „Ereignis-Analyse".** Hier konzentrieren Sie sich auf das Beobachten besonderer Ereignisse. Warum ist Peter so aggressiv und ängstlich? In welchen Situationen tritt dieses Verhalten besonders deutlich hervor? Für die Analyse seines Verhaltens ist es vor allem wichtig, Peter in den nächsten Tagen genauer zu beobachten.

● **Die Beobachtung in standardisierten Situationen.** Wenn Sie Entwicklungsprozesse bei einem Kind genau verfolgen wollen, legen Sie sich durch ein systematisches Vorgehen fest: Ich will eine Woche lang in der Übungsphase gezielt beobachten, welche Lösungswege Christian im Leselernprozeß anwendet, um die Ursache für seine Schwierigkeiten herauszufinden.

Als einen Prozeß zunehmender Verdichtung möchte ich den Weg vom Beobachten über das Beschreiben zum Beurteilen bezeichnen. Das Notieren dessen, was Sie beobachtet haben, gehört zum schwierigsten Teil des Urteilsprozesses: Schon beim Beobachten erfaßt man nur einen Teil des Schülerverhaltens. Sie reduzieren dann das Beobachtete noch einmal, indem Sie es aufschreiben, d. h. zugleich auch in Sprache verschlüsseln und damit verdichten.

Wenn Sie als Klassenlehrer über Schuljahre hinweg eine Grundschulklasse betreuen, dies mit Interesse auch für die einzelnen Schülerindividuen tun, werden Sie die Kinder ziemlich genau kennenlernen und brauchen keine umfassenden Erhebungsprotokolle, sondern nur schriftliche Gedächtnishilfen, die eine Fülle von weiteren Erinnerungen hervorrufen.

Es ist ratsam, das Buch, den Hefter oder die Karteikarte alphabetisch anzulegen und die Notizen über jeweils ein Kind hintereinanderzusetzen. Sie können auch tagebuchartig von Tag zu Tag Ihre Notizen über alle Kinder hintereinanderschreiben.

Im Pädagogischen Tagebuch übrigens haben Lehrerinnen und Lehrer seit jeher mehr oder weniger regelmäßig aufgeschrieben, was ihnen wichtig erschien. Solche „freien Niederschriften" machen beobachtetes Schülerverhalten gut erinnerbar.

Weitere Vorzüge: Vage Generalisierungen über das jeweilige Kind werden durch spezifische, genaue Deskriptionen ersetzt. Situationsbezogene Verhaltensbeschreibungen versetzen Sie besser als andere Beurteilungsverfahren in die Lage, Entwicklungsverläufe zu verfolgen.

Reinhold Christiani

Beobachtungsaspekte

Es ist schwierig, Verhalten zu ermitteln, zu beschreiben und zu interpretieren. Daher ist für mich erstes Gebot: Sorgfalt in der Beobachtung! Die Voraussetzungen in einer Montessori-Klasse sind dafür ideal, da Verhalten in einem Prozeß selbstgesteuerten Lernens deutlicher sichtbar und überprüfbar und damit differenzierter zu beurteilen ist.

Ich habe für jedes Kind einen Beobachtungsbogen angelegt und dafür eine Struktur entwickelt, die mir

a) *später* helfen wird, bei Elterngesprächen und Zeugnisformulierungen detailliertere Aussagen machen zu können,

b) *jetzt* helfen wird, im Sinne der individuellen Förderung korrigierende, alternative und neue Strategien entwickeln zu können.

Äußerungsmöglichkeiten
(Kann das Kind sein Anliegen verständlich verbalisieren, kann es aktiv zuhören, kann es sich selbst steuern ... ?)

Beziehung in der Gruppe
(Ist das Kind in der Gruppe angenommen, wird es ausgeschlossen, ist es beliebt, wie ist seine Stellung in der Gruppe ... ?)

Regeln und Vereinbarungen in der Klasse
(Das Klingelzeichen, Handhabung des Materials, Einhalten eines bestimmten Geräuschpegels, Benutzen der ‚Ampel' beim Verlassen des Klassenraumes ...)

Aufgaben in der Klasse
(Blumenamt, Regalamt, Kalenderamt, Tafelamt, Teppichamt, Kakaoamt, Buchverleih ...)

Arbeit mit anderen
(Stellt das Kind häufig Fragen an Mitschüler oder Lehrer, hilft es den anderen, stimmt es seine Arbeit mit der der anderen ab, ist es dominant in der Zusammenarbeit oder läßt es sich überfahren ... ?)

Die Einstellung zum anderen
(Wie begegnet das Kind den älteren Schülern, wie den jüngeren, wie den Erwachsenen ... ?)

Verhalten bei Streitigkeiten
(innerhalb der Freiarbeit, auf dem Schulhof, im gemeinsamen Gespräch, kann das Kind Kritik ertragen, kann es sich selbst sehen, wie trägt es zu seiner eigenen Veränderung bei, kann es Vorgenommenes durchhalten ...?)

Kontakte/Freundschaften
(Zeigt sich das Kind kontaktfreudig, zurückhaltend, ... hat es schon feste Freunde ...?)

Stimmungen/Stimmungsschwankungen
(Zeigt sich das Kind traurig, deprimiert, freudig, wie reagiert es auf besondere Ereignisse ...?)

Strukturierung der Freiarbeit
(Beginn der Arbeit, Hilfen und Anstöße bei der Wahl, Auswahl des Arbeitsmaterials bzgl. des Schwierigkeitsgrades? Wie führt das Kind die Arbeit durch, strukturiert es die Arbeit des anderen mit, ist es interessiert an neuen Materialien? Wie faßt es die Aufgabenstellung der neuen Materialien auf, geht es der Arbeit aus dem Weg, plant es seine Arbeit im Hinblick auf sein Weiterkommen/für einen längeren Zeitraum ...?)

Konzentration und Ausdauer während der Freiarbeit
(Kann das Kind eine Arbeit zu Ende führen, kann es dies auch bei auftretenden Schwierigkeiten, läßt es sich nicht stören ...?)

Selbständigkeit in der Freiarbeit
(bei der Wahl des Materials, bei der Durchführung der Arbeit, beim Wegräumen des Materials, beim Ausführen des Klassenamtes ...?)

Anstrengung und Selbstvertrauen
(Wählt das Kind auch schwierigere Materialien, legt es seine Arbeit schnell wieder zur Seite ...?)

Entwicklung besonderer Fähigkeiten und Fertigkeiten, Interessen und Fantasien
(Kann das Kind z. B. Versuche präzise durchführen, Geschichten oder Witze wirkungsvoll erzählen, Gedichte schreiben, besondere Geschichten erfinden, Gedanken in besonderer Weise bildnerisch umsetzen, Bausysteme erfinden, Tiere und Blumen pflegen ...?)

Mitarbeit innerhalb gebundener Fachstunden; Besonderheiten
(Störungen, Behinderungen ...)

Beobachtungsnotizen
Ich nutze die Chance dieses weiten Beobachtungsfeldes, das anhand des ‚Rasters' vielleicht sichtbar wurde, um genauere Informationen für meine Beobachtungsbögen zu gewinnen.

Wenn Kinder während der Freiarbeit meine Hilfe für einige Minuten nicht benötigen, kann ich – sozusagen an Ort und Stelle – Beobachtetes notieren. Oder ich nehme mir dafür zehn bis fünfzehn Minuten Zeit im Anschluß an den Unterricht. Natürlich sind Aufzeichnungen für jedes Kind an jedem Tag nicht möglich. Dennoch gelingt es mir, durch die Kontinuität des Festhaltens der vielfältigen Aspekte ein detaillierteres Bild über das Gesamtverhalten des Kindes entstehen zu lassen, und Leistungsbeurteilung – die ja ständig mit im Spiel ist – wird auf diesem Hintergrund für mich leichter und pädagogisch verantwortbarer.

Die gesammelten Arbeiten in dem eigenen Ordner
Der Ordner des Kindes mit seinen gesammelten Arbeiten bietet mir eine weitere Grundlage für Ermittlungen zu seinem Lernfortschritt und Leistungsstand, auch zu seinen Schwerpunkten und besonderen Interessen. Vor allem bei Elterngesprächen bietet der Ordner eine ‚vorzeigbare Grundlage‘ für ‚sichtbare‘ Aussagen.

Ingrid Nicklaus

„Momentaufnahmen"

Notizen über Eindrücke im Unterricht als „pädagogisches Tagebuch"

„Moment mal" heißt die regelmäßige Kolumne einer pädagogischen Wochenzeitung, ein Bild und ein paar dazugehörige Zeilen laden zum Verweilen ein. Frage über dem Foto eines versunken lesenden Kindes: „Nehmen Sie auch die glücklichen Momente der Kinder wahr?"

Es geschieht so vieles gleichzeitig, während wir in der Schule mit den Kindern zusammen sind. Wir nehmen von all dem nur Ausschnitte wahr, und auch das Wahrgenommene verflüchtigt sich leicht. Ich versuche, „Momentaufnahmen" schreibend festzuhalten, damit ich mich bewußt über etwas Wahrgenommenes freuen kann oder damit Nachdenkenswertes im Gedächtnis bleibt.

Manchmal gewinnt etwas erst Bedeutung, wenn ich das Geschehen in Ruhe und wie ein Bild betrachte. Mit dem Stift in der Hand fällt mir ein, wie Daniel den Papierkorb in die Mitte der Klasse holt, während alle Kinder mit Schere und Papier arbeiten. Er hat auf seine Weise mitgeplant und seine Bereitschaft zur Kooperation zum Ausdruck gebracht. Freude über den sonst schwierigen Erstkläßler. Ich werde ihm sagen, daß mir sein verantwortungsvolles Verhalten aufgefallen ist, und daß es gut ist, wenn er auf diese Weise mitdenkt.

Aus der Fülle der Eindrücke eines Unterrichtstages eine weitere Beobachtung: Andrea, drittes Schuljahr, erzählt: „Früher habe ich bei *Im Märzen der Bauer* immer gesungen: ‚er flügelt den Boden‘. Ich habe immer versucht, mir das zu erklären, ich habe mir gedacht, er (der Bauer) streut lauter Federn auf das

Feld, um die Vögel zu vergraulen ...". So also denken Kinder über Sprache nach ...

Ich kann zurückblättern in meinen Notizen und finde eine Eintragung über das erste Gedicht, das wir gelesen und geschrieben haben. Die Situation wird lebendig. Betül, ein zunächst ganz zurückhaltendes Kind, ist mir damals wegen ihrer Freude an gebundener Sprache und an sprachlichen Bildern aufgefallen. Ihre Sprachaufmerksamkeit hat im Laufe der Zeit unsere Gespräche oft bereichert.

Das Tagebuch hilft erinnern, es macht Veränderung und Kontinuität deutlich, läßt Spuren sichtbar werden. Manchmal schafft es die Distanz, die nötig ist, um erneut die eigenen Vorstellungen und Verhaltensweisen zu überdenken. Es hilft, neugierig zu werden auf das, was mit den Kindern ist, was sie denken und was sie bewegt.

Beim Aufschreiben kann ich den Versuch machen, ein Erlebnis mit den Augen eines Kindes zu sehen. Dieser Perspektivenwechsel ist mir wichtig zur Ergänzung des eigenen Blicks.

Wir leiten die Kinder dazu an, sich in andere einzufühlen, die eigene Sicht nicht für die allein mögliche zu halten. Uns leitet kaum jemand an, den veränderten Blick zu üben – das Tagebuch kann eine solche Übung sein.

Christine Kretschmer

Meine Kurznotizen:
Grundlage fürs Zeugnisschreiben

In unserer Schule werden Beobachtungen an den Kindern auf zwei verschiedene Arten festgehalten. Einige Kolleginnen haben sich Listen angelegt, in die sie eintragen, wann ein Kind welchen Lernfortschritt zeigt. Für mich persönlich hat sich eine Art pädagogisches Tagebuch besser bewährt. In einem Ordner ist für jedes Kind eine eigene Seite eingeheftet. Alles, was mir bei einem Kind besonders auffällt, sei es im sozialen Bereich oder in seinem persönlichen Lernfortschritt, oder auch die Stagnation trage ich sofort bzw. nach dem Unterricht ein. Dazu brauche ich täglich höchstens fünf Minuten. Am Ende einer Woche, spätestens nach zwei Wochen, sehe ich meine Aufzeichnungen durch. Dabei fällt mir sofort auf, wenn ich zu einem Kind länger keine Eintragung gemacht habe. Dieses Kind beobachte ich bewußt in den nächsten Tagen intensiver. Das Schreiben der Zeugnisse als Lernentwicklungsbericht fällt mir so sehr leicht. Die Reihenfolge der Aufzeichnungen bietet eine gute Grundlage.

Marlies Hergarten

Meine Rückmeldung über die „tägliche Leistung" – mündlich

Am Ende jeder Freiarbeit, bevor die Eßpause beginnt, sprechen wir im Kreis über den Verlauf des Vormittags. Um die täglichen Erlebnisse zu Erfahrungen werden zu lassen, werden diese gemeinsam reflektiert und damit ins Bewußtsein gehoben. Woran lag es, daß es heute zu laut war? Weshalb konnte ich mich gut oder nicht gut konzentrieren? Warum ist mir die Arbeit nicht gelungen? Weshalb kam es in der Leseecke zu Streitigkeiten? Wie wurde der Konflikt gelöst? Weshalb war ich heute froh, weshalb habe ich mich geärgert?

Es geht mir bei diesem Gespräch darum, daß

- sich Kinder ernst- und angenommen fühlen, auch wenn sie am Streit beteiligt waren, auch wenn sie keine Arbeitsergebnisse vorzuzeigen haben;

- Kinder schulische Zusammenhänge – und dazu gehört auch der Leistungsgedanke – und Vorgänge – und dazu gehört auch Leistungsmessung und Leistungsbeurteilung – durchschauen lernen;

- Kinder erfahren, daß der Fehler ‚kein Mangel in mir', sondern eine Rückmeldung über *noch* nicht Erreichtes ist;

- Kinder erfahren, daß Mißerfolge auf Verständnis stoßen, daß Mißerfolge viele Ursachen haben können, und daß sie über Anstrengung auch Erfolge erzielen können;

- Kinder in diesem Prozeß, der den Leistungsvergleich nicht ganz ausschalten, ihn aber durch das schützende Gespräch auf ein Minimum beschränken kann, sich auch selbst einschätzen lernen.

Es gibt Kinder, die möchten sich nicht äußern. Vielleicht sind sie unsicher oder haben Angst. Aber sie hören zu und können über die anderen auch sich selbst sehen lernen. Andere Kinder sind auf Selbstdarstellung und Rückmeldung begierig: Sie möchten mitteilen, was sie alles ‚geschafft' haben, wie sehr sie heute auf ihre Stimme geachtet haben, daß sie anderen geholfen haben, daß sie eine besonders schwierige Arbeit bewältigt haben, daß sie heute traurig waren.

Ingrid Nicklaus

... und schriftlich

Die Rückmeldung an die Kinder erfolgt unterschiedlich. Bei Arbeiten des Wochenplans, bei denen lediglich eine Erledigung bestätigt wird, reicht ein Stempel bzw. mein Zeichen. Bei allen Arbeiten jedoch, die der Leistungsüberprüfung dienen, erhalten die Kinder einen persönlichen Kommentar. In diesem wird die individuelle Leistung des Kindes gewürdigt; aber auch Lükken, die noch zu schließen sind, werden aufgezeigt. Hier werden dem Kind dann Hilfen angeboten, wie es diese Lücken schließen kann.

Marlies Hergarten

Freude und Lob: Motor des Lernens

Auch wenn es schon so oft gesagt wurde: Es ist erwiesen: Freudlosigkeit am Lernen bewirkt Angst und schlechte Noten. Freude am Lernen und mit ihr einhergehende Erfolgserlebnisse (und wenn sie noch so klein sind!) mobilisieren ungeheure Energien. So bleibt eine wichtige Zauberformel in der Pädagogik das Lob, die Anerkennung und Bestätigung.

Ingrid Nicklaus

Ermutigend zensieren – aber wie?

Man mache zum Prinzip, daß Leistungsbeurteilung nicht verurteilen darf, daß sie bei den individuellen Anstrengungen und Fortschritten ansetzen und für jedes Kind weiteres Lernen eröffnen muß. Für die Zensurenfindung kann hierbei allerdings niemand mit Faustregeln, Zuordnungsrastern oder Prozentsätzen dienen. Hier gibt es keine leicht handhabbare Regelung. Lehrerinnen und Lehrer versuchen vielmehr auf sehr verschiedene Weise, Zensieren und Ermutigen miteinander zu vermitteln:

- Eine Lehrerin erzählte, sie erteile auch einmal individuelle Zensuren: Dirk, der mit seinen zehn Fehlern einen persönlichen Lernfortschritt gemacht hat, könnte *befriedigend* oder auch *gut* erhalten – eine Regelung, die mutig, aber schulrechtlich wohl unzulässig ist.

- Ein Schulrat empfahl den Lehrern seines Bezirks, auf die Zensur *mangelhaft* unter Klassenarbeiten zu verzichten. Mangelhafte Leistungen sollten für den Schüler mit dem ermutigenden *Ausreichend* versehen werden; den Eltern allerdings solle gesagt werden, es handle sich tatsächlich um eine mangelhafte Leistung. Eine Regelung, die durch ihre Doppelzüngigkeit der Glaubwürdigkeit des Lehrers eher schadet und die schließlich, ist der Trick erkannt, keinen positiven Effekt mehr hat.

- Manche Lehrerinnen behelfen sich, indem sie bei Kindern, die Ermutigung brauchen und schwache Leistungen erbringen, die (schlechte) Zensur aussetzen und statt dessen die Arbeit nur kommentieren. Bei Dirk könnte ich schreiben: „Du hast diesmal weniger Fehler gemacht als früher. Das ist ein schöner Fortschritt. Wir müssen aber weiter fleißig üben!" Eine Regelung, die persönliches Engagement verspricht (das einzulösen ist), aber die eigentliche schlechte Zensur nicht aus der Welt schaffen kann.

Ermutigen auch bei *mangelhaft,* das ist die Quadratur des Kreises. Selbst die guten Zensuren können entmutigend in die Klasse zurückschlagen, z. B. durch ihre Unerreichbarkeit für viele, durch die Arroganz der „Besseren".

Noch eine Anmerkung: Ist die ritualisierte Form der Klassenarbeit nicht ein pädagogisch untaugliches Mittel, die Lernleistung der Schüler festzustellen, Ansatzpunkte für weitere Lernhilfen zu erhalten, Lernentwicklungen zu verfolgen? Kann ich die Rechtschreibleistung z. B. nicht durch meine Beobachtungen bei den täglichen Übungen viel treffender und gerechter einschätzen als durch acht bis zehn Klassendiktate im Jahr?

Horst Bartnitzky

Vergleichsarbeiten – kein Beitrag zur Objektivierung

Die Grundschule soll für tragfähige Grundlagen Sorge tragen. Das ist für mich allerdings nur dann möglich, wenn alle Kinder „erfolgreich" lernen können, d. h., wenn ich die Anforderungen dem individuellen Lernen der Kinder anpasse. Damit schließe ich eine klassenvergleichende Leistungsmessung aus. Klassen als ganze sind wie Kinder extrem unterschiedlich. Hinzu kommt, daß ein solches Vergleichen – z. B. durch gleiche Kontrollarbeiten in den Parallelklassen – zu einem Leistungsdruck führt, der meist nur dem vermeintlichen Leistungsvergleich der Lehrkräfte entspringt. In den Klassen 1 bis 3 sollte man deshalb auf solche Vergleichsarbeiten völlig verzichten! Nicht zuletzt, weil jeder Lehrer methodisch sehr unterschiedlich vorgeht, können solche Arbeiten keine positiven Impulse für das Lernen und Leisten(-Wollen) geben.

Etwas anders sieht das in Klasse 4 aus. Da es unsere Aufgabe ist, die Kinder bestmöglich auf die weiterführenden Schulen vorzubereiten, gehört es dazu, sich zu vergewissern, ob Mindestanforderungen erreicht worden sind. Das bleibt auch dann sinnvoll, wenn man die Bewertung der Fähigkeiten, wie ein Kind eine Leistung zustande bringt, für bedeutsamer hält. An meiner Schule tauschen die Klassenlehrerinnen und -lehrer der Klassen 4 die Arbeiten aus. Wer sie übernehmen kann oder will, erhält dadurch eine zusätzliche Rückmeldung über den Leistungsstand „seiner" Kinder. Keine Lehrkraft ist verpflichtet, die Vergleichsarbeiten auch bearbeiten zu lassen. Oft werden sie auch nur als zusätzliches Übungsmaterial eingesetzt. Tests finden bei uns ausschließlich als Einzeltests zu diagnostischen Zwecken Verwendung.

Manfred Pollert

Diktate – differenziert gestellt, anforderungsbezogen bewertet

Der klassische Typ frontaler Leistungsbeurteilung ist das zensierte Klassendiktat: Allen das Gleiche, statt jedem das Seine. Wie sich dennoch in einem differenzierenden Unterricht differenzierte Anforderungen im Diktat stellen lassen, werde ich an einem Beispiel zeigen. Allein das bestehende Notensystem zu beklagen, hilft im Unterrichtsalltag überhaupt nicht.

Ihre Aufgabe ist es, daß jedes Kind Sicherheit in der Rechtschreibung erwirbt. Dieses Ziel läßt sich allerdings über normierte Anforderungen mit einer sinnlosen Diktatpraxis, bei der Kinder in gute und schlechte Rechtschreiber aufgeteilt werden, nicht erreichen. Sie wissen ohnedies aus der täglichen Arbeit, welches Kind welche Leistungen erbringt. Was im Sinne tragfähiger Grundlagen *Rechtschreibsicherheit* ausmacht, läßt sich in drei Anforderungen zusammenfassen:

1. Grundwortschatz auf- und ausbauen;

2. die wichtigsten handhabbaren Regelungen der Rechtschreibung kennen (Beziehungen zwischen Lauten und Buchstaben, Ableitungen, Regelungen zu Länge und Kürze der Vokale, Zerlegung in Wortbausteine, Groß- und Kleinschreibung, einfache Fälle der Zeichensetzung);

3. Selbständigkeit in der Rechtschreibung erwerben (nachschlagen, Fehler erkennen, korrigieren, vermeiden).

Daß jedes Kind im Bereich des Grundwortschatzes Sicherheit erwirbt, erfordert tägliches Üben mit individuellem Übungspensum in vielfältigen Situationen: z. B. eigenes ABC-Heft, Merkwörter, Abschreibungen, Partner- oder Kassettendiktat. Dazu müssen Sie das Übungsrepertoire systematisch erarbeiten: z. B. abschreiben, blind schreiben, aufschreiben, Buchstabe für Buchstabe kontrollieren, Übungskarteien nutzen.

Nun müssen Sie den rechtlichen Bestimmungen zufolge *Klassendiktate* geben. Wenn Sie nicht alle pädagogischen Grundanliegen und alle didaktischen Erkenntnisse über Bord werfen wollen, empfiehlt sich folgendes Vorgehen:

- Sie orientieren die Klassendiktate in Wortschatz und Rechtschreibregelungen an dem, was Ihre Schülerinnen und Schüler im Unterricht gelernt und immer wieder geübt haben. *Ungeübte Diktate* verstoßen dagegen, daß man als Leistung nicht verlangen sollte, was nicht zuvor auch gelernt werden konnte.

- Sie differenzieren die vor dem Klassendiktat liegenden Übungen und legen dabei den Schwerpunkt bei den schwächeren Rechtschreibern auf den Ausbau des Grundwortschatzes.

- Da Sie die täglichen Übungen differenzieren und auch die Anforderungen an die Kinder an deren Leistungsfähigkeit ausrichten, ist es nur konsequent, wenn Sie auch *das Klassendiktat differenziert* stellen. So kann es den rechtschreibschwachen Kindern die für das Weiterlernen unentbehrliche Könnenserfahrung vermitteln, ohne die rechtschreibstärkeren Kinder zu unterfordern.

- Das differenzierte Diktat konzipieren Sie mit Blick auf die spätere Zensierung so, daß Sie die grundlegenden Anforderungen an alle und die darüber hinausgehenden Anforderungen an die leistungsfähigeren Kinder stellen können.

- Für das differenzierte Diktat können Sie unterschiedliche Varianten verwenden: Sie legen den Diktattext in der Klasse aus; er kann dann während der Übungsstunden und in der Freiarbeit von den Kindern individuell geübt werden. Dazu ist ein Repertoire an Übungsformen erforderlich, das Sie in Ihrer Klasse eingeführt haben; z. B.:

  - *Selbstdiktate* (Ansehen eines Diktierabschnittes, Abdecken, Aufschreiben, Kontrollieren);
  - *Abschrift in Tabellen:* einsilbige, zweisilbige, drei- und mehrsilbige Wörter, bekannte Wortarten;
  - *Eintrag in ein ABC-Register;*
  - *Wortschatzarbeit:* Wortfelder und Wortfamilien zu gekennzeichneten Wörtern;
  - *Rechtschreibübungen:* Abschrift mit Silbentrennung und Abschrift subjektiv schwieriger Wörter;
  - *Partnerdiktat:* Wörter mit zwei oder drei Konsonanten in Folge oder alle aus den Bausteinen zusammengesetzte Wörter.

  Wenn die Kinder das Diktat „beherrschen", wenn sie sich also sicher fühlen, werden sie sich bei Ihnen melden. Sie diktieren in kleineren Gruppen – also jeweils zu verschiedenen Zeiten. Nach ca. zwei Wochen müßte allerdings die Arbeit an dem Text beendet sein.

Eine andere Möglichkeit ist das *Stufendiktat:* Der Diktattext wird in einen ersten Teil mit den grundlegenden Anforderungen und in einen zweiten mit den erweiterten Anforderungen gegliedert. Im ersten Teil stehen nur die neu eingeführten und bisher geübten Wörter des Grundwortschatzes; in dem erweiterten Text befinden sich dann anspruchsvollere Anforderungen. Die Zensierung wird dann, wie die folgende Übersicht zeigt, anforderungsbezogen nach der Notendefinition der KMK (Kultusministerkonferenz) erteilt, die in allen Bundesländern gilt.

Zensierungsschema:

	Grundlegende Anforderungen (Lückenwörter, Grundtexte o. ä.)	*Erweiterte Anforderungen* (Langtext)
sehr gut	–	(fast) keine Fehler
gut	–	einige Fehler
befriedigend	(fast) keine Fehler	–
ausreichend	einige Fehler	–

Die Zensierung ist an folgender Zuordnung orientiert: Eine Leistung auf dem Niveau grundlegender Anforderungen wird der Notenstufe „befriedigend" zugeordnet. Denn: diese Note wird der schulrechtlichen Definition nach erteilt, wenn „die Leistung den Anforderungen im allgemeinen entspricht".

Reinhold Christiani

Klassenarbeiten – alle zur selben Zeit?

Eine bestimmte Zahl von Klassenarbeiten im Jahr ist für die Grundschule nicht vorgesehen und auch nicht zweckmäßig.

Jede Schulklasse setzt sich aus einer Vielzahl von Individuen zusammen. Jedes Kind bringt unterschiedliche Erfahrungen aus seinem häuslichen Umfeld mit. Jedes Kind wird von zu Hause aus anders gefördert, einige Kinder erfahren keinerlei zusätzliche Förderung durch das Elternhaus.

Darauf muß die Schule durch differenzierte Lernangebote reagieren, um jedem Kind zu einem Lernerfolg zu verhelfen. Wenn eine Schule ihren Lehrauftrag erfüllt und die Lernausgangssituation der einzelnen Kinder ermittelt, um sie individuell zu fördern, dann kann sie nicht auf der anderen Seite alle Kinder dieselbe Klassenarbeit zur selben Zeit schreiben lassen.

Daraus folgt, daß der Begriff „*Klassenarbeit*" für eine differenzierte Leistungsüberprüfung ungeeignet ist. Statt dessen sollte man vielleicht besser sagen: *Überprüfung des individuellen Lernfortschritts.* Eine solche Überprüfung gibt Auskunft über den derzeitigen Lernfortschritt des Kindes, aber auch über den pädagogischen Erfolg der Lehrerin oder des Lehrers. Diese verfolgen mit Hilfe unterschiedlicher Methoden und Medien ein bestimmtes Ziel. Der jeweilige Lernstand des Kindes zeigt, inwieweit dieses Ziel erreicht wurde, aber auch, ob für dieses Kind diese Methode die richtige war, oder ob die Lehrerin sich andere methodische Wege überlegen muß.

Zur Überprüfung des individuellen Lernfortschritts können alle Leistungen, die ein Kind erbringt, seien diese schriftlicher, mündlicher oder gestalterischer Art, herangezogen werden. So dient eine Leistungsüberprüfung auch nicht vorrangig der Notenfindung, sondern gibt Aufschluß über einen gezielten Förderansatz. Damit wird eine *Arbeit* zum Fördermittel und hat als Druckmittel ausgedient. Die vielen Kinder, die immer Angst vor Klassenarbeiten haben, können so frei von Druck und damit besser lernen.

Marlies Hergarten

Zwölf Gebote für Klassenarbeiten

1. In Klassenarbeiten wird nur überprüft, was auch durchgenommen und gründlich geübt ist. Schreiben Sie deshalb Klassenarbeiten erst dann, wenn die Kinder sich sicher fühlen. *Angst blockiert das Lernen.* Deshalb gibt es auch kein Androhen: „Wir werden ja sehen ..." Klassenarbeiten müssen auch nicht von allen Kindern zum selben Zeitpunkt geschrieben werden.

2. Wo die Anzahl der Klassenarbeiten durch Erlaß nicht vorgeschrieben ist, sollten Sie weder zu viele (mehr Prüfungen als Unterricht) noch zu wenige (etwa drei, sonst zu herausgehoben) schreiben. Entscheidend ist das *Klima*, in dem sie gestellt werden. Wenn Kinder in einer angstfreien, nicht rivalisierenden Atmosphäre lernen können, nicht überfordert sind und sich gerecht beurteilt fühlen, wollen sie auch überprüft werden; sie wollen zeigen, daß sie etwas können. Schenken Sie deshalb dem Sich-Erproben in den täglichen Übungssituationen besondere Aufmerksamkeit.

3. Seien Sie souverän und benoten nicht kleinlich. Gerecht ist, was *dem einzelnen Kind gerecht* wird. „Sehr gut" heißt nicht makellos, also ohne jeden Fehler. Man kann auch mit einem oder mit zwei Fehlern durchaus „sehr gut" bekommen. Machen Sie Ihr Korrektur-Konzept den Kindern transparent, z. B.: Sind alle Fehler gleichgewichtig? Gibt es Punkte für Teilleistungen? Ist Fehler gleich Fehler (z. B. ein i-Punkt)? Nicht unter jeder Klassenarbeit muß auch eine Zensur stehen. Wenn es dem einzelnen Kind hilft, ist es durchaus sinnvoll, die Zensur durch ein Gespräch mit dem Kind, ggf. auch mit den Eltern, zu ersetzen. Kinder können dies allerdings auch falsch verstehen: „Ich bin so schlecht; ich bekomme nicht einmal eine Note."

4. Tragen Sie nicht zur *Überbewertung* von Klassenarbeiten bei. Im Zeugnis werden alle im Unterricht erbrachten Leistungen bewertet, auf keinen Fall also nur punktuelle Ergebnisse; verlassen Sie sich auf Ihre Beobachtungen im Unterricht. Hier sehen Sie Tag für Tag, wie Kinder lernen und was sie können.

5. Lassen Sie sich nicht dazu drängen, unter die Klassenarbeit einen *Notenspiegel* zu setzen. Dieser gibt keine Informationen über den Leistungsstand der einzelnen Kinder, vielmehr befördert er das rivalisierende Denken. In einigen Bundesländern ist er ohnedies untersagt.

    Verzichten Sie auf jede Form der öffentlichen *Zensurenvergleiche:* also auf Zensurenspiegel, auf Hervorheben „guter" Arbeiten, Aufstehenlassen der Kinder mit „null Fehlern" usw. Ihre eigene Leistung dürfen die Kinder nicht durch ihren Rangplatz in der Leistungshierarchie der Klasse definieren lernen, vielmehr sollten sie ihre Leistung mit ihrem persönlichen Lernfortschritt in Verbindung bringen.

6. Bewerten Sie *nicht* jede Klassenarbeit *nach demselben Maßstab* (z. B. mit sieben Fehlern im Diktat immer „ausreichend"): Hier lägen dann vorher schon die Noten fest – und zwar unabhängig von den Leistungen der Kinder. Sie machen sich damit zum Sklaven einer vermeintlich objektiven Leistungsbewertung.

7. Beurteilen Sie Klassenarbeiten auf keinen Fall nach der Gaußschen Normalverteilung: ca. 15 %: sehr gut und gut; je 35 %: befriedigend und ausreichend; 15 % mangelhaft und ungenügend. Das wäre nicht nur pädagogischer Pessimismus, weil Kinder hier ja zwangsläufig versagen müssen, sondern dieses System verstößt auch gegen die Bestimmung, nach der Noten anforderungsbezogen zu erteilen sind und sich nicht nach der Zusammensetzung der Klasse (sozialbezogen) richten dürfen. Für alle Bundesländer gilt:

Die Note	*wenn die Leistungen den Anforderungen*
sehr gut	in besonderem Maße
gut	voll
befriedigend	im allgemeinen
ausreichend	(zwar mit Mängeln) im ganzen noch
mangelhaft	nicht mehr (aber nachholbar)
ungenügend	nicht (in absehbarer Zeit nicht behebbar)
wird erteilt,	entsprechen.

8. Geben Sie Klassenarbeiten direkt am nächsten Tag zurück; auf keinen Fall aber übers Wochenende liegen lassen. Die Kinder erwarten zu Recht eine *prompte Rückmeldung.*

9. Verwenden Sie Ihre *rote Tinte* nicht zu üppig. Sie können auch eine andere als die rote Farbe benutzen. Unter jede Arbeit gehört ein förderlicher Kommentar. Wenn Sie die Hefte zurückgeben, sollten Sie Zeit haben, um mit einzelnen Kindern darüber zu sprechen.

10. Gleiche Arbeiten sollten nicht in Parallelklassen zur gleichen Zeit gegeben werden, da der Unterricht, der die Schülerleistung ja maßgeblich beeinflußt, sehr unterschiedlich ist. Verwenden Sie die Arbeiten der Kollegen besser zur Übung; das gibt Ihnen eine gute Rückmeldung über Ihren Unterricht.

11. *Schulleistungstests* können nur dazu dienen, die eigene Unterrichtsqualität oder spezifische Mängel im Lernprozeß der Kinder festzustellen. Sie dürfen auf jeden Fall nicht bewertet werden, weil sie sich nicht auf im Unterricht Gelerntes beziehen.

12. Berechnen Sie nicht mit den wenigen Zensuren aus den Klassenarbeiten *Durchschnittswerte* für das Zeugnis. Das wäre – allein statistisch – unsinnig, weil es zwischen den Zensuren nicht gleiche Abstände gibt. Damit würden Sie aber vor allem der Gesamtbeurteilung der Kinder nicht gerecht. Die Zensur auf dem Zeugnis kommt zustande aufgrund aller im Unterricht erbrachten Leistungen (Mündliches, tägliche Übungen, Klassenarbeiten) – und zwar bezogen auf die grundlegenden Anforderungen und unter Würdigung des individuellen Lernfortschritts.

Reinhold Christiani

Vorarbeiten fürs Zeugnisschreiben

Durch Erfahrung und kollegiale Beratung entwickelt sich eine Arbeitsorganisation, die ich hier skizzieren möchte.

Notwendige Vorarbeiten:

- Ich kenne eine Reihe der besonderen Lernvoraussetzungen und Lernumstände der einzelnen Kinder, bei manchen mehr (Problemkinder), bei manchen weniger.

- Ich versuche, mir immer wieder Rechenschaft darüber zu geben, welche Ziele des Arbeits- und Sozialverhaltens und welche in den Lernbereichen ich in dieser Klasse allgemein und im besonderen mit dem einzelnen Kind anstrebte.

- Ich habe während des Schuljahrs neben den Gelegenheitsbeobachtungen die Kinder auch geplant beobachtet, mir hin und wieder als Erinnerungsstütze Beobachtetes aufgeschrieben (Pädagogisches Tagebuch). Ich habe ermittelt, wo die einzelnen Kinder in ihrem fachlichen Lernen stehen – teils habe ich mir dies notiert, teils kann ich es an den Arbeitsproben der Kinder einschätzen, die wie alles von den Kindern erstellte und bearbeitete Papier in Ordnern gesammelt werden.

- Ich bin mit den meisten Eltern in intensiverem Gesprächskontakt über die Lernentwicklung ihres Kindes.

Auswahl für das Zeugnis:

- Ich besinne mich auf ein einzelnes Kind, sehe meine Unterlagen durch, vergegenwärtige mir seine bisherige Entwicklung, die Erfahrungen, die ich mit ihm und seinen Eltern gemacht habe, und skizziere all dies auf einem Blatt.

Begleitende Arbeit:

- Ich lege das Material bereit, das mir hilft, den Eltern im Gespräch einzelne Aussagen des Zeugnisses oder weitere Hinweise, die ich dem Gespräch vorbehalte, zu verdeutlichen.

- Ich überlege, wie das Kind möglichst abgestimmt in Schule und Elternhaus individuell gefördert werden kann.

- Ich überlege, welche Entwicklungsprozesse, welche Verhaltensweisen für das Kind in der Schule besonders kennzeichnend waren, und prüfe, ob ich dies mit einiger Absicherung behaupten kann. Gesucht sind vor allem positive Verhaltensweisen und Entwicklungen. Bei Kindern mit großen Verhaltensproblemen und Schwierigkeiten gehe ich noch einmal meinen Hilfestellungen nach: Welche Entwicklungen konnten günstig beeinflußt werden, was ist weiterhin zu tun? Diese Perspektive könnte einfließen.

- Ich prüfe, wie weit das Kind in den sogenannten „Lehrgängen" (Lesen, Schreiben, Mathematik) gekommen ist, was evtl. hier an zusätzlicher Förderung getan werden muß.

- Ich wähle besonders individuell kennzeichnende Neigungen, Interessen, Vorlieben, Leistungen aus. (Inzwischen hat mein „Schülerblatt" durch Kringel, Kästchen, Pfeile, Punkte eine wohl nur noch für mich lesbare Struktur bekommen.)

Zeugnisformulierung:

- Ich schreibe die ausgewählten Verhaltenszüge und Leistungsstände auf, hüte mich aber vor festschreibenden Charakterisierungen (nicht: Er ist nicht … sondern: Es fiel ihm noch schwer …). Wo immer möglich, gebe ich Hilfen für die weitere Entwicklung an.

- Ich adressiere an konkrete Leser, zunächst also an die betroffenen Eltern. Hierbei kommt mir meine Gesprächserfahrung zu Hilfe: Verstehen sie, was ich schreibe? Hilft diese Mitteilung an die Eltern dem Kind? (Hinweise, die vermutlich mißverstanden und zum Prügel gegen das Kind mißbraucht werden könnten, werden wieder gestrichen.)

Zeugnisformulare:

Beim Schreiben und Lesen der Schülerberichte kommen mir Zweifel. Sind zu Zeugnissen formalisierte Hoheitsakte überhaupt erforderlich, wenn wir doch mit den Eltern und dem Kind im Gesprächskontakt sind? Erreiche ich aber im besonderen Fall die Eltern nicht, welchen Wert hat dann die beschriebene Seite?

Neue Frage: Fördern die derzeitigen Formulare nicht eine bürokratisierte Formalisierung des Bewertungsgeschehens? Denn: Werden durch die Rubrizierung nicht Aspekte getrennt, die tatsächlich zusammengehören (Lernverhalten und Entwicklung in den Lernbereichen z. B.)? Begünstigt der knapp bemessene Schreibraum nicht vordergründige Erwägungen (wie sind die Zeilen zu füllen) vor pädagogischen (was ist notwendig, was wünschenswert mitzuteilen)? Formuliert die Adressierung an die Eltern nicht über das Kind hinweg?

Eine Lehrerin verfaßte für ihre Erstkläßler Schülerbriefe. Sie strich einfach die Rubriküberschriften durch und füllte die ganze Seite des Formulars mit dem persönlich gehaltenen Brief.

Horst Bartnitzky

Zeugnisbeispiele

Das Zeugnis hat eine beurteilende, aber auch eine beratende Funktion. Dementsprechend sollten Sie mit dem Zeugnisschreiben Antworten auf folgende Fragen zum Lernfortschritt in den Lernbereichen und zum Lernverhalten (Arbeits- und Sozialverhalten) geben:

- Wird der individuelle Lernfortschritt, den das Kind gemacht hat, deutlich?

- Wird das Kind zum weiteren Lernen ermutigt?

- Kommt zum Ausdruck, daß Lernen im sozialen Zusammenhang geschieht?

- Wie soll das Kind weiterlernen? In welchen Bereichen muß es gezielt gefördert werden?

Ein Beispiel aus Klasse 1, in dem der *individuelle Lernfortschritt* und zugleich auch das *soziale Lernen* zum Ausdruck kommen:

Arbeits- und Sozialverhalten: Inken verstand sich immer gut mit den anderen Kindern in ihrer Klasse. Sie arbeitete gern mit ihnen zusammen. Beim Unterrichtsgespräch beteiligte sie sich lebhaft und hatte oft gute Ideen, die uns weiterbrachten. Mit Ausdauer arbeitete sie an ihren Aufgaben. Bei der Freien Arbeit hatte sie oft eigene Ideen, durch die sie auch andere Kinder anregte. Nur zum Wegräumen und Abheften hatte sie wenig Lust, dadurch waren ihre Mappen und ihr Arbeitsplatz oft ohne Ordnung. Andere Kinder halfen dann. Aber Inken muß schon auch selber Ordnung halten.

Hinweise zu Lernbereichen: Inken hat in Lesen, Schreiben und in Mathematik alle grundlegenden wichtigen Ziele der Klasse 1 erreicht. Sie nahm sich schon während des Leselehrgangs Lesehefte und las sie zuletzt selbständig durch. Im Morgenkreis las sie Gedichte oder kleine Geschichten so schön vor, daß wir gerne zuhörten. Sie schrieb schon selber Geschichten und Briefe und schmückte sie mit gemalten Bildern. Sie sang gerne unsere Lieder. Bei der Freien Arbeit arbeitete sie lange am Sachunterrichtsthema Frühlingsblumen. Die Entwicklung ihrer Tulpen hielt sie so ausführlich in Wort und Bild fest, daß alle davon lernen konnten.

Prüfen Sie, ob Sie in Ihrem Bundesland Zeugnisse auch in „Briefform" schreiben dürfen. Vielleicht fällt es Ihnen bei dieser Zeugnisform leichter, sich auf das Kind einzustellen und damit eine anschaulichere, persönlichere, auf jeden Fall weit weniger amtliche Sprache zu verwenden. Dazu ein Beispiel aus einer 1. Klasse:

Lieber Gerd,

Deine besten Leistungen zeigst Du im Lesen und Schreiben. Deine Schrift ist sehr leserlich, und Du schreibst jetzt auch schneller und flüssiger. Bei Diktaten machst Du meist alles richtig, und besonders haben wir uns gefreut, als Du so plötzlich das Lesen gelernt hast und jetzt einer unserer besten Leser geworden bist. In der Mathematik benötigst Du noch Klötze als Hilfe, wenn Du über 10 rechnen mußt, solche Aufgaben solltest Du Dir im Wochenplan vornehmen. Bestimmt kannst Du dann bald rasch und sicher rechnen.

Es ist richtig, daß Du bei Schwierigkeiten Hilfe suchst, nur muß das nicht immer der Lehrer sein. Es gibt in unserer Klasse viele Kinder, die Dir helfen würden und das auch können. Erfreulich ist, daß Du Dir beim Malen nun mehr Zeit nimmst und mehr Mühe gibst. Im Sport hast Du ein besonderes Talent beim Langstreckenlauf, was wir besonders fördern werden. Es wäre schön, wenn wir zum nächsten Schuljahresende alle zusammen noch zufriedener sein können.

In der Mehrheit der Bundesländer können Sie auch im 3. und 4. Schuljahr Zeugnisse ohne Zensuren schreiben – teilweise allerdings nur im Rahmen von Schulversuchen. Wo Sie das nicht können, sollten Sie die Zensuren auf dem Zeugnis wenigstens im Hinblick auf die individuellen Anstrengungen, den Lernfortschritt und besondere Stärken, aber auch einzelne Schwächen des Kindes kommentieren; vielleicht ist zusätzlich noch eine Rubrik für Aussagen zum Lernverhalten vorgesehen. Auch hierzu ein Zeugnisbeispiel:

Zeugnis

für _____

geboren am _____

Hinweise zum Arbeits- und Sozialverhalten: Saki war immer fröhlich und gerne in der Schule. Bei Gesprächen erzählte er lebhaft und zur Freude aller Zuhörer. Bei Aufgaben, die er alleine zu machen hatte, trödelte er aber immer noch viel. Dadurch hatte er oft seine Wochenaufgaben nicht geschafft. Im nächsten Schuljahr werden wir ein eigenes Arbeitsprogramm mit Saki zusammenstellen. Es kann aber nur klappen, wenn Saki mitmacht.

Lernbereiche/Fächer:

Religionslehre	nicht teilgenommen	Sachunterricht	gut
Sprache		Mathematik	befriedigend
– mündl. Sprachgebrauch	gut	Sport	gut
– Lesen	gut	Musik	gut
– schriftl. Sprachgebrauch		Kunst/Textilgestaltung	gut
– Rechtschreiben	ausreichend	Schrift	befriedigend

Hinweise zu Lernbereichen/Fächern: Saki schrieb gerne Geschichten. Auf das Rechtschreiben achtete er aber zu wenig, durch sein Trödeln kam das Üben auch viel zu kurz. Aber das wird ja hoffentlich besser.
Im Sachunterricht erarbeitete Saki mit einigen anderen Kindern ein Katzenbuch mit vielen Bildern und Geschichten, das wir alle toll fanden.

Bemerkungen: _____
_____./._____

_____ nimmt ab _____ am Unterricht

der Klasse _____ teil. Konferenzbeschluß vom _____

Düsseldorf, den _____

_____   (Siegel)   _____
Klassenlehrer(in)   Schulleiter(in)

Wiederbeginn des Unterrichts: _____

Kenntnis
genommen: _____
Erziehungsberechtigte

Zeugnisbeispiele · Extra-Zeugnis 223

Dürfen im Zeugnis für die Klassen 3 und 4 ausschließlich Zensuren verwendet werden, wird Sie gewiß keiner daran hindern, einen zusätzlichen Brief an die Kinder zu schreiben, der selbstverständlich auch an die Eltern mit gerichtet ist. Darüber hinaus sollten Sie die Zeugnisse möglichst in einem persönlichen Gespräch mit Eltern und Kind ausgeben; in einigen Bundesländern ist dies ausdrücklich gewünscht.

„Zeugnisse" aus besonderem Anlaß

Für eine gelungene Leistung oder eine besondere Anstrengung, zu der jedes Kind – auch das sehr leistungsschwache – in der Lage ist, können Sie auch ein kleines Extra-Zeugnis schreiben. Manche Schulen verwenden dafür auch Kunst- oder Tierpostkarten oder entwerfen einen gesonderten Vordruck. Hierzu einige Beispiele:

Liebe Claudia!

Wir alle haben uns sehr darüber gefreut, daß Du uns gestern im Morgenkreis das Gedicht vorgetragen hast. Du hast es sehr gut ausgesucht. Wir waren begeistert davon, daß Du so viel auswendig lernen und so gut betonen kannst.

Unterschrift der Lehrerin

224 Leistungsbeurteilung

Kinder beurteilen sich selbst

Sie können die Kinder auch sich selbst ein Zeugnis schreiben lassen. Vorausgesetzt, Sie praktizieren einen offenen Unterricht, in dem Kinder selbstkontrolliert und selbständig zu arbeiten gelernt haben, und vorausgesetzt, die Arbeitsatmosphäre schafft Vertrauen und erzeugt keine Angst.

Wenn Sie – etwa für die ersten Schuljahre – einen „Vordruck" verwenden wollen, können Sie z. B. folgende Punkte aufnehmen:

Das kann ich jetzt schon lesen:
    in meiner Fibel:
    mein Lieblingsbilderbuch:
    mein Lieblingskinderbuch:

Das kann ich jetzt schon schreiben:
    Wörter:
    kurze Geschichten:

Das kann ich schon rechnen:
    im Rechenbuch:
    besondere Aufgaben:

Meine Schrift finde ich:

So bin ich zu den anderen Kindern in meiner Klasse:
    Ich arbeite gern mit anderen zusammen.
    Ich helfe gern.
    Ich arbeite lieber allein.

Ich versuche Streit zu schlichten.

Das mache ich besonders gern
    zu Hause:
    in der Schule:

Das könnte noch besser werden:
Das sollte meine Lehrerin tun:

Das folgende Beispiel zeigt Auszüge aus einem *Eigenzeugnis* einer 3. Klasse (Uckermark-Grundschule in Berlin):

MEIN SOZIALVERHALTEN
Ich bin anderen Kindern gegenüber sehr lustig und manchmal sehr nett. Manchmal bin ich auch frech und stänkere. Ich habe viele Freunde in der Klasse. Ich mag sie und die mögen mich. Sie geben mir oft mal was zum Essen und spielen mit mir. ... und auch die anderen Kinder helfen mir oft beim Rechnen und Schreiben. Ich helfe auch ...

Ich kann schon gut mit einem Partner arbeiten. Mit ... nicht so gut, manchmal sind wir zu laut.

Ich streite mich nicht so oft, nur mit ... öfter. Meistens vertragen wir uns schnell wieder.

Ich habe schon das Tafelamt und das Bücheramt gemacht. Ich bin nicht immer zuverlässig.

MEIN ARBEITSVERHALTEN

Mir macht das Lernen Spaß. Am liebsten mag ich schreiben und lesen. Ich komme gerne zur Schule. Ich melde mich nicht oft, weil meine Hand sonst einschläft und weil ich nicht viel zu erzählen habe.

Ich kann selbständig arbeiten. Ich brauche meine Lehrer nicht mehr so oft. Meistens arbeite ich langsam. Ich bin meistens sehr laut und abgelenkt. Meine Pflichtaufgaben habe ich meistens fertig. Ich mache meine Hausaufgaben jeden Tag und gebe sie immer pünktlich ab.

DEUTSCH

Lesen: Ich lese noch stockend, aber ich kann schon ein ganzes Monsterheft allein lesen. Ich verstehe auch, was ich lese.

Rechtschreiben: Abschreiben kann ich schon richtig. Beim Diktieren mache ich Fehler. Ich kriege kurze Diktate mit 10 Wörtern und mache manchmal 2 oder 6 Fehler.

Geschichtenschreiben: Ich diktiere den Lehrern meine Geschichte. Nachher schreibe ich sie ins Heft. Meine Geschichten sind meistens spannend und lustig.

Handschrift: Schreibschrift kann ich schon gut schreiben, aber manchmal vergesse ich, wie man das g, m und n schreibt.

SACHKUNDE

Ich finde Sachkunde schön. Am meisten interessiere ich mich für Tiere. Ich habe mich nicht so oft gemeldet, weil ich auch nicht so viel weiß.

Sie werden die Erfahrung machen, daß Kinder zu sich selbst sehr kritisch sind, und sie bemühen sich vor allem um Gerechtigkeit – wie sie ja auch von ihrer Lehrerin oder ihrem Lehrer nichts so sehr erwarten, wie gerecht behandelt zu werden.

Reinhold Christiani

Tips

- Wenn Sie den Eltern zu Beginn bereits ihre Beurteilungspraxis plausibel erklärt haben, werden sie voraussetzen, daß Sie alle Kinder gerecht beurteilen werden und jedes einzelne Kind optimal fördern wollen. Dadurch sparen Sie sich in aller Regel viele Nachfragen, Mißverständnisse und Spekulationen.

- Machen Sie den Eltern deutlich, daß Angst das Lernen behindert und Freude und Erfolg der beste Lernmotor sind. Wie sehr es letztlich Kindern schadet, wenn man auf sie Druck ausübt (durch zu hohe Erwartungen, durch Angst vor Strafe oder durch drohenden Liebesentzug), können Sie den Eltern an den Auswirkungen belegen, die die „Aktion Humane Schule" in Bayern einmal zusammengestellt hat:

  30 % der Schüler schlafen vor Klassenarbeiten schlecht.
  18 % brauchen gelegentlich Beruhigungsmittel.
  $\frac{1}{5}$ der Kinder klagen, es sei ihnen manchmal vor der Schule schlecht.
  63 % haben Angst, bei der Prüfung schlechte Noten zu bekommen.
  $\frac{2}{3}$ fürchten, mit schlechten Noten ihre Eltern zu enttäuschen.
  Die gleiche Untersuchung belegt: Eltern haben oft keine Ahnung von den Ängsten ihrer Kinder.
  Angstvolle Dauerspannung erschwert aufmerksames, konzentriertes und zielstrebiges Lernen.
  54 % haben Angst, im Unterricht etwas Falsches zu sagen.
  40 % glauben, sie könnten in der Schule besser sein, wenn sie nicht so viel Angst haben müßten.

- Klassenarbeiten, die vom herkömmlichen Verfahren abweichen, rufen vor allem bei Eltern Unsicherheit und dann auch schnell Mißtrauen hervor. Differenzierte Diktate; Aufsätze, an verschiedenen Tagen geschrieben; Mathematikarbeiten, bei denen es auch Punkte für den Lösungsweg gibt: dies alles sollten Sie erst dann praktizieren, wenn die Eltern – und natürlich auch die Kinder – wissen, warum Sie eine neue Praxis einführen.

- Vermeiden Sie alles, was den Eindruck erwecken könnte, Sie würden Kinder mit guten Zensuren vorziehen und schlechte Zensuren moralisch werten (= „schlechte" Kinder). Zum pädagogischen Ethos gehört es unverzichtbar hinzu, daß – unabhängig von seiner Leistungsfähigkeit – jedes Kind sich von Ihnen angenommen fühlt.

Medienerziehung

Medien prägen die Art der Aneignung von Kultur; sie beeinflussen unsere Seh-, Hör- und Lesegewohnheiten, wirken auf Verhalten, Gefühle und Denken ein, verändern Erwartungen und Einstellungen. Wegen ihres immensen Einflusses auch auf Kinder spricht man heute von der „Medienkindheit". Medien können bei den einen negative Einflüsse ausüben, von anderen hingegen souverän beherrscht werden. Hier ist zu befürchten, daß sich die milieubedingten Unterschiede durch den Medienkonsum noch vergrößern.

Die Grundschule hat angesichts der Entwicklung auf dem Medienmarkt fünf pädagogische Ziele zu verfolgen:

1. Medienangebote sinnvoll nutzen lernen: Um auf den Medienkonsum von Kindern überhaupt Einfluß nehmen zu können, darf die Schule die täglichen Erfahrungen nicht tabuisieren. Vielmehr sollen Kinder über alles Gesehene und Gehörte und auch über ihr Medienverhalten insgesamt sprechen können. Dies ist Voraussetzung dafür, daß die Schule überhaupt auf ihren Medienkonsum Einfluß nehmen kann.

2. Mit Medien praktische Erfahrungen machen: Kinder sollen die Medien zur Darstellung eigener Aussagen nutzen lernen. Durch praktische Handhabung (z. B. mit Mikrophon) machen sie selbst Erfahrungen, erkennen dabei, was man durch Medien mitteilen kann. Mit der Anwendung der Präsentationsformen nehmen sie die Medien für ihre Zwecke in Dienst. Dadurch werden Medien auch eher der kritischen Analyse von Gesehenem und Gehörtem zugänglich.

3. Medien bewußt analysieren und kritisieren: Die Grundschule kann Kinder nur zu kritischen Konsumenten erziehen, wenn sie nicht die Augen vor der Medienwelt verschließt. Auch in der Schule müssen Kinder solche Medien sehen und hören können, um medienvermittelte Vorstellungen an der Realität zu überprüfen. Wenn Kinder die Gestaltungsmittel der Ton- und Bildsprache kennengelernt haben, sind sie eher in der Lage, zwischen realer und fiktiver, medialer Welt zu unterscheiden. So werden sie fähig, sich gegen Eindrücke zu wehren, sie aber auch zu verarbeiten und schließlich selbst Gesehenes und Gehörtes mit eigenen Erfahrungen zu verbinden. Insbesondere sollten die aggressiven Verhaltensmuster thematisiert werden.

4. Eigentätigkeit der Kinder stärken: Je stärker der Medienkonsum, desto geringer die eigene praktische soziale Erfahrung. Das „Dabei-Sein" und „Mitreden-Können" tritt an die Stelle von Kommunikation mit Gleichaltrigen und praktischer Mitverantwortung.

228 Medienerziehung

Die Schule muß deshalb mit dazu beitragen, daß Kinder unmittelbare Erfahrungen machen (Projekte, gemeinsame Spielsituationen, handwerkliches Arbeiten), gleichsam zur Korrektur der von den Medien vermittelten Erfahrungen „aus zweiter Hand", der sekundären Realität.

Meist sind die Erfahrungen und Kompetenzen der Kinder auf dem Mediensektor in der Schule nicht gefragt; oder sie werden durch die Schule gar verurteilt, so daß Kinder ihre Erfahrungen für sich behalten müssen. Dadurch kommt es zu einer Spaltung in Unterrichtsinhalte und private Inhalte. Nur in einem medienpädagogischen Vertrauensverhältnis wird es der Schule gelingen, die vielfältigen suggestiven Bild- und Toneindrücke sowie die diffusen, bruchstückhaften Vorstellungen von der Welt zu einem Ganzen ordnen zu können.

Literaturtip: Detlef Schnoor u. a.: *Medienprojekte für die Grundschule.* Braunschweig (Westermann) 1993

Kassetten hören und besprechen

Kinder im Grundschulalter besitzen im Durchschnitt 18,6 Kinder-Hör-Kassetten. Mehrheitlich wünschen sie sich, daß die Kassetten auch im Unterricht vorkommen; sei es, daß über die Kassetten-Inhalte gesprochen wird, sei es, daß sie selbst Kassetten im Unterricht erstellen wollen, vor allem aber, daß im Unterricht ihre Kassetten geschätzt werden. Sowohl aus unterrichtsdidaktischer als auch aus medienerzieherischer Perspektive sollten diese Medien gerade in der Grundschule mehr genutzt werden.

Inhalts-, Gestaltungs-, Helden-Analysen sind zur aufklärenden Medienerziehung bedeutsam. Die Bewußtseinsschulung von Nutzungsgewohnheiten kann auch für andere Mediennutzungen zum Vergleich herangezogen werden. Fast jedes Kind kennt Benjamin Blümchen oder Bibi Blocksberg. Lehrern und Lehrerinnen, aber auch vielen Eltern sind diese „Sozialisationsagenten" unbekannt, obwohl jährlich für den Kauf ca. 150 Mio. DM ausgegeben werden!

Für die Unterrichtsgestaltung kann die Erstellung eines eigenen Hörstücks, eines kleinen Hörspiels, eines Werbespots oder einer kleinen Reportage außerordentlich anregend sein. Hierzu einige Vorschläge:

- Hör-Kassetten bieten umfangreiche Gesprächsanlässe für die Medienerziehung. Behandeln Sie Inhalte, Gestaltungsweisen, Stereotypen und Helden.

- Lassen Sie, eventuell in Form eines kleinen Projektes, ein kleines Hörspiel oder einen Werbespot erstellen, und erarbeiten Sie Vergleiche mit professionellen Produktionen. Eine „Sendung" von 10 Minuten ist fast zu lang;

besser sind (zweimal) fünf Minuten. Es gibt dabei Sprecher, Geräusche-macher, Disc-Jockeys, die ein zweites Gerät im hinteren Teil der Klasse bedienen; zuvor ist ein genauer „Fahrplan" schriftlich zu erstellen.

- Eine Reportage mit präzise erarbeiteten Fragen, z. B. zur Spielplatzsituation im Umfeld der Schule, interessiert Mitschüler oder auch Mitglieder des Gemeinderats, auf jeden Fall die Eltern am Elternabend. Dort läßt sich dann auch der Medienkonsum der Kinder ansprechen.

- Die apparativen Anforderungen sind gering; oft reichen sogar die in den Kindergeräten eingebauten Mikrophone, wenn man die Akteure richtig plaziert.

Heinz-Werner Poelchau

Videos gestalten

Für die aktive Medienarbeit hat die *Video-Kassette* große Aufmerksamkeit auf sich gezogen. Die Erstellung eines auch nur teilweise befriedigenden Ergebnisses in der Grundschule bereitet erheblich mehr Mühe als die Erstellung einer Hör-Kassette. Drei bis fünf Minuten sind zwar relativ schnell gefilmt, die Nachbearbeitung (Schnitt, Nachvertonung, Titel etc.) nehmen aber mehrere Stunden in Anspruch, so daß die Geduld der Kinder oft überstrapaziert wird. Die Eigenaktivität der Grundschulkinder kann dann recht hoch sein, wenn die Lehrkraft bereits Kenntnisse in der Gestaltung von Videos erworben hat und so die erforderliche Hilfestellung leisten kann. Zur aktiven Video-Gestaltung sind eine Reihe von Handbüchern erschienen. Die angemessene Übertragung auf die Bedürfnisse der Grundschule muß vom jeweiligen Lehrenden geleistet werden. Allgemeine Hinweise finden sich in den einschlägigen Fachzeitschriften, z. B. „Video", „Camcorder & Co.", „Medien und Schulpraxis".

Die Erstellung eines Video-Films in der Grundschule erfordert in der Regel Camcorder- und Nachbearbeitungskenntnisse bei der Lehrkraft; am besten eignet sich der Projektunterricht für einen kurzen Film. Die schriftliche Vorarbeit („Drehbuch – linke Seite Bild, rechte Seite Ton") muß klar und präzise erfolgen; sonst macht sich Enttäuschung über das Ergebnis breit.

Nutzen Sie alle Erfahrungen anderer Lehrer, Ihrer Bildstelle oder Ihres Medienzentrums. Diese haben teilweise auch die erforderlichen „Schnittplätze".

Film oder Video?

Der *Film* oder das *Video* im Unterricht ist vielen Lehrkräften aus ihrer Schulzeit mehr oder weniger vertraut. Gerade Vorgänge, die nicht unmittelbar erlebt werden können, lassen sich im Film oder im Video verdeutlichen. Diese

Medien sind unterschiedlich gestaltet. Ihre adäquate Auswahl und ihr korrekter Einsatz sind anhand der mitgelieferten Begleitmaterialien recht leicht zu realisieren. Dennoch kann nicht darauf verzichtet werden, daß vor der Darbietung im Unterricht der Film oder das Video bei der Vorbereitung gesichtet werden *muß*. Filme als „Lückenfüller" ohne didaktischen Bezug haben wenig Sinn. Filme, die gut eingepaßt wurden, können dagegen gute Hilfestellungen für einen gelungenen Unterricht sein.

Einen Film vorführen

Bei der Nutzung eines *16-mm-Films* ist zu berücksichtigen, daß der Klassenraum, in dem die Vorführung stattfinden soll, voll verdunkelt werden muß. Ein Unterrichtsgespräch während der Vorführung ist wegen der Geräuschentwicklung des Projektors in der Regel nicht möglich. Dies sollten Sie bei der Auswahl des Films – oder aber bei der Auswahl von einer oder mehrerer Sequenzen, die nur linear, d. h. eine nach der anderen, möglich sind – berücksichtigen. Die neueren Produktionen sind daher meist nur 15 Minuten lang. Das besondere „Kino-Erlebnis", die Abdunkelung des Raumes, das große Bild, die Eindringlichkeit des Erlebnisses sind für die Kinder oft von hoher Bedeutung; dies kann pädagogisch genutzt werden. Man sollte aber Gelegenheit zum Ausdruck dieser Eindrücke geben.

Wenn Sie mit der Filmvorführung Erfolg haben wollen, bedenken Sie vorab die folgenden Anregungen:

● Planen Sie den Film-Einsatz sorgfältig und rechtzeitig. Besorgen Sie sich bei Ihrer Stadt- oder Kreisbildstelle einen Katalog der ausleihbaren Filme. Nutzen Sie die dortigen Beratungsangebote! In den Bildstellen sind meist Lehrer tätig, die die nötige Erfahrung haben und zu deren Aufgaben die Beratung von Lehrkräften zählt. Leihen Sie nicht nur einfach einen Film (oder eine Dia-Reihe) aus! Überlegen Sie sich einen Ersatzfilm, falls der gewünschte verliehen ist. Teilweise gibt es „Kontextmedien" als Dia- oder Computer-Software.

● Kümmern Sie sich rechtzeitig um den Schlüssel zum Projektor-/Projektions-/Filmraum und prüfen Sie, ob er am fraglichen Termin auch wirklich frei ist. (Ein Belegungsplan kann Hilfe leisten, trotzdem sollte man nicht blind darauf vertrauen.) Prüfen Sie, ob genügend Sitz- und Arbeitsplätze für Ihre Schüler vorhanden sind. Lassen Sie sich zeigen, wie der Film eingelegt wird und wie man eine Lampe wechselt. (Manche Vorführung ist schon an einer kaputten Lampe gescheitert). Lassen Sie sich eine Ersatzbirne geben. Prüfen Sie, ob die Verdunkelung funktioniert und wie sie betätigt wird. Bleiben Sie die ganze Stunde in diesem Klassenraum.

● Schauen Sie sich den Film einmal *ganz* an. Paßt er in Ihr Konzept? Welche Leitfragen lassen sich mit ihm anregen oder beantworten? Planen Sie die

Erarbeitung dieser Fragen mit in die Stunde ein. Leitfragen konzentrieren die Aufmerksamkeit.

- Lassen Sie nach der Vorführung Zeit, um das Gesehene aufzuarbeiten, den Gefühlen Platz zu geben. Schließen Sie ein offenes Gespräch an und fragen Sie erst dann nach der Beantwortung der Leitfragen.

- Planen Sie fünf Minuten für Unvorhergesehenes ein.

Videos zeigen

Die Nutzung des *Videos* kann, wenn Sie Fernsehgerät und Recorder in Ihrer Klasse haben, leichter sein: Die Verdunkelung fällt weg, die Kinder kennen Fernsehen besser als Film, die Bedienung des Gerätes ist einfacher, Sie brauchen nicht umzuziehen, Disziplinprobleme sind leichter zu handhaben usw. Allerdings ist der Schirm kleiner, die besondere Film-Atmosphäre entfällt.

Schulfernsehen aufzeichnen

Die anderen Hinweise für den Film gelten auch für das Video: Video kann motivieren, kann Fragen einleiten und – schrittweise, wenn zwischendurch unterbrochen wird, hierzu gibt es im Begleitmaterial oft Hinweise – beantworten, kann zusammenfassen und kann eine Lernzielkontrolle einleiten. Auch hier gibt es Begleitmaterial, wenn die Kassette ausgeliehen wurde. Für Sendungen des Schulfernsehens gibt es gesonderte Zeitschriften, in denen auch Arbeitsblätter zu den Sendungen sowie Hinweise und ergänzende Informationen veröffentlicht werden.

Sogenannte Blockausstrahlungen, in denen die Sendungen einer Sendereihe hintereinander ausgestrahlt werden, erleichtern die Aufzeichnung. Da Schulfernsehsendungen keiner besonderen Zulassung bedürfen, sondern ihr Einsatz nur den üblichen Vorschriften entsprechen muß, sind auch Sendungen des Schulfernsehens anderer ARD-Anstalten, die über Kabel oder Satellit empfangen werden können, im Unterricht einsetzbar. Die Bildstellen halten für bei der Aufzeichnung verpaßte Sendungen einen „Pannendienst" bereit, wo einzelne Sendungen gegen Unkostenerstattung nachträglich noch beschafft werden können.

Wichtig ist bei der Aufzeichnung von anderen Sendungen des öffentlichen Fernsehens, daß ihre Vorführung in der Schule nur dann erlaubt ist, wenn der Urheber zugestimmt hat und eine angemessene Vergütung gezahlt wird (Nichtbeachtung dieser Vorschrift des Urhebergesetzes ist ein Straftatbestand; Überspielen von 16-mm-Filmen unterliegt ebenfalls dem Urheberrecht und ist nur gegen Zahlung einer Ablösung statthaft). Die Sendungen des Schulfernsehens müssen am Ende des auf die letztmalige Ausstrahlung folgenden Schuljahres (d. h. nach maximal zwei Jahren) gelöscht werden.

Die Schulfernsehredaktionen sorgen jedoch durch rechtzeitige Wiederholung dafür, daß noch weiter nutzbare Sendungen nicht unnötig erneut aufgenommen werden müssen.

Damit Sie zur richtigen Zeit die richtigen Sendungen zur Hand haben, empfehle ich:

● Informieren Sie sich rechtzeitig über neue Schulfernsehsendungen in den entsprechenden Zeitschriften und zeichnen Sie sie auf. So haben Sie die Sendungen immer rechtzeitig zur Verfügung und können sie kurzfristig – ohne Verleihweg – einsetzen.

● Die einführenden Artikel in den Zeitschriften geben Ihnen Hilfen für den sinnvollen Einsatz; die Arbeitsblätter bieten zusätzliche Hilfen und Informationen.

● Nutzen Sie die Pannendienste der Bildstellen/Medienzentren und lassen Sie sich dort beraten. Sprechen Sie auch mit Kollegen über deren Erfahrungen mit dem Einsatz dieser Sendung oder der Sendereihe.

● Nicht alle Sendungen einer Reihe oder auch nicht jede einzelne Sendung müssen ganz eingesetzt werden. Wählen Sie das aus, was Ihren Unterrichtszielen und Intentionen gerecht wird.

● Beachten Sie die Vorschriften des Urheberrechts. Bei öffentlichen Musikdarbietungen – auch in der Schule – sind praktisch immer GEMA-Gebühren fällig. Fragen Sie im Schulamt nach.

Heinz-Werner Poelchau

Schulfunksendungen anhören

Älteste Bildungssendung, aber zu Unrecht oft vergessen, ist der *Schulfunk*. Täglich strahlen fast alle ARD-Sender Schulfunksendungen aus. Sie sind schul- und bildungsorientiert, aber nicht an einen spezifischen Lehrplan gebunden. Darin liegt ihre Stärke: Sie können den Unterricht an vielen Stellen ergänzen und neue Aspekte in das Geschehen einbringen. Im Grundschulbereich ist die Nähe zu den Kinder-Hörfunk-Kassetten eine willkommene „Hör- und Gliederungshilfe", die man sich nicht entgehen lassen sollte. Er bietet viele Originaltöne, Features, Hörspiele, Reportagen – der Schulfunk ist schon lange kein betuliches Medium mehr.

Didaktisch flexibel und technisch leicht handhabbar kann der Schulfunk für die Schule neu entdeckt werden. Die regelmäßig erscheinenden Begleithefte enthalten viele zusätzliche Informationen und Anregungen. Sie können kostenlos angefordert werden bei den ARD-Rundfunkanstalten, Abteilung Schulfunk.

Über die Vielfalt der Anregungen werden Sie überrascht sein, wenn Sie (wieder) hören, aufzeichnen und bestellen: Hören Sie selbst wieder Schulfunk und überlegen Sie sich einen möglichen Unterrichtseinsatz. Zeichnen Sie die Sendungen auf, notfalls mit einer kleinen externen Schaltuhr und bauen Sie sich eine kleine Radiothek auf. Bestellen Sie die Begleithefte bei Ihrem Sender; sie sind auch ohne die konkrete Sendung hilfreich und interessant.

Heinz-Werner Poelchau

Dias zeigen

Dias im Unterricht waren lange kaum mehr gefragt; in letzter Zeit werden sie wieder häufiger genutzt. Sie bieten ein Stück Kino-Erlebnis, ohne das Flüchtige des Films zu haben. Die Reihe der stehenden Großbilder bietet wiederum die Möglichkeit zur Konzentration der Aufmerksamkeit und zentriert den Unterricht auf ein Thema. Es bietet Verdeutlichung, Konzentration auf das Wesentliche und führt zu anderen Gesprächsanlässen als die Bewegtbilder. Vielfach werden in der Schule eigene Dia-Sammlungen geführt (Frage an Schulleitung oder Sekretariat); die Bildstellen/Medienzentren halten auch spezifische Serien bereit, die die Situation und Geschichte vor Ort beschreiben. Im Katalog der Bildstelle/des Medienzentrums sind sie aufgeführt; auf der zugehörigen Begleitkarte sind andere Medien zum Thema angegeben. Hierzu nun folgende Hinweise:

Dias brauchen ähnliche räumliche Voraussetzungen wie der Film; Planung und Prüfung lassen sich aber im zeitlichen Aufwand verringern. Die didaktischen Funktionen sind zwar geringer, ihre Intensität aber unter Umständen größer. Machen Sie aber keinen „Dia-Abend": Weniger kann auch hier mehr sein. Legen Sie sich eventuell selbst ein Dia-Archiv an, auf das Sie immer Zugriff haben. Nutzen Sie die Möglichkeiten, die das Dia als Kontext-Medium zu anderen Medienarten bietet.

Die wichtigsten Medienstellen

- Landesbildstellen in den Landeshauptstädten (in NRW, BY und BW je eine pro Landesteil) (Anschriften im Telefonbuch)

- Kreis- und/oder Stadtbildstellen (Telefonbuch)

- Landesfilmdienste in allen Landeshauptstädten (Telefonbuch)

- Evangelische und katholische Medienstellen/Medienzentren (Anschriften bei Kirchengemeinden)

- Landeszentralen für politische Bildung (Anschriften bei den Landesregierungen)

- Bundeszentrale für politische Bildung, Bonn

- Bundeszentrale für gesundheitliche Aufklärung, Bonn

- Landesinstitute für Schule, Erziehung, Lehrerfortbildung etc.

- Medienstelle der Deutschen Bahn, Mainz

- Adressen von Schulbuchverlagen und für andere Lern- und Unterrichtsmittel beim Deutschen Didacta-Verband, Frankfurt/Main

- Informationszentren einzelner Schulbuchverlage, meist in den Landeshauptstädten (Telefonbuch)

- *Fachzeitschriften:*
  Medien und Schulpraxis, Pädagogisches Büro, Paderborn
  FWU-Magazin, FWU, Grünwald b. München
  Video, Vereinigte Motor-Verlage, Stuttgart
  Praxis Schulfernsehen, vgs – Verlagsgesellschaft, Köln
  S3-Schulfernsehen, Südwestfunk, Baden-Baden
  BR-Schulfernsehen, Bayerischer Rundfunk, München

Heinz-Werner Poelchau

Sich der Manipulation widersetzen

Erfahrungen der Kinder klären und ordnen

Die Veränderungen in der Lebenswirklichkeit der Kinder haben dazu geführt, daß diese heute weit weniger unmittelbare, sinnliche Erfahrungen machen können als früher. Daher muß die Grundschule den Kindern helfen, diese Lebenswirklichkeit zu verstehen, um ihren manipulativen Einflüssen nicht hilflos ausgeliefert zu sein. Wie dies geschehen könnte, möchte ich an einem Beispiel verdeutlichen.

Während der Frühstückspause hört Frau M., wie sich die Kinder ihrer 4. Klasse über den mitgebrachten Joghurt unterhalten. Ohne sich dessen bewußt zu sein, tauschen sie dabei ihre Vorerfahrungen und ihr Wissen aus, wobei Richtiges und Falsches schnell durcheinander geraten. Für die Lehrerin ist dies ein willkommener Anlaß, diesen Sachverhalt zu Beginn der folgenden Unterrichtsstunde aufzugreifen. „Lena wollte vorhin in der Frühstückspause von Sebastian wissen, welchen Joghurt er am liebsten mag. Michael hat aufgezählt, welche Sorten er kennt, z. B. Heidelbeer, Erdbeer, Apfel, Vanille. Außerdem haben sie darüber diskutiert, wie Joghurt hergestellt wird. – Ich meine, das wäre doch einmal ein interessantes Thema für den Unterricht."

Die Kinder zeigen sich von dieser Idee recht angetan.

Der Lehrerin ist es wichtig, die „Routine des Bescheidwissens" zu erschüttern und das scheinbar Vertraute neuartig oder auch befremdlich werden zu lassen. Nicht das Vermitteln von Wissen ist ihr vorrangiges Ziel, sondern das Aufmerksamwerden, die Erschütterung des Selbstverständlichen, das Staunen. Die Kinder und die Lehrerin bringen also Joghurt zum Frühstück mit. Es wird probiert, verglichen, bewertet. Ausschlaggebend für die eigene Wahl: Geschmack und Farbe.

Für die folgende Stunde bereitet die Lehrerin „hausgemachten" Joghurt vor. Sie färbt ihn mit Lebensmittelfarben blau, rot, rosé, grün, gelb, orange. Die Kinder probieren! Sie sollen die Sorten erraten. Natürlich schmeckt der rosafarbene wie Erdbeer, der blaue wie Heidelbeer ...

Niemand hat ernsthafte Zweifel. Der Joghurt schmeckt, wie er aussieht. Die Lehrerin klärt auf. Unruhe, ungläubiges Staunen, Zweifel: „Nee, das glaube ich nicht. Sie wollen uns tricksen." Und so wird noch mal probiert und noch mal. Ja, ganz so sicher ist man sich seiner Sache nun doch nicht mehr. Was also tun? Selber färben, wieder schmecken, vergleichen ...

Die Kinder erfahren viel über Farbpsychologie, Manipulation, Suggestion, Werbung. Auch Fragen der Herstellung und Konservierung sind interessant. Viele Fragen, manche Antworten und vor allem eine fruchtbare, nicht geglättete Annäherung an Mechanismen, denen Kinder täglich ausgesetzt sind.

Konrad Theisen

Tips

● Kinder brauchen *Orientierungshilfen,* um das Medienangebot optimal nutzen zu können.
Vereinbaren Sie deshalb mit den Kindern, eine bestimmte Fernsehsendung (Märchen, Tagesschau, Werbefernsehen, Krimi etc.) anzuschauen. Besprechen Sie die Sendungen: Welche Wirkung haben sie auf uns? Was wirkt auf jeden Fall auf uns besonders? Lassen Sie Kinder dabei von ihren Medienerlebnissen erzählen. Analysieren Sie die inhaltlichen und gestalterischen Manipulationen, damit die Kinder zwischen Aufklärung und Beeinflussung unterscheiden lernen. Führen Sie gezielt an wertvolle Medienprodukte heran.

● Fotografierversuche vermitteln die *Eigengesetzlichkeit der Medien.* Kinder fotografieren sich gegenseitig (auch mit Sofortbildkamera). Wie wirke ich auf andere? Welches Gefühl löst mein Bild aus? Es wird eine Fotoausstellung vorbereitet: Wir zeigen alte Familienbilder (Eltern,

Großeltern); Unterschiede zur Gegenwart werden herausgearbeitet. Veranschaulichen Sie mit den Kindern den Tagesablauf in Bildern: sich selbst fotografieren, Bilder sortieren und dokumentieren; Texte hierzu entwerfen. Lassen Sie zu Bildern Geschichten erfinden. Hierzu werden unterschiedliche Interpretationen sich ergeben und dann verglichen.

● Machen Sie das Thema *Medienkonsum* zum Gesprächsthema auf dem Elternabend. Eltern achten meist nicht selbst darauf, was Kinder sehen.

● *Medien selbst in Dienst nehmen, sie der Kritik zugänglich machen,* das ist die zentrale medienpädagogische Aufgabe: Installieren Sie eine „Medienwerkstatt" in der Klasse. Richten Sie mit den Kindern eine Wandzeitung her – oder eine Klassenzeitung. Geben Sie den Kindern kleine Forschungsaufträge mit dem Fotoapparat, mit dem Mikrophon oder der Videokamera.

● Kinder verbringen – nach dem Fernsehen – die meiste Zeit mit dem *Hören von Tonkassetten.* Hören Sie mit den Kindern gemeinsam. Analysieren Sie ihre Lieblingsfiguren.

● Mit der Videokamera können Sie die *Faszination bewegter Bilder bewußt machen.* Stellen Sie mit den Kindern einen Videofilm her: einzelne Szenen vorbesprechen, Textbuch schreiben, verkleiden, schneiden, gemeinsam anschauen und besprechen. Oder gestalten Sie mit den Kindern einen Werbespot: Welche Informationsabsichten haben wir, um den Empfänger zu bestimmten Verhaltensweisen oder Ansichten zu veranlassen?

● Kinder lernen *verschiedene Ausdrucksmöglichkeiten* einzuschätzen; z. B. am Zusammenhang von Wortsprache und Körpersprache. Probieren Sie mit den Kindern verschiedene Körpersprachen aus: etwas sagen, ohne zu sprechen; Schattenspiele (Bettuch anstrahlen, Kinder als Silhouette erscheinen lassen).

Regeln und Rituale

Schule ist nicht nur Unterrichtsstätte, sondern zugleich auch *Lebens- und Erfahrungsraum*. Zu ihrer Orientierung sind Kinder auf Normen angewiesen. Die Normen, die an einer Schule bestehen, machen in ihrer Gesamtheit das Profil dieser Schule aus. Natürlich entscheidet jede einzelne Lehrkraft über sie. Gelten sie konsequent? Müssen sie verändert werden? Andere wiederum werden mit den Kindern gemeinsam entwickelt. Erzieherisches Handeln ist ein zwischenmenschliches Geschehen und angewiesen auf die Mitwirkung der zu Erziehenden; dadurch unterscheidet sich Erziehung von jeder anderen Form sozialer Beeinflussung.

Regeln und Rituale sind die *festen verläßlichen Ordnungen* in der Lebenswelt der Kinder; gegen Unsicherheit und Orientierungslosigkeit geben sie Orientierung und Halt. Von hier aus können Kinder ihre Selbständigkeit und Freiheit wagen. Nach den *Regeln* sollen alle im Klassenzimmer handeln, so daß man sich darauf verlassen kann. *Rituale* sollen davon entlasten, die Welt durch eigene Entscheidungen ständig neu ordnen, die Abmachungen neu definieren zu müssen. Während also die Regeln einen rationalen Kern haben (z. B. Gesprächsregeln), haben die Rituale zudem eine bestimmte Symbolkraft (z. B. Geburtstagsfeier, Ärgerdose, Erzählstein, das tägliche Frühstück).

Regeln und Rituale stiften *Traditionen* in der Klasse – und möglichst in der ganzen Schule; sie geben der Schule damit ein *persönliches Gesicht*. Aber auch die Tradition muß der kritischen Reflexion unterzogen werden. Sich allein darauf zu berufen („Das haben wir immer so gemacht."), reicht als Begründung nicht aus. Regeln und Rituale können auch lediglich der Demonstration von Macht dienen: Man denke nur an bestimmte Rituale des Drannehmens („Nur wer sich schön meldet ... "), der Hausaufgabenkontrolle, der Rückgabe von Klassenarbeiten. Andere wiederum werden als sinnentleert empfunden.

Regeln und Rituale sollen also nicht bloße Abmachungen sein, sie müssen vielmehr einem begründeten Erziehungskonzept gerecht werden. Sie brauchen deshalb das Vertrauen der Kinder; sie müssen vernünftig sein und von ihnen akzeptiert werden. Andernfalls ist es erforderlich, neue Abmachungen zu treffen. Wenn Regeln und Rituale in Zweifel geraten, verlieren sie ihre pädagogische Wirkung. Wo sie immer wieder reflektiert werden, wird die Nachlässigkeit im Umgang mit ihnen vermieden.

Literaturtip: Hermann Schwarz: *Lebens- und Lernort Grundschule*. Frankfurt a. M. (Cornelsen Verlag Scriptor) 1994

„Briefwechsel":
mit Kindern ins Gespräch kommen

Kinder kennen aus ihrem häuslichen Umfeld kaum noch Geschriebenes in seiner Bedeutung, sich anderen mitteilen zu können. Folglich zeigt sich gelegentlich auch wenig Neigung, selbst zu schreiben. Mit einem kleinen Impuls kann man vielleicht einen Prozeß in Gang bringen. Bleibt etwa eine Kinderfrage in der Klasse zunächst unbeantwortet mit dem Hinweis: „Du findest die Antwort morgen in einem Brief!", so kann aus der Neugierde ein Briefwechsel, als Bild- oder Wortbrief, bereits im 1. Schuljahr entstehen.

Elke Dickler

Der Erzählstein: ein Stein, der Geschichte erzählt

Ein Erzählstein ist ein Stein, der hilft, Erlebnisse oder Geschichten zu erzählen. Bereits in den ersten Schultagen stellte ich fest, daß einige meiner Schulanfänger Probleme hatten, sich im Erzählkreis frei zu äußern. Trotz Zuspruch gelang es mir nicht richtig, diesen Kindern ihre Ängste und Hemmungen vor der Gruppe zu nehmen. So kam ich auf die Idee, einen besonderen Stein, einen Stein mit besonderen Fähigkeiten, mit in meine Klasse zu nehmen. Natürlich handelte es sich zudem noch um einen sehr schönen, ausgefallenen Stein.

Dieser Stein, so erzählte ich meinen Kindern, habe die Fähigkeit, Geschichten zu erzählen, wenn man ihn in seine Hände lege und „höre", was er zu berichten habe (Einbeziehung des haptischen Sinnes). Mit großem Erstaunen lauschten die Kinder meinen Worten, zumal ich meine Behauptung noch mit einer kurzen Erzählung untermauerte. Die Aufforderung an die Kinder, mit Hilfe des Steins ebenfalls ein Erlebnis oder eine Geschichte zu erzählen, hatte großen Erfolg. Alle Kinder meldeten sich! Der Erzählstein wurde von nun an unser ständiger Begleiter im Morgenkreis oder immer, wenn es etwas zu erzählen gab. Meine Klasse ist inzwischen im 3. Schuljahr und erzählt heute noch gerne mit Hilfe dieses Steins.

Astrid Ficinus

Lesemorgen

Dieses Ritual halte ich von der Mitte des 2. Schuljahres an für sinnvoll. Kinder bekommen den Auftrag, ein Buch, das sie gerne lesen wollen, mitzubringen. Einzige Bedingung: kein Sachbuch, sondern ein Roman oder Erzählungen.

Wer kein Buch zu Hause hat, wählt eines aus der Schulbücherei aus. Jeder, auch die Lehrerin, liest das Buch still. Zuerst dauert es eine Weile, bis alle ruhig sind. Begonnen habe ich mit einer viertel Stunde. Im Laufe der Zeit verlängert sich die Lesephase. Es wird rascher ruhig. Am Ende der Lesezeit sind alle erstaunt, wie schnell die Zeit verging. Wer möchte, kann über sein Buch berichten. Mancher fühlt sich auch erschöpft, allerdings angenehm. Kinder erfahren auf diese Weise, was Lesen heute für sie bedeuten kann.

Beate Bogalho

Symbole und non-verbale Zeichen im 1. Schuljahr

- Verschiedene Schilder (Bild/Wort-Kombination) dienen zur gemeinsamen Verständigung (z. B. Stuhlkreis bilden, sich melden, still werden, wir lesen, wir schreiben, wir rechnen, wir malen, wir spielen ...). Schilder können an der Tafel angebracht, bzw. können zur Kennzeichnung unterschiedlicher Zonen im Klassenraum verwendet werden (Leseecke, Rechenecke, Spielecke, Bastel- und Maltisch ...).

- Auf Handzeichen unterbrechen alle Kinder ihre Arbeit, werden still und heben zur Kennzeichnung ihrer Bereitschaft zuzuhören ebenfalls die Hand.

- Spielerische Übungen sollen die sog. „Meldekette" einüben; diese soll das selbständige Drannehmen beim Unterrichtsgespräch und ein besseres Kennenlernen fördern.
  „Heute dürfen alle Mädchen/Jungen drannehmen; ... es dürfen alle Kinder mit dem Anfangsbuchstaben X drannehmen; ... es müssen abwechselnd Mädchen/Jungen drangenommen werden; ... nimm ein Kind dran, das du noch nicht so gut kennst ..."

Astrid Ficinus

Das Kreisschild

Bei *Kreisgesprächen* oder Klassenfeiern, bei denen man nicht gestört werden möchte: ein Kreisschild an die Tür hängen. Absprache in der Schule muß sein: Da stört man nicht, es sei denn, es brennt. Kreisschilder können im Kunstunterricht gestaltet werden. Die Kinder dürfen im Wechsel ihr Schild raushängen.

Erwin Klinke

Unsere Tätigkeitenampel

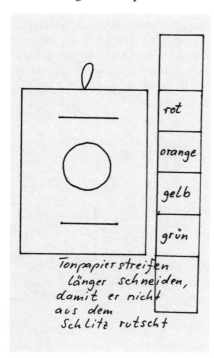

Zu Beginn des Schuljahres (und immer wieder nach Ferien!) ist es erforderlich, Regeln für die gemeinsame Arbeit in der Klasse aufzustellen, zu überprüfen und zu ergänzen bzw. anzupassen. Für die verschiedenen Sozialformen und dazugehörigen Arbeitstechniken gibt es in unserer Klasse eine Tätigkeitenampel, die regelt, wie wir miteinander arbeiten. Sie besteht aus einem Pappbogen in DIN-A3-Größe, aus dem in der Mitte ein Kreis ausgeschnitten und oben und unten ein Schlitz eingeschnitten worden ist. Vier kleinere Tonpapierbögen (so breit, daß sie durch den Schlitz passen) in den Farben Rot, Orange, Gelb und Grün wurden mit Klebefilm zu einem Streifen zusammengeklebt, der sich durch den Pappbogen hindurchziehen läßt. In den Klassenregeln wird vereinbart, welche Bedeutung die Ampelfarben haben.

Regeln für unsere Klasse

Die Tätigkeitenampel regelt, wie wir im Unterricht miteinander arbeiten:

Rot: Stillarbeit – Niemand spricht, jeder arbeitet für sich.

Orange: Gespräch – Wir zeigen auf. Nur wer aufgerufen wurde, darf reden. Wir hören einander zu und lassen uns ausreden.

Gelb: Gruppen- oder Partnerarbeit – Wir lernen miteinander. Dabei sprechen wir leise und stören uns nicht gegenseitig.

Grün: Freiarbeit – Wir lernen selbständig, jeder für sich oder mit einem Lernpartner. Fragen besprechen wir leise miteinander. Wir holen unser Arbeitsmaterial selbst. Wir können auch auf den Lese- und Spielteppich gehen.

Thomas Sudeik

Was Kinder zur Orientierung brauchen

Kinder brauchen Rituale, um sich zu orientieren und in Lebenssituationen zurechtzufinden. Regelmäßig wiederkehrende Handlungen oder Situationen schaffen Sicherheits- und Geborgenheitsgefühle.

Beispiele für Handlungsfelder aus unserer Schule:

- *Beginnen des Unterrichts* mit einer Stilleübung *oder* einer gemeinsamen kurzen Gesprächsrunde, bei der der Verlauf des Vormittags bekanntgegeben wird oder Kinder ihr Arbeitsvorhaben für diesen Vormittag nennen (Freiarbeit/Projektarbeit/Weiterarbeit an angefangenen Arbeiten vom Tag vorher ...).

- *Während des Unterrichts* (bei Freiarbeit, Stillarbeit, Gruppen- oder Partnerarbeit ...), wenn die Lehrerin oder der Lehrer oder ein Kind der ganzen Gruppe etwas mitteilen möchte: zwei aufeinanderfolgende leise Glockentöne bedeuten (immer): Alle mal herhören, ich muß etwas Wichtiges sagen!

- *Kinder warten auf die Hilfe des Lehrers:* Sie stellen eine kleine Ampel auf ihren Tisch (Signal für den L.: Ich brauche deine Hilfe! Sie lesen ein paar Minuten in ihrem Buch, bis der L. kommt). *Oder* sie stellen sich an das Pult des L. und warten dort. Auf dem Pult steht ein kleiner Kasten mit Minibüchlein, um das Warten zu verkürzen.

- *Beendigung der Stillarbeit:* Der L. kündigt diese (durch zwei Glockenschläge verschafft er sich Aufmerksamkeit) fünf Minuten vorher an, damit die Kinder ihre begonnene Arbeit in Ruhe zu Ende führen können.

- *Eßpause:* Kinder richten ihr Frühstück auf einem Frühstücksdeckchen; das Essen wird gemeinsam begonnen. Während dieser Phase ist auch Erzählzeit: Ein Erzählstein wird demjenigen weitergereicht, der vor der Klasse etwas erzählen möchte (über seine Arbeit, ein Erlebnis, einen Witz).

- *Verbesserung der sozialen Beziehung:* Kinder nutzen den in der Klasse irgendwo sichtbar deponierten Kummerkasten, indem sie ihren Kummer auf Zettel aufschreiben und in den Kasten werfen (was häufig schon als Lösung genügt!!). An dafür bestimmten Tagen werden (im Kreisgespräch) die Zettel vorgelesen und die einzelnen Kümmernisse besprochen bzw. Lösungen gefunden.

- Die Klassensprecher der einzelnen Klassen treffen sich regelmäßig, um bestimmte Dinge zu besprechen, Anträge an die Lehrer, die Schulleitung zu stellen, Putzfrauen oder Hausmeister anzusprechen ...

- *Reflexion der eigenen Arbeit* (sich einschätzen lernen): Täglich sprechen die Kinder über ihre Arbeit an diesem Vormittag. Sie äußern sich zu Fragen wie: Warst du heute zufrieden mit dir? Warum? Warum nicht? Was hast du heute gelernt? Warum hat heute manches nicht geklappt? ... Es genügt, wenn sich bei einer solchen Runde zwei oder drei Kinder zu Wort melden.

Ingrid Nicklaus

Soziale Regeln einüben – mit der Fotowand

Der erste wichtige Schritt zum Aufstellen von Regeln ist das Gespräch über soziales Handeln. Dieses kann gerade im Grundschulbereich, wo es im besonderen um das Akzeptieren von Regeln geht, nur aktiv, d. h. handelnd, gelernt werden. Viele Kinder sind überfordert mit der Umsetzung verbalisierter Handlungen. Deshalb ist folgendes besonders wichtig: So wenig Regelungen wie notwendig, diese einfach und einsichtig vereinbaren, klar und eindeutig festlegen. Gemeinsam über Regelungen nachdenken und entsprechend handeln; Unerwünschtes nicht sanktionieren, sondern das Positive ermutigend hervorheben!

Zum Schuljahresbeginn habe ich eine erste Klasse mit 31 Kindern übernommen. Bei diesen Voraussetzungen kann ein echtes Miteinander nur gelingen, wenn es vielfältige und anspruchsvolle Möglichkeiten des Miteinander-Umgehens gibt und

- Kinder *miteinander* statt in Konkurrenz zueinander lernen,
- Hilfe geben und Hilfe annehmen selbstverständlich ist,
- Lernen selbstorganisiert ist,
- Regeln des *Zusammenlebens* nicht einfach vorgegeben werden, sondern aus *gemeinsamer* Beratung und *gemeinsamem* Handeln entstehen,
- Revision der Regeln möglich ist.

In meiner Klasse hat sich zur Förderung des positiven Miteinanders vor allem folgendes bewährt:

- täglicher Gesprächskreis zur gemeinsamen Beratung, Planung, Besprechung von aktuellen Themen,
- gemeinsame Gestaltung des Klassenraumes,
- Einführung von Diensten, in denen jedes Kind für die Gemeinschaft Verantwortung übernimmt,
- Konfliktlösungen jeweils gemeinsam im Gespräch suchen,
- miteinander arbeiten und spielen,
- gemeinsames Frühstücken.

Nachdem wir unsere Regeln gemeinsam und handelnd erarbeitet hatten, suchten wir nach einer Möglichkeit, diese zu visualisieren. Meine Klasse erkannte schnell, daß viele Vorschläge nicht zu realisieren waren: verschriftlichen, filmen, an die Tafel malen u. ä. Deshalb haben wir beschlossen, die Vereinbarungen in Fotogeschichten darzustellen, die dann auf einer Wand den Kindern ständig präsent sind. Dem unerwünschten wird erwünschtes Verhalten gegenübergestellt und durch entsprechende Symbole gekennzeichnet.

Durch das Mitspielen und Mitgestalten aller Kinder ist ein hohes Maß an Identifikation mit unseren gefundenen Vereinbarungen erreicht. Falls ein Kind einmal vergißt, eine der Regeln einzuhalten, wird es von einem Mitschüler an der Fotowand daran erinnert.

Folgende Regelungen sind zur Zeit in meiner Klasse an der Fotowand exemplarisch dargestellt:

● Gesprächskreis (nur wer den *Gesprächsstein* hat, darf sprechen)

● Gegenseitiges Helfen (wer Hilfe braucht, hebt die *Helferhand*)

● Arbeitsruhe (wird durch *Handzeichen* herbeigeführt)

● Gemeinsames Arbeiten (keine „Mauern" bauen)

● Den Mitschüler achten (nicht raufen, keine Schimpfwörter, kein Auslachen)

● Gemeinsames Frühstücken

● WC-Regelung *(Toilettenampel)*

Die Fotowand muß selbstverständlich so flexibel angelegt sein, daß ich jederzeit die Vereinbarungen mit den Kindern überdenken, verändern und ergänzen kann.

Martin Ehmer

Streitfälle lösen: der Klassenrat

Marcel war wieder ausgeflippt in der Pause. Diesmal hatte sein Zorn Benny aufs Korn genommen. Der soll gesagt haben: „Du Hurensohn!" An Mathematik, wie geplant, ist nicht zu denken. Alle sind viel zu aufgeregt. Also: Kommt bitte in den Kreis zum Klassenrat. Streitfälle oder Probleme, die auch eine spätere Lösung vertragen, werden in die wöchentliche Klassenrunde am Freitag verschoben, nachdem sie im Klassenratsbuch festgehalten worden sind.

Im Klassenrat sind alle gleichberechtigt. Auch der Lehrer hat nicht mehr Rechte, seine Stimme zählt auch nur einmal. Es gelten die Regeln für jeden Gesprächskreis. Wer den Ball hat, der spricht. Die anderen schauen auf ihn und hören ihm zu. Im 1./2. Schuljahr ist das ein Handpuppenbär, der gehalten wird, in Klasse 3 und 4 wird einem das Wort mit dem Ball zugeworfen.

Benny berichtet zuerst, dann Marcel. Wer etwas genau gehört oder gesehen hat, äußert sich dazu. Anfang und Ursache des Streites werden deutlich, der Verlauf wird auch nichtbeteiligten Kindern erkennbar, dann geht es in die zweite Gesprächsrunde: Welche Konsequenzen soll Marcels Verhalten haben? – Wieso eigentlich nur Marcel? Benny hat ihm ja wirklich ein böses Wort zugeworfen. Er sieht das auch ein. Die Kinder überlegen: Einmal Pausenverbot für beide. – Ungerecht. Benny wird dann zu hart bestraft. Andere Vorschläge werden diskutiert. Die beiden Hauptbetroffenen äußern sich zu den Meinungen der Kinder. Der Lehrer hält sich zurück. Endlich Einigung: Beide bekommen einmal Pausenverbot, Marcel darf am Freitag bei der beliebten Fortsetzungsgeschichte, die der Lehrer „spinnt", nicht mit zuhören. Für die Mathestunde bleiben noch 25 Minuten. Doch ohne den Klassenrat wäre die ganze Stunde für „die Katz" gewesen.

Manfred Pollert

Unsere Ärgerdose

Oft sind es nur Kleinigkeiten, die Kinder erheblich erbosen können, aber die Unterrichtsarbeit doch stark behindern. Eine leere Kaffeedose mit einem Schlitz im Deckel und ein Zettelkasten mit kleinen Abfallzetteln können hier Abhilfe schaffen. Wir nennen sie unsere „Ärgerdose". Statt dem Lehrer sein Leid zu klagen, können die Schüler auf einen Zettel schreiben, was sie gerade ärgert, bedrückt oder so wütend macht. In einer besonderen Stunde (z. B. Klassenrat) können die Zettel dann gelesen und besprochen werden.

Thomas Sudeik

Unsere Freitagsfeier

Früher haben wir jeden Freitag, wie es im Kleinen Jenaplan steht, eine Wochenendfeier für die ganze Schule abgehalten. Zuständig für die Vorbereitung war immer eine Stammgruppe. Heute feiern wir nur noch jeden zweiten Freitag und am letzten Schultag vor den Ferien. Für die Vorbereitung und Durchführung sind zwei benachbarte Stammgruppen verantwortlich, deren Lehrerinnen und Lehrer ein Lehrerteam bilden. Meist gibt es Darbietungen aus kleinen Theaterstücken, Tänzen, Akrobatik und Liedern zum Mitsingen. Auf diese Weise kommt man in der Schule zu einem gemeinsamen Liedgut. Wann ein Team mit der Feier dran ist, wird schon zu Beginn des Schuljahres festgelegt. Es trifft jedes Team zwei- bis dreimal im Jahr. Die zuschauenden

Stammgruppen sitzen im vorderen Drittel auf dem Fußboden, im mittleren Drittel auf Turnbänken und im hinteren Drittel der Feierhalle auf Stühlen. An den Seiten stehen die Eltern der Akteure und Gäste. Man muß möglichst vermeiden, daß sich zuviel Handlung auf dem Bühnenboden abspielt (liegen, kriechen). Das versperrt vielen Zuschauern die Sicht und bringt Unruhe. Feiern brauchen einen festen Rhythmus und dürfen nicht zu selten stattfinden, sonst entsteht keine Tradition, und die Feierstimmung geht in Unruhe unter.

Zum Abschluß jeder Feier werden alle kleinen und großen Geburtstagskinder der letzten 14 Tage auf die Bühne gebeten, und man ehrt sie mit einem Geburtstagslied.

Erwin Klinke

Die drei „R" – Grundlage für gemeinsames Arbeiten

Wenn ich als Lehrer mein Pensionsalter halbwegs gesund erreichen will, erfordern die „drei R" vom Anfänger – und auch später – die volle Aufmerksamkeit:

Regeln müssen gemeinsam abgesprochen, vereinbart und bei Bedarf geändert werden. Sie bilden bei mir die Voraussetzung für *Rituale*, die unseren Schulalltag entlasten, weil Vereinbartes zur Gewohnheit, zu Selbstverständlichem wird. *Reviere* sind für mich dann Handlungsfelder der Verantwortung. Hier kann und soll sich Gelerntes, Eingesehenes, Ritualisiertes bewähren als Verantwortung für Sachen (Materialien, die das Kind benutzt), für Tiere und Pflanzen und vor allem auch für das tägliche menschliche Miteinander aller in der Schule Tätigen (vom Mitschüler bis zu den Reinigungskräften).

Für die Regeln und Rituale gilt: Weniger ist mehr. Geregelt werden sollte nur, was wichtig ist und genügend „Entlastung" bringt, weil es nicht immer wieder diskutiert werden muß.

Einige Beispiele aus meiner Schule:

- *Zur Pause rausgehen:* An der Tür ist ein „Wartestrich". Die Kinder halten kurz ein. Ein Schüler erinnert an die wichtigste Hofregel: „Die Pause soll für jeden schön sein, also kein Spiel anderer stören, niemandem wehtun." Zu diesem Ritual gehört, daß die Kinder die Klasse ruhig, ohne Rennen verlassen.

- *Pausenende:* Wer seine Schüler nach der Pause wild und laut in die Klasse zurückkehren läßt, braucht Kraft, um den ruhigen Unterrichtsbeginn zu organisieren. Bessere Erfahrungen habe ich gemacht mit dem Ritual: Kinder sammeln sich am vereinbarten Platz, eventuell zu zweit aufgestellt.

Die Lehrkraft läßt durch Handzeichen Kinder ruhig werden. Es wird nicht mehr gerangelt und geschrien. Die Klasse geht ruhig mit der Lehrerin hinein.

- *Gesprächsregel:* Wer das Wort hat, hat einen Ball oder eine Handpuppe in der Hand. Das Wort wird mit dem Gegenstand weitergegeben. Wer Wichtiges einwerfen will, macht ein vereinbartes Handzeichen (z. B. „Melden" und auf das Kind zeigen, zu dem man etwas sagen will). Alle anderen hören so gut zu, wie sie möchten, daß ihnen zugehört wird. Dieses Ritual ist für die Grundschule, vor allem in den Klassen 1 und 2, sehr anspruchsvoll, aber ich halte es für unverzichtbar.

- *Ritual „Stille Zeit":* Kinder lieben Arbeitsphasen, in denen es ganz still ist. Die Dauer wird vereinbart, ein tickender Küchenwecker überwacht die Vereinbarung. Niemand spricht laut, das Flüstergebot gilt auch für die Lehrkraft.

Wichtig ist, daß alle Regeln gemeinsam aufgestellt, erprobt und notfalls geändert werden. Rituale greifen dann schon Bewährtes auf. Mindestens ebenso wichtig ist für uns hierbei, daß sich bei Regeln und Ritualen alle Lehrkräfte einer Schule einig sind. Es darf nicht sein, daß in der Grundschule bei jedem Lehrer für gleiche Situationen unterschiedliche Regeln gelten.

Manfred Pollert

Literarische Geselligkeit herstellen

Wenn Sie Kindern Raum und Zeit für lustvolles Lesen bieten, stellt sich bald literarische Geselligkeit in Ihrer Klasse ein. Sie vereinbaren freie und gemeinsame Lesezeiten. Und wo es einen offenen Unterrichtsbeginn gibt, können Kinder bereits eine halbe Stunde früher in der Klasse sein und in der Leseecke stöbern.

Hier ist das „Buch des Monats" ausgestellt. In einer Mappe befindet sich die Sammlung „Unser Lieblingsgedicht", von Kindern sorgfältig gestaltet. Das *Literaturbrett* informiert über ein neu angeschafftes Bilder-Sachbuch. Hier stehen die Vorschläge für den nächsten Morgenkreis, für die *Lesefeier* mit den Eltern, für den Wochenausklang mit der ganzen Schule. Für die nächste *Literaturwoche* (Projekttage) werden hier die ersten Ideen gesammelt: Theaterfahrt, Kinobesuch, Vorlesewettbewerb, Besuch der Stadtbücherei, Herstellen eines eigenen Klassen-Buches mit Texten von Kindern. Die nächste *Lesenacht* wird angekündigt (Lesen, Vorlesen und Erzählen ohne Grenzen, ein Leseabenteuer bis zum Einschlafen, anschließend gemeinsames Frühstück, während die ersten bereits auf dem Schulhof eintreffen): Vielleicht können Sie auch ein Lesezelt besorgen.

Jeden zweiten Freitag z. B. können Kinder ihre eigenen Texte vorlesen (am Rednerpult). So machen Sie Kindern Mut, sich zu äußern, sich auch der Kritik auszusetzen, ohne verletzt zu werden.

Durch solche Formen literarischer Geselligkeit erreichen Sie, daß die Kinder wie selbstverständlich mit Literatur umgehen: So machen die Kinder gemeinsame und individuelle Leseerfahrungen, werden durch neue Textsorten aufs neue herausgefordert. Vielleicht stellen Sie auch einen *Lesepaß* für jedes Kind aus, die Kinder selbst können in ihr *Lesetagebuch* schreiben.

Reinhold Christiani

Tips

- Führen Sie neue Regeln und Rituale sorgfältig ein. Sie müssen mit den Kindern regelrecht eingeübt werden (z. B. auch im Rollenspiel: Frühstück in der Familie und in der Klasse). Beeinträchtigen Sie nicht die Wirkung der Regeln, indem es zu viele davon gibt.

- Vereinbaren Sie mit den Kindern Rituale, z. B. für das Stillwerden zu Beginn einer neuen Unterrichtsphase: Schläge auf ein Xylophon; für das Flüstern in der Freien Arbeit: Finger auf den Mund; für das Hinhören: Hand heben.

- Überprüfen Sie von Zeit zu Zeit Ihre Regeln und Rituale in der Klasse. Haben sie noch die Wirkung, die Sie – und auch die Kinder – sich einmal davon versprochen hatten, oder haben sie inzwischen ihren Sinn verloren (z. B. die auf dem Karton aufgeschriebenen Gesprächsregeln aus dem 1. Schuljahr, die auch noch in der 3. Klasse an der Wand – unbeachtet – hängen)?

- Gesprächsregeln laufen bald sinnentleert ab, wenn sie nicht permanent reflektiert werden (wie können wir noch besser ins Gespräch kommen?). Sie müssen vielleicht gelegentlich auch einmal abgelöst werden (können wir statt mit der Meldekette auch ein Gespräch ohne Aufzeigen führen?).

- Regeln und Rituale müssen weiterentwickelt werden, wenn sie auf die veränderte pädagogische Situation nicht mehr passen. Vielleicht sind Kinder auch einfach aus ihnen herausgewachsen, z. B. Kerzen auspusten bei der Geburtstagsfeier, Benutzung der „Ärgerdose".

- Regeln und Rituale haben dann eine erzieherische Funktion, wenn Sie konsequent auf deren Einhaltung bestehen; dies ist übrigens besonders wichtig für Kinder, die Schwierigkeiten im Verhalten zeigen. Werden Regeln nicht eingehalten („mal so – mal so"), erreichen Sie mit Ihren pädagogischen Absichten gerade das Gegenteil – insbesondere auch dann, wenn Sie selbst ein schlechtes Vorbild sind.

- Orientieren Sie sich an Regeln und Ritualen anderer Klassen. Was könnte man übernehmen, was davon variieren? Was sagt die Kollegin über ihre Erfahrung damit?

- Diskutieren Sie die Regeln und Rituale der Klasse in Ihrem Kollegium. Was läßt sich für die ganze Schule vereinbaren (z. B. ein Schul-Ritual am Wochenende: Freitagsfeier, Wochenversammlung, Stunde der Möglichkeiten; oder Jahreszeitenfeiern mit Kindern und Eltern: Lieder und Texte zum Frühlingsanfang)?

Schullaufbahn

Kinder sind sehr verschieden und lernen dementsprechend unterschiedlich gut und schnell. Die einen brauchen bis zu fünfmal so viel Zeit wie die anderen. Wie läßt sich angesichts dieser Unterschiede das Ziel der Grundschule verwirklichen, allen Kindern tragfähige Grundlagen zu vermitteln, ohne daß die einen ständig überfordert und die anderen unterfordert werden?

Der Individualität kindlichen Lernens steht ein formales Gerüst an Gesetzen und Erlassen gegenüber, das die Schullaufbahn für viele Kinder eher zu einem Hindernislauf als zu einem individuellen Lernweg macht: Einschulung, Versetzung und Übergang in weiterführende Schulen. Wer diese Hürden nicht nimmt, bekommt Schwierigkeiten. So stellt sich die Grundschulzeit als ein „Zeitrennen" mit konsequentem Ausleseverfahren dar (Zurückstellung, Nichtversetzung, Sonderschulüberweisung, Übergang in die nichtgewählte weiterführende Schule). Für die anderen ist sie vielleicht nur der Aufenthalt in einem bequemen „Wartesaal".

Zu fordern ist eine *Grundschule ohne Selektionsentscheidungen* und mit Organisationsformen, die einen *individuellen Lernweg* ermöglichen: Einschulung – ohne Zurückstellung – zu zwei oder drei Terminen im Jahr; Verbleib in einer jahrgangsübergreifenden Lerngruppe (Klassen 1 bis 4) bis zum Erreichen tragfähiger Grundlagen für weiterführendes Lernen (in einem Zeitraum bis zu fünf Jahren ohne förmliches Sitzenbleiben oder Überspringen); Übergang in die Sonderschule und in die weiterführende Schule nur mit Zustimmung der Eltern nach vorheriger Beratung.

Unabhängig davon gilt es, im heute bestehenden System alle fälligen Schullaufbahnentscheidungen pädagogisch verantwortlich zu treffen. Dazu sollte das Regelwerk voll genutzt werden. Allen Entscheidungen liegen allerdings *Schulerfolgsprognosen* zugrunde, in deren Gültigkeit wir keine übertriebenen Erwartungen haben dürfen. Solche Entscheidungen, wenn sie denn erforderlich werden sollten, müssen in einer vertrauensvollen Abstimmung mit dem Kind und den Eltern sowie in Kenntnis der neuen Institution (welche Fördermöglichkeiten hat diese Sonderschule? Welche hat dieses Gymnasium?) getroffen werden.

Übergänge zwischen den Schulstufen (Kindergarten, Grundschule, weiterführende Schulen) und innerhalb der Grundschule (Versetzung, Überspringen) vollziehen sich in der Spannung zwischen pädagogischem Auftrag und rechtlichen Bedingungen. Dazwischen gilt es zum Wohle des Kindes zu vermitteln. Jede Stufe hat ihre eigene Aufgabe einzulösen und das zuvor Grundgelegte kontinuierlich weiterzuführen. Dies setzt – bei aller Unterschiedlichkeit der

Aufgaben – eine Gleichsinnigkeit und gemeinsame Orientierung dieser Institutionen voraus, die nur durch Verständigung zwischen den Stufen gelingen kann.

Literaturtip: Horst Bartnitzky, Reinhold Christiani: *Zeugnisschreiben in der Grundschule.* Heinsberg (Agentur Dieck) 1994

Rücktritt vor Sitzenbleiben

Auch wenn Sitzenbleiben unpopulär geworden ist, Rücktritt wesentlich freundlicher klingt, bleibt diese pädagogische Maßnahme unverzichtbar. Der Rücktritt ist dabei allemal vorzuziehen, weil damit zugleich das Einverständnis der Eltern zu dieser Maßnahme signalisiert ist, ohne das ein Wiederholen einer Jahrgangsklasse selten positive Auswirkungen hat. Sitzenbleiben per Konferenzbeschluß zum Schuljahresende sollte also nur eine Maßnahme bleiben, wenn dies für das Kind richtig ist, die Eltern jedoch uneinsichtig bleiben.

Der Rücktritt bietet außerdem mehrere positive Aspekte: Die beteiligten Lehrerinnen können mit dem Kind und den Eltern den geeigneten Zeitpunkt absprechen. Wenn z. B. sich in der ersten Hälfte des zweiten Schuljahres zeigt, daß ein Kind neben Lernproblemen in anderen Bereichen vor allem im Leselehrgang keine rechten Fortschritte macht, kann man sehr genau die Stufe der Lesefähigkeit feststellen und den Zeitpunkt für den Rücktritt so wählen, daß das Kind durch diese Maßnahme an der Stelle in den Leselehrgang „einsteigt", an der seine Ausfälle beginnen. Bei einem Sitzenbleiben am Ende der Klasse 2 wäre dieser Termin unerreichbar, da er ja im ersten Schuljahr liegt.

Wichtig bei Rücktritt – wie beim „Springen" – ist es, die innere Zustimmung des Kindes zu der Maßnahme zu bekommen. Natürlich ist viel gewonnen, wenn unsere pädagogischen Argumente von den Eltern akzeptiert werden. Sie wirken dann in der Regel auch positiv auf das Kind ein. Doch auch das Kind muß „Ja" dazu sagen, wenn die Maßnahme „greifen" soll.

An unserer Schule hat sich bewährt, daß beim Rücktritt die Kinder sich die Klasse bzw. die Lehrerin bzw. eine Klasse mit einem bestimmten Kind auswählen dürfen. Wenn das geschehen ist, erfolgt ein „Probebesuch" zum Kennenlernen der Klasse, des Unterrichts- und Wohnraumes dieser neuen Bezugsgruppe.

Erst danach wird der Termin für den Wechsel festgelegt – wieder zusammen mit dem Kind. Die „abgebende" wie die „aufnehmende" Klasse müssen im Gesprächskreis in die Maßnahme einbezogen werden. Es spricht nichts dagegen, dies im Beisein des Kindes zu tun, das zurücktritt, wenn es mit dem nötigen Geschick erfolgt. Verhindert werden muß, daß in der Pause, auf dem Nachhauseweg oder gar innerhalb der neuen Klassengemeinschaft Hänseleien aufkommen, die der positiven Motivation des Kindes entgegenwirken. Diese Gespräche müssen so nachhaltig wirken, daß auch in möglichen Konfliktfällen, also bei Streitigkeiten, in denen das Kind beteiligt ist, dieses weder ausgelacht noch in anderer Weise durch den Rücktritt in eine Versager-Rolle gedrängt werden darf.

Manfred Pollert

Vor dem Rücktritt: Vertrauen schaffen

Kann ein Kind die Anforderungen der Richtlinien und Lehrpläne überhaupt nicht erfüllen und ist zu erwarten, daß trotz zusätzlicher Fördermaßnahmen eine erfolgreiche Mitarbeit ausgeschlossen ist, empfehle ich den Eltern den „Rücktritt" im Laufe des Schuljahres.

Erfahrungsgemäß besteht die größte Schwierigkeit darin, Eltern davon zu überzeugen, einen Antrag auf Rücktritt zu stellen. In Elterngesprächen erläutere ich ihnen die Lernprobleme und belege noch einmal meine Bemühungen (auch aus Sicht der Eltern Schwierigkeiten nennen lassen). Ich nenne anschließend die Auswirkungen von Überforderung und ständigem Mißerfolgserlebnis (Stören des Unterrichts, fehlende Motivation, mangelnde Leistungsbereitschaft, Beeinträchtigung des Selbstbewußtseins). Vorwürfe werden bewußt vermieden. Ich rate den Eltern, sich in die Lage ihres Kindes zu versetzen. Kinder – und Erwachsene – brauchen Erfolgserlebnisse und Bestätigung für ihr Können.

Dann gebe ich den Eltern die Gewißheit, daß ihr Kind in der anderen Klasse eine Lehrerin vorfindet, die sich sehr um die Förderung bemüht und das Kind wieder stabilisiert.

So ist der Rücktritt, wenn er denn nicht zu vermeiden ist, eine Möglichkeit, das sehr formale und das Kind verletzende Ritual der Nichtversetzung zu umgehen.

Barbara Korn

Überspringen – mit Augenmaß und nach Plan

Was für den Rücktritt gilt, muß auch beim Springen erfolgen, auch wenn hier das betreffende Kind eine völlig andere Rolle einnimmt: Die anderen besitzen meist mächtigen Respekt vor der Leistungsfähigkeit und dem Mut des Kindes, einen solchen Schritt zu wagen.

Überspringen gibt es seit einigen Jahren öfter. Der Grund ist so einfach wie einsehbar. Kinder, die ihrem Klassenverband sehr weit voraus sind, die außerdem sehr selbständig lernen und arbeiten können und eine entsprechende soziale Reife mitbringen, können in der nächst höheren Klasse – meist im Januar/Februar – eine Woche oder länger, erst einzelne Stunden oder gleich ganze Tage, Probebesuch machen. Sie probieren aus, ob es ihnen dort gefällt, ob sie mitkommen, was ihnen zu schwer fällt. Danach entscheiden die Kinder zusammen mit uns, ob sie die Klasse überspringen wollen. Meist wollen sie. Die Eltern für diesen Schritt zu überzeugen, kann man in der Regel den Kindern überlassen. Die Vorbereitung erfolgt in fünf Stufen:

- Gespräch der Klassenlehrerin mit dem Kind: „Meinst du nicht ...?"

- Gespräch der Klassenlehrerin mit den Eltern, wobei deutlich werden muß, wo die Stärken des Kindes liegen, welche Probleme durch den Verbleib in der Klasse entstehen können, welche durch den Wechsel in die nächst höhere auftreten könnten.

- Sollten sich Kind und Eltern für das „Springen" entscheiden, plant die abgebende Lehrerin mit dem Kind, was im Rahmen der inneren Differenzierung noch vorweg geübt werden sollte (z. B. Inhalte des Mathematik-Lehrgangs).

- Das Kind wählt sich seine Klasse zum Probebesuch. Dieser sollte nicht kürzer als vier Wochen angesetzt werden. Will das Kind eher aufgeben, sollte man versuchen, ihm Mut zu machen, die Probezeit durchzustehen.

- Zeigt sich der Versuch als richtige und positive Entscheidung, wird die Probezeit auf ein Vierteljahr verlängert, danach sollte ein Wechsel zurück in die alte Klasse nicht mehr erfolgen.

Die Einbeziehung beider Klassenverbände, die mutmachende Zuwendung durch den neuen Klassenlehrer sind auch beim Springen unverzichtbar. Vielleicht sollten die Schulen öfter von dieser Möglichkeit Gebrauch machen, vor allem auch im Blick auf die sinnvolle Förderung besonders begabter Schülerinnen und Schüler. Genauso wichtig wie Begabung und Leistungsfähigkeit als Voraussetzung für das Springen ist die entsprechende soziale Reife.

Manfred Pollert

Die Übergangsentscheidung vorbereiten

In den meisten Bundesländern muß man nach dreieinhalb Jahren Grundschule Kinder für ihre weitere Schullaufbahn auf Leistungsgleise sortieren, wie es ihrer gegenwärtigen und vermuteten zukünftigen Leistungsfähigkeit entspricht. Ich arbeite in einem solchen Bundesland und muß deshalb in

Klasse 4 wider besseres Wissen an Entscheidungsprozessen mitwirken, die quer zum Grundverständnis von Lehren und Erziehen, Lernen und Leben in der Grundschule stehen. Denn:

● Ich weiß um die hohe Wertschätzung, die der Aufstieg ins Gymnasium genießt, und daß viele Gespräche im Elternhaus, in der Schule und zwischen den Schülern jetzt um dieses Thema kreisen. Das aber kann die dezidierten Gymnasiasten zur Arroganz verführen und stört damit die Gemeinsamkeit des Lernens in Klasse vier; manche werden sie aufkündigen (ein Vater sagte mir lakonisch: „Die Grundschule ist gelaufen."). Die zukünftigen Hauptschüler wiederum werden nun doch den Mißerfolg in ihr Selbstkonzept übernehmen und Schulangst entwickeln.

● Ich erwarte jetzt verstärkt das Drängen mancher Eltern nach Grammatikpauken und Rechtschreibbimserei und weiß, wie sehr solche Forderungen andere Eltern verunsichern werden. Neue Argumentationskraft werde ich brauchen; das aufgebaute Vertrauensverhältnis wird Sprünge bekommen.

● Ich kann nicht beurteilen, wie die Kinder meiner Klasse im Leistungsvergleich zu den anderen Kindern dieser Klassenstufe stehen. Meine eigenen Erfahrungen sind wahrlich nicht repräsentativ, wie niemandes eigene Erfahrungen. Tests kann ich nur eingeschränkt in die Überlegungen einbeziehen, zu groß ist die Skepsis gegenüber punktuell eingesetzten Gruppentests und der Prüfung eines jeweils nur schmalen Leistungsausschnitts. Vergleichbarkeit ist deshalb nicht gegeben. Wen ich für (noch) geeignet halte, der würde anderswo möglicherweise für nicht geeignet erklärt – und umgekehrt.

● Ich weiß, daß es eine Grundbedingung für Prognosen ist, die Kriterien zu kennen, die an zukünftige Leistungen angelegt werden, hier das jeweilige Anforderungsprofil der weiterführenden Schulen. Nur – dies kennt niemand. In der Not greifen wir Grundschullehrer also auf eigene (längst überholte) Schulerfahrungen, auf die zufälligen Erfahrungen eigener und bekannter Kinder und auf das Bild zurück, das wir uns nach unserem Meinen und Dafürhalten von den Anforderungen der weiterführenden Schulen zurechtbasteln – höchst willkürliche und unzuverlässige Quellen.

Von der Psychologie habe ich gelernt, daß bei einer auf Förderung bedachten Erziehung nicht mehr vom statischen Konzept einer Persönlichkeitstheorie ausgegangen werden darf. (Man hatte angenommen, daß die Persönlichkeit durch Eigenschaften bestimmt ist, die dauerhaft und stabil sind, daß deshalb einige Stichproben (Tests) genügen, um auf dahinterliegende Persönlichkeitsmerkmale zu schließen. Zukünftiges Verhalten schien mit einiger Wahrscheinlichkeit vorhersagbar.)

Auch bei Testpsychologen spricht es sich herum, daß diese Unterstellung zugleich eine pädagogische Bankrotterklärung zur Folge hat. Deshalb gilt das pädagogisch-anthropologische Persönlichkeitskonzept: Es geht von der grundsätzlichen Lernfähigkeit des Menschen aus und verweist auf die Bedeutung des sozialen Zusammenhangs der Lernprozesse. Eine Vielzahl empirischer Untersuchungen hat nachgewiesen, daß die Entwicklung von Menschen erheblich von situativen und sozialen Faktoren abhängt. Wie aber soll ich heute z. B. einschätzen, mit welchen Lehrerpersönlichkeiten, mit welchen pädagogischen und fachlichen Konzeptionen und Fähigkeiten das Kind zu tun haben wird, wie die Zusammensetzung der jeweiligen Klasse 5 und die Unterrichtsatmosphäre beschaffen sein wird und wie dies alles auf das Kind und seine Leistungsbereitschaft und -fähigkeit wirken mag?

Zensuren – ein zweifelhaftes Kriterium

Viele Eltern ziehen die Zensuren heran, um sie als Trendmeldungen zu nutzen. Die Beobachtung, daß häufig die Zensuren in Klasse 4 nach „strengerem" Maßstab verteilt werden, deutet dahin, daß auch viele Lehrer die Kinder in Hinsicht auf die anstehende Übergangsentscheidung augenfällig vorsortieren wollen. Vermutlich spielt hierbei auch die Argumentationssorge eine Rolle. Dies alles ist verständlich. Doch verkennen Eltern und Lehrer, die so meinen und handeln, Funktion und Aussagekraft von Zensuren. Es entspricht dem Leistungsverständnis unserer Grundschule, daß jedes Kind ein Recht auf erfolgreiches Lernen hat und den Zusammenhang von Anstrengung und Erfolg am eigenen Leibe erfährt.

Meine Faustregel: Je stärker die kognitiven und nicht-kognitiven Faktoren ausgeprägt sind, desto leichter wird das Kind vermutlich die Anforderungen der Realschule/des Gymnasiums im nächsten Zeitabschnitt bewältigen. Je schwächer sie sind, bis zu einer mittleren Ausprägung hin, um so bedeutsamer werden vermutlich die Faktoren der Lernumwelt sein, die ich aber zum großen Teil zur Zeit kaum richtig einschätzen kann. Belangvolle Ausnahme: das häusliche Anregungsmilieu. Sind die genannten Fähigkeiten und Eigenschaften nur gering entwickelt, dann hat das Kind wohl kaum Chancen auf Erfolge in Realschule oder Gymnasium.

Was noch zu leisten ist

● Was fangen die Lehrer der weiterführenden Schulen mit unseren Gutachten an? Sind sie, abgesehen von ihrer Funktion als Entscheidungsbegründung, hilfreich für das weitere Lernen und Fördern des Kindes? Wenn nicht, können sie hilfreicher gemacht werden? Oder ist dies pädagogisch gar nicht wünschenswert?

● Wie sehen die Anfangsanforderungen der weiterführenden Schulen aus? Was ist davon sinnvollerweise bis zum Ende der Grundschulzeit anzuzielen? Was ist davon der Grundschule und ihren Kindern nicht zuzumuten?

● Wie kann der Übergang von der Grundschule zu den weiterführenden Schulen „gleitender" gemacht werden?

Offene Fragen, die Sie und Ihr Kollegium selbst in Zusammenarbeit mit den Lehrern der weiterführenden Schulen beantworten müssen. Damit könnten Sie über diesen Bruch im Bildungsgang zumindest eine Brücke schlagen.

Eine Grundschule ist mit den Fachkonferenzen Deutsch der Klasse 5/6 eines benachbarten Gymnasiums und der Hauptschule verabredet: zu Unterrichts- hospitationen und zu Diskussionen über diese Fragen. Ein fraglos bescheide- ner Anfang. Doch ist mit Fortschritten wohl nur zu rechnen, wenn wir uns das jeweils Machbare vornehmen, dies aber konsequent betreiben.

Horst Bartnitzky

Übergang in Klasse 5: Elternwille oder Lehrer(fehl)urteil?

Am Ende der Klasse 4 erfolgt der Übergang in die weiterführenden Schulen. Die Eltern werden von uns vor der Anmeldung im Februar beraten. Oft sind sie erstaunt oder sogar entrüstet, wenn unsere Ansicht über ihr Kind viel skeptischer und vielleicht völlig anders als von den Eltern erwartet ausfällt. Aus einem falsch verstandenen Erfolgsdruck heraus fangen einige an, die Kinder auf ein erfolgreiches Bestehen im Gymnasium oder in der Realschule zu „trimmen".

Das halte ich für falsch. Die Grundschule ist keine Zubringerschule, sondern hat ihre eigene Berechtigung. Durch erfolgreiches, differenziertes Arbeiten versuche ich jedes Kind zur persönlichen Bestleistung zu bringen. Beratende Gespräche mit den Eltern müssen deshalb oft geführt werden. In diesen Gesprächen informiere ich die Eltern über Schwächen und Stärken ihres Kindes, damit sie einsehen, warum ihr Kind „nur Grundanforderungen" erfüllt, daß logisches Denken nicht mit formalem Rechnen gleichgesetzt werden darf usw.

Sollten trotz aller Beratungsbemühungen die Eltern einen Wechsel zur Real- schule oder zum Gymnasium wünschen, so überdenke ich meine Entschei- dung sehr lange, ob ich durch mein Gesamturteil den Elternwillen mißachten soll. Denn auch ich kann mich irren und die spätere Entwicklung des Kindes nur vermuten.

Christa Günther

In Elterngesprächen Vertrauen schaffen

Welche weiterführende Schule kann mein Kind nach Klasse 4 besuchen? Diese Frage beschäftigt die Eltern bereits in Klasse 3, und ein jeder hegt einen bestimmten Wunsch. Unausgesprochen kann dieser Wunsch viel Unruhe und Druck für Eltern, Kinder und Lehrer bedeuten. Dies ist häufig der Fall, wenn die Schulleistungen des Kindes nicht mit den Elternvorstellungen übereinstimmen. Es hat sich als sehr positiv erwiesen, Elternwunsch und Lehrerempfehlung in einem Gespräch frühzeitig offenzulegen.

Spätestens im November führe ich mit allen Eltern ein Gespräch. Dies kann im Rahmen eines Sprechtages stattfinden, da für die 4. Klassen der Elternsprechtag am Jahresende meist entfällt. Zielsetzungen dieses Gespräches sind:

● die Wünsche der Eltern bezüglich ihrer Schulwahl und deren Gründe dafür kennenzulernen,

● die Einschätzung der Eltern über ihr Kind zu erfahren,

● über meine Beobachtungen und Einschätzungen mit den Eltern zu sprechen, Gemeinsames und Unterschiedliches herauszuarbeiten.

Stimmen Elternwunsch und meine Einschätzung überein, führt die frühzeitige Aussprache zu einer Beruhigung und ermöglicht dem Kind ein weiterhin ruhiges Arbeiten ohne Druck.

Liegen Elternwunsch und Lehrerempfehlung jedoch weit auseinander, bekommt dieses Gespräch eine noch größere Bedeutung und sollte mit viel Sorgfalt und Behutsamkeit geführt und ggf. fortgesetzt werden.

Wichtig ist mir, den Eltern meine offene Gesprächshaltung zu vermitteln. Ich möchte mit ihnen gemeinsam den besten Weg für das Kind finden. Ich möchte beratend helfen, nicht überzeugen oder überreden. Ich muß nicht diejenige sein, die weiß, was richtig ist. Erfahrung und Beobachtung (meist über drei Jahre) haben zu der Einschätzung geführt, mit der ich in das Gespräch gehe und die ich zuvor kurz schriftlich fixiert habe.

Meine Einschätzung kann nur eine vorsichtige Annäherung an das Kind sein, die ich täglich überprüfen muß. Es ist mir wichtig, meine Sichtweise durch die der Eltern abzurunden, zu ergänzen, wenn nötig zu korrigieren. Diese Offenheit ist keine Unsicherheit und wird auch von Eltern nicht als solche gewertet.

Der Elternwunsch ist für mich ein wichtiges Faktum. Ich respektiere ihn und alle angegebenen Begründungen. Er ist für mich Ausgangspunkt eines jeden Gespräches.

Ich gehe in allen Gesprächen ähnlich vor.

1. Ich erkläre den Eltern das Ziel dieses ersten Beratungsgespräches. Ich weise darauf hin, daß ich hin und wieder etwas notieren werde. Diese Gesprächsnotizen sind bei einer Nichtübereinstimmung zwischen Lehrer und Eltern hilfreich.

2. Ich bitte die Eltern, mir zu folgenden Punkten ihre Sicht und Meinung zu erzählen.
   - Wie schätzen die Eltern ihr Kind ein?
     (Stärken, Schwächen, Interessen, Begabungen, Ausdauer, Selbstbewußtsein, Verhalten in Streßsituationen, Umgang mit Mißerfolg, usw.)
   - Welchen Wunsch haben die Eltern?
   - Warum wünschen die Eltern gerade diese Schule?
     Hier werden auch Gründe angegeben, in deren Mittelpunkt nicht das Kind steht. Dennoch sind es für Eltern wichtige Gründe.
   - Beispiele: „Alle Geschwister gehen auf das Gymnasium."
     „Ich habe nicht die Chance gehabt, mein Kind soll sie haben."
     Daß sich Eltern bei diesen Begründungen häufig selbst nicht ganz wohl fühlen, zeigen Sätze wie dieser: „Ja, ich weiß, der Bruder ist ein ganz anderes Kind, aber ..."

Zum jetzigen Zeitpunkt nehme ich hierzu keine Stellung, signalisiere den Eltern jedoch mein Verständnis für ihre Wünsche und Überlegungen.

3. Ich spreche über meine Beobachtungen, die ich an konkreten Situationen aus dem Unterricht zu erläutern versuche (Art der Mitarbeit, Qualität der Beiträge, Grad der Selbständigkeit, Umgang mit neuen Aufgaben, Bereitschaft zur Übung und zur zusätzlichen Arbeit, usw.).

4. Ich formuliere eine vorsichtige Einschätzung, stelle Übereinstimmungen und Unterschiede zur Elterneinschätzung heraus.

Stimmt die Elterneinschätzung mit meiner überein, überlege ich mit ihnen, wie wir das Kind sinnvoll weiter unterstützen. Liegen wir weit auseinander, schlage ich vor, daß wir beide unsere Einschätzung in den nächsten Wochen überprüfen. Mir ist es wichtig, daß auch die Eltern konkrete Beobachtungen machen. Deshalb schlage ich vor, innerhalb eines überschaubaren Zeitraums das allgemeine Hausaufgaben- und Lernverhalten des Kindes zu beobachten und die Beobachtungen festzuhalten. Hierzu gebe ich den Eltern einen Fragebogen an die Hand, den sie benutzen können oder nicht. Ebenso verabrede ich, das Hausaufgabenverhalten an drei oder vier ganz bestimmten Tagen bei von mir ausgewählten Hausaufgaben zu beobachten. Diese Tage vereinbare ich mit den Eltern vorher telefonisch. Ich ermuntere die Eltern, mich bei Rückfragen ruhig häufiger als sonst anzurufen. Ich selbst mache in diesem Zeitraum ebenso verstärkt Beobachtungsnotizen und bitte auch die Fachlehrer, dieses zu tun.

Wie geht es weiter?

Nach einem Beobachtungszeitraum vereinbare ich ein erneutes Gespräch, bei dem nicht die Schulwahl nach Klasse 4, sondern die angefertigten Notizen im Mittelpunkt stehen. Wir vergleichen, stellen Gemeinsames und Unterschiedliches heraus. Immer ergeben sich von beiden Seiten gleichermaßen beobachtete Problempunkte. Einen dieser Punkte greife ich auf und schlage eine Vorgehensweise vor, um an diesem Punkt zu arbeiten.

Ein einfaches Beispiel: Das Kind arbeitet sehr langsam, trödelt. Vereinbarung: Ich schreibe ins Hausaufgabenheft meine Zeiteinschätzung für die Arbeit. Das Kind stellt sich den Wecker und notiert, wie lange es darüber hinaus arbeitet.

Mit diesen Vereinbarungen verfolge ich zweierlei Absichten:

1. Sie sollen verhindern, daß Eltern aus dem Wunsch heraus, etwas zu tun, zu Maßnahmen greifen, die Druck erzeugen.

2. Die Absprachen führen zu einer konkreten Auseinandersetzung mit dem Lern- und Arbeitsverhalten des Kindes.

Die nun folgende Zeit einer engen Zusammenarbeit kann zu einer Annäherung zwischen Lehrer- und Elterneinschätzung führen und damit zu einer sinnvollen Entscheidung für das Kind.

Spüre ich jedoch in den folgenden Gesprächen ein Unwohlsein auf seiten der Eltern, oder entstehen auch bei mir durch die gezielten Beobachtungen Unsicherheiten, so empfehle ich ihnen, einen Schullaufbahntest bei der Regionalen Schulberatungsstelle machen zu lassen. Ich habe positive Erfahrungen mit diesem Test gemacht. Er hat mir in wirklich schwer zu beurteilenden Fällen geholfen, mein Urteil und meine Unsicherheiten zu überprüfen. Von allen Eltern wurde mein Vorschlag positiv aufgenommen, und die Testergebnisse wurden von den Eltern bei ihren Überlegungen mitbedacht.

Gabriele Lanser

Elternfragebogen

WAS WEISS ICH VON MEINEM KIND?

Beobachten Sie das Lern-, Arbeits- und Freizeitverhalten Ihres Kindes, und versuchen Sie, diese Fragen für sich zu beantworten.

Geht das Kind gern zur Schule?
Gibt es Fächer oder Themen, von denen es begeistert erzählt?
Macht das Kind die Hausaufgaben ohne Widerstände?
Macht es die Hausaufgaben ohne Hilfe?
Macht es die Hausaufgaben zügig?
Macht es die Hausaufgaben ordentlich, regelmäßig, vollständig?

Weiß es, welche Aufgaben es machen muß?
Kann es sich Aufgaben über längere Zeiträume sinnvoll einteilen?
Interessiert es sich für bestimmte Themen? Informiert es sich darüber in Büchern oder durch Fragen?
Erledigt es freiwillig zusätzliche Arbeiten?
Übt es vor Klassenarbeiten oder wenn es Schwierigkeiten hat?
Übt es alleine? Weiß es selbst, was es üben muß?
Geht es ruhig in Klassenarbeiten?
Kann es Mißerfolg verkraften?
Liest es gerne? Lernt es gerne auswendig?

Fragen, die Sie mit Nein beantworten, sollten Sie ankreuzen. Darüber würde ich gerne mit Ihnen sprechen, ebenso über folgende Fragen:
Wieviel Freizeit bleibt Ihrem Kind am Tag?
Was macht es am liebsten in der Freizeit?
Was finden Sie am Lern- und Arbeitsverhalten Ihres Kindes besonders positiv?
Ist Ihnen am Arbeits- und Lernverhalten Ihres Kindes etwas aufgefallen, worüber Sie gerne sprechen möchten?

Gabriele Lanser

Übergangsentscheidung: Eltern und Kinder einbeziehen

Sprechtage sind bei mir in der Regel immer Schülersprechtage, an denen die Eltern teilnehmen. Wenn das vom 1. Schuljahr an eingeübt wird, wird das Gespräch im 4. Schuljahr meist ein spannender Rückblick über die Lernentwicklung des Kindes.

Solche Gespräche fallen den Kindern nicht schwer, wenn wir sie mit ihnen gemeinsam einüben, selbstkritisch das eigene Tun, Können und Wollen sichtbar zu machen. Da ich das Gespräch im „Niveau" auf die sechs oder sieben Jahre alten Kinder einrichte, gibt es auch für die Eltern nicht viel zu fragen. Die Stellungnahmen des eigenen Kindes und meine Kommentare – all das spricht eine eindeutige Sprache.

Auch im 4. Schuljahr läuft das ähnlich ab. Das Kind reflektiert: Wo bin ich stark, wo brauche ich Hilfe? Wo habe ich wenig Lust und muß mich dazu zwingen? Was mache ich besonders gerne? Welche Rolle habe ich innerhalb der Klasse? Wie gehe ich mit mir, mit anderen um? Wo gebe ich Hilfestellung, wo und wie erbitte ich sie? Wie kommen meine Leistungen zustande: mit Druck oder Hilfe von Erwachsenen oder sehr selbständig? Arbeite ich sehr sorgfältig, langsam, schnell? usw. Der Lehrer hält dieses Gespräch im Protokoll (s. S. 260) fest, das später die Grundlage für das Gutachten ist.

Beratung und Entscheidung: Besuch der weiterführenden Schule
(Gesprächsleitfaden und Protokoll)

Schüler(in): _____

	am	Wunsch der Eltern	Wunsch des Schülers	Vorschlag des Lehrers	Entscheidung der Konferenz
1. Gespräch:					
2. Gespräch:					
3. Gespräch:					

Wichtige Gesichtspunkte	**Schwerpunkte des Gesprächs/ Problempunkte**
● **Leistungen in den Fächern**	

● **Arbeitsverhalten**
Arbeitstempo
Anstrengungsbereitschaft
Arbeitsdurchführung
z. B. Ablenkbarkeit/Konzentration
       Stetigkeit/Duchhaltevermögen
       Zielstrebigkeit
       Abhängigkeit von Erwachsenen
       beim Lernen/bei Lernqualität
Lerntechniken erwerben, sinnvoll anwenden, ggf. verbessern
Aufgaben entdecken, Ziele sich vorstellen und erreichen wollen
Lernentwicklung in der Grundschule	

● **Fähigkeiten** Anweisungen verstehen und sinnvoll in Handlung umsetzen Lang- oder Kurzzeitgedächtnis Diskussionsbereitschaft und -fähigkeit Einsichtsfähigkeit Denkfähigkeit (z. B. Textaufgaben) Ausdrucksfähigkeit	
● **Personenbezogene Merkmale** Soziale Selbständigkeit Durchsetzungsvermögen Neugier, Interesse an Wissenschaft Ängstlichkeit, Panik bei „Streß" Vertrauensfähigkeit Mitschüler ertragen können Kritik ertragen können Lernen beeinflussende Umgangsformen	

Manfred Pollert

Schüler fragen Schüler

Um es gleich zu sagen: Der Anstoß kam von einer Mutter; die Idee zur Problemlösung auch. – Unsere Situation: Die Schule liegt am Rand einer Großstadt; die Kontakte zu weiterführenden Schulen sind mit mehr oder weniger weiten Wegen verbunden. Die Hauptschule ist einen Kilometer entfernt. Die Realschulen liegen etwa zwei Kilometer, die vier Gymnasien bis zu fünf und die Gesamtschule fast acht Kilometer entfernt. Ein Besuch in einer weiterführenden Schule zur Erkundung kostet also in der Regel einen Vormittag und meist auch Fahrgeld. Wenn auch nur die Hälfte der Grundschulabschlußklassen des jeweiligen Einzugsbereiches die weiterführenden Schulen besuchte, würde dort der normale Unterricht fast unmöglich.

Meint man es ernst mit dem Einblick in die neue Schule und will man gar eine Entscheidungshilfe geben, reicht der Alibi-Besuch in der benachbarten Hauptschule nicht aus. Dann muß man auch mindestens eine Schule der drei anderen Schulformen aufsuchen. Dabei wird die Klasse 4 leicht zu einer Reiseagentur. Eine Alternative zu diesen individuell vereinbarten Besuchen ist daher ein Tag der offenen Tür. Ein solcher Tag ist aber oft eine „Feiertagssituation": Der Gastgeber will beeindrucken, der Gast nicht anecken. Aus der Unsicherheit und Einschüchterung heraus werden jene Fragen nicht gestellt, die gestellt werden sollten.

Warum fragen wir nicht die Kinder?

Aus der Darstellung dieser Probleme ergab sich die Frage der Mutter: „Warum fragen wir nicht die Kinder?" Nach einem ersten Stutzen war klar, was gemeint war: Die Kinder, die von unserer Schule abgegangen sind, können doch am besten beschreiben, wie sie den Übergang erfahren haben, welche Unterschiede sie wahrgenommen haben; sie wissen Tips und können Fragen zur neuen Schule beantworten.

Ein Weg zur Lösung des Problems war gefunden. Nun gab es noch eine Vorentscheidung: Sollten die Schüler ihre Fragen mündlich oder schriftlich stellen? Für die schriftliche Kommunikation sprach die stärkere Durcharbeitung der Fragen, die exaktere Herausarbeitung von Problemen. Dafür sprach auch, daß die Antworten, wenn sie von der Klasse erarbeitet werden, wohl repräsentativer sind. Dagegen sprachen der Mangel an Individualität, die fehlende Direktheit und Spontaneität beim Fragen und Antworten und die Gefahr der vom Lehrer geglätteten Aussage. Da es gerade um den unmittelbaren Kontakt zwischen Schülern ging, fiel die Entscheidung für die direkte Befragung allerdings unter Einbeziehung von schriftsprachlichen Elementen.

Zur Vorbereitung wurde im vierten Schuljahr ein Katalog von Fragen erstellt. Diese Fragen wurden gebündelt und als Gliederung der Schülerbefragung zugrunde gelegt. Den Schülern der weiterführenden Schulen wurde diese Gliederung vorab übersandt mit der Bitte, zusätzlich ihren Stundenplan, ihre Schulbücher und -hefte mitzubringen. Durch dieses Anschreiben waren die eingeladenen Schüler wenigstens etwas vorinformiert und konnten sich in etwa vorstellen, welche Fragen sie erwarteten.

1. Fragen zur Schule: Wie viele Schüler hat die Schule, wie viele Lehrer? Hat jede Klasse einen Klassenraum? Gibt es eine Turnhalle? Wie sind die Toiletten? Haben Klassen Vorhänge? Darf man die Klasse mitgestalten?

2. Fragen zum Stundenplan: Welche Fächer habt ihr? Wie viele Stunden in der Woche, wie viele am längsten Tag? Ist nachmittags auch Unterricht? Wie viele Pausen gibt es? Gibt es manchmal hitzefrei?

3. Fragen zu den Lehrern: Erklären die Lehrer gut? Schimpfen sie oft? Sind sie streng? Geben sie viele Hausaufgaben auf? Geben sie Strafarbeiten? Darf man sitzen, wo man will?

4. Fragen zu den Mitschülern: Helfen die anderen Schüler beim Eingewöhnen? Wie sind die Großen zu den Kleinen? Ist auf dem Schulhof eine Aufsicht?

5. Was bietet die Schule noch? Gibt es eine Schulzeitung? Werden Ausflüge gemacht? Gibt es ein Schulfest und einen Weihnachtsbasar? Wird Theater gespielt? Kann man Milch bestellen? Gibt es Spielgeräte auf dem Schulhof? Wird im Advent gesungen?

6. Wie seht ihr nun die frühere Schule? Was war besser? Wart ihr gut vorbereitet? Welche Tips könnt ihr uns geben?

Die Schüler, die als Experten der jeweiligen weiterführenden Schule Rede und Antwort stehen sollten, wurden vom Klassenlehrer des vierten Schuljahrs in Verbindung mit dem früheren und dem Klassenlehrer der jetzigen Schule ausgewählt. Diese Auswahl wurde nicht der Beliebigkeit überlassen, weil für diese Form der sachlichen Befragung Schüler benötigt wurden,

- die kein gespanntes Verhältnis zur früheren Schule haben,
- die mit der neuen Schule keine Privatfehde austragen wollen,
- die sich gut verbalisieren können,
- die sowohl kritisch als auch redlich urteilen können,
- die das Hearing ernst nehmen und seinen Sinn für die jüngeren Mitschüler einsehen.

Am Tage des Hearings waren die sechs Experten von den weiterführenden Schulen nach der zweiten Stunde beurlaubt worden. Sie wurden entweder von den eigenen Eltern oder von Eltern der Grundschüler abgeholt und zur

Schule gebracht. Hier wurde in der Zwischenzeit die Klasse umgeräumt, so daß sich vorn ein halbkreisförmiges Podium für die Experten ergab. Auf ihren Plätzen hatten sie jeweils ein Schild mit ihren Vornamen und dem Namen ihrer Schule. Das Gespräch wurde vom Klassensprecher in Verbindung mit dem Klassenlehrer geführt.

Wie geht es weiter?

Das Hearing resümierend, blieb als einschränkender Eindruck lediglich, daß ein einzelner Schüler pro weiterführender Schule sicherlich nicht repräsentativ ist und daß dieser eine Repräsentant naturgemäß persönlich gefärbte Antworten gibt. Aber schließlich kann bei den oft auf Wertung zielenden Fragen ohnehin keine Objektivität erbracht werden. Und die Grundschüler, das zeigte sich im Nachgespräch, sind durchaus bereits in der Lage, Zwischentöne festzustellen, Abstriche zu machen, zu unterscheiden zwischen Botschaft und Selbstdarstellung durch den Überbringer.

Die befragten Schüler waren mit der Frageumgebung noch vertraut, und die fragenden Grundschüler hatten ‚bei sich zu Hause' keine Hemmungen, auch trivialere Fragen zu stellen. Beide Gesprächsgruppen hatten das Gefühl, daß es sich gelohnt hat. Vor allem war den Grundschülern bewußt, daß sie sich selbst handfeste Informationen mit Bedeutsamkeit für ihren weiteren Lebensweg erworben hatten.

Damit soll das Gespräch keineswegs überbewertet werden. Es konnte keine Entscheidungshilfe für den Bildungsgang geben. Aber es hat wichtige Informationen vermittelt, und eine gute Informationsbasis ist immer noch der beste Start für das aktive und angstfreie Angehen einer neuen Situation.

Hans-Dieter Bunk

Verhalten und Lernfortschritte: Kriterien für die Übergangsentscheidung

Wenn Sie Eltern beim Übergang in weiterführende Schulen qualifiziert beraten wollen, brauchen Sie eine breite Grundlage an Informationen zum *sozialen Lernumfeld* (z. B. Anregungen durch die Familie, Profil der zukünftigen Schule) und zur *Persönlichkeit* des Kindes (kognitive und nichtkognitive Merkmale).

Die *kognitiven Fähigkeiten* können Sie aufgrund kontrollierter Schülerbeobachtungen beurteilen. Durch diese – sog. subjektiven – Verfahren sollen Sie die für Schulerfolg besonders wichtigen Fähigkeits- und Denkaspekte erfassen: z. B. geistige Wendigkeit, Anregbarkeit und Spontaneität des Denkens,

Einfallsreichtum und Produktivität, Treffsicherheit bzw. Blick für das Wesentliche, Kritikfähigkeit und Merkfähigkeit.

Für die Erfassung der *nichtkognitiven Persönlichkeitsmerkmale* (Motivation, Interessen, Arbeitshaltung, Konzentration, Selbstkonzept) ist die Verhaltensbeobachtung ohnehin die angemessene Methode. Angesichts der Fehlerquellen und Tendenzen der Wahrnehmungsverzerrung (z. B. Milde/Strenge-Fehler, Halo-Effekt, Erwartungseffekt), denen gerade die subjektiven Verfahren unterliegen, ist jedoch eine ständige Kontrolle des eigenen Urteilsverhaltens durch gegenseitige Hospitation vonnöten.

Für die Beurteilungspraxis gibt z. B. das Kultusministerium des Landes Nordrhein-Westfalen eine Arbeitshilfe, die durch Fragen beispielhaft konkretisiert ist. Sie kann als „Raster" bei der Verhaltensbeobachtung und auch als „Formulierungshilfe" beim Schreiben von Gutachten dienen:

Lernverhalten

Lern- und Leistungsmotivation: Ist das Kind auch bei Schwierigkeiten erfolgszuversichtlich? Hat es besondere Vorlieben, Interessen, Neigungen? Sind die Interessen dauerhaft?

Aufgabenverständnis: Nimmt das Kind Informationen schnell auf? Findet es sich in Aufgabenstellungen, auch in neuen, zurecht?

Konzentration: Erledigt es Aufgaben zügig, auch bei Schwierigkeiten? Bleibt es über längere Zeit aufmerksam?

Verläßlichkeit: Hält es getroffene Vereinbarungen ein, z. B. in bezug auf Arbeitsmaterial, Aufträge, soziale Regeln? Arbeitet es gewissenhaft, übersichtlich? Ist es rücksichtsvoll und hilfsbereit?

Kontakt und Kooperationsfähigkeit: Ist es gesprächsfähig? Arbeitet es bei kooperativen Arbeitsformen konstruktiv mit?

Selbständigkeit und Produktivität: Ist es generell oder in Teilbereichen in der Lage, selbständig zu arbeiten? Arbeitet es überlegt und planvoll? Eignet es sich selbst Wissen und Fertigkeiten an? Stellt es Fragen, macht es Vorschläge, entwickelt es Ideen und Initiativen? Bestimmt es im Rahmen gegebener Entscheidungsmöglichkeiten mit? Kann es gelernte Lösungswege auf neue Probleme oder andere Sachverhalte übertragen?

Lernfortschritte in den Lernbereichen

Der fachliche Leistungsstand der Schülerinnen und Schüler wird im Halbjahreszeugnis der Klasse 4 durch einzelne Zensuren bewertet. Für die Beratungsgespräche und Gutachten sind darüber hinaus folgende Gesichtspunkte von besonderer Bedeutung:

Allgemeiner Stand der Lernleistungen: Kann der Leistungsstand global bewertet werden, oder sind differenzierte Aussagen nötig: Lernleistungsniveau, besondere Stärken, Interessen, ausgeprägte Fähigkeiten und Neigungen bzw. besondere Schwächen, Abneigungen?

Besondere fachliche Lernentwicklungen: Waren besondere Entwicklungstendenzen im überschaubaren Zeitraum, vor allem der Klasse 4, beobachtbar: Leistungsverbesserung, Leistungsabfall, Leistungsschwankungen – allgemein oder in speziellen Lernbereichen?

Reinhold Christiani

Schülerinnen und Schüler mit sonderpädagogischem Förderbedarf

Lehrerinnen, die bei einem Schulkind schwerwiegende, umfängliche und andauernde Probleme im Lernen, Sprechen und Verhalten feststellen, sollten das Kind zunächst gezielt beobachten. Sie sollten ihre Beobachtungen in Stichworten festhalten. Die Liste sollte durch Informationen über das Kind und über seine persönliche Situation ergänzt werden. Richten Sie Ihre Aufmerksamkeit gleichermaßen auf zwei Aspekte:

Was kann das Kind? Was kann das Kind noch nicht?

Wenn die „Mängelliste" länger ist als die der erreichten Lernschritte, ist erfahrungsgemäß Vorsicht geboten: Es kann sein, daß Sie das Kind während der Beobachtungen einseitig einschätzen. Hier wirkt der Austausch und die Hilfe durch einen Kollegen meist ausgleichend.

Beziehen Sie die Eltern ein!

Als Lehrerin sind Sie verpflichtet, die Eltern über die Entwicklung ihrer Kinder zu informieren. Wieviel wichtiger ist es darüber hinaus, mit den Eltern zu sprechen, wenn die Kinder in der Schule Probleme haben. Nicht alle Eltern sind so kooperativ, wie Lehrerinnen sich das wünschen. Das liegt manchmal auch daran, wie und zu welchen Anlässen die Eltern „vorgeladen" werden und mit welcher Zielsetzung das Gespräch geführt wird.

Sprechen Sie mit den Eltern regelmäßig, auch wenn Sie keine Klagen haben und „nur" über Fortschritte berichten können. Sie werden so bei wirklichen Problemen eher die Bereitschaft der Eltern zur Mitsprache erfahren.

Elterngespräche sollen die Eltern nicht zu Rechtfertigungen veranlassen. Wenn die Eltern jedoch überwiegend mit Klagen, Vorwürfen und Mißständen bei dem Kind konfrontiert werden, gehen sie häufig in Verteidigungshaltung.

Gehen Sie davon aus, daß die Eltern mindestens ebensogut wie Sie wissen:
- Welches sind die Stärken und Schwächen des Kindes?
- Was kann das Kind zur Zeit nur schwer verkraften?
- Was passiert im häuslichen Umfeld?
- Was erzählt das Kind über die Schule?

Gemeinsam überlegen und besprechen Sie dann:
- Wie reagieren wir in der Schule und zu Hause auf das Verhalten des Kindes?
- Welche Hilfen braucht das Kind, was soll es alleine tun?
- Welche Schritte sind sofort zu unternehmen, wer soll zusätzlich angesprochen werden?
- Wie könnte sich die Schullaufbahn des Kindes entwickeln?

Machen Sie den Eltern Mut! Dies gelingt nicht, wenn Sie den Eltern sagen, was sie alles falsch machen und was sie nicht tun dürfen. Sagen Sie den Eltern so konkret wie möglich, was sie tun sollen. Ein derartiges Elterngespräch hilft zu vermeiden, daß die Kinder für ihre Schulschwierigkeiten bestraft werden.

Auch die Hör- und Sehfähigkeit sollte überprüft werden.

Es kommt häufig vor, daß Kinder mit Lernschwierigkeiten nicht richtig hören oder sehen. Insbesondere die Sehfähigkeit kann sich bei Kindern sehr schnell ändern. Kinder, die ständig erkältet sind und Schnupfen haben, sind zumeist in ihrer Hörfähigkeit beeinträchtigt. Sie werden das aus Ihrer eigenen Erfahrung kennen.

Eltern sind oft zur Mitarbeit, auch zum Arztbesuch, bereit, wenn Sie ihnen verständliche und praktikable Vorschläge machen. Eine der Schule vorliegende Liste der Fachärzte aus dem Schuleinzugsbereich erleichtert unentschlossenen Eltern die Anmeldung beim zuständigen Facharzt.

Auch wenn der Facharzt keine Beeinträchtigungen feststellen kann, haben Sie den Eltern einen richtigen Rat gegeben, indem Verursachungsmöglichkeiten für Lernschwierigkeiten ausgeschlossen worden sind.

Beraten Sie sich mit den Lehrern und Lehrerinnen der Parallelklassen.

Sie wollen das Kind mit Schulschwierigkeiten möglichst umfassend und objektiv einschätzen. Der Austausch über den Leistungsstand einer Klasse, über die tägliche Unterrichtsarbeit, über Aktivitäten, Feste, Rituale in der Klasse können zu einer besseren Einschätzung des Kindes führen. Manchmal wird ein Kind in seiner Entwicklung unterstützt, wenn es in eine Parallelklasse wechseln kann. Diese Überlegungen sollten mit der Schulleitung besprochen werden.

Können dem Kind besondere Maßnahmen in der Grundschule angeboten werden?

Wenn die individuellen Fördermaßnahmen in der Klasse (innere Differenzierung) ohne Erfolg bleiben, sollte das Kind spezielle Förderung erhalten. Es könnte an der LRS-Förderung teilnehmen oder am Sonderturnen. Gegebenenfalls können der Schulpsychologische Dienst, die Erziehungsberatung, das Jugendamt oder weitere regionale Dienste um Beratung und Mitarbeit gebeten werden.

Hospitieren Sie an Sonderschulen.

Für Grundschullehrerinnen ist die Frage, ob sie ein Kind zur Aufnahme in eine Sonderschule anmelden sollen, oftmals von Zweifeln begleitet. Die Hospitation an der Sonderschule kann die Entscheidung erleichtern. Je genauer Sie die in Aussicht genommenen Schulen kennen, je mehr Sie über deren pädagogische Arbeit und Förderkonzepte wissen, desto sicherer können Sie die Fragen beantworten: Ist ein Wechsel des Förderortes hilfreich für das Kind? Ist das Bildungsangebot an dieser Sonderschule für das Kind passend? Wird es dort nach meiner Einschätzung erfolgreicher gefördert werden können?

Vielleicht ist die Sonderschule auch bereit, Sie zu beraten. Der Besuch eines Sonderpädagogen in Ihrem Unterricht und die Beobachtung des Kindes können zu einem fruchtbaren Gedankenaustausch führen.

Informieren Sie die Eltern über die Einleitung eines Sonderschulaufnahmeverfahrens.

Die Eltern werden rechtzeitig in die Überlegungen der Grundschule einbezogen. Wenn alle Fördermöglichkeiten der Grundschule erschöpft sind, dann kann ein sonderpädagogisches Gutachten Möglichkeiten des weiteren Bildungsweges aufzeigen. Der Ort der Förderung kann eine Sonderschule oder, wo gemeinsamer Unterricht angeboten wird, die Grundschule sein.

Eine Überweisung in eine Sonderschule ist für das Kind und für dessen Eltern immer ein gravierendes Ereignis. Oftmals bringt die Überweisung große Konflikte in das Elternhaus. Spannungen zwischen den Eltern untereinander und zwischen Eltern und Kind sind nicht selten.

Gibt es keine Integrationsmaßnahmen an der Schule oder in der Gemeinde, bleibt also nur die Überweisung in eine Sonderschule, dann bereiten Sie dies behutsam und mit größter Sorgfalt vor: Durch die vorangegangenen Gespräche mit den Eltern besteht ein – hoffentlich vertrauensvoller – Kontakt, der gewährleistet, daß die Eltern mit der Meldung zum Sonderschulaufnahmeverfahren nicht erstmalig mit den Schulschwierigkeiten des Kindes konfrontiert werden. Bevor die Eltern über die Meldung informiert werden, haben Sie sich kundig gemacht, welche Sonderschule für das Kind in Frage kommt und welche Sie selbst befürworten können. Wenn Sie selbst klare Aussagen machen können, vermitteln Sie Ihr Interesse an dem Kind und geben den Eltern Sicherheit. Zu Ihrer professionellen Arbeit gehört auch, daß Sie den Eltern gestatten, anderer Meinung zu sein. Vertreten Sie Ihre (begründete) Meinung, akzeptieren Sie die der Eltern und geben Sie ihnen Gelegenheit, sich selbst zu informieren. Letztendlich sind die Eltern die Verantwortlichen für ihre Kinder!

Ausführungsvorschriften

In den Bundesländern werden inhaltliche und organisatorische Fragen sonderpädagogischer Förderung intensiv diskutiert und weiterentwickelt. Dies führt zur Zeit auch durch Übergangsregelungen zu Unübersichtlichkeit, manchmal auch zu Verunsicherung. Sie sollten also die jeweils für Ihre Region gültigen Bestimmungen sorgfältig lesen, Ihre Schulleitung fragen oder sich bei dem zuständigen Schulaufsichtsbeamten beraten lassen.

Alle Maßnahmen und Überlegungen, die Sie für das Kind mit sonderpädagogischem Förderbedarf in Gang gesetzt haben, sind zeit- und arbeitsintensiv. Sie führen aber dazu, daß Sie für sich in Anspruch nehmen können, sorgfältig, nach bestem Wissen und im Sinne des Kindes gehandelt zu haben.

Heide Luckfiel

Tips

● Für Kinder und für deren Eltern haben Entscheidungen über die Schullaufbahn wegen ihrer weitreichenden Folgen höchste Bedeutung. Zudem haben sie starke Auswirkungen auf die Beziehungen zwischen Kindern und Eltern und beeinflussen letztlich die *Persönlichkeitsentwicklung* des Kindes insgesamt. Machen Sie deshalb keine Entscheidung von einem mathematisierten Verfahren der Leistungsbewertung abhängig (Notendurchschnitt, bestimmte Noten, Testergebnis).

● *Prognosen* sind besser, wenn man das zukünftige Lernumfeld des Kindes aus eigener Anschauung kennt. Machen Sie sich vor einer Sonderschulüberweisung persönlich ein Bild von der pädagogischen Arbeit der in Frage kommenden Sonderschule, vom Schulprofil, von der Arbeit in der Klasse. Dies gilt in gleicher Weise für den Übergang in weiterführende Schulen. Auch hier sollte Ihnen das jeweilige Schulprofil und die konkrete Unterrichtsarbeit bekannt sein.

- Wenn Sie eine notwendig werdende Entscheidung über den weiteren Bildungsweg des Kindes *in Übereinstimmung mit den Eltern* treffen, dient das in jedem Fall den Kindern. Beziehen Sie das Kind in alle Planungen, die es selbst betreffen, von Beginn an mit ein. Seine Signale dürfen nicht unbeachtet bleiben.

- Versuchen Sie das *Sitzenbleiben* an Ihrer Schule ganz unnötig zu machen. Was an Stoff aufzuholen ist, läßt sich in den meisten Fällen durch gezielte Förderung später mit weniger Aufwand nachholen. Dafür müssen Kinder nicht ein ganzes Jahr alle Fächer – von Religion über Sachunterricht und Sport – wiederholen.

- Legen Sie in *Konferenzen mit weiterführenden Schulen* dar, was Kinder bei Ihnen am Ende der Grundschulzeit gelernt haben, welche Arbeitstechniken sie beherrschen und wie das Schul- und Klassenleben gestaltet war. Eine gute weiterführende Schule knüpft daran an und entwickelt das in der Grundschule zuvor Grundgelegte kontinuierlich weiter. Lassen Sie sich also nicht vorschreiben, mit welchen Kenntnissen Kinder in die weiterführenden Schulen zu kommen haben.

Schwierige Kinder

Kinder, die ein auffälliges Verhalten zeigen und den Erwachsenen deshalb Schwierigkeiten bereiten, stellen eine besondere pädagogische Herausforderung dar. Jedes auffällige Verhalten ist eine – aus der Sicht der Kinder – „sinnvolle" Reaktion auf die jeweilige Umwelt. Kinder wollen mit ihrem Verhalten etwas zum Ausdruck bringen: ihre Sorgen und Ängste oder daß sie sich überfordert und vernachlässigt fühlen. Wenn wir ihnen weiterhelfen wollen, müssen wir ihre Signale verstehen, also nach den Ursachen für ihr Verhalten fragen.

Die Ursachen liegen meist nicht in den Kindern selbst, sondern in ihrem Umfeld. Im wesentlichen werden genannt:

- die familiäre Situation: mangelnde Geborgenheit, Vernachlässigung oder Überbehütung, Angst vor Strenge, vor Liebesentzug und körperlicher Züchtigung. Belastungen durch Arbeitslosigkeit oder drohende Trennung der Eltern; durch falsche Ernährung, Bluthochdruck und damit extreme Unruhe;

- die Medien: Gewaltbereitschaft und Bewegungsmangel durch übermäßigen Fernseh- und Videokonsum;

- die Schule: Der Erklärungsansatz würde zu kurz greifen, wenn wir nicht auch sie als Verursacher in den Blick nähmen: ihre Beurteilungsrituale und Selektionsmechanismen; eine den Bedürfnissen und Interessen von Kindern zuwiderlaufende Unterrichtsgestaltung; ein entmutigendes und wettbewerborientiertes Klima.

- Natürlich gibt es auch Ursachen, die in der Person der Kinder selbst liegen: extrem langsame Grundgeschwindigkeit oder Überaktivität aufgrund der Konstitution; Mängel in der Selbststeuerung, möglicherweise verursacht durch Geburtsfehler.

Verhaltensauffälligkeiten lassen sich nicht auf Einzelursachen direkt zurückführen. Meistens liegt ein sehr komplexes, sich gegenseitig bedingendes Ursachengeflecht vor. Deshalb ist Vorsicht bei einfachen Zuschreibungen („Doris ist hyperaktiv.") geboten; sie haben zwar den „Vorteil", das Kind als verhaltensauffällig festzuschreiben und damit die ursächliche Störung (z. B. durch die Schule selbst), also das eigene Verhalten, nicht weiter hinterfragen zu müssen. Aber eine Lösung ist damit nicht in Sicht. Die Fachliteratur bietet eine Vielzahl von Ratschlägen; schlichtes Übernehmen ist wenig erfolgreich. Es kommt wesentlich auf die Persönlichkeit der Lehrerin oder des Lehrers an; doch pädagogisch erfolgreich ist man letztlich nur, wenn man auch über

Lernschwierigkeiten · Verhaltensauffälligkeiten   271

ein handwerkliches Instrumentarium verfügt, das man situationsangemessen und rationell einsetzen kann. Hilfreich ist es, wenn das Kollegium als soziales „Stützsystem" funktioniert. Gespräche im Kollegium und gegenseitige Hospitationen kommen allerdings nur dann zustande, wenn Offenheit und Vertrauen herrschen.

Literaturtip: Rudolf Dreikurs, Bernice Bronia Grunwald, Floy C. Pepper: *Lehrer und Schüler lösen Disziplinprobleme.* Weinheim (Beltz) 6. Aufl. 1992

Mir gelingt etwas – jeden Tag: ein Tagebuch für Tim

Tim ist ein Problemschüler. Er leidet sehr unter seinen Lernschwächen, sieht seine Erfolge nicht, mag sich selbst nicht leiden und beginnt immer mehr, durch negative Impulse (Clownerien, Streit, Stören ...) Aufmerksamkeit auf sich zu ziehen, seine Frustration zu kompensieren.

Um ihm – und auch den Klassenkameraden und mir – bewußt zu machen und zu zeigen, daß es gerade auch bei ihm jeden Tag mindestens etwas gibt, das ihm gut gelungen, das lobenswert ist, habe ich ihm zum Geburtstag ein kleines Tagebuch geschenkt. Jeden Morgen gegen Schulschluß hat er es mir vorgelegt, und ich schrieb hinein, was mir an diesem Tag an ihm besonders positiv aufgefallen war. Immer selbstverständlicher fanden auch die anderen Kinder erwähnenswerte Episoden, einigten sich, welche aufgeschrieben werden sollten, und unterschrieben ebenfalls mit ihren Namen.

Zum Beispiel: „Tim, heute hast Du Sabine mit viel Geduld die Aufgaben erklärt." oder: „Du hast heute ganz lange zuhören können, toll!" oder: „Du hast mich heute mit Deiner Fröhlichkeit richtig angesteckt."

Tim und wir haben dadurch gelernt, immer mehr Positives und Liebenswertes an ihm – und auch an anderen – wahrzunehmen. Der Entwicklung von Tims Selbstwertgefühl hat dieses Tagebuch sehr gutgetan.

Gabriele Ackermann

Mit Prinzipien gegen Störungen vorgehen

André läuft trotz aller Ermahnungen immer wieder in der Klasse herum – Michael beteiligt sich fast nie am Unterricht, sondern sitzt still an seinem Platz – Manuela kramt während des Unterrichts immer wieder in ihrer Schultasche, um Arbeitsmaterial zu suchen – Sascha hat heute mehrmals aus nicht nachvollziehbaren Gründen auf mehrere Mitschüler eingeschlagen – Thomas hat drei Tage unentschuldigt gefehlt und nahm seinem Nachbarn das Schulbrot weg – Klaus ruft seine Antworten grundsätzlich unaufgefordert in die Klasse.

Die Beispiele schildern Verhaltensweisen von Kindern, die dem Lehrer auffallen. Oftmals fühlt er sich durch solches Verhalten gestört, weil der Unterricht erschwert wird und es zu Konflikten mit den anderen kommt. Er reagiert hilflos, bezieht das „störende" Verhalten auf die eigene Person und damit auch auf die Unterrichtsvorbereitung und die gewählte Methodik.

Eine Erklärung für das auffällige Verhalten *einseitig* bei sich selbst zu suchen, ist aber genauso falsch *wie die ausschließliche Ursachensuche beim Kind.* Durch ihr „auffälliges" Verhalten signalisieren die Kinder, daß sie Probleme haben, die sie nicht allein lösen können. In der Interaktion sollten Sie deshalb zunächst versuchen, die Signale der Kinder zu *entziffern,* um die Erscheinungsformen einordnen zu können und um sie zu verstehen:

Warum läuft André in der Klasse herum?

Hier gibt es sicher eine Vielzahl von Erklärungen. So kann die allgemeine *Bewegungsunruhe* von André einmal im Zusammenhang stehen mit *häuslichen* Ereignissen:

- einem wenig geregelten Tagesablauf,

- einer medialen Reizüberflutung (z. B. zuviel Fernsehen),

- einer nervösen, unruhigen Erziehung durch die Erziehungsberechtigten,

- fehlenden kindlichen Bewegungsmöglichkeiten.

Aber auch im *schulischen* Alltag gibt es Faktoren, die eine solche Hyperaktivität provozieren:

- Lernschwache, die sich überfordert fühlen und Angst vor einem weiteren Leistungsversagen haben, weichen vor den drohenden Anforderungen aus, indem sie die Mitarbeit verweigern.

- Langeweile kann ein Grund für das Herumlaufen sein. André ist vielleicht schon mit seiner Arbeit fertig, weil sie für seinen Leistungsstand zu einfach ist.

- Ungenaue Arbeitsanweisungen verhindern den pünktlichen Arbeitsbeginn.

- Das Arbeitsblatt ist überfrachtet mit Informationen, so daß sich André – aufgrund einer visuellen Wahrnehmungsschwäche – darauf nicht zurechtfindet.

- Der Unterricht läßt keinen Wechsel der Arbeitsformen zu (z. B. Partnerwahl, Wechsel zu einem anderen Arbeitsbereich oder Arbeitsplatz, Einbau von Entspannungsübungen).

- Eine nicht erkannte feinmotorische Koordinationsstörung führt zu Schwierigkeiten beim Schreiben, Malen, Ausschneiden. Aus Angst zu versagen, wird ein Ausweichverhalten gezeigt.

Durch das ständige Ermahnen, wie z. B.: „André, nun setze dich aber hin!", heben wir das auffällige Verhalten des Kindes noch besonders hervor, so daß es noch stärker auftritt.

Warum beteiligt sich Michael nicht am Unterricht?
Auch bei Michael, der ein sehr introvertiertes, zurückgezogenes Verhalten zeigt, können seine Kontaktstörungen im Zusammenhang stehen mit Versagensängsten. Vielleicht haben seine Eltern früher mit der Schule gedroht, um gewünschte Verhaltensweisen durchzusetzen. Möglicherweise hat ein solches Kind aufgrund seiner Persönlichkeit ein geringes Bedürfnis nach sozialen Kontakten mit anderen Kindern und ist mit seiner Situation zufrieden.

Hier gilt es, behutsam zu sein und Kontakte nicht aufzudrängen. Isolierungen können am ehesten durch Begegnungen im Spiel durchbrochen werden. Ängste und fehlendes Selbstvertrauen dagegen durch die Betonung der positiven Leistungen des Kindes. Dabei sind die Leistungen schrittweise zu steigern, damit Verhaltenssicherheit entsteht und Ängste erst gar nicht aufkommen. Hier ist sicherlich ein individueller Arbeitsplan (Wochenplan, Freiarbeit, festes Programm) für das Kind ebenso wichtig wie ein klar strukturierter Tagesablauf, der Orientierungen und damit Sicherheit ermöglicht.

Saschas Aggressionen sind auf dem Hintergrund der Partnerprobleme und ständigen Auseinandersetzungen der Eltern zu sehen. Er reagiert seine Spannungen durch Aggressionen aus. Gleichzeitig erfährt er damit die gewünschte Zuwendung der Erwachsenen. Seine aggressiven Verhaltensweisen, mit denen er weder Regeln noch Hierarchien (bezogen auf schwächere Kinder) anerkennt, führen zu einer starken Ablehnung durch die anderen Kinder. Dieses Verhalten wird Sascha aufgrund der häufigen körperlichen Auseinandersetzungen seiner Eltern als Problemlösung „erlernt" und übernommen haben. Bei aggressiven Handlungen ist zu berücksichtigen:

- ob es sich um Dominanzkämpfe als vorübergehende Ereignisse handelt;

- daß eine aggressive Auseinandersetzung von Schülern durch den Lehrer beendet wird, ohne daß er Partei ergreift; vielmehr soll er sich die Konfliktprobleme aus der Sicht jedes Kindes schildern lassen;

- daß ein Kind mit aggressiven Verhaltensweisen immer wieder in die soziale Verantwortung einbezogen wird (z. B. Milchausgabe, Tafeldienst, Bücherausgabe).

Ähnliche Erklärungsmuster sind auch bei den anderen Beispielen möglich: So sucht Manuela ständig ihre Arbeitsmaterialien, weil sie sich aufgrund einer

Wahrnehmungsstörung in ihrer Tasche nicht orientieren kann. Und Thomas fehlt deshalb so häufig, weil er aus schwierigen Familienverhältnissen stammt und sich niemand richtig um ihn kümmert.

Auffälliges Verhalten zeigt vielfältige Erscheinungsformen; die Zusammenhänge, die zum Entstehen einer Auffälligkeit führen, stellen sich immer wieder sehr komplex dar. Das Verhalten der Kinder spiegelt in seiner Verdichtung immer auch häusliche und schulische Ereignisse wieder. Die Auffälligkeiten eines Kindes sind deshalb häufig nur auf dem Hintergrund des *Beziehungsgeflechtes* von Familie, Umfeld, Schule zu verstehen.

Oft kann es für Sie hilfreich sein, das auffällige Verhalten eines Kindes in den Situationen zu beschreiben, in denen es Sie stört. Die gemeinsame Diskussion des beschriebenen Verhaltens eines Kindes – z. B. in einer kollegialen Fallberatung oder durch eine kollegiale Unterrichtsbeobachtung – kann *Denkknoten* lösen helfen und den *Beziehungsaufbau* zum Kind verbessern.

Auch die nachfolgenden pädagogischen *Prinzipien* können beim Umgang mit schwierigen Kindern helfen:

- das Kind so annehmen, wie es ist;

- Beziehungen zum Kind aufbauen, z. B. durch Einzelgespräche, gemeinsame Aktivitäten;

- die Probleme des Kindes nicht ausschließlich auf die eigene Person beziehen;

- die „Auffälligkeiten" eines Kindes als Signale für ein nicht zu lösendes Problem verstehen;

- das Umfeld (Elternhaus) des Kindes in die schulische Arbeit einbeziehen, z. B. durch Hausbesuche, Elterntreffs, Klassenfeste;

- Spiele in den Unterricht einbauen, die Selbstbestätigung und Erfolg ermöglichen, aber auch die Aufarbeitung von Problemen erlauben (Rollenspiele, Häuschenbauen).

Karlheinz Saueressig

Gerade schwierige, aggressive Kinder verfügen meist nur über ganz wenige Handlungsmuster. Je mehr sie durch Strafandrohungen „an die Wand gedrängt" werden, desto aggressiver werden sie, da sie sich unsagbar eingeengt fühlen. Dies läßt sich reduzieren, indem der Lehrer dem Kind ein oder zwei Alternativen anbietet, Möglichkeiten, sich selbst zu entscheiden, um so nicht in ohnmächtiger Wut verharren zu müssen – was die Aggressionen nur verstärkt.

Gabriele Ackermann

Konsequent handeln

Spätestens seit Summerhill lernten wir, daß sich Kinder am besten entfalten, wenn sie sich selbst steuern. Dem soll nicht widersprochen werden. Allerdings führte die Selbstbestimmung auch in Summerhill nur deshalb zum Erfolg, weil es gleichzeitig feste, unumstößliche Regeln gab, die konsequent angewendet wurden.

Für unseren Schulalltag läßt sich ableiten: *Je klarer, eindeutiger und zuverlässiger die äußere Ordnung gestaltet wird, desto größer werden die Gestaltungsfreiräume innerhalb des Ordnungsrahmens.*

In den Schulen wird allgemein über Disziplinschwierigkeiten bei Kindern geklagt, über Nichtbefolgen und Widerstand gegen Anweisungen und Regeln, über Zerstörung und Gewalt untereinander und gegenüber Sachen. Hier stellt sich für mich die Frage nach der Konsequenz, mit der wir das Einhalten von Regeln verfolgen: Welche Regeln sind so wichtig, daß sie für alle (auch die Lehrer) und zu jeder Zeit gelten? Wie eindeutig und nachdrücklich werden diese Regeln zur Kenntnis gebracht? Welche Konsequenzen folgen? Erfolgen diese Konsequenzen zuverlässig und für die Schüler planbar?

Ob wir Unterstützung im Elternhaus finden oder nicht: Aufgabe der Schule ist es auch, den Kindern Hilfen zu geben, die sie von einer äußeren Ordnung zu einer inneren Ordnung finden lassen. Dazu geben wir Regeln anstelle von Verboten. Wir sagen dem Kind, was es tun soll. Wenn wir ihm nur sagen, was es *nicht* tun soll, ist es noch nicht handlungsfähig. Es wird seine unerwünschte Handlung wahrscheinlich nicht unterbrechen, weil es keine Alternative angeboten bekommt.

Kinder sind häufig überfordert, wenn sie sich nicht an Regeln und Konsequenzen orientieren können. Es kostet erhebliche Aufmerksamkeit und Energie für alle Beteiligten, in jeder Situation über den Weg Versuch und Irrtum neu zu erforschen, welche Regeln denn heute gelten mögen.

Wenige, eindeutige Regeln und die dazugehörigen Konsequenzen geben Sicherheit, machen die Welt planbar und vorhersehbar. Durch die annehmende Einstellung der Lehrer zu den Kindern werden Regeln und Konsequenzen nicht als Einengung und Strafe empfunden, sondern als hilfreiche Entlastung. Wenn Regeln durch Automatisierung und zunehmende Eigensteuerung verinnerlicht sind, brauchen sich weder Lehrer noch Kinder weiter mit der Durchsetzung oder dem Widerstand zu befassen. Die Aufmerksamkeit kann sich dem Lernen und Lehren zuwenden. Das Einhalten von Regeln setzt ein großes Energiepotential frei, das fürs Lernen genutzt werden kann.

Wie komme ich vom „ungeregelten" Schulalltag zum Einhalten von Regeln?

- Ich muß selbst wissen, was ich will, und mich eindeutig ausdrücken.
- Ich muß selbst zuverlässig und konsequent sein.
- Ich überlege vorher, wie ich reagieren will. (Spontan muß ich oft genug sein.)
- Ich sage den Kindern, was sie tun sollen, und bestehe auf Durchführung.
- Manchmal muß ich Teilziele benennen und durchführen lassen, damit die Kinder den Weg zum gewünschten Verhalten finden. Jeder Schritt muß für die Kinder erreichbar sein. Ich bestätige ihr Verhalten.

Einige nicht untypische Fallbeispiele möchte ich nennen:

Der Klasse gelang es nicht, das Schulhaus geordnet zu verlassen. Als kleine, überschaubare Schritte wurden verabredet: Die Kinder stellen sich in der Klasse auf, die Tür bleibt zu. Die Kinder gehen bis zum Treppenabsatz und warten. Sie gehen bis zur Zwischentür und warten. Wenn diese Schritte zu Beginn noch nicht gelangen, konnten Anweisungen gegeben werden. Als Erfolg war in kurzer Zeit ein Rückgang von Verletzungen und leichten Unfällen zu verzeichnen. Dennoch wurde die Regel beibehalten.

Fazit: Wenn Regeln bereits nach kurzer Zeit wieder aufgegeben werden, tritt meist der alte Zustand, evtl. sogar in verstärkter Form, auf. Die Verinnerlichung der Regeln und der dahinter stehenden Werte dauert seine Zeit. Erst danach ist die Eigensteuerung im Verhalten der Kinder zu erwarten.

Die Schüler sollten sich beim Klingelzeichen zum Unterrichtsbeginn auf dem Schulhof auf einem bestimmten Platz versammeln. Von dort wurden sie vom Lehrer abgeholt. Sie sollten nicht alleine ins Schulhaus laufen. Wenn der Lehrer zu spät kam, winkte er die Schüler von der Tür aus heran. Manchmal gab er der Klasse auch den Auftrag, den Schlüssel zu nehmen und schon alleine in die Klasse zu gehen. Bereits nach kurzer Zeit fand sich kein Kind mehr zur verabredeten Zeit auf dem Sammelplatz ein. Die Kinder mußten mehr als zuvor im Park, am Kiosk, im Schulhaus gesucht werden.

Fazit: Regeln gelten ohne Ausnahme für alle. Nichteinhalten von Regeln (auch durch die Lehrer) verkehren die zugrunde liegende Absicht ins Gegenteil. „Mal so – mal so" ist die schlechteste Lösung.

Die Fahrschüler hatten Anweisung, in sicherem Abstand, an einem festgelegten Platz zu warten, bis der Schulbus hält. Als sich der Bus näherte, stürmten die Schüler los und brachten sich selbst und andere in Gefahr. Der Lehrer rief sie halbherzig zurück. Die Schüler reagierten nicht. Es folgten keine Konsequenzen.

Fazit: Die Kinder lernen: Ob der Lehrer etwas sagt und was er sagt, hat keine Bedeutung. Wahrscheinlich werden die folgenden Anweisungen noch weniger beachtet.

Beim Schwimmunterricht galt die Regel, daß nicht vom Beckenrand gesprungen werden darf. Einige Schüler taten es trotzdem. Es folgten keine Konsequenzen. Mit der Zeit wurden es mehr Kinder, die die Regel überschritten. Es kam zu gefährlichen Situationen. Die Lehrerin argumentierte: „Man sagt es ihnen ja, aber sie tun es trotzdem."

Fazit: Die Kinder lernen, daß Regeln nicht eingehalten werden müssen. Je öfter sie diese Erfahrung machen, desto mehr glauben sie an die Richtigkeit dieser Erfahrung.

Einem Schüler wurde als Konsequenz auf wiederholte Prügeleien auf dem Schulhof angekündigt, daß er nicht in die Pause dürfe. Bei dem nächsten Vorfall, als die Konsequenz auf sein Verhalten erfolgen sollte, setzte er all seinen Charme ein, um seine Lehrerin zu beeinflussen. Kommentar der Lehrerin zur eigenen Inkonsequenz: „Was soll ich denn machen, wenn er mich so anschaut?" Bei weiteren Ankündigungen von Konsequenzen wechselte der Schüler von der charmanten Beeinflussung zu Frechheiten. Bald hörte er nicht mehr zu.

Fazit: Die Kinder lernen: Wenn ich den richtigen Weg finde, gelten für mich die Regeln nicht. Die Lehrerin und deren angekündigte Konsequenzen muß ich nicht ernst nehmen.

In der Klasse gab es eine Gesprächsregel: Wer in die Klasse ruft, kommt nicht dran! Weil die Lehrerin aber von der in die Klasse gerufenen Antwort angetan war, ließ sie dieses Verhalten gelten.

Fazit: Regeln gelten für alle und zu jeder Zeit. Zu Beginn ist das oft anstrengend. Aber die Anstrengung lohnt sich!

Heide Luckfiel

Klar entscheiden

Zu den organisatorischen Voraussetzungen für erfolgreiches Umgehen mit schwierigen Kindern gehört für mich ein Klassenraum mit persönlicher Gestaltung (Arbeitsergebnisse und Bilder der Kinder). Es sollten wenig Sitzordnungsänderungen vorgenommen werden. Auffällige Kinder brauchen ihren festen Platz (ausgenommen Kreisgespräche, Gruppenarbeiten).

Das Klassenlehrerprinzip halte ich für unverzichtbar (bis zur Sekundarstufe I einschließlich). Auch Vertretungsunterricht, Klassenlehrerwechsel, zu viele Fachlehrer können mit entscheidende Faktoren zur Verstärkung von Aggressivität bei Schülern sein. Alle „Revierverletzungen" können aggressives Verhalten zur Folge haben. Zur Bewahrung der Individualdistanz eignen sich Tischformationen mit dem Rücken zu einer Wand oder auch abgerückte Tische. Zu viele Kinder, sechs bis acht an einem Gruppentisch, verhindern die individuelle Abgrenzungsmöglichkeit der Kinder. Zu viel Nähe engt ein.

Innerhalb eines Kollegiums sollten Leitlinien festgelegt werden, z. B. bei Pausenspielen: Ein Lehrer erlaubt Fußballspielen mit einem Lederball, ein anderer verbietet es. Die Kinder müssen konsequentes Handeln aller Lehrer erfahren.

Man kann von Kindern keine positiven Verhaltensweisen erwarten, wenn sie vom Lehrer anders vorgelebt werden: z. B. zu spät kommen, häufiges Vergessen, Vereinbarungen und Versprechen werden nicht gehalten. Als Lehrerin muß ich den Kindern positive Verhaltensmuster vorleben.

Barbara Korn

Mit schwierigen Kindern ganzheitlich umgehen

Schwierige Kinder sind Kinder, die Schwierigkeiten haben. Solche Kinder, die ihre Nöte offen oder verdeckt zeigen, haben wir in jeder Schulklasse.

Das affektive Klima der Klasse muß stimmen; hier darf gelacht, geweint, geschimpft und getröstet werden. Zu ihrer emotionalen Stabilisierung brauchen die Kinder feste Beziehungsangebote, Ruhe, Vertrauen, Geborgenheit und Grenzen. Ein deutliches Ja, ein deutliches Nein.

Notrufe wahrnehmen

Nicht selten werden diese Kinder herumgereicht, von wechselnden Personen betreut, sind oft allein und verbringen viel Zeit vor dem Fernseher. Häufig haben sie einen chaotischen und ambivalenten Umgangsstil erlebt. Ihre Notrufe heißen:

- Wo kann ich mich wohlfühlen?
- Wo werde ich wahrgenommen?
- Wo kann ich mitreden?
- Wo verstehe ich die Dinge?

Deshalb gestalte ich meinen Unterricht einfach, erfolgsorientiert, leicht verständlich und handlungsorientiert. Die Stunden sind so, daß die Kinder das kleine Neue, das Miteinander, die Anstrengung und Herausforderung, den Spaß deutlich erleben.

Der Klassenraum wird von Kindern und mir so gestaltet, daß alle sich darin wohlfühlen. Er hat funktionsdifferenzierte Zonen, Arbeits- und Lernmaterialien zum weitaus selbständigen und unterschiedlichen Tun.

Ich habe die Erfahrung gemacht, daß schwierige Kinder oft Angst vor Leerlauf, Langeweile und innerer Spannung haben. Knappe und zügige Aufgabenstellungen sowie klare und eindeutige Anweisungen bieten hier Orientierungshilfen. Bei der Rhythmisierung der Stunden, des Tages und der Woche wechseln häufig Belastungs- und Entlastungsphasen. Kopf-, Hand- und Körperarbeit stehen in ausgewogenem Verhältnis zueinander.

Kopf, Herz und Hand im Auge haben

Sowohl der Bewegungsdrang als auch die Rückzugstendenzen dieser Kinder sind groß. Aktivitäten nur auf Sitzen, Reden und Zuhören zu beschränken – das wäre zu einseitig. So integriere ich spezielle grob- und feinmotorische Übungen aus dem Bereich der Psychomotorik in den Unterricht, z. B. Schrei- und Stampfspiele, kurze Konzentrations- und Entspannungsübungen, Singen eines bewegungsbegleitenden ... Liedes usw.

Günstig ist es, an den Stärken des Kindes, seinen spontanen Interessen und Neigungen anzusetzen und über das, was es gut kann, die Spielräume für Tun und Unterricht zu erweitern. Arbeiten mit Ton, Kleister, Sand, Wasser, Fingermalen, Musikmalen – eher prozeß- als produktorientierte Verfahren – bieten diesen Kindern Gelegenheit, frühe, nicht gemachte Erfahrungen zu erleben, sie wirken ausgleichend.

Nicht abgesättigten oralen Bedürfnissen kann man durch häufiges Zubereiten kleiner, leckerer Speisen und Kochen von Lieblingsessen – auch unaufwendig – im Klassenraum gerecht werden.Das Nähe- und Kuschelbedürfnis wird über das Halten von Tieren gestillt. Der Umgang mit Tieren fordert die Verantwortungsbereitschaft und -fähigkeit heraus. Kenntnisse über Wachstums- und Pflegebedingungen werden so im konkreten Umgang erworben.

Arbeit im Schulgarten oder auf Hochbeeten auf dem Schulhof helfen den Kindern, Grunderfahrungen mit Erde, Wasser, Licht, Sonne, Schatten zu machen. Die körperliche Arbeit, das Erleben von Wachstums- und Gedeihprozessen, das Säen und Ernten verschafft Befriedigung. Welches Stadtkind kann schon diese Erfahrungen machen?

Schwierigkeiten verstehen wollen

Folgende Maßnahme über den Klassenraum hinaus halte ich ebenfalls für erfolgreich:

Innerhalb des Kollegiums bilden sich Teams, die sich kollegial und wechselseitig beraten. Das sensibilisiert Konflikten gegenüber, verhindert Schwarzweiß-Projektionen, Abwehr und Ausgrenzungen. Das aktive Bemühen um Verstehen von Schwierigkeiten und die engagierte, nicht halbherzige Auseinandersetzung werden durch diese Form des Umgehens gefördert.

Hierbei sind folgende Schritte hilfreich:

- Beschreiben des Problems und der Situation: Problemsituationen, schwierige Kinder werden deutlich dargestellt, sehr genau, mit vielen Details.

- Sammeln und Erarbeiten von Lösungen: Es werden Vorschläge, Ideen, konkrete Utopien, der kleinste, der größte Veränderungsschritt, der zur Lösung beiträgt, gesammelt.

- Ziele: Aus der Unzufriedenheit und dem Veränderungswunsch werden realistische, nicht wünschbare, sondern machbare Ziele erarbeitet. Hierbei werden die Ressourcen aller Beteiligten und die Kräfte des Systems deutlich berücksichtigt.

- Realisierung: Schritte zur Lösung der Konfliktsituation, zum Umgang mit schwierigen Kindern, werden sehr konkret erarbeitet und durchgeführt. Wer, was kann helfen, muß noch herangezogen werden?

- Handlungsbewertung: Wie ist es den Beteiligten während des Prozesses ergangen, was hat geholfen, was haben wir genau erreicht, was läßt sich fortsetzen, was muß überdacht werden, was macht es dennoch schwer?

Irmtrud Marie Lohmar

Schwierige Kinder verstehen – annehmen – verstärken: ein Fallbeispiel

Als „schwierige Schüler" betreten sie das Schulgebäude bereits am ersten Tag, und „schwierige Kinder" waren sie oft schon zuvor in Elternhaus und Kindergarten.

Wie sie dazu geworden sind, können wir nur vermuten. Was diese Kinder uns zeigen, ist eine stachelige, widerborstige Außenseite. Sie fallen auf – negativ: halten sich an keine Absprachen, ärgern die Mitschüler, sind aggressiv, können nicht zuhören, sich kaum konzentrieren, zeigen vordergründig wenig Interesse.

In der Rolle, ein „schwieriges Kind" zu sein, sind sie seit Jahren geübt. Ihre liebenswerten Seiten sind schwer zu entdecken.

Was diese Kinder erfahren, sind Ablehnung, Ermahnung, Strafe. „Niemand mag mich!" Davon sind sie überzeugt, und sie selbst mögen sich am wenigsten.

An vielen Tagen machen diese Kinder ein friedliches Zusammenleben in der Klasse schwierig, an manchen Tagen unmöglich. Sie schaffen es immer wieder, eine gut vorbereitete Sache in ein Chaos zu verwandeln. Immer wieder greifen selbst erfahrene und geduldige Lehrer zu Maßnahmen und Verhaltensweisen wie Ermahnen und Strafen, die sie nie ergreifen wollten, die nichts verändern.

Vielleicht schaffen sie für ein oder zwei Unterrichtsstunden ein wenig Ruhe, Ruhe an der Oberfläche. Aber wieviel Anspannung und Nervenkraft kostet dieser zweifelhafte Friede! Und am nächsten Morgen beginnt er von neuem, der Kampf um den Sieg zwischen Lehrer und Schüler. Die Maßnahmen werden zwangsläufig härter. Ich habe das nie gewollt. Ich befinde mich in einer Sackgasse, ich – und mit mir mein „schwieriger Schüler" und meine Klasse.

Gibt es überhaupt eine Chance in einer „normalen Klasse" für den Lehrer und den „schwierigen Schüler"? Wer will da ein praktikables Rezept geben? Was ich eher möchte, ist Mut machen, Mut zum Vertrauen in „schwierige Schüler", Mut zum Probieren, Mut zu Sonderregelungen.

Ab jetzt nenne ich meinen und Ihren „schwierigen Schüler" Jan.

Was Sie im Zusammenleben mit Jan auf jeden Fall brauchen, sind Kenntnisse über richtiges Verhalten in Konfliktsituationen. Hier empfehle ich das Buch von Thomas Gordon, *Schüler-Lehrer-Konferenz*. Die Lektüre wird Ihnen helfen, Situationen rascher zu beurteilen, Ihre verbalen Äußerungen besser zu kontrollieren und Ihr Repertoire professionellen Handelns zu erweitern. Was Sie nicht in einem Buch finden und nicht aus einem Konzept schöpfen können, sind das Durchhaltevermögen, die Geduld, die Kraft und das Vertrauen in sich und Jan, die Sie benötigen, um immer wieder neu zu versuchen, um Rückschläge, Resignation und Zweifel auszuhalten. Zuneigung und liebevolle Annahme könnten die Basis sein, aus der Sie schöpfen.

Versuchen Sie Jan zu mögen, wirklich zu mögen. Geben Sie Jan einen besonderen Platz in Ihrem Herzen.

Dabei werden Sie Ihren ganz persönlichen Weg finden müssen, einen Weg, der zu Ihrer Persönlichkeit paßt und den Ihr Jan annimmt. Vielleicht können Ihnen die Möglichkeiten, die ich probiert habe, helfen.

Ich denke viel über Jan nach, rede über ihn mit Kollegen, in Konferenzen. Meinen „schwierigen Schüler" nenne ich ihn, wenn ich von ihm spreche. Als „schwierigen Schüler" sehe ich ihn, wenn ich über ihn nachdenke. Darf ich mich da wundern, wenn er auch als „schwieriger Schüler" in meiner Klasse sitzt? Bei dieser reduzierten Sicht der Situation schiebe ich mir eine Menge Verantwortung zu. Aber vielleicht ist das eine Möglichkeit für einen Beginn. Ich muß etwas bei mir verändern, wenn sich überhaupt etwas verändern soll.

Anders an Jan denken

Ich will diesen Begriff „schwieriger Schüler" in meinem Kopf austauschen in etwas Besonders, was mir gefällt. Einer meiner Jans malte recht originell. Außergewöhnlich waren seine Bilder, und sie gefielen mir wirklich. Meinen „Picasso" nannte ich ihn, wenn ich über ihn nachdachte.

Andere Maßstäbe finden

Ich will lernen, Jan zu mögen. Dazu muß ich ihn annehmen, so wie er ist. Damit ich das kann, muß ich meine Maßstäbe für ihn verändern. Ich muß großzügiger, nachsichtiger sein. Vielleicht gelingt es mir, seine Unordnung in Heften und Tasche als ein originelles Chaos zu betrachten, nicht so wichtig zu nehmen, wenigstens solange er nicht in der Lage ist, etwas zu ändern. Das wären dreimal Ermahnen und einmal Augenbrauenziehen weniger am Tag.

Anders mit Jan reden

Ich möchte, daß Jan lernt, mir zu trauen, zu vertrauen, damit er sich wieder selbst traut. Ich werde meine verbalen Äußerungen besser kontrollieren. Auch Sätze wie: „Du kannst das. Ich bin sicher, du gibst dir Mühe." sollen ehrlich sein. Vielleicht ist Schweigen zu Anfang auch eine Möglichkeit.

Jan besser kennenlernen, ihn anders sehen

Ich erwische Jan vor dem Unterricht. Ich frage ihn nach seinem Nachmittag. Wir reden ein wenig. Einfach so. Wir gehen zusammen in die Klasse. Er hat ein hübsches Gesicht, wenn er erzählt, lebhafte Augen. Ich will es mir merken.

Ich versuche immer wieder, mit Jan ins Gespräch zu kommen. Ich weiß jetzt viel mehr von ihm. Ein Elefant ist sein Lieblingstier. Er nimmt ihn mit ins Bett. Er hat ihn schon lange, und seine Oma hat sein Fell schon zweimal flicken müssen. Alle Kinder haben Schlaftiere. Alle wollen ihr Tier mitbringen. Ich frage Jan in der Pause, ob er seinen Elefanten auch mitbringt und ob er uns etwas von ihm erzählen will. „Mal sehen", sagte er. „Ich fände es schön. Ich würde ihn gerne einmal sehen." War das schon zuviel?

Positive Situationen schaffen

Wenn ich Zeit habe, stelle ich mich neben Jan. Ich schaue ihm zu. Dieses Heft! Diese Schrift! Ich sage nichts. Ich schaue genauer. Die erste Aufgabe ist richtig. Ich bitte ihn, sie nachher an der Tafel vorzurechnen. Er kann sein Heft mitnehmen. Jan ist bereit, seine Aufgabe an der Tafel zu rechnen. Er macht das richtig. Das kann ich ihm sagen. Kein übertriebenes Lob. „Gut, Jan, das ist richtig." Mehr nicht. Alle haben es gesehen. Alle haben es registriert. Jan hat etwas richtig gemacht.

Zeichen ausprobieren

Wenn Jan zu mir hinschaut, antworte ich. Ich nicke zurück. Augenzwinkern, Lächeln, es gibt so viele Signale. Sie alle sagen: Ich bemerke dich. Du machst es gut. Beim Rumgehen lege ich kurz meine Hand auf seine Schulter. Ich probiere, ob Jan es mag. Wenn ja, hilft das zu beruhigen, auch demnächst einem Unsinn vorzubeugen, ohne daß es einer aus der Klasse merkt.

Sonderaufgaben

Ich bitte Jan, einen Brief ins Sekretariat zu bringen. Er braucht lange, aber er erledigt es. Ich kann mich bei ihm bedanken. Ich übergebe ihm häufiger Aufgaben. Kakaodienst, Fahrradkeller aufschließen, mit mir Tische umräumen, usw. Ich zeige ihm und der Klasse, daß ich ihm etwas zutraue. Ich habe Gelegenheiten, mich zu bedanken. „Nett, daß du geholfen hast, danke." Ich bestätige ihn häufig, versuche immer wieder, Gelegenheiten zu schaffen, in denen ich das kann. Mit Lob bin ich sehr vorsichtig. Jan ist mißtrauisch. Er kennt viele Sätze. Viele haben schon vieles probiert. Er spürt, ob die Sätze angemessen, ob sie ehrlich sind.

Schwierigkeiten im Vorfeld mildern

Jan fällt es schwer, eine Arbeit zu beginnen. Das ist mir schon immer aufgefallen. Oft gibt es genau dann Streit an seinem Tisch. Alle Kinder holen ihr Material. Einige arbeiten schon. Jan kramt in der Tasche, holt seinen Dinosaurier, läßt ihn über Daniels Heft laufen. Gleich geht es los. Ich frage, ob ich helfen soll, eine Arbeit zu finden. Keine Antwort. Jan verschwindet in der Tasche. Die Tasche fällt um, nicht ganz unabsichtlich. Diesmal frage ich nicht. Ich stelle die Tasche hin. Jan sagt nichts. Ich beginne einzupacken. Er läßt es zu. Kein Geschrei. Mithelfen will er nicht. Macht auch nichts. Ich suche eine Arbeit aus, von der ich annehme, daß er sie kann und daß sie vielleicht Spaß macht. Ich lege sie auf seinen Platz und sage ihm etwas zu der Arbeit. Ich warte, bis er begonnen hat. Es hat besser geklappt als sonst. Kein Terror. Ich muß in solchen Situationen in seiner Nähe sein. Vorerst noch.

Übersehen – Reagieren

Ich habe gelernt, so wenig zu ermahnen wie möglich, Kleinigkeiten großzügig zu übersehen, abzuschätzen, ob Jans Unsinn die anderen sehr stört oder ob sie es tragen können. Ich traue meinen Schülern eine Menge zu, und sie zeigen sich belastbar. Dennoch gibt es immer wieder Situationen, in denen Übersehen nicht möglich ist. Jan hält einem Schüler ein Bein. Der fällt. Es ist noch gerade gutgegangen. Ich muß reagieren. Aber wie? Angemessen und ehrlich. Kein Beschönigen, kein Moralisieren, kein Ermahnen, kein Vorwurf. Ich brauche ein wenig Zeit. Ich kümmere mich zuerst um den anderen Schüler. Ich versuche tief durchzuatmen und die richtigen Worte zu finden. Jan muß wissen, daß ich das nicht gut finde, aber auch, daß ich ihm nicht böse bin.

„Ich glaube, du hast das mit Absicht gemacht. Das finde ich nicht gut. Ben hat sich weh getan. Ich fände es richtig, wenn du mit Ben darüber reden würdest. Damit könnte es gut sein. Denk darüber nach. Gleich ist Pause. Wenn ihr wollt, kann ich euch dabei helfen." Es ist geschehen, es war nicht in Ordnung, aber es ist wieder in Ordnung zu bringen.

Jans Zeichen

Es dauerte Wochen, bis Jan seine ersten Zeichen sandte. Zeichen, die mir sagten, daß er begonnen hatte, mir zu trauen. Die Zeichen sind so verschieden, wie Jans Befinden unterschiedlich ist. Er schaut mich häufiger an und wartet auf ein Nicken. Er bleibt in der Pause in der Klasse. Er erzählt mir etwas, ohne daß ich frage. Er malt ein Bild für mich.

Aber auch das sind Zeichen. Er kippt zum dritten Mal seine Tasche um. Er verkündet schon vor der Klassentür: „Heute komme ich nicht in den Erzählkreis." Er teilt mir mit, daß es ihm heute nicht gutgeht. Daß er mir das zeigen kann, werte ich als Vertrauen.

Meine eigene Befindlichkeit

Auch ich kann nicht an allen Tagen gleich gut mit seinen anstrengenden Zeichen umgehen. Das hat Jan längst gemerkt und kann das besser akzeptieren als zu Anfang. Ich kann ihm vor der Klasse sagen, daß es mir nicht so gutgeht, ich kaum geschlafen habe. „Sei ein bißchen nett zu mir." Das kann ich jetzt wagen. Er weiß, wie ich das meine. Er dreht mir nicht mehr den Rücken zu, als habe er nicht zugehört. „Mal sehen", sagt er meistens, macht dabei ein bitterböses Gesicht. Und mit diesem Gesicht wird er mich mehrmals in der Stunde ansehen. Aber er wird sich sehr viel Mühe geben.

Absprachen treffen

Jetzt erst versuche ich häufiger Absprachen mit Jan zu treffen. Ganz kleine, die er auch wirklich einhalten kann: die Blätter einheften, gleich anzufangen, wenn ich mich neben ihn stelle, usw. Er liebt sie nicht, meine Absprachen, aber er versucht, sie nach seinen Möglichkeiten einzuhalten. Sein finsteres Gesicht muß ich dann jedoch aushalten. Das scheint eine Art Abkommen. Ich helfe ihm dabei, an die Absprachen zu denken und sie einzuhalten. Auch das mag er nicht sehr. Ich mache es so behutsam wie möglich.

Tagebuch

Sorgsam habe ich Tagebuch geführt und die täglichen kleinen Erfolge festgehalten. Es hat mir sehr geholfen, meinen Blick und mein Herz für Jan zu öffnen. Da finde ich Sätze wie:

Jan hat Ina neben sich sitzen lassen. Jan hat Daniel um einen Radiergummi gebeten (nicht weggenommen). Jan hat sein Blatt abgeheftet.

Wäre mir das vorher auch aufgefallen? Aber auch solche Dinge schreibe ich auf: Jan hat alle Aufgaben falsch gerechnet. Ich war sicher, daß er sie konnte. Ich habe es übersehen. Ich hatte keine Lust, eine Störung einzugehen. Es war nicht richtig. Jan hat sein Heft zerrissen. In der Pause habe ich ihn gefragt.

Er ließ mich stehen wie am ersten Tag. Ich habe ihm nicht getraut. Er hat es gespürt. Ich werde es ihm so sagen.

Eine komplexe Situation in kurzen, einfachen Sätzen aufgeschrieben, hilft mir dabei, zu ordnen, zu entschlüsseln, zu durchschauen. Beim Notieren spüre ich, wie sehr mich jeder kleine Erfolg freut, und ob ich Jan mag, das muß ich mich nicht mehr fragen.

Pausen – Fachunterricht

Fühlt Jan sich in der Klasse mittlerweile von mir und auch von den Mitschülern angenommen und kann sich so mit Absprachen und Sonderrechten einigermaßen zurechtfinden, so verliert er in den Pausen oder im Fachunterricht häufig seine Orientierung. Hilflos schlägt er um sich. Hier braucht er noch viel Zeit und Hilfe. Manchmal hilft es, wenn ich vor der Pause mit ihm rede. Ich bitte ihn, kurz hereinzukommen, wenn es schwierig wird, oder ich vermittle ein Spiel mit einem Mitschüler. Nach der Pause frage ich, ob alles geklappt hat. Jedes Gelingen bestätige ich. Das hilft ihm, aber nicht jeden Tag.

Rückschläge – Sonderrechte

Auch in der Klasse gibt es Rückschläge. Jan kommt zornig aus der Pause. Er hat mit Daniel gestritten. Er schmeißt sich über den Tisch, mault, tritt Daniel. Jetzt steht er am Waschbecken, er kommt zurück, die Backen dick, seine Augen sehen nichts vor lauter Zorn. Gleich ist alles zu spät. Ich stelle mich in den Weg. „Bitte nicht, Jan. Mach's nicht!" Mir fällt nichts Besseres ein. Ist es sein Schreck? Die Hälfte Wasser schluckt er herunter, die andere prustet er in die Klasse. Keiner lacht. Welch ein Glück.

Jan setzt sich an den Tisch, verbirgt sein Gesicht in seinen Armen, tritt mit den Füßen unter die Tischplatte, mault vor sich hin. Er muß jetzt nach draußen, alleine sein. Ich suche nach einer Möglichkeit. „Willst du mir Schreibmaschinenpapier im Sekretariat holen? Du kannst einen kleinen Umweg machen." Jan stürzt aus der Klasse. Er wird so rasch nicht zurückkommen. Jan hilft es, wenn er manchmal die Klasse auf legitimem Weg verlassen kann. Meist hält er einen akzeptablen Zeitrahmen ein. Wenn nicht, sage ich ihm, daß es ein wenig zu lange gedauert hat. Ich traue ihm zu, daß er so ein vernünftiges Maß selbst herausfindet. Er hat auf diesen Ausflügen nie etwas angestellt.

Über Jan reden

Es hilft, besonders zu Anfang, über Jan positiv zu reden. Ich erzähle den Kollegen in der Pause von Jans Fortschritten. Ich nehme Hefte mit, in denen Jan meiner Meinung nach ordentlich gearbeitet hat. Es macht mir Freude, etwas Nettes von ihm erzählen zu können. Es hilft mir, Jan anders zu sehen.

Die anderen Schüler – der Unterricht

Was ist mit den anderen Schülern? Kann ich denen auch gerecht werden? Was ist mit den Unterrichtsinhalten? Das wird man Sie immer wieder fragen, und Sie selbst werden es sich auch immer wieder fragen. An einigen Tagen werden Sie sicher ein ungutes Gefühl, ein schlechtes Gewissen aushalten müssen.

Aber auch mit Jan kann gelernt werden. Sicher nicht so störungsfrei, wie man es sich wünscht, aber immer störungsfreier. Den „Stoff" habe ich immer geschafft, wenn auch nicht immer an dem Tag, an dem ich ihn geplant hatte. Aber an solchen Tagen haben ich und meine Klasse etwas anderes gelernt. Wir haben zusammen gelernt, mit Jans Auffälligkeiten besser umzugehen.

Und Jan kann dies seitdem auch. Meine Verhaltensweisen, mein Übersehen, meine Großzügigkeiten hat die Klasse übernommen. Sie billigt Jan Sonderrechte zu, fordert sie nicht für alle, findet diese Unterschiede nicht ungerecht. Die Klasse freut sich, wenn Jan etwas gelingt, und den Satz: „Der Jan hat ..." höre ich immer seltener. Sie helfen Jan in der Pause, verteidigen ihn vor anderen. Jan gehört zu ihnen und das lehnen sie nicht mehr ab. Jan braucht ihre Hilfe, damit ihm etwas gelingt. Das haben sie längst verstanden und auch angenommen. Was sie gelernt haben mit Jan, finde ich wichtig und wertvoll. Das hilft mir, meine Zweifel und meine unguten Gefühle auszuhalten.

Gabriele Lanser

Tips

- Nutzen Sie das *Kollegium als soziales „Stützsystem"*. Bitten Sie Ihre Kolleginnen und Kollegen in Ihren Unterricht, geben Sie gezielte Beobachtungsaufgaben. Hilfreiche Gespräche kommen dann allerdings nur zustande, wenn wirklich Offenheit gegeben ist.

- Bleiben Sie auch in harten Konflikten souverän! Denken Sie nicht in den Kategorien „Sieger und Besiegte". Entwaffnend ist übrigens *Humor*.

- Vermeiden Sie ein *Klima des harten Wettbewerbs* und der permanenten Überprüfung. Machen Sie den Kindern *Mut*, ermöglichen Sie ihnen *Leistungserlebnisse*.

- Vermeiden Sie es, daß Kinder sich bloßgestellt fühlen. Mit allzu harten Strafen treten Sie aus der Beziehung zu den Kindern heraus und isolieren sie. Drücken Sie lieber auch ihre eigene Stimmung aus. *Zeigen Sie sich als Person,* anstatt eine machtvolle Lehrerfassade aufzubauen.

- Erzieherische Aufgaben lassen sich nicht auf sozialpsychologische Kunstgriffe reduzieren. Machen Sie deutlich, daß Sie für die Kinder da sind und daß Sie ihnen weiterhelfen möchten; dazu muß *Hilfsbereitschaft* auch praktisch vorgelebt werden (Patenschaften, Hausaufgabenhilfe).

- Lassen Sie sich auch *unorthodoxe Hilfen* einfallen: z. B. das Kind in einer anderen Klasse, bei einer anderen Lehrerin, teilnehmen lassen. Mit dem Kind einen Kontrakt abschließen; mit ihm ein Tagebuch zusammen schreiben, etc.

Folgende hilfreiche Regeln sind zusammengestellt nach dem Manuskript von Gisela Röttgen (Landesinstitut für Schule und Weiterbildung, Soest):

- **Möglichst wenige, sorgfältig überlegte Regeln aufstellen,**
  die für alle Mitglieder der Gruppe gelten. Z. B.: Wer sich in die Gemeinschaft nicht einpassen kann, verläßt die Klasse, bis er meint, er schafft es wieder. Dann kommt er leise herein … und setzt sich an seinen Platz.

- **Auf Einhaltung bestimmter Regeln bestehen**
  Überlegen Sie erst genau, was Sie nicht gestatten können, und räumen Sie dem Kind immer ein Mitspracherecht bei der Festlegung von Regeln ein. Sind Vereinbarungen einmal festgelegt, müssen sie auch Geltung haben. Inkonsequente Haltung wirkt sich negativ auf das Verhalten der Kinder aus.

- **Bei Regelüberschreitungen vorwarnen**
  Warnen Sie Kinder vor, wenn Sie erkennen können, daß diese im Begriff sind, eine Regel zu übertreten. Sie können damit Auseinandersetzungen und Sanktionen schon im Vorfeld vermeiden. Einmaliges Vorwarnen genügt.

- **Wutanfälle ignorieren, Publikum nehmen**
  Spektakuläre Wutanfälle aus nichtigen Anlässen enden in der Regel genauso schnell, wie sie aufgeflammt sind, wenn sie von den Personen im Umfeld möglichst ignoriert werden. Überfordern Sie aber die Mitschüler durch einen solchen Anspruch, sollten Sie dem betreffenden Kind durch wenig Aufwand und Aufsehen das Publikum entziehen, indem sie es z. B. für einen Augenblick ruhig aus der Klasse führen. Lassen Sie das Kind selbst bestimmen, wann es wieder in die Gemeinschaft zurückkehrt.

- **Positives Verhalten verstärken, Erfolgserlebnisse vermitteln**
  Geben Sie Kindern, die Ihnen häufiger durch negative Verhaltensweisen auffallen, Gelegenheit, positiv in Erscheinung zu treten. Jede Befolgung einer Regel, jedes Durchhalten bei der Arbeit sollten Sie hervorheben und anerkennen.

● **Konsequent Leistung verlangen**
Vermeiden Sie Überforderungen, aber verlangen Sie beständig wenigstens ein Mindestmaß an Leistung. Dabei können kleine Hilfen und Verstärkungen konzentrationsschwache Kinder auch zu Eigenleistungen ermutigen.

● **Problembewältigung den Kindern zutrauen**
Lassen Sie Kinder die Folgen ihres Verhaltens erleben (sofern keine Gefahr für Gesundheit und Leben besteht). Lernen durch Erfahrung ist eine wichtige Grundlage dafür, Problemlösungen zu suchen und zu erkennen. Ermutigen Sie die Kinder, für ihr Handeln selbst die Verantwortung zu übernehmen und eigene Problemlösungen zu realisieren.

● **Kommunikative Verhaltensweisen einüben**
Verhaltensauffällige Kinder haben nur eingeschränkte kommunikative Möglichkeiten. Geben Sie ihnen Hilfe durch Einübung, durch regelrechtes Training kommunikativer Verhaltensweisen, z. B. im Rollenspiel.

● **Bewegungsdrang kanalisieren, beruhigende, entspannende Phasen einbauen**
Kleine Entspannungs- und Lockerungsübungen während des Unterrichts, Spiellieder, eine Laufrunde auf dem Schulhof, Aufgaben des Klassendienstes wie Tafelputzen etc. können den Bewegungsdrang und das Handlungsbedürfnis der Kinder auffangen und die Leistungsfähigkeit und Lernfreude erhalten.

● **Ein gemeinsames Erziehungskonzept mit den Eltern erarbeiten**
Die Erwachsenen, Eltern und Lehrer, sollten sich auf ein gemeinsames Erziehungskonzept einigen.

● **Das gute Beispiel der Erwachsenen**
Aggressives Verhalten der Erwachsenen verstärkt die Aggressionsbereitschaft bei den Kindern. Auch die Gewaltdarstellungen durch Video und Fernsehen steigern die Bereitschaft zur gewalttätigen Lösung von Konflikten. Wir Erwachsene müssen uns bemühen, sachlich und ruhig auf Provokationen verhaltensauffälliger Kinder zu reagieren.

● **Suchen Sie nicht nach Schuldigen**
Interessant für Lehrer und Eltern sind die Möglichkeiten, Aggressionen von Kindern zu beeinflussen, zu mildern und zu verhindern. Suche nach Schuldigen – ob Eltern, Lehrer, Mitschüler – verhindert eine gemeinsame Lösung des Konflikts und verstellt zudem dem betreffenden Kind den Weg, selbst Problemlösungen zu entdecken. Fragen Sie sich: Was können wir gemeinsam tun, um diesem Kind zu helfen, seine Probleme selbst zu lösen?

Tagesrhythmus

Jedes Kind hat seinen eigenen Rhythmus und seine eigene Dauer der Aktivität. Diese *innere Uhr* läßt sich nicht beliebig manipulieren. Deshalb sollte man sich auch nicht unter das Diktat des Klingelzeichens stellen. Zeittakte, die allein der Betriebslogik des Schulehaltens (wie z. B. der 45-Minuten-Takt) folgen, gefährden kontinuierliches Lernen in Ruhe und Muße.

Phasen der Spannung und Entspannung sollen den Tagesablauf strukturieren; dabei gilt es, die physiologischen Leistungsschwankungen der Kinder zu berücksichtigen. Kinder können nicht wie Erwachsene Kräfte, die ihre Leistungsfähigkeit überschreiten, willkürlich mobilisieren. Das Leistungshoch ist am frühen Vormittag und dann erst wieder am späten Nachmittag. Das Tief in den Mittagsstunden schränkt die Konzentrationsfähigkeit stark ein.

Überhaupt ist die *Aufmerksamkeitsdauer* bei Kindern auf 10 bis 20 Minuten begrenzt; Bewegung ist hier ein wichtiger Anreiz. Eine erfrischende Zwischenmahlzeit in der Frühstückspause (zwischen 10 und 11 Uhr) stärkt die Leistungsfähigkeit. Da das Durchhaltevermögen bei Kindern unterschiedlich ist, sollte es auch individuelle Rückzugsmöglichkeiten geben (z. B. in der Leseecke; auch zur Blasenentleerung, die bei Kindern bis zu achtmal täglich erforderlich ist). Statt des Klingelzeichens sollten der inhaltliche Ablauf des Unterrichts, das Interesse und die Bereitschaft der Kinder den Tagesrhythmus beeinflussen. Der Unterrichtsvormittag läßt sich durch *Rituale* strukturieren, die wichtige Situationen bewußt „in Szene setzen": vom Unterrichtsbeginn bis zum -ende, das Frühstück, der Wochenausklang.

Der Ablauf wiederkehrender Alltagshandlungen und damit die vertrauten Situationen schaffen *Kontinuität, Voraussehbarkeit und Verläßlichkeit,* geben Kindern Sicherheit. Von hier aus kann man ihnen Verantwortung übertragen und auch Entscheidungen zumuten. Dabei brauchen unsichere Kinder mehr emotionale Stützen durch die Lehrerin, bis sie über die Bedeutung der verschiedenen Rituale sicher verfügen, frei und verantwortlich handeln können und sich schließlich als fähig erleben.

So kann der Schulalltag beginnen

In die Klasse kommen ...

Eine Zeitlang habe ich mich während meiner Unterrichtspraxis gegen das paarweise Aufstellen zum „Einzug" ins Klassenzimmer innerlich gesträubt. Es erschien mir als unsinnige Reglementierung und überflüssiger Drill. Die

Arbeit an einer teilweise fünfzügigen Schule zeigte mir jedoch deutlich die Notwendigkeit, gemeinsam mit den Schülern auch für diese Situation Regeln zu finden, wenn nicht die kleineren oder zurückhaltenderen Kinder in einem oft recht wüsten Gedränge und Geschubse untergehen sollen. So treffen wir uns nach Absprache an einem Baum in der Schulhofmitte, entziehen uns damit der Enge vor dem Eingangsbereich und gehen meist als letzte hinein. In diesen drei bis vier Minuten des „Sich-Sammelns" werden die Kinder allmählich schon wieder etwas ruhiger nach der oft aufgeheizten Schulhofatmosphäre. Manche Konflikte aus der Pause können hier noch entschärft werden und kommen nicht mehr mit ins Klassenzimmer.

Beate Schweitzer

... ohne Klingelzeichen

Vorgegebene Zeittakte gefährden kontinuierliches Arbeiten in Ruhe und ohne Zeitdruck. Grundschulen sind deshalb dazu übergegangen, ihre Klingel abzuschaffen: Kinder brauchen einen flexiblen Zeitrahmen; auch ihr Bedürfnis nach Bewegung, Spiel, Entspannung richtet sich nicht nach einem 45-Minuten-Raster. Selbst der Unterrichtsbeginn kann *flexibel* gestaltet werden.

Können die Kinder innerhalb einer bestimmten Frist in der Klasse eintreffen (z. B. zwischen 7.45 Uhr und 8.15 Uhr statt Punkt 8.00 Uhr), dann ergeben sich für die Lehrerin oder den Lehrer auch zusätzliche erzieherische Gelegenheiten. Jedes Kind kann einzeln mit dem Lehrer ins Gespräch kommen, kann von seinen Freuden oder Sorgen erzählen, Fragen aus dem vergangenen Unterricht stellen, Hausaufgaben erledigen, noch etwas üben oder auch lesen. Diese Phase läßt sich dann als Bestandteil einer Freiarbeitsstunde über den offenen Beginn hinausführen.

Reinhold Christiani

Unsere „Kreise" am Morgen

In den ersten Klassen arbeiten wir an unserer Schule mit einem offenen Anfang. Der Lehrer ist 15 Minuten vor Stundenbeginn in der Klasse, und die Kinder kommen nach und nach herein. Da ist Zeit, um das Neueste auszutauschen, ein Kartenspiel zu machen, Freundschaften zu schließen etc.

Das kommt den Gerade-erst-Schulkindern entgegen. Man kann aus diesem offenen Anfang fließend in den Unterricht übergehen.

Ich selbst mache (auch nach einem offenen Beginn) meist eine Zäsur und lasse alles wegräumen. Ich mag einen gemeinsamen Beginn lieber, einen Beginn, der ein wenig einstimmt. Der kann ganz verschieden aussehen. Ein wenig liegt das an dem, was ich vorhabe.

● Das kann ein gemeinsames Lied sein.

Morgenkreis · Schulbeginn   291

● Montags muß es ein *Erzählkreis* sein. Kinder lieben Rituale und bestehen auf dem *Montagskreis*.

● Haben Kinder etwas Besonderes vorbereitet, einen Text lesen geübt, ein Gedicht oder ein Spiel, so treffen wir uns im „*Vorführkreis*".

● Manchmal bringe ich eine besondere Geschichte mit, die unseren Tag bestimmt.

● Der *Geschichtenkreis* ist auch ein guter Anfang. Hier stellen Kinder ihre eigenen Geschichten vor, was immer für alle ein Ereignis ist.

● Manchmal hören wir zusammen ein wenig Musik. Dazu sucht sich jeder einen bequemen Platz. Wer will, sagt hinterher, was ihm so alles während des Musikhörens durch den Kopf gegangen ist.

● Manchmal beginnen wir mit einer „Stille-Übung".

Es gibt viele Möglichkeiten, den Tag zu beginnen. Die Klasse selbst wird bald Ideen und Vorschläge machen. Es wirkt sich mit Sicherheit positiv auf den Tag aus, wenn es gelingt, sich im Beginn als eine Gemeinschaft zu fühlen.

Gabriele Lanser

Den offenen Beginn nutzen

Für mich ist es wichtig und schön, durch alle Schuljahre hindurch den Tag mit einem ‚offenen Anfang' zu beginnen. Vor dem eigentlichen Unterrichtsbeginn können die Kinder 10 bis 15 Minuten nach eigenen Bedürfnissen nutzen:

● Ein Kind hat ein Spielzeug, Kuscheltier etc. mitgebracht und führt es seinen Freunden vor.

● Einige Schüler sprechen über das gesehene Fernsehprogramm des vergangenen Tages.

● Kinder tauschen sich aus über Veränderungen auf dem Schulweg (z. B. Baustelle).

● Der Lehrerin wird etwas Wichtiges erzählt (Geburtstag, etwas verloren, jemand in der Familie ist krank, etc.).

● Einige beschäftigen sich mit beliebtem Freiarbeits- oder Spielmaterial aus der Klasse.

Ich denke, diese bestimmt unvollständige Auflistung mag Begründung genug sein, um aufzuzeigen, daß Kinder diese Zeit vor dem eigentlichen Unterricht brauchen. Sie müssen kundtun können, was sie bewegt, um sich dann auf das folgende Unterrichtsgeschehen einlassen zu können. Ich habe diese Zeit immer genutzt, um Kinder zu beobachten – wie sie miteinander umgehen, wem sie sich zuwenden usw.

Im 1. Schuljahr schloß sich an diese ‚offene Phase' der Morgenkreis mit Begrüßung, Lied oder Spiel, Geburtstagsfeier, Vorlesen einer Geschichte und Klärung des Tagesplans an.

Im Verlauf der Schuljahre hat sich der Morgenkreis als täglicher Rhythmus leider etwas ‚verzogen'. Jetzt im 4. Schuljahr gehen wir nach der ‚offenen Phase' und der Begrüßung häufig gleich zu den Absprachen des Tages über. Ich empfinde es als schade.

Gudrun Dohmes

Morgenkreis im 1. Schuljahr

Er ist den Kindern im 1. Schuljahr aus dem Kindergarten vertraut. Bei der Sitzordnung in Hufeisenform läßt er sich problemlos organisieren: Stühle auf den Tisch stellen, in den Kreis gehen, Stuhl herunterheben. Jeder sitzt vor seinem Platz. So ergibt sich kein Gerangel um die Sitzordnung.

Im 1. Schuljahr habe ich jeden Morgen so begonnen: Es galten folgende Vereinbarungen: Jeder, der das möchte, kann eine wichtige Sache erzählen oder etwas Wichtiges zeigen, das in die Kreismitte gelegt wird. Nie wollten das alle Kinder an einem Tag. So wurde es nicht zu langatmig. Was wichtig war, entschied jedes Kind für sich selbst. Einzige Bedingung: erzählt werden nur eigene Erlebnisse, nichts aus dem Fernsehen. Im Kreis lag dann schließlich vielleicht ein Stein, eine Blume, ein kleines Spielauto, ein neuer Radiergummi, etc.

Vielen Kindern bedeutet dieses kleine Ritual eine Entlastung, die sie brauchen, um sich auf das Lernen einlassen zu können. Wenn anschließend Freie Arbeit stattfindet, wird das besonders deutlich. Die Kinder arbeiten konzentriert und zielstrebig.

Beate Bogalho

Mit Kindern beten

Wer betet, wendet sich zu: einerseits *aktiv*, wenn der Betende sich Gott oder sich selbst bzw. seinen Mitbetenden zuwendet; andererseits *passiv*, als Erfahrung einer Zuwendung Gottes. Gemeinsames Beten mit Kindern gelingt dann, wenn ein echter Kontakt zur Befindlichkeit der Kinder da ist. Man muß herausfinden, wo die Kinder gerade sind, was sie beschäftigt, was sie erwarten, auf welche Fragen sie hingelenkt werden können. Auch wo ich gerade mit meinen Gedanken als Lehrerin oder als Lehrer bin, ob ich verbunden bin mit dem, was ich tun und sagen will, ist wichtig.

Zwischen den folgenden Gebetsformen können Sie – wechselnd – wählen:

- *Traditionelle Formen:* Wortgottesdienst, Laudes, Psalmgebete, Segen, Vaterunser etc.

- *Andachten:* Fünf-Minuten-Andacht, Morgengebet, Kurzbetrachtung, Bildmeditation

- *Gebetsformen:* Dankgebet, Lob, Bittgebet, Lieder

- *Stille-Übungen:* bewußt Atmen, Entspannungsübungen, Stille hören, die Stille hinter der Stille hören

- *Impulsgebete:* Spruch des Tages, Bibelworte, Gebet mit der Tageszeitung, mich ansprechen, anregen, anfragen lassen

- *Körpergebete:* in bestimmten Körperhaltungen meditieren (Sitzen, Stehen, Liegen, Gehen), mit Leib und Seele beten, sinnenfällig beten, ganz Ohr sein, ganz Auge sein, schmecken, riechen, tasten

- *Emotional bestimmte Gebete:* sich freuen, Angst haben, trauern, sich ärgern, zärtlich sein, geborgen sein, sich wohlfühlen, trösten, Lust haben

- *Vom Anlaß bestimmte Gebete:* Anlässe des Kirchenjahres (Advent, Weihnachten, Aschermittwoch, Ostern usw.), Anlässe aus der Schule (Ferien, Schulbeginn, Schulende, Schulferien usw.)

- *Ganz bei Gott sein:* seine Größe sehen, seine Nähe spüren, sich durchdringend wissen, sich leiten lassen, ablegen können

- *Ganz bei mir sein:* meine Sorgen, meine Hoffnung, meine Zuversicht

- *Ganz beim anderen sein:* seine Not und seine Stärke sehen, mich solidarisch zeigen

- *Symbolorientierte Gebete:* liturgische Symbole (Kerze, Altar, Kelch, Schale, Kirche, Aschenkreuz usw.), Natursymbole (Wind, Sonne, Mond, Baum, Luft, Feuer usw.), existenzielle Symbole (Wasser, Brot, Haus usw.)

- *Personenzentrierte Gebete:* zunächst jedem Kind in der Klasse Zuspruch zukommen lassen, z. B. an Namenstagen oder zum Geburtstag, sich an Heiligen des Tages orientieren, Personen gedenken, denen man sich verbunden weiß usw.

- *Segnende Gebete:* Mut machen, etwas Nettes sagen, sich angenommen fühlen, sich angenommen wissen, bejahen, Kreuzzeichen bewußt machen.

Gute Anregungen für Gebete finden Sie in dem Buch von Manfred Frigger: *Frühschicht – Spätschicht, Impulse für Gebete und Gottesdienst,* Herder Verlag.

Das Schulgebet ist im Religionsunterricht außer Frage, solange dem einzelnen Kind die Möglichkeit gegeben wird, sich ohne Sanktionen oder Störung dem gemeinsamen Gebet zu entziehen, z. B. durch Sitzenbleiben oder Späterkommen. Jedoch empfiehlt es sich, mit den Eltern Rücksprache zu halten, wenn ich im Unterricht, vor allen Dingen regelmäßig, beten will.

Bruno Welter

Gestaltung des Frühstücks

Nach kurzem Aufenthalt im Freien finden sich alle wieder im Klassenraum zum gemeinsamen Frühstück ein. Dazu hat jedes Kind ein Platzdeckchen, auf dem es sein mitgebrachtes Essen anordnet, während der Milchdienst die Getränke austeilt. Ist alles bereit, wünschen wir uns „Guten Appetit" und frühstücken gemeinsam. Oft lese ich auch dabei etwas vor; zunehmend geschieht das jetzt jedoch durch meine Zweitkläßler, die sogar die Reihenfolge der „Vorleser" auf einer Liste festlegten. Beliebt sind Fortsetzungsgeschichten. Mancher hält die Ungewißheit über das weitere Geschehen nicht aus und erbittet sich das betreffende Buch als Hauslektüre.

Gudrun Bernt

So kann der Unterrichtstag enden

Mir ist ein gemeinsamer Tagesabschluß wichtig, unabhängig von der Jahrgangsstufe. Es bieten sich hierfür Lieder und Spiele an, an denen sich alle Kinder beteiligen können. Oft können Kinder an dieser Stelle selbst Vorschläge einbringen. Zehn Minuten vor Unterrichtsschluß beende ich den Unterricht. Die Kinder packen ihre Taschen, ich fasse noch einmal wichtige Punkte des Tages zusammen und erinnere vielleicht an Dinge, die zu erledigen sind (Zettel zu Hause abgeben, Hausaufgaben usw.). Es folgt ein Spiel oder Lied, und dann verabschieden wir uns.

Ein schönes und bei den Kindern beliebtes Lied ist „Die Schule ist aus" (in: *Mile male mule, ich gehe in die Schule*. Menschen Kinder Verlag).

Gudrun Dohmes

Die „Endphase" eines Schulmorgens kann sich sehr unterschiedlich gestalten – je nach den vorangegangenen Aktivitäten der Schüler und ihren Bedürfnissen. Im ersten Schuljahr halte ich zumindest in der Anfangszeit eine gemeinsame Verabschiedung durch ein Lied, ein Spiel o. ä. für wichtig – es trägt zur Gemeinschaftsbildung bei und schafft für die Anfänger noch einmal einen Orientierungsrahmen.

Später gestaltet sich die Situation zunehmend offener: Sind die Kinder mit ihrer Arbeit fertig und ist der Platz aufgeräumt, so dürfen sie auch fünf Minuten vor dem Klingeln die Klasse verlassen, je nach Bedürfnis. Häufig jedoch bleiben Kinder auch noch gern über das offizielle Klingeln hinaus in der Klasse – ich verstehe dies als positive Rückmeldung! Oft habe ich übrigens bei solchen Gelegenheiten so „nebenbei" noch viel Wichtiges über die Persönlichkeit eines Kindes im informellen Gespräch erfahren können, was sonst vielleicht verborgen geblieben wäre.

Beate Schweitzer

Tagesstrukturen

Im Stundenplan einer Klasse sind alle Lernbereiche auf Tage verteilt. Kinder erleben jedoch, vor allem in den ersten beiden Schuljahren, keine 45-Minuten-Lernbereichseinheiten, sondern individuelle kleine Spiel-, Lern- und Pausenphasen. Bespricht man mit den Kindern die anstehenden, geplanten Aufgaben und Arbeiten, so erfahren sie schnell, daß sie für einiges viel Zeit einplanen müssen, manches mit einem Helfer auch „schnell gehen" kann.

Wichtig ist das allmähliche Hinführen zur zeitlichen und inhaltlichen Mitgestaltung des Unterrichts. Dabei sind Erfahrungen in der individuellen Organisation der Arbeit (auch im Hinblick auf Tagesplan- und Wochenplanarbeit) unumgänglich. So sind etwa Vereinbarungen einzuhalten wie: „Heute fange ich an, ..., morgen in der letzten Stunde kann ich weiterarbeiten." Hilfreich ist das frühe Orientieren an der Klassenuhr: Zeit haben, bis der große Zeiger auf der ... 6 ... steht, o. ä. Nach einer ersten, noch ungewohnten Erlebnisphase erfahren die Kinder: Ich habe Zeit, meine Aufgabe zu überlegen, zu lösen. Ich muß mich nicht hetzen, ich soll nicht gleichzeitig mit anderen fertig sein. Wenn ich mehr Zeit für mein Ergebnis brauche, macht das nichts aus, ich bin deshalb nicht dumm oder ein schlechter Schüler.

Elke Dickler

Trotz Stundenplan: differenziert unterrichten

Differenzierter Unterricht wird durch das 45-Minuten-Raster und durch eine Vielzahl von Fachlehrern erschwert. Die Klassenlehrerin oder der Klassenlehrer mit möglichst vielen Unterrichtsstunden in der Klasse

● hat mehr Zeit und Gelegenheit, die Kinder besser kennenzulernen und individuell zu fördern,

● ist innerhalb seines Unterrichtsdeputats frei, den Unterricht je nach pädagogischer Situation zu arrangieren.

Probleme allerdings sind:

● Wie sieht ein Stundenplan aus, der nicht festlegt?

● Wie kann man einen Unterrichtstag ohne Fächergliederung dennoch ordnen?

- Wie können bei einem Stundenplan ohne Fächergliederung die Ziele und Aufgaben der einzelnen Fächer erfüllt werden?

- Wie kann bei Fachunterricht Kooperation zwischen den Lehrerinnen und Lehrern in Gang kommen?

- Jeder Lehrer hat fachliche Grenzen. Wie kann das berücksichtigt werden?

Als Lösung hat sich bewährt:

Der Klassenlehrer mit möglichst vielen Unterrichtsstunden in „seiner" Klasse legt nur wenige Unterrichtsstunden fachlich fest. Aus dem Deputat aller Lernbereiche werden die fachübergreifenden bzw. fachunspezifischen Stunden herausgenommen (Übungsstunden, Freie Arbeit, Morgenkreis, Wochenschluß ...). In der übrigen Zeit werden die einzelnen Lernbereiche integriert oder epochal unterrichtet. (Schulrechtlich ist nur wichtig, daß zum Ende des Halbjahrs/des Schuljahres alle Lernbereiche mit dem ihnen zustehenden Anteil unterrichtet wurden.)

Beispiel: Stundenplan Klasse 1

Der Klassenlehrer oder die -lehrerin unterrichtet außer den Religionsstunden in allen anderen Stunden. Zwei Sportstunden liegen wegen der Benutzung der Anlagen und der Halle fest. Alle übrigen Stunden werden fachlich nicht ausgewiesen.

	Mo	Di	Mi	Do	Fr
1	x	Religion		Sport	Religion
2	x	x		x	x
3	x	Sport	x	x	x
4	x	x	x	x	x
5			x		

(Fast) jeder Tag hat bestimmte Elemente:

- Morgenbesprechung am Anfang (an dieser Stelle wird der Tag mit den Kindern gemeinsam strukturiert),

- eine Einführung oder gemeinsame Übung mit allen Kindern,

- 20 bis 40 Minuten differenzierte Arbeit nach Übungsplan,

- letzte Phase von 30 bis 40 Minuten: (differenzierte) Freie Arbeit, in der Regel mit Angeboten zum Wochenthema.

Die Anliegen der verschiedenen Fächer werden entweder als Wochenthema in den Mittelpunkt des Unterrichts gestellt (Vom Fliegen, Puppentheater, Komm doch, lieber Frühling) oder nach Bedarf und Situation eingeschoben.

Beispiel: jahrgangsübergreifende Angebote

Mehrere Lehrerinnen einer Schule setzten in ihren Klassen eine bestimmte, für alle gleiche Unterrichtsstunde im Stundenplan fest für „Freie Arbeit". Je nach Interesse der Kinder, nach Aktualität, aber auch nach Fähigkeit der Lehrerinnen wurden angeboten:

- in Raum 1 von Frau A: Arbeit mit Fischer-Technik (Grundkursgruppe und freie Fortgeschrittenengruppen)
- in Raum 2 von Frau B: Nadelarbeiten (Grundkursgruppe Häkeln und freie Fortgeschrittenengruppen)
- in Raum 3 von Frau C: Untersuchungen und Experimente
- in Raum 4 von Frau D: Schulzeitung

Bei Frau B und C arbeiteten auch einige Eltern mit.

Angefangen hatte das Projekt mit der Kooperation von zwei Lehrerinnen. Den Kindern „ihrer" Klassen, einer 3. und einer 4., wurde Fischer-Technik in dem einen und Handarbeiten in dem anderen Klassenraum angeboten.

Weiterführen läßt sich das Projekt

- durch Ausweitung auf alle Lehrerinnen und Lehrer und alle Klassen der Schule,
- durch Ausweitung auf eine Doppelstunde/auf einen Vormittag pro Woche.

Horst Bartnitzky

Tips

- Sprechen Sie mit den Kindern für den *Tagesrhythmus* ein (möglichst) festes Grundgerüst ab: Ankommen z. B. ab 7.45 Uhr, offene Phase, Morgenkreis, Gebet, Freies Arbeiten oder Wochenplan, Pause, Frühstück.
- Kinder können sich auf den Vormittag besser einstellen lernen, wenn Sie ihnen die *Tagesgliederung* vorstellen. Das gibt ihnen zudem mehr Verläßlichkeit. Der aktuelle Tagesplan mit den Arbeitsschwerpunkten könnte z. B. an der Seitentafel für alle sichtbar aufgeschrieben stehen.

- Die *Wochengliederung* gibt den Kindern den Überblick über die einzelnen Tage mit den festen Ereignissen wie z. B.: Montagmorgenkreis, Lesefeier, Arbeitsgemeinschaft, Wochenabschluß. Vielleicht gibt es auch einen thematischen Bogen, der mit den Kindern gemeinsam geplant ist und die folgenden fünf Wochentage umspannen kann.

- Diskutieren Sie im Kollegium, ob sich eine *„Schule ohne Klingel"* organisieren läßt.

- Eine festgelegte *„Aufräumzeit"* am Freitag beugt der langsam aufkeimenden Unübersichtlichkeit konsequent vor.

- *Morgengespräche* mit einzelnen Kindern vor der Unterrichtszeit stärken den pädagogischen Bezug.

- Die *Zubereitung des Frühstücks in der Klasse* (Müsli, Obst, Brot mit Aufschnitt, heißer Tee) stärkt das Zusammenleben, sichert allen Kindern eine gesunde Mahlzeit und fördert dazu noch das verläßliche Besorgen.

- Regeln, die auch außerhalb des Klassenzimmers gelten, sollten nach Möglichkeit im Kollegium abgestimmt sein. Lassen sich die Regeln des Aufstellens, des Hereinkommens und Hinausgehens im Kollegium vereinheitlichen?

Üben

Alles Können entsteht durch Üben. Üben ist unverzichtbarer Bestandteil des Lernens; es macht deshalb auch den größten Teil des Unterrichts insgesamt aus. Wo es vernachlässigt wird, kann es kein zielerreichendes Lernen geben. Üben ist also keineswegs nur ein lästiges Anhängsel an einen ansonsten ereignisreichen Unterricht.

Immer noch haftet dem Üben ein negativer Beigeschmack an; als sei Üben mit geistlosem Pauken gleichzusetzen und als verhindere es entdeckendes, kritisches Lernen. Auch werden Erwartungen in das Üben gesetzt, die nicht eingelöst werden, weil die *Übungsgesetze* nicht beachtet und das Üben selbst nicht trainiert wird, so daß es ineffektiv ist.

Voraussetzung für erfolgreiches Üben ist zum einen, daß in einsichtigen, sinnvollen Zusammenhängen und in regelmäßigen Wiederholungen geübt wird. Auch die „Klippen" müssen zuvor bekannt sein, sonst kann man sie durch Üben nicht überwinden. So entspricht z. B. das sogenannte Übungsdiktat ohne Kenntnis der problemhaltigen Wörter nicht den Anforderungen an sinnvolles Üben. Eigenständiges Üben wird nicht dadurch gefördert, daß man für jeden Anlaß neue Übungsblätter bereitstellt. Da Kinder einer Klasse unterschiedlich lernen, müssen die Übungen auf das einzelne Kind konsequent zugeschnitten sein. Dazu sollten Übungsaufgaben so variationsreich konzipiert sein, daß das Kind diese seinen Lernmöglichkeiten entsprechend auswählen kann.

Individuelles Üben mit jeweils spezifischem Material setzt voraus, daß Kinder auch die erforderlichen Arbeitstechniken beherrschen lernen: Nachschlagen, Wörterbuch und Übungskartei benutzen, sich selbst Ziele setzen und sich selbst unmittelbar kontrollieren, Buch führen über Übungspensen etc. Nur so können sie lernen, ihr eigener „Trainer" zu sein. Können Kinder *Material mit passendem Schwierigkeitsgrad* auswählen, dann werden sie auch Anforderungen eher als persönliche Zielsetzung übernehmen.

Nichts ist erfolgreicher als der Erfolg. Deshalb sollten die Übungen so gestaltet sein, daß sich der Übungserfolg mit Gewißheit auch einstellt. Übungsphasen sind deshalb zeitlich und quantitativ zu begrenzen. Kurze verteilte Übungen sind wirksamer als wenige und langwierige. Nur was permanent reaktiviert und angewendet wird, kann man auf Dauer beherrschen; 70 % des Gelernten ist ohne Übung bereits nach fünf Tagen vergessen!

Den Kindern kann nicht die Erfahrung genommen werden, daß Übung anstrengend ist. Die *Übungsbereitschaft* bleibt jedoch erhalten, wenn spiele-

300 Üben

rische Übungsarten – z. B. auch spaßige Übungstexte – und soziale Übungsformen (Partnerarbeit, Gruppenübungen, Patenhilfe) angeboten werden. Hingegen wird Üben ineffektiv, wenn Unterrichtssituationen konkurrenzorientiert gestaltet werden, nach Fehlern gefahndet wird, die Ergebnisse benotet werden, wenn ohne Einsicht, d. h. ohne Kenntnis von Gesetzmäßigkeiten und Zusammenhängen gelernt wird.

Üben ist wie ein *Erkunden nach innen*. Man stellt seine Leistungsfähigkeit auf die Probe. Dies tun Kinder bereitwillig; allerdings nur, wenn sie sich insgesamt sicher fühlen, Vertrauen auf Hilfestellung haben und Sanktionen nicht befürchten müssen.

Literaturtips: Erich Ch. Wittmann, Gerhard N. Müller: *Handbuch produktiver Rechenübungen*, 2 Bd. Stuttgart (Klett) 2. Aufl. 1993
Renate Valtin (Hrsg.): *Rechtschreibunterricht in den Klassen 1 bis 6*. Frankfurt a. M. (Arbeitskreis Grundschule – Grundschulverband) 1995
Wilfried Metze: *Differenzierung im Erstleseunterricht*. Frankfurt a. M. (Cornelsen Verlag Scriptor) 1995

Mehr üben, aber richtig

Wenn Sie Ihren Schülerinnen und Schülern Übungsaufgaben aufgeben, dann sind die Kinder beschäftigt. Das schafft Luft und gibt Ihnen die Möglichkeit, sich um einzelne zu kümmern.

Ob die Kinder aber wirklich üben (differenziert, produktiv und effizient) *und nicht nur beschäftigt sind,* das ist eine bedeutsame Frage. Denn „Üben" beansprucht anteilig wohl die meiste Zeit des Unterrichts.

Viele Lehrer stimmen ein in den Ruf nach „mehr Übungsaufgaben". Zum Ritual zählt jedoch auch die (alte) Klage, daß das viele Üben wieder einmal „nichts gebracht" oder nicht zum gewünschten Erfolg geführt habe. Das ist richtig. Das „viele Üben" allein hat auch wenig Nutzen.

Was sollen die vielen Übungsaufgaben,

- wenn jemand es eigentlich kann,

- wenn jemand es gar nicht kann,

- wenn jemand bestimmte Details nicht kann?

Lernen ist ein so individueller Prozeß, daß auch Üben nur dann erfolgreich ist, wenn es diese individuelle Passung besitzt. Nicht die Quantität (das viele Üben), sondern seine Qualität und Differenziertheit bestimmen den Erfolg. Nicht *mehr* üben, sondern *gezielt* üben!

Hans Wielpütz

Übungsgrundsätze

Gute Literatur zum Thema Üben gibt es nicht erst seit Odenbach. Mit zunehmender (Wieder-)Entdeckung des selbständigen, individuellen Übens im Rahmen einer offeneren Unterrichtsführung wird der Markt z. Zt. überschwemmt mit geeigneten und weniger geeigneten Übungsmaterialien. Dazu kommen die vom jeweiligen Lehrer selbst produzierten Übungshilfen, die meistens am besten „passen", jedoch viel Aufwand erfordern, will man nicht die „Kopierblattproduktion" anheizen. Die bekannten Übungsgesetze haben nach wie vor volle Gültigkeit, ebenso wie die Anforderungen an gute Arbeitsmittel.

Bewährt haben sich bei uns *Übungskarteien,* die selbständig bearbeitet werden können und eine sofortige *Selbstkontrolle* ermöglichen. Das schließt jedoch nicht aus, daß gerade in der Grundschule jedes Kind einen Anspruch darauf hat, daß die Lehrkraft wahrnimmt, was, wieviel und wie gut geübt worden ist. Bei aller Vielfalt des Angebots heute stellt sich heraus, daß die Kinder Vorlieben haben, die wir zu berücksichtigen versuchen:

- Die Arbeitsanweisung muß einfach und textarm sein.

- Man muß in möglichst kurzer Zeit „viel" schaffen können.

- Auf einer Karte dürfen nicht zu viele unterschiedliche Aufgabentypen stehen.

- Kinder bearbeiten lieber mehrere kleine Karten als eine große.

- Farben oder Überschriften müssen verraten, was geübt wird und wie schwierig das ist.

Lerngeräte, wenn sie denn angeschafft werden, bieten die Möglichkeit einer motivierenden Vielfalt, d. h., jedes Kind kann sich das Gerät wählen, mit dem es am liebsten übt. Andererseits kann die Lehrkraft das Angebot häufiger variieren, indem Materialien für bestimmte Zeit „verschwinden", dann neu wieder angeboten werden.

Besonders gerne üben Kinder, wenn die Übung mit Bewegung verbunden ist, z. B. *Laufdiktate:* Die Übungswörter oder -sätze liegen bei mir auf der Fensterbank oder hängen irgendwo. Die Kinder müssen sich die Lernwörter einprägen, behalten und am Platz aufschreiben, auch brauchbar für Kopfrechnen und für differenzierte Anforderungen.

Ebenso beliebt ist das vom Sport übernommene *Zirkel-Training:* Auf vier oder fünf Tischen sind Übungsaufgaben und Materialien bereit gestellt. Es müssen insgesamt so viele Arbeitsplätze wie Kinder vorhanden sein. Auf ein Klingelzeichen beginnen die Kinder ihre Übung, nach vereinbarter Zeit wird zum nächsten Tisch gewechselt usw.

Besonders günstig wird die Übung in die Freie Arbeit eingebunden. Hier kann das einzelne Kind völlig frei wählen, was und wie es üben will. Es kann mit mir absprechen, was für eine Übung in welchem Bereich für es am wichtigsten ist. Es kann mich um eine *individuelle Übungszeit* bitten, da ich in der Freiarbeit bis zu einem gewissen Grad „frei verfügbar" bin. Alle Eignung bestimmter Übungen und Übungsgeräte muß schließlich am Übungseffekt sichtbar werden. Spaß allein genügt nicht! Aber: Freudig Gelerntes haftet meiner Erfahrung nach besser!

Manfred Pollert

Effektiv üben

Wenn ich eine Klasse übernehme, verwende ich verhältnismäßig viel Zeit darauf, *Übungsformen* zu ermitteln. Das Erstellen von Tabellen, Zahlenmauern, die Einführung von Spielen usw. sind zunächst Unterrichtsgegenstände. Dabei wähle ich solche Formen, die vielseitig über Jahre hinweg eingesetzt werden können. Ich komme immer mehr davon ab, Kopiervorlagen zu nutzen und Papier „unters Volk zu schmeißen". Sind neue Inhalte zu üben, verwende ich möglichst die eingeführten Übungsformen.

Geübt wird fast täglich, nicht lange, aber mindestens zehn Minuten: Einmaleins, Grundrechenarten, Grundwortschatz, Lieder singen bzw. Texte aufsagen, Gedichte wiederholen. Am günstigsten ist es, wenn Kinder ihre Produkte *selbst kontrollieren* können. Ergebnisblätter zu nutzen, den Taschenrechner zu handhaben, Fehler in Texten zu finden, das alles will gelernt sein. Aber auch hier lohnt der Zeitaufwand. Manche in regelmäßigen Abständen erfolgende Übungen geben Hinweis auf typische und individuelle Fehler. So lasse ich nach Einführung des Einmaleins alle drei Wochen einen Bogen ausfüllen, auf dem alle 121 Einmaleinsaufgaben verzeichnet sind. Die Fehler übertrage ich in eine Liste, und schon nach wenigen Durchgängen weiß ich, was noch nicht „sitzt".

Ich selbst lese alle zwei Jahre in Fachdidaktiken nach, was über „Übung" schon geschrieben wurde, und erinnere mich an meine Ausbildungszeit: „Vom Leichten zum Schweren", täglich 10 Minuten sind besser als einmal pro Woche zwei Stunden, „Übung macht den Meister", usw.

Auch Üben sollte Spaß machen, der Erfolg soll sichtbar werden! Schmerzhaft ist es, manchmal erkennen zu müssen, daß bei einigen Kindern trotz regelmäßiger Übung die Ziele nicht erreicht werden können.

PS: Die Aufzählung zeigt mir, daß die zwei Jahre bald wieder um sind.

Rudolf Keßler

Übung nach Plan

Übungen sind ein notwendiger Teil des täglichen Lernens. Da Kinder unterschiedlich lernen und einen unterschiedlichen Lernstand haben, brauchen sie individuelle Übungen.

Probleme, die sich mir dabei gestellt haben:

- Wie kann man zur selben Zeit verschiedene Übungen durchführen lassen und kontrollieren?
- Wie kann man Zeit für Kinder gewinnen, die Hilfe brauchen, ohne die anderen nach Hause zu schicken?
- Wie können Kinder lernen, selbständig zu üben und sich zu kontrollieren?
- Wie können Kinder, die schon fertig sind, sinnvoll weiterarbeiten?

Als Lösung habe ich gefunden:

Man kann die Probleme jeden Tag neu zu lösen versuchen, doch fordert das viel an Vorbereitungen und täglicher Überlegung. *Eine Alternative dazu ist die regelmäßige Übungszeit und das Üben nach Plan.*

Beispiel: Übung nach Plan in Klasse 1

An jedem Tag wird eine Übungszeit eingerichtet von 20 bis 40 Minuten, je nach Tagesplan und Arbeitskonzentration der Kinder. Für jeweils zwei bis drei Tage gilt der Übungsplan mit zwei Pflicht- und mehreren Freiaufgaben. Der Plan wird per Folie eingeblendet, dem Stand der Lesefähigkeit entsprechend werden auch Symbole gebraucht.

Zu den beiden Pflichtaufgaben: Zwar gelten sie generell. Abweichungen werden aber immer wieder individuell vorgenommen (schwachen und langsam arbeitenden Kindern wird nur ein Teil aufgegeben; sehr fortgeschrittene Kinder können auch andere Aufgaben erhalten).

Zu den Freiaufgaben: Die Arbeitsbögen sind ältere, schon einmal bearbeitete Arbeitsblätter, auf die viele Kinder gern noch einmal zurückgreifen. Die Lesekisten enthalten Fibeln, Bilderbücher und Taschenbücher mit einfachen Texten. Die Kartei besteht aus drei Kästen: einem Kasten mit Lesekarten, einem mit Schreibvorlagen, einem mit Mathematikaufgaben (Ausschnitte aus Lehrbüchern, auf der Rückseite die Lösungen).

Regeln:

- Die Kinder arbeiten allein und mit dem Partner still/leise.
- Die Reihenfolge der Pflichtarbeiten ist jedem freigestellt.
- Abgeschlossene Arbeiten bleiben so lange offen auf dem Tisch liegen, bis der Lehrer nachgesehen und abgezeichnet oder eingesammelt hat.

● Der Lehrer übt intensiv mit einzelnen Kindern oder in einer Gruppe am Arbeitstisch. In dieser Zeit arbeiten alle anderen Kinder ohne Lehrer.

Weiterentwicklung (in Klasse 2 zum Wochenplan) der Individualisierung: verschiedene Übungspläne

Die Kinder aller Jahrgangsstufen freuen sich erfahrungsgemäß auf die festliegenden Übungszeiten. Wohl auch deshalb, weil sie in Ruhe, nach ihrer Leistungsfähigkeit, gegebenenfalls mit individueller Hilfe und in einer verläßlich gestalteten Situation arbeiten können. Denn der gesittete Verlauf der Übungssituation ist ein entscheidender Faktor für den Erfolg: Zum Üben braucht man äußere und innere Ruhe.

Was hier gilt, ist grundsätzlich für jeden differenzierten Unterricht wichtig: Er kann nur mit Unterrichtssituationen gelingen,

● die von festen und für die Kinder überschaubaren Rahmenbedingungen und Regeln bestimmt sind,

● die regelmäßig wiederkehren,

● die Kindern Zeit geben, sich auf die Lernaufgaben einzulassen,

● die dem Lehrer Zeit bieten, sich um einzelne Kinder oder Gruppen intensiver zu kümmern.

Horst Bartnitzky

Übungen in Mathematik

Zum Üben bietet der Markt Aufgaben in Hülle und Fülle: aus Schulbüchern, Arbeits- und Übungsheften, Karteien, Kopiervorlagen bis hin zu PC-Programmen – alles mit und ohne Selbstkontrolle. Die meisten dieser Angebote zielen ausschließlich auf ein isoliertes Training von Fertigkeiten nach vorgegebenen Verfahren in abgezäunten Aufgabengruppen. „Offen" ist daran so gut wie nichts.

Ich suche deshalb nach Übungsanlässen in größeren Zusammenhängen, nach „ergiebigen" Fragestellungen, nach problemhaltigen Aufgaben, „die sich lohnen"; und zwar unter folgenden Aspekten:

● Können die Kinder mit Hilfe dieser Aufgabe grundlegende Einsichten *wiederholen?*

● Werden *Beziehungen* zu *verwandten* Aufgaben sichtbar (Nachbar-, Probe-, Tauschaufgabe oder Verdoppeln und Halbieren)?

● Wird das *Durcharbeiten* dieser Zusammenhänge gefördert – auch unter dem Aspekt zunehmender Geläufigkeit?

Wochenplan · Arbeitstechniken 305

● Kann ich *neue Gesichtspunkte* ins Spiel bringen? Läßt die Aufgabe *Fortsetzungen* zu (was ist, wenn ... ; wie könnte es weitergehen)?

● Können die Kinder dabei auch *Entdeckungen* machen?

Selbstverständlich gehören auch „Päckchen" dazu, wenn sie die genannten Kriterien oder Teilaspekte davon erfüllen (sog. strukturierte Päckchen).

Für Übungen *solcher* Art finde ich – vom Einspluseins über das Einmaleins bis hin zu den schriftlichen Rechenverfahren – inhaltlich und methodisch durchdachte Vorschläge vor allem im *Handbuch produktiver Rechenübungen* (Band 1 und 2 von Wittmann und Müller, Stuttgart: Klett). Für die Freiarbeit verwende ich darüber hinaus gerne Anregungen aus dem Buch von J. Lehmann: *2 mal 3 plus Spaß dabei* (Köln: Aulis).

Für die *Arbeitsmittel* gilt das gleiche wie für die Aufgaben: Weniger ist mehr, wenn sie „ergiebig" sind! Zu den wichtigen Arbeitsmitteln in meinem Unterricht zählen: Rechenrahmen, Zehnerstreifen/Zwanzigerfeld, Hundertertafel und Tausenderbuch, Einspluseins- und Einmaleins-Tafel.

Auch für *geometrische* Übungen möchte ich nicht nur Arbeitsblätter verwenden. Deshalb nutze ich die Geobretter; sehr gerne arbeiten die Kinder auch mit den *Winkelplättchen* (und Arbeitsheften) von H. Besuden (Klett). Für die Freiarbeit stehen darüber hinaus das *Nikitin-Material* (Dorsten: Spectra), *Tangram* (Köln: Dumont) und der *Zauberwürfel* zur Verfügung.

Wer seine Schüler mehr Geometrie entdecken lassen möchte, findet eine Fülle an Ideen, didaktischen und methodischen Hilfen vor allem im *Handbuch für den Geometrieunterricht an Grundschulen* (von Radatz & Rickmeyer, Hannover: Schroedel).

Im Rahmen der Differenzierung sind mir solche Fragestellungen wichtig, an denen alle Kinder – über verschiedene Niveaus – nach ihren Möglichkeiten Einsichten erwerben und Fertigkeiten erzielen können.

In *gemeinsamen* Phasen (Gespräch) geht es weniger um die Ergebnisse als um die Erörterung der verschiedenen Lösungswege (und deren Zusammenhang). Kinder sollen argumentieren, ihre Vorstellungen offenlegen und austauschen.

Was ich als Lehrer im Unterricht sage, ist nicht unwichtig. Aber *was die Kinder denken, ist tausendmal wichtiger.*

Dies gilt besonders für das Aufdecken von *Fehlertechniken* bei schriftlichen Rechenverfahren. Sie sind mir lange verborgen geblieben – nicht die Fehler, sondern die Regeln, die Kinder selbst erfinden und konsequent benutzen.

Erst seit ich spezielle Aufgabenklassen (diagnostische Tests) einsetze und meine Schüler zu „lautem Denken" ermutige, erfahre ich mehr über ihre individuellen Vorstellungen und Strategien (Näheres dazu in Padberg: *Didaktik der Arithmetik*. Mannheim/Wien/Zürich: Bibliographisches Institut 1992).

Spätestens hier wird deutlich, wie unsinnig eine Übungspraxis der vielen Aufgaben ist, bei der Kinder mit Arbeitsblättern und Karteien überhäuft werden – in der stillen Hoffnung, daß für jeden etwas dabei ist.

Hans Wielpütz

Hinter die Fehler der Kinder kommen

Was effizientes Üben ist, wurde mir zum ersten Mal nach einer differenzierten Fehleranalyse wirklich klar. Anregungen übernahm ich aus der Fehlerforschung zu schriftlichen Rechenverfahren (bei H. Radatz und H.-D. Gerster, Zusammenfassung in: F. Padberg, a. a. O.).

Ich lernte, daß

- Fehler nicht nur aus Zufällen, Konzentrationsmängeln, unzureichender Arbeitshaltung u. ä. resultieren;

- Schülerfehler Bilder ganz unterschiedlicher Vorstellungen und individueller Schwierigkeiten sind;

- es „regel-rechte" Fehlertechniken gibt, Fehler also eine innere Logik besitzen können;

- Fehlertechniken auch richtige Lösungen erzeugen können und insofern eine fatale Wirkung besitzen;

- Fehler durch bestimmte Ziffernkonstellationen ausgelöst werden können;

- Lehrer dies alles nicht bemerken können, wenn sie nicht spezielle Aufgabenklassen (siehe Anhang in Padberg 1992) einsetzen, welche die Schwierigkeitsmerkmale aus diagnostischen Gründen häufig genug enthalten und wenn sie nicht darüber hinaus ihre Schüler zu „lautem Denken" ermutigen und dabei etwas über die individuellen Vorstellungen und Strategien erfahren.

Ich muß, um die Fehler meiner Schülerinnen und Schüler verbessern zu können, unbedingt die Methoden der Kinder kennen. Es genügt nicht, nur meine Gedanken dem Kind zu wiederholen. Damit hätte ich den Fehler, den das Kind innerhalb seiner Methode macht, noch gar nicht erfaßt.

Nach der Analyse (z. B. zur schriftlichen Subtraktion) entsteht eine Fehlertabelle. Sie bildet die Grundlage für ein differenziertes Übungsprogramm.

Es gibt keinen Fehlertyp, der eine Erörterung mit allen Kindern der Klasse erforderlich macht. Es gibt jedoch viele kleine spezielle Fehlermuster, die meist mit ihnen einzeln oder in Kleingruppen geklärt werden müssen, bevor sie darauf abgestimmte Übungsaufgaben bearbeiten.

Der Normalfall wäre: Die Kinder lösen, mehr oder weniger, weitere Aufgaben zur schriftlichen Subtraktion. Und was „üben" sie dann?

Hans Wielpütz

Beim Kopfrechnen visualisieren

Kopfrechnen ist wichtig. Wer würde das bestreiten? Für die Beherrschung der Rechenverfahren müssen alle Aufgaben des kleinen Einsundeins sowie des Einmaleins automatisiert, d. h. aus dem Gedächtnis sicher und rasch abrufbar sein.

Die traditionelle Kopfrechenpraxis steckt jedoch in einer Sackgasse. Sie fördert die Kopfrechner, die ohnehin gut sind. Die schwachen bleiben auf der Strecke, schon weil sie langsamer sind, nicht so rasch aufnehmen und behalten können.

Besondere Beachtung verdienen hierbei Teilleistungsschwächen im Bereich der auditiven Wahrnehmung. Probleme bei der Speicherung über das Hören beeinträchtigen die *Merkfähigkeit* und führen neben einem längeren Zeitaufwand zu erhöhter Fehleranfälligkeit beim Kopfrechnen. Nicht wenige Kinder (und Erwachsene!) können allein deshalb nicht sicher „kopfrechnen", weil ihr Kurzzeitgedächtnis die gehörte Zeichenfolge nicht zu speichern vermag. Zum sicheren Abarbeiten der Zeichenkette (Rechenbefehle) fehlt ihnen die *Visualisierung* als Gedächtnisstütze. Appelle (üben!) bewirken da wenig.

Wollen Sie also Kopfrechnen isoliert trainieren, so halten Sie die Befehlskette an der Tafel oder mit Hilfe des Tageslichtschreibers *sichtbar* (und nicht nur hörbar) fest; *Beispiel:* mal 3, plus 8, mal 2, minus 4, geteilt durch 6; Anfangszahl 5. Das Endergebnis „7" ist die neue Anfangszahl für die nächste Kopfrechenrunde. Leistungsstarke Schüler müssen nicht warten.

Bewährt hat sich darüber hinaus ein kleines Kopfrechenheft, in das Zwischen- und Endergebnisse notiert werden können, falls es individuell erforderlich ist. So können Kinder differenziert, ihrem Lern- und Arbeitstempo gemäß, Kopfrechnen trainieren, und die Lehrerin kann es (bei übersichtlicher Notation) ebenso differenziert kontrollieren.

Aufgabenmaterial finden Sie z. B. bei Ulrich Diekert: *Kopfrechnen um die Wette.* Bonn (Dümmler) 1986. „Um die Wette" lasse ich weg und auch die Leistungsbewertung. Aber auf die Differenzierung und auf die Visualisierung achte ich sorgfältig! So realisiere ich Kopfrechnen *für alle Kinder.*

Fingerrechnen

Alle Kinder waren vermutlich irgendwann einmal Fingerrechner. Vor der Schulzeit, zu Beginn – und manche können sich nicht oder nur zögernd lösen. Sie verstecken ihr Fingerrechnen vor den Mitschülern und (insbesondere) vor den Erwachsenen: unter dem Tisch, hinter dem Rücken, durch rhythmische Bewegungen, mitunter unmerklich: mit den Augen, mit dem Kopf.

Die Not ist offensichtlich. Verbieten ist sinnlos. Man nimmt solchen Kindern praktisch die einzige Stütze, über die sie beim Umgang mit Zahlen verfügen.

Finger sind Anschauungshilfen und Darstellungsmittel. Man hat sie immer dabei. Aber: ein Denken und Operieren, das sich nur auf Vor- und Rückwärtszählen stützt, ist zum einen mühsam und zum anderen fehleranfällig. Im ersten Schuljahr gelingt es noch, langsam zwar, aber immerhin. Der Raum bis 20 läßt sich bewältigen. Spätestens beim Addieren und Subtrahieren zweistelliger Zahlen werden jedoch die Probleme massiv.

Der Unterricht fördert daher die Entwicklung vom zählenden zum strukturierenden Rechnen. Dabei gewinnt die „Kraft der Fünf" früh an Bedeutung (Fünfergliederung, Zehnergliederung).

Kinder dürfen bei mir immer zeigen, wie sie rechnen. Hier kann ich anknüpfen und versuchen, die vorhandenen individuellen Kompetenzen vorsichtig zu erweitern. Dazu wird stets Material verwendet, das solche Entwicklungen fördert und nicht das zählende Rechnen verfestigt (Rechenkette, Rechenrahmen, Zehnerstreifen).

Für rechenschwache Kinder gilt: Die wichtigste Ressource heißt *Zeit*. Die Kinder entwickeln sich, aber sehr langsam; vor allem nicht im Gleichschritt mit der Jahrgangsklasse. Es ist daher nur vernünftig, sie nach ihrem individuellen Lernfortschritt zu unterrichten.

Hans Wielpütz

Übungen zum Lesenlernen

Bei Trainingsmöglichkeiten, die das Lesenlernen und Lesenüben erleichtern sollen, unterscheide ich verschiedene Arten, die sich bei mir bewährt haben:

Übungen, mit denen ich die optische Differenzierungsfähigkeit zum Schulbeginn und während des Laut-/Buchstabenerwerbs schule

● Ich fertige Arbeitsblätter an, auf denen verstreut Buchstaben (obwohl noch nicht gelernt) und Abbildungen zu sehen sind. Das Kind kreist entweder alle Buchstaben ein oder malt die Bilder bunt. So zeigt es, daß es beide Darstellungsarten voneinander unterscheidet.

Fingerrechnen · Übungen zum Lesenlernen 309

- Es sortiert Buchstabenkarten und Bildkarten auseinander, z. B. aus Lottospielen.

- Um die optische Wahrnehmungsfähigkeit zu schulen, setze ich auch unspezifische Übungen ein. So lasse ich die Kinder in Labyrinthen etwa den Weg der Maus zum Ausgang nachfahren, sie entwirren „ein Wollknäuel", Drachenschnüre … In anscheinend identischen Bildern kennzeichnen sie Unterschiede, kleben jeweils zwei passende Formen zu einer zusammen, vervollständigen Bilder nach Vorlage, finden in Bildern versteckte Gegenstände, ergänzen unvollständige Abbildungen.

- Optische Übungen, die nicht auf das Einprägen von Buchstaben gerichtet sind, können z. B. auch im Mathematikunterricht durch Legen von Formen – Kreisen, Dreiecken, Quadraten, Rechtecken – zu Fantasiegebilden oder Abbildungen von Konkretem durchgeführt werden, im Kunstunterricht durch Faltübungen oder auch Färbübungen, in denen Überschneidungen aller Art entstehen.

- Mit Freude malen Kinder dem Partner einen Buchstaben mit ihrem Finger auf den Rücken. Der Partner erfühlt den Buchstaben und benennt den Laut.

- Beim Spiel „Blinde Kuh" mit Buchstaben ertastet der „Blinde" den Buchstaben und benennt ihn. Dieser kann in einer Buchstabenhohlform nachgefahren werden, aus Pfeifenputzern geformt sein, aus Schmirgelpapier ausgeschnitten sein …

- Eine Voraussetzung des Lesenlernens ist es, daß Kinder Buchstaben unabhängig vom Umfeld stets als gleich wiedererkennen. Um dieses zu fördern, wird dem Kind ein Buchstabe optisch vorgegeben. Den gleichen Buchstaben schneidet es aus alten Fibeln, Zeitschriften (Überschriften), Katalogen und Werbedruckstücken heraus.

- Auf Arbeitsblättern unterschiedlichen Schwierigkeitsgrades werden durch Buchstaben gekennzeichnete Felder gleichfarbig angemalt, das entstehende Bild dient als Selbstkontrolle. Je ähnlicher sich die Buchstaben ansehen und je dichter die Felder beieinander liegen, um so höher ist der Schwierigkeitsgrad. Übungen dieser Art lassen sich sowohl im Vorfeld der Buchstabenkenntnis einsetzen als auch später zur Unterscheidung optisch leicht verwechselbarer Buchstaben.

- Eine noch größere Anforderung ist gegeben, wenn ein wiederkehrendes Zeichen (das kann auch ein Buchstabe sein) in einer Zeichenkette, Buchstabenschlange optisch herausgelöst werden soll.

- Auf Arbeitsblättern, die Gegenstände oder Buchstaben in verschiedenen Richtungen (rechts-links, oben-unten) zeigen, malt das Kind alle farbig, die einem vorgegebenen Muster entsprechen.

- Ob Kinder Buchstaben in der richtigen Reihenfolge sehen, prüfe und trainiere ich durch Vergleichen ähnlicher und identischer Wortbilder. Dazu habe ich Lottokarten auf Pappe geklebt, der zugehörige Begriff steht in Druckschrift unter der Abbildung. Auf einer kleineren Karte steht derselbe Begriff noch einmal. Das Kind erhält mehrere Bildkarten und Begriffskarten und ordnet optisch einander zu.

- Um Kindern das Behalten von Buchstaben zu erleichtern, versuche ich, das optische Gedächtnis zu trainieren. Dazu fertige ich Memories an, auf denen graphische Zeichen irgendwelcher Art zu sehen sind bzw. Memories mit Buchstaben. Die Lösung besteht im Zuordnen von zwei gleichen Buchstaben, der Paarfindung von großem und dazugehörigem kleinem Graphem, dem Pärchen Druck- und Schreibschriftbuchstabe.

- Ich zeige dem Kind einen Buchstaben, der anschließend verdeckt wird. Diesen Buchstaben sucht es aus einer Buchstabenkiste heraus und vergleicht ihn mit dem zuerst gesehenen.

- Kimspiele werden von Kindern besonders gern durchgeführt. Ich lege eine Anzahl von Gegenständen vor die Kinder hin. Sie prägen sich diese Dinge ein. Danach schließen sie die Augen. Ich nehme einen Gegenstand fort, ein Kind benennt diesen Gegenstand. Anstelle von Gegenständen kann auch mit Buchstaben (auch an der Tafel) gespielt werden.

Übungen, mit denen ich die akustische Differenzierungsfähigkeit zum Schulbeginn und während des Laut-/Buchstabenerwerbs schule

- Es macht Kindern Spaß, Wörter immer schneller werdend nachzusprechen bis hin zum Nachsprechen von Zungenbrechern.

- Das Kind denkt sich ein Wort aus und artikuliert es lautlos durch Mund- und Lippenbewegungen so deutlich, daß Mitschüler das Wort „ablesen" können.

- Frage- und Antwortklatschen. Ich stelle den Kindern eine Frage und klatsche dazu im Sprechrhythmus. Ein Kind gibt die Antwort und begleitet diese ebenfalls durch rhythmisches Klatschen.

- Ich lege eine Anzahl von Gegenständen mit demselben Anlaut vor die Kinder. Nur ein Gegenstand beginnt anders, z. B. Gabel, Gürtel, Gummibärchen, Glas, Kordel. Diese Übung läßt sich auch mit Bildern aus Lottospielen oder als Arbeitsblatt gestalten.

- Wir spielen Wortball. Dem Kind wird ein Ball zugeworfen, dabei ein Wort genannt. Das Kind wirft den Ball zurück und nennt den Anlaut. Das Spiel läßt sich auch umkehren. Man wirft den Ball zu und nennt einen Laut. Das Kind wirft den Ball zurück und sagt ein Wort mit entsprechendem Anlaut.

Übungen zum Lesenlernen · Übungsspiele   311

- Es wird ein Anlaut vorgegeben. Die Kinder schneiden aus Katalogen entsprechende Gegenstände aus.

- Um dem Kind den Unterschied zwischen hart und weich nahezubringen und dadurch später leichter zwischen b-p, d-t, g-k unterscheiden zu können, spielen wir Wattepusten und im Gegensatz dazu Watteblasen. Beim Wattepusten wird ein Wattebausch in die Mitte des Gruppentisches gelegt. Alle Kinder pusten gleichzeitig und versuchen, die Watte an einem Mitspieler vorbei aus dem Kreis zu pusten. Beim Watteblasen liegt die Watte in der Hand. Sie darf beim Darüberblasen nicht hinunterfallen.

- Richtiges Hören läßt sich auch durch rhythmisches Klatschen, nach Vorgabe Klatschen, Flüsterpost, auf Orffschem Instrumentarium hohe und tiefe Töne bei geschlossenen Augen Unterscheiden und durch Klopfspiele fördern. Beim Klopfspiel schlägt das Kind von außen bis zu 10mal an die Türe. Geübte Kinder wechseln zwischen langen und kurzen Schlägen, lauten und leisen. Die Kinder im Raum zählen leise mit. Häufig wird, bedingt durch die Erwartungshaltung, ein Klopfzeichen zuviel gezählt.

- Um die Wichtigkeit der Vokale herauszustreichen, werden sie in meiner Klasse „Könige" genannt. Die Könige gibt es für die Tafel, bzw. Flanelltafel und für jedes Kind in verkleinerter Form. Jeder König wird mit seinem Namen in großen und kleinen Druckbuchstaben beschriftet und anschließend bemalt. Die Farben entsprechen der Klangqualität der Laute. Der hellste König „iI" wird daher mit der hellsten Farbe, also gelb, bemalt.

Mit den Königen lassen sich zahlreiche Lesespiele durchführen, mit denen schwerpunktmäßig jeweils der optische, der akustische und/oder der sensomotorische Bereich angesprochen wird. Jedes Kind legt seine fünf Könige vor sich hin. Man nennt ein Wort, in dem ein König zu hören ist, z. B. Hut. Die Kinder zeigen den diesen Vokal repräsentierenden König hoch. Da er von allen Kindern mit der gleichen Farbe angemalt wurde, sieht man mit einem Blick, ob Lautunterscheidungsschwierigkeiten vorliegen. Dieses kleine Spiel läßt sich bereits nach der Erarbeitung des ersten Vokals durchführen. Vor dem Kind liegt dann nur der betreffende König. Das Kind zeigt ihn, wenn es in einem genannten Wort diesen Vokal hört. Zunächst sollte man Wörter wählen, in denen der Vokal lang und betont gesprochen wird. Das Heraushören kurzgesprochener Vokale ist erheblich schwieriger. Sind die Kinder durch häufiges Training in der Zuordnung *eines* Königs bereits sicher geworden, so nennt man Wörter mit zwei, später auch drei Vokalen.

Übungen, mit denen ich die Sinnentnahme fördere

Je größer der Wortschatz eines Kindes ist, desto leichter fällt ihm beim Lesen die Hypothesenbildung.

- Die Kinder tragen zu einem vorgegebenen Oberbegriff Gegenstände zusammen.

- Ich zeige eine Reihe von Gegenständen, auch als Bilder, die fast alle zu einem Oberbegriff passen. Die Kinder sortieren die „falschen" aus.

- Solche Übungen lassen sich auch auf Arbeitsblättern gestalten. Das Kind streicht durch, was nicht zum jeweiligen Oberbegriff gehört.

- Es dient diesem Ziel auch, wenn man mit Kindern Bildkarten bestimmten Oberbegriffen zuordnet.

- Als Spielmöglichkeit lassen sich Würfelspiele zu einem Oberbegriff ausdenken. Spielregeln werden selbst gefunden und vereinbart, z. B. immer, wenn man auf ein Tierbild kommt. Als Spielplan habe ich auf eine Papierschlange Abbildungen gemalt (Gans, Hase, Hund, Telefon, Schwein, Schere …).

- Auch mit Quartettspielen, Memories und Schwarzer Peter lassen sich Gegenstände zu Oberbegriffen ordnen.

- Beim bekannten „Kofferpacken" läßt sich alles einpacken, was einem bestimmten Oberbegriff, z. B. Kleidung, Spielzeug, zugehörig ist.

Hildegard Weiden

Wichtige Übungssituationen und deren Voraussetzungen

Früher ließ man die Kinder Buchstaben essen, damit sie ihnen schmackhaft wurden. Heute werden Buchstaben auch geknetet oder auf Sandpapier nachgefahren, damit die Kinder die Buchstabenformen „be-greifen" lernen. Ohne Zweifel sind dies lustvoll erfahrene und sinnliche Umgangsweisen mit Buchstaben. Doch weder diese Qualität noch die Weihe der Tradition solcher Verfahren macht all diese Übungen besonders wertvoll für den Schriftspracherwerb. Den fördert man am besten, indem die Kinder von Anfang an die Schriftsprache „in Funktion nehmen", also: indem sie lesen und schreiben. Deshalb sind die wichtigsten Übungssituationen beim Lesenlernen die folgenden:

1. Situationen, in denen die Kinder lesen, was sie interessiert,

2. Situationen, in denen Kinder schreiben, was sie aufschreiben und mitteilen wollen.

Dazu müssen einige Voraussetzungen geschaffen werden:

- Die Ausgangsschrift für das Lesen und Schreiben muß die Druckschrift sein, weil die Kinder Druckschrift in der Lebenswelt überall wiederfinden und weil die Druckschrift leichter zu gliedern und auch zu schreiben ist

(Kinder, die ohne gezielte Anleitung schon vor Schuleintritt zu schreiben beginnen, wählen zumeist die Druckschrift, insbesondere die Großbuchstaben; deshalb spricht vieles dafür, zunächst mit den Großbuchstabenformen das Lesen und das Schreiben zu beginnen).

- Der Anfangsunterricht muß vielfältige Lese- und Schreibanlässe schaffen, die Kindern einen lustvollen Gebrauch der Schriftsprache anbieten und sie die Funktion der Buchstabenschrift und der Schriftsprache immer wieder schreibend und lesend erfahren läßt (z. B. durch Gebrauch des eigenen Namens von Anfang an zu allerlei Beschriftungen, Verschriftungen von Episoden des Kinderalltags, Schreibprojekte, bei denen von Kindern geschriebene Texte zu Lesetexten für andere Kinder werden).

- Die Entdeckerfähigkeit der Kinder muß angeregt werden, indem z. B. Anlautbilder, Buchstabenstraßen und ähnliches den Kindern auch solche Buchstaben und ihre Lautzuordnung zeigen, die noch nicht ausdrücklich im Unterricht eingeführt wurden. Die Kinder machen für ihr eigenes Schreiben davon dann individuell Gebrauch.

Horst Bartnitzky

Lesen üben durch Gebrauch

Übung kann das Lesenlernen erschweren oder verhindern; dann nämlich, wenn sie verfehlt, was Lesen ist: Sinnentnahme, die Lust, in Erfahrung zu bringen, was die graphischen Zeichen, um deren Entzifferung es geht, mitzuteilen haben. „Zu Hause dreimal lesen" lautet eine immer noch gängige Anweisung. Das kann nicht sinnvoll sein. Weshalb sollte sich der Sinn gleich dreimal einstellen? Wie neugierig kann ein Kind beim zweiten oder dritten Mal auf die Mitteilung des Textes sein? Aufgaben dieser Art machen aus dem spannenden Vorgang des Lesens eine zwangsverordnete Angelegenheit, bei der es darauf ankommt, den Lernfortschritt kontrollierbar darzustellen.

Eine andere, ebenfalls verbreitete Methode, den Sinn des Lesens zu verstellen und das Lesen zu entfremden, ist das laute Vorlesen. Hier ist nicht das Vorlesen einer Geschichte gemeint, für die es interessierte Zuhörer gibt. Echte Vorlesesituationen sind in der Schule reizvoll und wichtig. Für solche Situationen sollte das vorlesende Kind über die entsprechende Lesefähigkeit verfügen, und die Zuhörer sollten nicht kontrollierende Mitleser sein. Gemeint sind hier die Vorlesesituationen, in denen Kinder aufgefordert werden, einen Text zur Übung reihum zu lesen. Wer Erfahrung hat, weiß, daß beim lauten Vorlesen vor allem für Ungeübte der Sinn des Textes sich weit weniger einstellt als beim leisen Lesen. Zwischen dem *Lesen für sich selbst* und dem *Lesen für andere* sollte klar unterschieden werden.

314   Üben

Wie aber übt man Lesen?

Die Einsicht, daß jedes Kind auf eine besondere Weise lesen und schreiben lernt, findet zunehmend Anerkennung. Dies entspricht der Einsicht, daß Lernen überhaupt als eigenes, aktives Ordnen persönlicher Erfahrung anzusehen ist. Für das Lesenlernen bedeutet diese Erkenntnis: *Üben durch Gebrauch.* Es geht hier weniger um vorgefertigte Übungen, die als Auftrag erledigt werden sollen, als um Lernsituationen, die zum Lesen herausfordern.

Das ist nicht schwierig, wenn das Konzept des Lesenlernens die *Verbindung von Lesen und Schreiben* berücksichtigt. Alle Teilleistungen, die für das Lesenlernen unabdingbar sind, werden beim Schreiben trainiert. Ein Kind, das versucht, ein Wort oder einen eigenen Satz aufzuschreiben, muß sich die Buchstabenform für den gehörten Laut in Erinnerung rufen. Es muß die Abfolge der Laute rekonstruieren, es wird lesend überprüfen, ob das gefundene Schriftbild ihm richtig erscheint. Wir müssen also für Gelegenheiten sorgen, in denen Kinder auf diese Weise Lernfortschritte im Schriftspracherwerb machen können. Die didaktische Literatur macht dazu Vorschläge (Hans Brügelmann: *Kinder auf dem Weg zur Schrift,* 1983; Gudrun Spitta: *Von der Druckschrift zur Schreibschrift,* 1988).

Ebenso einleuchtend wie die Forderung nach *Schriftkultur* im Klassenzimmer ist die nach *Lesekultur:* Kinder brauchen, um neugierig zu werden auf das Geheimnis der Schrift, genügend Anregendes zum Lesen im Klassenraum. Hier ist vor allem an Bilderbücher zu denken. Bilderbücher befassen sich mit der Welt, in der Kinder leben. Sie spiegeln ihnen diese Welt wider durch den Blick eines Künstlers, durch seine künstlerische Phantasie. Sie können die Grenzen erweitern, die den Erfahrungen und dem Verstand des Kindes gesetzt sind. Sie machen die Leseerfahrung zur Lernerfahrung.

Hilfen zur Selbsttätigkeit

Für die schreibende Eroberung der Schriftsprache sind Anlaut- oder Buchstabentabellen hilfreich. Mit Hilfe einer solchen Tabelle können Kinder von Anfang an eigenständige Erfahrungen im Umgang mit Lauten und Buchstaben machen, von Anfang an Eigenes zu Papier bringen und den Mitteilungscharakter der Schrift erfahren.

Christine Kretschmer

Texte erschließen

Lesen muß individuell geübt werden. Lautes Vorlesen unbekannter Texte halte ich nicht für sinnvoll. Es behindert, was Lesen eigentlich ausmacht: die Sinnentnahme. Die Kinder müssen Zeit und Gelegenheit erhalten, sich mit Texten, die von der Länge und von der sprachlichen Gestaltung her angemessen sind, selbständig auseinanderzusetzen. So können sie ihrem eigenen

Lesetempo gemäß fortschreiten und bei Verstehensschwierigkeiten im Text zurückgehen. Die still erlesenen Texte können dann auch vorgetragen werden. Zuhörer können sein: einzelne Mitschüler, die Klasse, eine „Lesemutter", die Lehrerin oder der Lehrer.

Verschiedene Verfahren der Texterschließung sind hilfreich, die für das Lesen wichtigen Teilfähigkeiten der Antizipation und Hypothesenbildung zu fördern. Gleichzeitig sind sie zur Diagnose und Analyse der Lesefähigkeit geeignet. Es stärkt außerdem die Motivation, den Leseauftrag mit einer speziellen Aufgabe zu verbinden: Die Kinder können z. B. Texte gliedern, fehlende Sinnwörter ergänzen, durcheinandergewürfelte Texte rekonstruieren. Sie können Fragen zum Text beantworten oder sich auf das Vorlesen durch Unterstreichen von Sinnwörtern und Setzen von Pausenzeichen vorbereiten.

Irmgard Mai

Rechtschreiben üben mit Wortlisten

Die Arbeit mit Wortlisten ist für mich im Methodenrepertoire sachgerechter Rechtschreibübungen unverzichtbar: Satzunabhängige Rechtschreibschwierigkeiten, hartnäckige „Fehlerwörter" werden damit schneller und effektiver geübt, wiederholt, gelernt als mit Texten. Auch das lernpsychologische Prinzip, regelmäßige Kurzübungen anzubieten statt Rechtschreibstunden oder -unterrichtsreihen, läßt sich mit Hilfe von Wortlisten realisieren. Individualisierung, Differenzierung, Selbständigkeit – Wortlisten machen's möglich: Wir erstellen nämlich unsere Wortlisten selbst und rücken unsere Übungswörter und damit Rechtschreibschwierigkeiten in den Mittelpunkt. Damit ist auch der Bezug zu unseren Unterrichtsthemen gewährleistet.

- Die Lernwörter und damit die Lernmenge sind begrenzt;

- die Übungszeit wird nicht überdehnt;

- dieselben Wörter können mehrmals in bestimmten zeitlichen Abständen geübt werden (lesen, abschreiben, nach unterschiedlichen Gesichtspunkten ordnen, buchstabieren, als Partner-, Eigen-, Gruppen-, Lehrerdiktat schreiben);

- es sind verschiedene Sozialformen möglich (Einzel-, Partner-, Gruppenarbeit);

- die (Mit-)Entscheidung über Arbeitstempo und -dauer, Übungs- und Sozialformen kann in die Verantwortung der Kinder gelegt werden;

- es besteht die Möglichkeit zur Selbst-, Partner- und/oder Lehrerkontrolle;

- Falschschreibungen sind sofort korrigierbar;

● es kann sich auf individuelle Rechtschreibschwierigkeiten konzentriert werden.

Bei Anwendung dieser Prinzipien können wir den hohen Anteil satzunabhängiger Rechtschreibschwierigkeiten gezielt üben und endlich auf die typischen Schulbuch-, Rechtschreib-, Diktat-, Übungstexte verzichten, die mehr oder weniger pfiffig um ein bestimmtes Rechtschreibphänomen herum konstruiert werden.

Daß solche Texte immer noch die „Ranschburgsche Hemmung" (der Störfaktor beim Lernen, der sich durch die Verwechslung von Ähnlichem ergibt) als Lernstörung ignorieren oder daß Wörter geübt werden, die kaum zum Schreibwortschatz unserer Kinder gehören, sei nur am Rande erwähnt.

Die Arbeit mit selbst erstellten Wortlisten (s. Beispiel S. 317) ist integrativ, die Übungswörter kommen aus unseren Texten; wir üben für das Schreiben von Texten; wir verbinden damit Grammatik (Artikel, Wortarten); wir lernen Arbeitstechniken (abschreiben, kontrollieren und korrigieren); wir üben genaues Lesen und Vergleichen; wir ordnen nach Alphabet, Wortlänge, Schwierigkeit, Wortfamilien; wir üben damit als Hausarbeit, im Förderunterricht, in Freiarbeit, in der Wochenplanarbeit.

● Wenn ich die Übungswörter vorgebe, dient die *1. Spalte („Genau lesen und Schwieriges markieren")* dem genauen Lesen, eventuell mit Abdeckkarte, und dem Markieren der Schwierigkeiten (markern, einkreisen, unterstreichen). Objektive und subjektive Schwierigkeiten sind in keiner Klasse deckungsgleich!

● Beim Abschreiben *(2. Spalte: „Abschreiben")* wird die erste Spalte abgeknickt oder abgedeckt, das ganze Wort auswendig abgeschrieben.

● *Spalte 3 („Kontrollieren und korrigieren")* dient der Kontrolle und Korrektur. Entweder wird die Richtigschreibung abgehakt, oder Falsches wird gelöscht, und das ganze Wort/die Wortgruppe wird noch einmal geschrieben. Danach erfolgt Partner- und/oder Lehrerkorrektur: Abhaken in anderer Farbe.

● Die *4. Spalte („Ordnen nach dem ABC; nach Wortarten ...")* wird zu Hause/am nächsten Tag/im Förderunterricht/in der Freiarbeit bearbeitet: Verschiedene Ordnungsmöglichkeiten eröffnen individuelle Formen und Lernspiele. Wir ordnen die Wörter
– nach dem Alphabet,
– nach der Silbenzahl,
– nach dem Schwierigkeitsgrad,
– nach Wortarten, usw.

Motto: Was macht für *mich* Sinn? Was macht *mir* Spaß? Was muß *ich* besonders üben?

Wortliste: **Was die Tiere tun**				
Name:	☐ Eigenkorrektur			
Datum:	☐ Partnerkontrolle:			
	☐ Lehrerkontrolle:			

genau lesen und schwierige Stellen markieren	abschreiben	kontrollieren und korrigieren	ordne nach ☐ ganz leicht ☐ leicht ☐ schwierig ☐ ganz schwierig	☐ Eigendiktat ☐ Partnerdiktat
laufen				
klettern				
schwimmen				
fliegen				
kriechen				
krabbeln				
schleichen				
rennen				

● Für die 5. *Spalte („Mehrzahl schreiben; trennen")* sammeln wir zur Übung und Lernzielkontrolle Varianten:
  – buchstabieren,
  – trennen,
  – die Mehrzahl schreiben; mit unbestimmtem Artikel (Nomen);
  – die Vergangenheit schreiben, Infinitiv, eine Zusammensetzung (Verben),
  – das Gegenteil schreiben, eine Zusammensetzung, mit einem passenden Nomen (Adjektive).

● Zum Schluß werden die Wörter noch einmal als Eigen-, Partner-, Kleingruppen- oder auch nach Lehrerdiktat geschrieben. Natürlich sind dabei die anderen Spalten abgedeckt oder abgeknickt.

So werden Wortlisten nicht langweilig, bleiben als Kurzübungen für aktuelles Wortmaterial oder zur Wiederholung eine sinnvolle Ergänzung zum Rechtschreiblernen in und mit Texten. Differenzierung, Individualisierung und Offenheit bei der Durchführung sind durch die Wahlmöglichkeiten zwingend vorgegeben. Lohnend dürfte sein, mit den Kindern immer zum Abschluß zu reflektieren, wo es Stolpersteine und Knackpunkte bei der Arbeit mit der jeweiligen Wortliste gab, gemeinsam Anlässe für Wortlistentraining zu sammeln, konkrete Wortlisten zu erstellen oder Raster zu gestalten, die als „halbfertiges" Arbeitsmittel bereitliegen.

Gisela Süselbeck

... ohne Diktate

Wie kann ich schreibhäufige Wörter (Grundwortschatz) sichern? Wie kann ich Regelungen erfassen und für Transfer nutzen? Wie kann ich Selbständigkeit im Rechtschreiben – durch Kontrollieren und Korrigieren eigener Texte zunehmend auch mit Hilfe von Wörterbüchern – erwerben? Sicherlich nicht durch Üben für Diktate, durch Schreiben von Diktaten, sondern durch eine Vielzahl von täglichen Übungssituationen: mit einer Vielfalt von Übungsformen – zuerst von mir angeboten, zunehmend von den Kindern individuell und selbständig ausgewählt unter dem Motto: Wie übe ich am liebsten und erfolgreichsten.

Wie integrativer Rechtschreibunterricht realisiert werden kann, sei an einem Beispiel verdeutlicht: Nach den Osterferien stelle ich Informationen über die weitere Unterrichtsplanung in Form eines Briefes vor:

13.04.

Hallo, Klasse 3a,

wie geht es Euch?

Die Osterferien sind um, und es gibt wieder viel zu tun.

Wir bereiten uns auf ein großes Sportfest vor, eine Fahrt durch Oberhausen ist für Donnerstag geplant und, und, und, ...
Habt Ihr eine Idee, wohin wir unseren Ausflug machen? Bitte macht schriftliche Vorschläge!

Nun wünsche ich viel Spaß bei der Arbeit!
Tschüs!

Die unterstrichenen Wörter sollen als klasseneigene Grundwortschatzwörter gesichert werden. Es sind natürlich keine „neuen" oder „unbekannten" Wörter: Im passiven und aktiven Sprechwortschatz der Kinder sind sie längst, z. T. auch im Schreibwortschatz, nur bisher nicht gezielt rechtschriftlich gesichert. Wie können Übung, Wiederholung, Sicherung praktiziert werden?

Zum Beispiel so:

- Die Kinder lesen den Text, schließlich ist es ein Brief, dessen Inhalt, Informationen mehr interessieren als das richtige Schreiben.

- Die Kinder schreiben den Text von der Tafel ab, damit jeder über den Brief mit seinen Infos verfügt.

Grundwortschatz · Lernwörter 319

- Dabei können sie – lehrer- oder selbstgesteuert – entscheiden, ob sie die vorgegebene Druckschrift übernehmen oder in Schreibschrift übertragen (eine erste Differenzierung nach Schwierigkeit, Neigung).

- Die Kinder unterstreichen oder übermalen farbig die Lernwörter, d. h., die „neuen" Wörter werden aus dem Kontext lesend noch einmal in den „Blick" genommen und visuell herausgehoben.

- Die (alle/einige) Kinder schreiben die unterstrichenen Lernwörter als Wortliste auf ein Blatt, sie wird vom Schreiber, einem Partner, dem Lehrer (Differenzierung) mit der Textvorlage verglichen, d. h., kontrolliert und evtl. korrigiert. Diese Wortliste kann z. B. auch als Hausaufgabe erstellt werden, da durch die Textvorlage ja Kontrolle der Richtigschreibung möglich ist.

- Die Lernwörter werden in das Lernwörterheft/die Lernwörterkartei übertragen: erneutes Abschreiben, Kontrollieren, Korrigieren. Je nach Rechtschreibsicherheit kann statt Abschreiben auswendiges Aufschreiben (Eigendiktat) oder Partnerdiktat gewählt werden. Ich kontrolliere und korrigiere alle Wörterhefte oder Karteikarten; das bleibt unverzichtbar. Was im Wörterheft falsch steht, wird auch falsch geübt, gespeichert!

- Tägliche Kurzübungen können sich differenzierend anschließen:
  - Wir buchstabieren die Wörter.
  - Eigendiktat:
    Ich schreibe nur die Wörter auf, bei denen ich sicher bin, daß ich sie richtig schreibe.
    Ich schlage die Wörter im Wörterbuch nach – ob ich sie dort wohl finde?
    Ich schreibe den Brief/die Wortliste für unsere/meine Übungskartei ab.

- Ich beantworte den Brief der Lehrerin, für meinen Text brauche ich auch einige/viele dieser Lernwörter.

- Die ersten individuellen Antwortbriefe bekommt die Lehrerin vermutlich schon am nächsten Tag. Sie hat ja bewußt die Textsorte Brief gewählt, um Schreiben zu provozieren. Natürlich auch um Briefform (Datum, Anrede, Absätze, Grußformel) handelnd einzuschleifen und rechtschriftlich zu sichern: D. h., Zeichensetzung im Datum, bei Anrede, Satzschlußzeichen werden wiederholt, Lernwörter geübt, Regelung der Großschreibung von Anredepronomina wiederholt, zum Erfassen und für Transfer angeboten.

- Ich ordne die Wörter in eine Liste: kurze, leichte, lange, schwierige. Ich übe die Schreibung aller Wochentage noch einmal, weil ich dabei noch Fehler mache.

320 Üben

- Ich erstelle für unsere Materialecke einen Lückentext: Ich schreibe den Brief richtig und gut lesbar auf eine Matrize, die Lernwörter lösche ich, so daß Lücken entstehen, die Lernwörter schreibe ich auf eine Wortliste – der Reihe nach oder durcheinander –, damit Kontrollieren und Korrigieren möglich sind.

- Ich erstelle mit einem Partner aus einigen der neuen Lernwörter – alle sind ja für isoliertes Worttraining nicht geeignet (z. B. Hallo, Euch) – Wortkarten für ein Lernspiel: Bingo, Domino, Lotto, Memory, Quartett, Würfelspiel.

- Die Lernwörter der Woche werden auf ein Plakat geschrieben, damit wir sie ständig vor Augen haben.

Hallo
Klasse
geht
Euch
Osterferien
es gibt
wieder
viel
zu
tun
bereiten
ein großes Sportfest
eine Fahrt
Donnerstag
eine Idee
wohin
Ausflug
Vorschläge
viel Spaß
Arbeit
Tschüs!

So können die „neuen" Lernwörter in der ersten Woche vielfältig, individuell, differenziert geübt, wiederholt, gefestigt werden, und zwar mit Beteiligung vieler Eingangskanäle:

- lesend – sprechend – schreibend

- buchstabierend – spielend

- isoliert – im Kontext – in neuen Texten

- allein – mit einem Partner

- zu Hause – im Klassenunterricht oder in Freiarbeitsstunden.

Damit sind sie jedoch noch nicht hinreichend gesichert, automatisiert für eigenes Schreiben. Dazu bedarf es wiederholender Übungen und Anwendungen mit zeitlichem Abstand. Solche Übungen sind durch die o. g. Erstellung von Material jedoch schon „programmiert" und jederzeit lehrergeleitet oder schülerorientiert für alle/einige Kinder möglich. Und wenn Sie erproben wollen, ob die Kinder diese Wörter auch nach Diktat schreiben können – ohne daß sie für das Diktat geübt wurden –, hier ein Vorschlag:

Diktat · Übungsgrundsätze 321

Oberhausen, 26.04.

Liebe Klasse 3a,

wie geht es Euch?
Die ersten zwei Schulwochen sind um, wir haben schon viel gear-
beitet. Auf unser großes Schulfest bereiten wir uns in Gruppen vor.
Jede Gruppe hat schon ein Gruppentier und arbeitet an einem
Gruppenschild. Unsere Fahrt durch Oberhausen hat vielen von
Euch Spaß gemacht. Auch Eure Vorschläge für einen Ausflug sind
prima!
Nun wünsche ich viel Erfolg für dieses Diktat.
Bis bald!

---

66 Wörter = Grundtext für alle.

Als erweiterter Text wird zusätzlich folgende Wortliste diktiert: es geht, es gibt,
wir bereiten uns vor, Montag, Dienstag, eine Idee. Als Langtext dürfen die
Kinder, die es sich zutrauen, eine kurze Antwort an mich schreiben.

Oberhausen, 26.04.

Liebe Frau Ahrens,

dieses Diktat hat mir nicht so viel Spaß gemacht, weil ich einige
Wörter nicht richtig schreiben konnte.
Viel Spaß mit meinem Diktat.

Tschüs!
Rahime

Oberhausen, den 26.04.

Hallo Frau Ahrens,

die ersten Schulwochen haben uns viel Spaß gemacht, weil wir uns
auf unser großes Sportfest vorbereitet haben und schon ein Gruppentier haben.
Viel Spaß mit unseren Diktaten.

Bis morgen!
Daniela

Ein alternativer Ablauf für denselben Text, dieselben Lernwörter, dieselbe/eine andere Klasse: Der Brief wird zuerst im Förderunterricht für schwächere Leser und Rechtschreiber vorgestellt, erarbeitet. Am folgenden Tag bekommen ihn alle als Arbeitsblatt, er wird natürlich zuerst gelesen. Vorlesen können jetzt auch die schwächeren Leser, da es für sie ja kein fremder Text mehr ist.

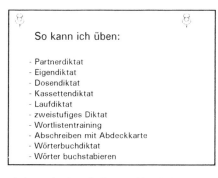

In der Klasse sind die Übungsformen und Arbeitstechniken bekannt und an der Wand ausgehängt (s. Abb.).

Die Kinder entscheiden, in welcher Übungsform sie arbeiten. Dabei wird die Durchführung der Arbeitstechniken aktualisiert, die jeweils gewählte Arbeitsweise und Sozialform begründet. Die Kinder verteilen sich im Raum und bei geöffneter Tür auch auf dem Flur (dort stehen einige Tische, jeder weiß, daß man dort noch „leiser" arbeiten muß als im Klassenraum, um andere Klassen nicht zu stören).

Ich beobachte und notiere den Lernstand bei Arbeitstechniken und Sozialformen: *Dirk* schreibt noch buchstabenweise ab, *Aishe* schon wortweise; *Marc* Wortgruppen, ganze Sätze, kontrolliert genau nach jedem Wort am Satzende und gibt Hilfen.

Rechtzeitig vor dem Ende der Stunde berichten die Kinder im Plenum über den Stand ihrer Arbeiten und entscheiden, was sie als Hausarbeit machen und wie am nächsten Tag weitergearbeitet wird.

Gisela Süselbeck

Alternative Diktatformen

Was bringen sie für meinen Rechtschreibunterricht? Sie

- ermöglichen schülergerechte Differenzierung beim Rechtschreiblernen,
- eignen sich als integrative Kurzübungen,
- fördern Fehlersensibilität und Selbsteinschätzung der Schüler,
- verbinden Rechtschreibübungen mit Schreiben,
- erweitern das Übungsrepertoire für lehrerzentrierten Unterricht ebenso wie für selbstgesteuertes Lernen in Freiarbeitsstunden und Wochenplanarbeit,

- bahnen Selbständigkeit in der Rechtschreibung an durch Erkennen, Kontrollieren und Korrigieren von Rechtschreibfehlern unter Einbeziehung des Nachschlagens im Wörterbuch.

Echte Diktate
Sie erwachsen unmittelbar aus dem Unterricht. Täglich ergeben sich Situationen, in denen Kinder sich etwas genau notieren sollen: Hausaufgaben, Stundenplanänderungen, Kurzinformationen für sich selbst oder Eltern, Unterrichtsergebnisse, Merksätze, Materiallisten für den Kunst- oder Textilunterricht. Solche Standardsituationen nütze ich für *echte Diktate*.

Ich diktiere, die Kinder schreiben den Text auf. Dabei schreibt ein Kind auf eine Folie oder an die Tafel, um genaue Sofortkontrolle und Eigenkorrektur sicherzustellen. Zunehmend können Kontrolle und Korrektur auch mit Hilfe des Wörterbuchs durchgeführt werden.

Die Fertigkeit, etwas nach Gehör richtig und vollständig aufzuschreiben, wird bei solchen echten Diktaten regelmäßig geübt, ohne den Begriff Diktat überhaupt zu strapazieren. Es erübrigt sich fast, darauf hinzuweisen, daß echte Diktate natürlich ihren Platz in allen Fächern haben.

Und was lernen nun die Kinder dabei?
Gehörtes genau aufzuschreiben, Geschriebenes sofort genau zu kontrollieren und zu korrigieren. Ich kann dabei Schreibtempo, Schriftbild, Rechtschreibsicherheit, Selbständigkeit und Sorgfalt bei Kontrolle und Korrektur beobachten und ohne „Diktathefte" Leistungsstand und individuelle Lernfortschritte feststellen. Texte und Wortmaterial stehen bei echten Diktaten in unmittelbarem Zusammenhang mit der jeweiligen Unterrichtssituation.

Echte Diktate sind Alternativen zum Abschreiben, sie bieten auch Übergänge zur eigenen Textproduktion an, indem Kinder an der Textformulierung zunehmend beteiligt werden und auch das Diktieren übernehmen können.

Eigendiktate
Ich setze sie gern als Kurzübungen zur Festigung gelernten Wortmaterials ein. Die Kinder schreiben in einer vorher vereinbarten Zeit (5 bis 10 Min.) Wörter, Wortgruppen, Sätze oder kleine Texte, die sie rechtschriftlich sicher zu beherrschen glauben.

Bei der Einführung dieser Form muß den Kindern die Aufgabenstellung deutlich werden: Es geht nicht darum, möglichst viele Wörter zu schreiben, sondern fehlerfreie „Texte" zu erstellen. Eigendiktate werden jeweils unter einem von mir gestellten oder gemeinsam vereinbarten Thema geschrieben.

Aufgabenstellungen können auf vielfältige Weise erfolgen:

- inhaltliche Themenvorgaben, z. B. Körperteile, Zoo, Einkaufen, Herbst

- Wortfamilien

- Wortfelder

- Nomen

- Wörter mit bestimmten Anfangsbuchstaben

Differenzierungen ergeben sich durch die Wahlmöglichkeit der Kinder,

- Wörter, Wortgruppen, Sätze oder Texte zu schreiben,

- das Wortmaterial jeweils selbst zu bestimmen,

- Schreibmenge und Schreibtempo individuell zu variieren.

Dabei kann man sowohl aktuelle Lernwörter und Themen als auch länger Zurückliegendes als Übungsfeld auswählen. Wichtig ist auch beim Eigendiktat, genaues Kontrollieren und Korrigieren durchzuführen. Deshalb sollte die Zeitvorgabe zum Schreiben auch relativ kurz sein und zehn Minuten nicht überschreiten, um Konzentration und Motivation für die Kontrolle sicherzustellen.

Die Sofortkontrolle ist als Eigen- oder Fremdkontrolle möglich. Bei unsicheren Rechtschreibern muß ich die Eigenkontrolle noch einmal überprüfen. Mit zunehmender Kontrollfähigkeit können Schüler mit Hilfe von Wörterheft, Wörterbuch, Wortkartei die Lehrerkontrolle durch Eigen- und Partnerkontrolle abbauen.

Eigendiktate eignen sich als Kurzübungen für individualisiertes Rechtschreibtraining: Ohne besonderen Vorbereitungsaufwand können die Kinder Menge und Art des Wortmaterials selbst bestimmen. Das fördert Selbsteinschätzung, Fehlersensibilität und Motivation zum Richtigschreiben.

Dosendiktate

Ich habe diese Form besonders erfolgreich im Förderunterricht eingesetzt. Auch in Freiarbeitsstunden erweisen sie sich als beliebte Übungsmöglichkeit. Unsere „Diktatdosen" sind Kaffeedosen mit abnehmbarem Deckel, in den ein Schlitz eingeschnitten wurde. Außerdem gibt es einen Kasten (Schuhkarton) mit Briefumschlägen. Die Umschläge tragen die Aufschrift des jeweiligen Themas oder Textes. Im Umschlag findet sich jeweils der gesamte Diktattext auf einem Blatt und noch einmal in Zeilenstreifen zerschnitten (Diktiereinheiten oder Sätze).

In gemeinsam erarbeiteten Schritten wird einzeln geübt:

- Text genau durchlesen,

- aus den Streifen den Text zusammenbauen,

- einen Zeilenstreifen genau lesen, in die Dose stecken, auswendig aufschreiben,

- nacheinander auf diese Weise alle Zeilen schreiben.

- Zum Schluß den Text mit der Vorlage genau vergleichen, Falschschreibungen korrigieren,

- evtl. die Richtigschreibung zusätzlich durch Partner- oder Lehrerkontrolle bestätigen und absichern.

Der Anfang kann mit wenigen Dosen und Briefumschlägen gemacht werden. Zur Einprägung der Arbeitsschritte ist ein gemeinsamer Text günstig. Für die weitere Arbeit ist es sinnvoll und ökonomisch, mehrere themengleiche Briefumschläge verfügbar zu haben. – Die Menge der Briefumschläge wächst allmählich; sie entsteht im Zusammenhang mit konkreten Lerneinheiten, kann dann aber lehrerbestimmt oder selbstorganisiert zur Wiederholung genutzt werden.

Die Dosen wurden von den Kindern beklebt und bemalt. Dosendiktate sind vom zweiten Schuljahr an durchführbar.

Auch diese Diktatform verbindet Lese- und Schreibtraining, ermöglicht Selbsttätigkeit und Differenzierung. Unser „Aha-Erlebnis" als Lehrer: Obwohl fast alle neueren käuflichen Rechtschreib- und Wortkarteien im Klassenraum vorhanden sind, wählen die Kinder auch häufiger „ihre" Diktatdosen.

Dosendiktate können auch in einer anderen *Variante* durchgeführt oder eingeführt werden:

- Suche aus einem Text, aus einer Wörterliste, aus dem klasseneigenen Grundwortschatz, aus einem Wörterbuch, aus deinem Fehlerheft oder aus einer selbstgeschriebenen Geschichte sechs bis zehn „schwierige" Wörter heraus.

- Schreibe jedes Wort auf eine Wortkarte.

- Kontrolliere genau, ob du das Wort richtig auf die Karte geschrieben hast.

- Lege alle Karten in die Dose.

- Nimm eine Karte heraus, sieh dir das Wort genau an, und schreibe es auswendig auf.

- Vergleiche mit der Wortkarte.

- Wenn du das Wort richtig geschrieben hast, lege es beiseite.

- Hast du einen Fehler gemacht, streiche das falsche Wort in deinem Heft durch, und lege die Wortkarte in die Dose zurück.

- Nimm die nächste Wortkarte.

- Wenn die Dose leer ist, hast du alle Wörter richtig geschrieben.

Partnerdiktat

Im Partnerdiktat können kooperative und schreibdidaktische Intentionen realisiert werden:

● Beide Partner sind gemeinsam verantwortlich für ein fehlerfreies Ergebnis und einen reibungslosen Ablauf. Absprachen über die Reihenfolge von Diktieren und Schreiben, Diktiertempo und Lautstärke werden in eigener Verantwortung der Partner selbständig getroffen. Der diktierende Partner hat die Aufgabe, durch genaue Beobachtung Falschschreibungen zu verhindern, eventuell Hilfen zur Rechtschreibung zu geben. Kooperation wird so handelnd erfahren und gelernt.

● Partnerdiktate dienen der Fehlervermeidung und nicht der Fehlerfeststellung. Sie vermitteln auch langsamer lernenden und rechtschreibunsicheren Schülern Erfolgserlebnisse und durch diese Bestätigung Übungsmotivation.

● Partnerdiktate können sowohl aktuelle als auch zurückliegende Lernwörter und Themen aufgreifen.

● Partnerdiktate integrieren Lesen, Sprechen (diktieren, Absprachen treffen, Hilfen zum richtigen Schreiben geben), Schreiben, Kontrollieren und evtl. Korrigieren.

Partnerdiktate kann man vom zweiten Schuljahr an einführen; dafür sind Wortlisten besonders gut geeignet. Anfangs muß ich Diktiereinheiten und Partnerwechsel vorgeben. Zunehmend entscheiden die jeweiligen Partnergruppen: Lesen wir den Text gemeinsam oder einzeln, halblautes Vorlesen oder Stillesen?

Wer schreibt zuerst? Wird nach der Hälfte gewechselt, oder schreiben beide Schüler den ganzen Text? Welche Signale (z. B. Halt, Stop, leises Klopfen) sind geeignet, um Falschschreibungen zu verhindern?

Der diktierende Schüler kontrolliert während des Schreibens. Zum Schluß werden noch einmal beide Texte von beiden Partnern kontrolliert. Die Ausführung der Kontrolle wird durch namentliches Abzeichnen dokumentiert.

Wenn Kinder noch keine ausreichende Erfahrung mit Partnerarbeit haben, stellen sich beim Partnerdiktat manchmal Probleme ein, z. B. stört zu lautes Sprechen die anderen. Nach einiger Zeit können meiner Erfahrung nach auch ausgesprochen „lebhafte" bzw. „unruhige" Klassen in sachgerechter Lautstärke (Lärmpegel) Partnerdiktate durchführen.

Auftretende Schwierigkeiten, Aspekte der Kooperation mit dem Partner und die individuelle Einschätzung dieser Arbeitsform sollten regelmäßig auf dem Hintergrund der eigenen Erfahrungen von den Schülern reflektiert werden (Meta-Kommunikation).

Über das Kennenlernen und Anwenden des Partnerdiktates hinaus soll durch reflektierende Aufarbeitung eigener und fremder Erfahrungen erreicht werden, daß Schüler Arbeitstechniken und -formen nicht nur genau anwenden. Sie sollen vielmehr bereit und fähig werden, aus Arbeitstechniken und Übungsformen die auszuwählen, die ihnen jeweils besonders geeignet erscheinen und Spaß machen (Prinzip der Selbständigkeit im Rechtschreibunterricht – Erhöhung der Lernbereitschaft).

Unsichere Rechtschreiber erfahren beim Partnerdiktat, daß auch sie fähig sind, richtig zu schreiben. Die Freude, endlich einmal einen Text ohne Fehler geschrieben zu haben, motiviert die Kinder.

Werden zudem kindgerechte Texte ausgewählt, die ein Handlungsziel haben (jemanden informieren, zum Lachen bringen ...), so sind die Kinder bereit zu schreiben. Die Zusammenarbeit mit dem Mitschüler fördert die Bereitschaft noch. Für regelmäßige Partnerdiktate braucht man geeignete Texte, Kinder können sie auch selber erstellen. Wir sammeln Texte für Partnerdiktate. Dabei können je nach Leistungsfähigkeit kindereigene Texte erstellt oder aus Büchern geeignete Texte übernommen werden. Sie werden zu einem lerngruppenbezogenen Übungsmaterial, das Rechtschreiben und Texterstellung verbindet. Bei der Erstellung solcher Texte als Übungsmaterial für andere ist die Notwendigkeit sofortiger Kontrolle des Geschriebenen besonders einsichtig.

Bei eventuellen Fehlern kann die sinnvollste Form des Korrigierens eingeübt werden, nämlich Löschen der Falschschreibung (Durchstreichen) und Neuschreiben des gesamten Wortbildes. Individuelle Unsicherheiten beim Schreiben können durch gezieltes Üben abgebaut werden.

Individuelle „Fehlerwörter" und Rechtschreibunsicherheiten können mit Hilfe eines „Fehlerheftes" oder der Dosendiktatvariante geübt und gefestigt werden. Kassettendiktate, kommentierende Diktate, zweistufige Diktate und Wörterbuchdiktate sind weitere alternative Formen zur Ablösung oder Ergänzung der traditionellen Diktatpraxis.

Das zweistufige Diktat

In der Schulpraxis hat diese Form m. E. zu wenig Beachtung gefunden. Ich habe zweistufige Diktate seit Jahren in verschiedenen Jahrgangsstufen und Schulformen erfolgreich erprobt.

Die *Durchführung* zweistufiger Diktate erfolgt in zwei Schritten:

1. Die Kinder nehmen den von der Lehrerin oder dem Lehrer diktierten Text als Konzept auf.

2. Das Konzept wird in Reinschrift übertragen, dabei dürfen alle Möglichkeiten zur Fehlervermeidung und Rechtschreibkorrektur genutzt werden.

In der ersten Stufe schreiben die Kinder relativ schnell den Text (Wortliste, Satz, Text) auf. Rechtschreibunsicherheiten können dabei schon markiert werden (Unterstreichen). Ich muß entscheiden, ob

- das Konzept auf einem Blatt, die Reinschrift auf einem zweiten Blatt erstellt wird,

- Konzepte und Reinschrift in zwei verschiedene Hefte geschrieben werden,

- beides in einem Heft erfolgt,

- das Konzept auf ein Blatt geschrieben wird, die Reinschrift in ein Heft erfolgt.

Diese Entscheidungen können Kinder unterschiedlich motivieren:

- Das fehlerhafte Konzept verschwindet nach der Reinschrift.

- Der Vergleich von Konzept und Reinschrift macht sichtbar, Schriftbild und Rechtschreibung lassen sich verbessern, wenn ich sorgfältig kontrolliere und korrigiere.

In der zweiten Stufe kann jedes Kind seinem individuellen Arbeitstempo entsprechend die Reinschrift erstellen. Schreibtempo, Art und Menge der Korrekturen und Korrekturhilfen sind dabei sehr unterschiedlich.

Die Schüler können alle verfügbaren Korrekturhilfen und -verfahren nützen. So vermeiden Kinder, die Schwierigkeiten bei der Trennung haben, das Trennen von Wörtern; andere überprüfen die Trennung mit Hilfe des Wörterbuches. Fehler-, Wörterhefte und -karteien, Wörterbücher dürfen und müssen für die Reinschrift hinzugezogen werden. Auch Lehrerhilfen können von unsicheren Schreibern genutzt werden. Ich gebe allerdings nicht die richtige Schreibung vor, sondern Lösungshilfen: Verlängere das Wort, suche im Wörterbuch unter dem Stichwort ..., oder ich markiere Falschschreibungen.

Für das unterschiedliche Arbeitstempo ist es notwendig, daß schnellere Kinder sinnvolle zusätzliche Aufgaben lehrergeleitet oder selbständig finden, um die notwendige Ruhe für die Konzentration der langsamer Schreibenden zu gewährleisten.

Die Durchführung der zweiten Stufe kann auch als Hausaufgabe erfolgen, wenn die Kinder gelernt haben, selbständig zu kontrollieren und zu korrigieren. Dazu muß allerdings vorher sichergestellt werden, daß die Eltern Intention und Verfahren des zweistufigen Diktats kennen, damit die Kinder, nicht die Eltern die zweite Stufe leisten.

Bei zahlreichen Erprobungen hat sich gezeigt, daß diese Form des Diktatschreibens sowohl hinsichtlich der Schrifterziehung als auch der Kontroll- und Korrektursicherheit wirksam ist und dadurch die Fehlerzahlen verringert werden. Vor allem hat sich die Form des zweistufigen Diktats auch für die Korrektur von Texten generell positiv ausgewirkt:

Die Kinder wurden durch gezieltes Vergleichen von Konzept und Reinschrift motiviert, Hausaufgaben, Klassenarbeiten, Abgeschriebenes, Arbeitsblätter gründlicher zu kontrollieren und Wörterbücher gezielt zu nutzen.

Allerdings gab es auch in fast jeder Lerngruppe ein bis zwei Kinder, deren Zweitschrift ebensoviel, mehr oder andere Fehler enthielten als das Konzept. Häufig waren das Schüler, die bei der Reinschrift zu schnell oder auffällig unkonzentriert arbeiteten.

Gisela Süselbeck

Tips

- Üben Sie mit den Kindern täglich, auch wenn das Fach (z. B. Mathematik oder Rechtschreiben) nicht auf dem Stundenplan steht. *Üben heißt wiederholen.* Wird nicht ständig wiederholt, bleibt es bei einem oberflächlichen, „vorübergehenden" Lernen. Die Anzahl der Übungen, die Verteilung über die Woche, ergibt sich aus der Vergessenskurve. Danach vergißt man in den ersten Tagen bereits den größten Teil des Gelernten. Es lohnt also nicht, etwas nur einmal pro Woche durchzunehmen.

- Planen Sie *viel Zeit zum Üben* ein. Gemeinsames Beenden- und abruptes Aufhörenmüssen erzeugen Zeitdruck; dieser wiederum zerstört auf Dauer den Lernwillen. Geben Sie deshalb im Rahmen von Phasen Freier Arbeit Gelegenheit zum Üben. So lernt jedes Kind, zugleich über Zeit selbständig zu verfügen und sich die Arbeit einzuteilen.

- Setzen Sie zum Üben *Lernspiele* ein; sie haben bei Kindern einen hohen Aufforderungscharakter.

- Stellen Sie Material mit Möglichkeiten zur *Selbstkontrolle* bereit. Dies fördert die Übungsbereitschaft. Üben Sie aber auch die Techniken der Selbstkontrolle. Kinder brauchen allerdings auch die Bestätigung durch die Lehrerin.

- Üben Sie auch die *Arbeitstechniken* ein: im Wörterbuch nachschlagen, im Lexikon sich orientieren können, mit dem Taschenrechner Überschlagsrechnungen kontrollieren, Tabellen ausfüllen, Partnerdiktate.

- Bei Mißerfolgen ist es wichtig, mit den Kindern so weit zu üben, daß sie Sicherheit auf dem ihnen angemessenen Niveau erreichen. Der Übungserfolg bleibt aus, wenn das Kind nicht zielerreichend lernt: Im überschaubareren Rahmen sich sicher fühlen ist förderlicher, als im großen Teich unsicher zu „schwimmen".

- Durch forciertes Üben läßt sich ein bestimmter Lernstand nicht erzwingen. Wir müssen zugestehen, daß es hin und wieder auch einen vorübergehenden Stillstand („Lernplateau") gibt.

- Verknüpfen Sie die Übung nicht mit der *Leistungsbewertung*. Durch die recht unangenehme Fehlerfahndung geht der Übungseffekt verloren, wenn nicht frei von Sorge um eine schlechte Note geübt werden kann.

- Beherzigenswert sind nach wie vor die *Übungsgesetze*, die Karl Odenbach 1963 formuliert hat:

Ohne Übungsbereitschaft gibt es keinen Übungserfolg.
Erfolgserlebnisse wecken neue Übungsbereitschaft.
Üben in sinnvollen Zusammenhängen ist erfolgreicher als das Üben von zerstücktem Wissen.
Das Behalten hängt von der Klarheit und Intensität des ersten Eindrucks ab.
Die Einsicht erweist sich dabei als stärkster Faktor.
Selbständig Erworbenes hat größere Chancen, behalten zu werden, als lediglich Übernommenes.
Der Übungserfolg wird durch Wiederholungen gesichert:
- Kurze, über einen längeren Zeitraum verteilte Wiederholungen sind besser als langes, gehäuftes Üben.
- Die ersten Übungen müssen bald nach der Neueinführung stattfinden.
- Die Anzahl der notwendigen Wiederholungen ist individuell verschieden.
Der Wechsel der Übungsform weckt neue Übungsbereitschaft.
Was im emotionalen Bereich verankert wurde, prägt sich stärker ein.
Beim Einprägen muß auf die verschiedenen Vorstellungs- und Lerntypen der Kinder Rücksicht genommen werden (visuell, akustisch, motorisch).
Fehler, die sich beim Üben einschleichen, müssen sofort korrigiert werden.

Unterrichtsbesuche

Je häufiger Gäste in der Klasse sind, um so selbstverständlicher ist die Besuchssituation, um so weniger störanfällig der Unterricht. Wo die Schule sich öffnet, stehen auch die Klassentüren offen: für Kinder aus anderen Klassen, die hereinschauen, um zu sehen, wie und was die anderen lernen. Für die Kollegen, die sich Anregungen holen, ein bestimmtes Material ausborgen, gemeinsame Projekte absprechen; für Eltern, die einmal am Klassenleben teilnehmen wollen oder im Rahmen der Elternmitarbeit tätig sind (z. B. „Lesemütter").

Anders verhält es sich, wenn der Unterrichtsbesuch der Überprüfung (Ausbildungssituation, Staatsprüfung, Verbeamtung oder Beförderung) dient. Das Ritual der herkömmlichen „Lehrproben", die 45 Minuten zu dauern haben und innerhalb derer bestimmte Ziele zu erreichen sind, verstärken den „zirzensischen" Charakter des Unterrichts. Es wird dann eine pädagogische Kunstsituation auf die „Unterrichtsbühne" gestellt; die Vorstellung ist sorgfältig einstudiert und läuft möglichst nach den Vorgaben des Regiebuches (der schriftlichen Vorbereitung) ab. Man studiert ein, was sich risikolos vorführen läßt.

Wann kommt es zu solchen künstlichen, im Kern unprofessionellen Prüfsituationen? Wohl immer dann, wenn man zuvor keine Abstimmung über die Erwartungen (Umfang der Vorbereitung, Themen der Nachbesprechung) und über Voraussetzungen (Erziehungsverständnis, Unterrichtskonzept, Beobachtungs- und Beurteilungskriterien) herbeigeführt hat. Oder wenn die Anforderungen an die Fachdidaktik und die methodische Lehrkunst bis an die Grenze des Unerfüllbaren geschraubt sind. Zur Untermauerung (oder Verschleierung) der eigenen Fähigkeiten, die man sich mangels solider handwerklicher Ausbildung selbst oder mit Hilfe von Kollegen angeeignet hat, legt man dann noch dem Beobachter und Prüfer Unterrichtsentwürfe vor, die mit Theorie angefüllt und mit didaktisch-methodischer „Lyrik" garniert sind.

Zeigen Sie dagegen selbstbewußt dem Prüfer – wenn er es denn nicht selbst sieht, weil er auf die „Vorführung" fixiert bleibt –, was Sie bereits in der Klasse unterrichtlich und auch erzieherisch investiert haben: die Arbeitstechniken der Kinder; die Produkte an den Wänden, in den Heften und Ordnern; die Rituale des Klassenlebens. Angesichts dieser Langzeitprodukte ist die eher zufällige Tagesleistung von nachrangiger Bedeutung.

Nachbesprechungen sind keine wissenschaftlich kontrollierten Evaluationen, schon allein deshalb müssen der Beobachter und der Prüfer ebenso wie der Unterrichtende ihr Vorverständnis und die Kriterien für die Unterrichtsbeurteilung offenlegen. Nur auf dieser Grundlage läßt sich Unterricht professionell analysieren. Die Unterrichtsleistung kann ebensowenig wie die Schülerleistung objektiv beurteilt werden: Um so wichtiger, daß der Prüfer in der Nachbesprechung darstellt, was Grundlage für die Beratung und – vor allem – für die Beurteilung ist: sein Unterrichts- und Erziehungsverständnis (und zwar angelehnt an die Richtlinien und Lehrpläne sowie an die Fachliteratur).

Es versteht sich heute von selbst, daß die Nachbesprechung nicht in einer durch Hierarchie oder Zeitdruck belasteten, sondern in einer Vertrauen schaffenden, entspannten Atmosphäre stattzufinden hat.

Literaturtip: Hilbert Meyer: *Leitfaden zur Unterrichtsvorbereitung.* Frankfurt a. M. (Cornelsen Verlag Scriptor) 12. Aufl. 1993

Selbstbewußt Gastgeber sein

Das „Überleben" eines Unterrichtsbesuchs verlangt – wenn man von der meist unerläßlichen Verpflichtung zur Verschriftlichung der Planung absieht – vor allem psychische und soziale Fähigkeiten. Ein Unterrichtsbesuch (auch wenn sogar gestandene Lehrer dies oft vermitteln) ist *keine Naturkatastrophe.* Man kann strategisch klug und vor allem erwachsen mit dieser Unannehmlichkeit umzugehen lernen.

Oberstes Gesetz sollte es sein, nicht die eigene Seele zu verkaufen. Von zu vielen Ängstlichen wird dieses Tabu verletzt. Menschen mit Ängsten und Minderwertigkeitsgefühlen handeln fremdbestimmt und re-aktiv, neigen zu Rechtfertigungstiraden, fühlen sich ausgeliefert und gedemütigt. Eine psychisch so desolate Ausgangsposition behindert die symmetrische selbstbestimmte Fachdiskussion mit dem Unterrichtsbeobachter. Es sollte Ihnen niemals darum gehen, sich zu verteidigen, Sie sollten vielmehr versuchen, in Ihrer Stunden-Nachreflexion gemeinsam mit einem vielleicht erfahreneren Unterrichtsbeobachter nach möglichst schülergerechten unterrichtlichen Vermittlungsmöglichkeiten zu suchen. In einem solchen Gespräch wird Ihre fachliche und pädagogische Kompetenz erkennbar.

Günstig ist es, die eigene Planung als Hypothese zu verstehen. Im Gespräch mit dem Stundenbeobachter können Prognose und vielleicht abweichende Realisation souverän und ohne Ansehensverlust verglichen werden. Wichtig ist es, daß ein Lehrer für die Wahrnehmung von Abweichungen (die Pedanten sprechen von Fehlern) nicht abstumpft. Denn damit gibt er die Gewähr, daß er bereit ist, aus beobachteten Unzulänglichkeiten Konsequenzen für die weitere Unterrichtsarbeit zu finden. Als Prüfling können Sie selbst für Ihre guten Karten sorgen, indem Sie dieses pädagogische Selbst-Verständnis Ihrem Prüfer gegenüber signalisieren.

In Ergänzung zu diesen „Sonntags-Worten" noch einige Detail-Tips:

● Geben Sie einem Unterrichtsbegutachter (Schulrat, Seminarvertreter u. a.) ggf. unaufgefordert eine schriftliche Planung der Stunde. Sie beugen unnötigem Rätselraten und gesprächshemmenden Mißverständnissen vor, wenn Sie Ihr Stundenziel wie auch Ihre didaktischen und methodischen Überlegungen adressatengerecht ausweisen. Achten Sie darauf, daß Sie hierbei die Terminologie verschiedener fach- oder allgemeindidaktischer Modelle nicht zu einem Theorien-Potpourri verarbeiten. Etliche Prüfer nehmen das übel.

● Planen Sie Ihren Unterricht niemals für Ihre Prüfer, sondern für Ihre Schülerinnen und Schüler. Entscheidend für Ihren Erfolg wird es sein, daß Ihre Kinder motiviert und aktiv arbeiten wollen und daß Ihre methodischen Schritte für sie plausibel und nachvollziehbar werden.

● Versuchen Sie realistisch mit Ihren (ganz normalen) Ängsten umzugehen. Schlimm ist es nicht, daß Sie wahrscheinlich nervös werden, schlimm wäre es, wenn Sie es zuließen, daß diese Ängste Macht über Sie bekommen und Ihre klare, unabhängige Denkfähigkeit lähmen! Meiden Sie deshalb Kollegen, die Sie (auf Grund ihrer eigenen Ängste) in das Panik-Karussell hineintreiben. Rechnen Sie damit, daß eine solche Ausnahmesituation Sie beunruhigt, und planen Sie – für den Fall, daß in der Prüfsituation die Nervosität mit Ihnen durchgehen sollte – einige „Sicherungen" ein, mit deren Hilfe Sie zuverlässig zum roten Faden der Stunde zurückfinden können. Vermutlich werden Sie diese Absicherungen gar nicht brauchen. Doch eine solche Vorsorge beruhigt ungemein.

● Auch wenn die Erarbeitung Ihres eigenen pädagogischen Standortes stets vorrangig sein sollte, erkunden und berücksichtigen Sie die Eigenarten und pädagogischen Vorlieben der Person, die Sie besuchen wird. Einen innovationsfreudigen Besucher sollten Sie nicht gerade mit konventionellem Frontalunterricht quälen.

● Wenn ein Unterrichtsbeobachter (z. B. ein Fachleiter, wenn Sie Lehramtsanwärter sind) Sie häufiger besuchen muß, sollten Sie auf keinen Fall nur Sonntags-Stunden zeigen. Da es ja gilt, die Fähigkeit zu kontinuierlicher Unterrichtsarbeit zu belegen, dürfte es unglaubwürdig wirken, wenn der Fachleiter „zufällig" stets nur Einführungsstunden sähe. Sie würden damit nur vermeidbare Zweifel an Ihrer Fähigkeit zu konzeptioneller Unterrichtsarbeit wecken.
Anders verhält es sich bei einmaligen Revisionen. Entscheiden Sie klug, indem Sie sich auf den jeweiligen Unterrichtsbeobachter einstellen, ohne

den Blick auf Ihre eigenen Stärken und Schwächen wie auch vor allem auf die Kompetenzen der Kinder zu verlieren.

● Abschließend sei betont, daß zu lange Entwürfe leicht Zweifel an Ihrer Fähigkeit auslösen, das Wichtige vom weniger Wichtigen unterscheiden zu können. Deshalb legen Sie sich den gestaltpsychologischen Grundsatz „Weniger ist mehr" neben Ihre Arbeit.

● Wenn Sie doch bei „Fehlern" erwischt werden sollten, lassen Sie sich nicht beirren. Verweisen Sie auf die aktuellen Theorien zur *Fehlerfreundlichkeit,* die das kreative Potential herausstellen, das in jedem Fehlermachen liegt.

Hêlena Metzmacher

Sich auf den bevorstehenden Unterrichtsbesuch einstellen

Die Schulrätin – oder der Fachleiter – hat sich angemeldet! Täglich erhalten viele Lehrkräfte im Land diese Meldung. Was passiert nun? Soweit ich die Berufswelt Schule kenne, löst die Ankündigung nicht nur freudige Erwartung aus, sondern leider auch Ängste, Aufregungen, überstürzte Aktionen aller Art, die schließlich in zirzensischen Vorführungen am Tag X enden können.

Für die „Besuchten" bleibt der Unterrichtsbesuch eher eine Ausnahme, wenn man das ganze Lehrerleben in der Schule betrachtet und von den zwei Jahren in der Lehrerausbildung des Vorbereitungsdienstes einmal absieht. Es ist daher verständlich, wenn der Unterrichtsbesuch als etwas Besonderes im Lehreralltag angesehen wird.

In unseren Schulen und in der Lehrerausbildung bricht der „Besuch" nicht wie ein Unwetter plötzlich und unvermittelt herein. Das Eintreten des Ereignisses ist vielmehr berechenbar. Alle Betroffenen wissen ungefähr, was sie erwartet, wann der Zeitpunkt gekommen ist, wann man den Besuch gemeinsam festlegen kann oder wann es höchste Zeit ist, daß man sich geistig darauf einstellt. Im Vorfeld des Unterrichtsbesuchs kann ich (als Betroffene) eine ganze Menge tun, um mich auf den Besuch gut vorzubereiten.

Sich mit der Situation vertraut machen ist eine gute Möglichkeit, um mit der Realität besser umgehen zu können.

Ich kann mir sagen,

● daß der Unterrichtsbesuch zu meinem Berufsfeld gehört,

● daß problemträchtige Aufgaben zu diesem Beruf gehören,

● daß ich mich auf diese Probleme oder Aufgaben vorbereiten kann,

● daß ich mich nach einer Vorbereitung besser darauf einstellen kann,

- daß ich die Situation antizipieren oder simulieren kann,

- daß ich für *mich* aus der Situation etwas gewinnen kann,

- daß es meinem Unterricht guttut, wenn auch einmal fremde Beobachter kommen.

Ich kann mich fragen, was der Besuch will:

- Will der Besuch mich im Unterricht so sehen, wie ich täglich unterrichte?

- Soll der Besuch erkennen, daß ich über meinen Unterricht reflektiere und problemorientiert arbeite?

- Erwartet der Besuch zu seinen Ehren eine besondere „Schau"?

Bevor der „Unterrichtsbesuch" tatsächlich kommt, habe ich ihn schon im Kopf „durchgespielt".

Ich überlege: Wie sehe ich mich selbst als Lehrerin? Welches sind meine Stärken und Schwächen? Ich stelle mir selbst Fragen und versuche, sie zu beantworten:

- Zur Kommunikation in der Klasse: Wie verläuft das Unterrichtsgespräch? Sprechen die Kinder häufig mich an oder sprechen sie zueinander gewandt?
  Kann ich mich nach einem Schülerbeitrag zurückhalten oder versuche ich, nach jedem Beitrag etwas zu sagen? Verläuft das Gespräch etwa so: L-S-L-S-L-S-L ... oder eher so: L-S-S-S-S-S-S-S-S- ...
  Beziehe ich alle Kinder in das Gespräch ein?
  Kenne ich Mittel, um die zurückhaltenden Kinder in das Gespräch einzubeziehen?
  Habe ich schon daran gearbeitet, die Gesprächskultur in meiner Klasse zu verändern, zu verbessern?
  Habe ich die Literatur befragt?

- Plane ich den Unterricht oder Unterrichtsabschnitte zusammen mit den Kindern? Gebrauche ich solche Impulse im Unterricht: „Schlagt einmal vor, wie wir jetzt weiterarbeiten können"? Erwartet meine Klasse, daß ich die Aufgaben stelle?

- Arbeite ich eher frontal oder fordere ich die Klasse häufiger auf, in Partner- oder Kleingruppen zu arbeiten? („Besprecht das mit eurem Partner ..., Versucht das einmal in Kleingruppen herauszufinden.")

- Wie stellt sich meine Auffassung zum sozialen Lernen in meinem Unterricht eigentlich dar? Könnte ein Fremder in meinem Unterricht erkennen, welche Ziele/Werte ich vertrete? Welche Auffassung würde er wohl herausfinden?

- Welches Lehr-/Lern- oder Erziehungskonzept kann ein Besucher in meinem Unterricht wohl entdecken?
Welches Lehr-/Lernkonzept, welche Erziehungsvorstellungen vertrete ich eigentlich? Wird das in meinem Unterricht deutlich, oder gibt es große Unterschiede zwischen dem, was ich eigentlich will, und dem, was ich in meinem Unterricht möglicherweise zum Ausdruck bringe?

Wie finde ich mehr über mich selbst heraus? Ich denke nach und schreibe auf. Durch das Aufschreiben von Gedanken und Assoziationen zu bestimmten Ereignissen im Unterricht bietet sich eine Möglichkeit, eigene unterrichtliche Handlungen zu reflektieren und Wissen, das bisher nicht zugänglich war, aufzudecken. Beispiele:

Die Reaktionen der Kinder auf eine bestimmte Aufgabenstellung („Schon wieder ...", „Langweilig ...", „Ah, endlich ...", „Toll! Fein! ..." ...).

- Worüber habe ich mich heute in der X-Stunde besonders gefreut, geärgert?

- Welche Schüler sind mir heute aufgefallen?

- Wie könnte ich den Unterricht so gestalten, daß er mir und den Kindern mehr Freude bereiten würde?

Ein Band läuft mit

Ich lasse ein Band (Audio oder Video) mitlaufen, während einer markanten Unterrichtssequenz, während eines bestimmten Unterrichtsabschnittes, der mich besonders interessiert. Später betrachte ich meinen Unterricht und sehe mich selbst wie in einem Spiegel. Ich halte das Band an bestimmten Stellen an und überlege, welche Absichten ich mit bestimmten Lehrhandlungen umsetzen wollte.

Ich überlege, wie mein Unterricht auf einen fremden Beobachter, der mich nicht so gut kennt, wirken würde. Aus der Diskrepanz zwischen meinen Absichten und Wirkungen ziehe ich Schlüsse für meinen zukünftigen Unterricht.

Die Reflexion über den eigenen Unterricht deckt vielleicht Diskrepanzen auf, macht mir bewußt, daß meine Absichten nicht immer den von mir gewünschten Erfolg zeigten. Es besteht ein Unterschied zwischen meinem geplanten Unterricht und meinem „heimlichen Lehrplan".

Wenn ich soweit bin, dann fallen mir eher Mittel ein, mit denen ich meinen Unterricht verändern oder verbessern kann. *So wird mein Unterricht zum Gegenstand einer Untersuchung über mich selbst. Ich finde mehr über mich heraus.*

In vielen Schulaufsichtsbezirken besteht bereits eine Arbeitsgemeinschaft für Lehrerinnen in der Probezeit. Diese Arbeitsgemeinschaften bestehen auf freiwilliger Basis. Hier können die Kolleginnen und Kollegen, die einen Unterrichtsbesuch erwarten,

- sich gegenseitig kollegial beraten und sich über ihre spezifischen Probleme aussprechen,
- erfahren, welches Bild von einem wünschenswerten Unterricht die Schulrätin offenlegt,
- andere Kolleginnen in ähnlichen Situationen nach ihren Erfahrungen mit Unterrichtsbesuchen befragen,
- kollegiale Praxisberatung bzw. Supervision beginnen,
- sich mit den Verfahren des Unterrichtsbesuchs vertraut machen.

Hans-Bernd Rühling

Drei Schulräte und ihre Erwartungen

Von der Autorität zur Kollegialität

Das traditionelle Bild vom Schulaufsichtsbeamten belastet oftmals noch das Verhältnis Schulaufsicht/Schule, das von gegenseitigem Vertrauen geprägt sein sollte. Aus meiner langjährigen Erfahrung im Schulaufsichtsdienst weiß ich, daß schon die Ankündigung des Schulratsbesuches, aus welchem Anlaß der dienstlichen Beurteilung auch immer, die Kollegin und den Kollegen häufig erschreckt und Unruhe und Nervosität auslöst, die im Einzelfall sogar momentan zu einer größeren psychischen und physischen Belastung werden kann.

Mich persönlich trifft diese Reaktion sehr, zumal im pädagogischen Raum gegenseitiges Vertrauen und der verbindliche mitmenschliche Kontakt und Umgang die Basis, in jedem Fall aber der Königsweg für erfolgreiches Arbeiten sind. So kann ich leider immer noch nicht ausschließen, eine in Lehrergenerationen gewachsene „Amtsfurcht" zu verbreiten, die häufiger eine so große Distanz zwischen der Lehrkraft und mir entstehen läßt, daß diese zunächst von beiden Seiten überbrückt werden muß.

Der „gestrenge Schulinspektor" alter Tage – vielleicht war er auch nie so streng wie sein Ruf – prägte das Verhalten der Lehrergenerationen der Schulaufsicht gegenüber und schuf Vorurteile vom alles kontrollierenden und oft doktrinären Beamten, die schon längst abgebaut sein müßten. Wo aber dieses verhängnisvolle Vorurteil bis in unsere Tage Mißtrauen und Angst auslöst, da muß der Schulratsbesuch zunächst für eine Atmosphäre und ein Klima sorgen, damit Vertrauen und Offenheit Platz greifen können; denn im Rahmen der Schule sollten sich nicht zuerst Amts- und Funktionsträger begegnen, sondern Menschen, die verantwortlich Kinder unterrichten und erziehen oder die sich für sie beruflich engagieren.

So freue ich mich, wenn ich von einer Kollegin oder einem Kollegen positiv akzeptiert und als Berater und Helfer durchaus willkommen bin. In diesen Fällen ist sogleich die Basis für das offene Gespräch geschaffen, in dem ohne größere Vorbehalte *alle* Probleme verhandelt, Alternativen bedacht und mögliche andere oder auch neue Wege schulischer Arbeit gesucht und aufgezeigt werden können. Sehr schnell ergänzen sich dann die Argumente, das gemeinsam Zusammengetragene wird geordnet und gewichtet, positive Entwicklungen werden aufgezeigt und verstärkt, und der „Pädagoge vor Ort" nutzt die Berufserfahrung und die Kenntnis des Kollegen in der Schulaufsicht, dem das tägliche Arbeitsfeld viele Einblicke in die unterschiedlichen Lehr- und Lernsituationen bietet und ihm damit Vergleichsmöglichkeiten an die Hand gibt.

Differenzierung als Unterrichtsprinzip

Innerhalb der Einheit lernen die Schüler unterschiedlich schnell, an verschiedenen Anschauungs-, Arbeits- und Hilfsmitteln und auch in durchaus wechselnden Sozialformen. Für die Einzelstunde folgt daraus, daß Sie die Lernausgangslage einzelner Kinder oder Schülergruppen kennen, sie schon bei ihrer Planung berücksichtigen und daher die *differenzierten* Zielangaben für diese unterschiedlichen Lerngruppen eher die *Regel* als die *Ausnahme* bilden. Dieses Differenzieren als Unterrichtsprinzip sichert der Unterrichtsarbeit in der jeweiligen Lerngruppe die erwünschte und notwendige Schülerorientierung.

So gibt z. B. individuelle, gut dosierte Lehrer- oder Schülerhilfe dem *schwächeren* Kind die Möglichkeit, seine Lernschwierigkeiten zu erkennen, Hilfen anzunehmen und Lernwiderstände auf unterschiedlichen Wegen zu überwinden, um nach und nach immer selbständiger arbeiten zu können. Das *leistungsstarke* Kind wird mit weiterführenden Aufgaben konfrontiert, oder es stärkt als Helfer durch seinen Lernvorsprung und seine eingeforderte Hilfsbereitschaft positiv das Schüler-Schüler-Verhältnis in der Klassengemeinschaft.

Differenzieren bedeutet auch, die unterschiedlichen *Lerntypen* der Kinder im Blick zu haben. Da es Ihnen im allgemeinen nicht möglich ist herauszufinden, auf *welche Weise* und *wie* ein Kind am besten lernt, muß es Freiraum im Unterricht geben, Freiraum an Zeit, Freiraum zum individuellen Kanalisieren der kindlichen Mobilität, Freiraum, damit ein Kind entsprechend seiner Begabung nicht nur intellektuell, sondern mit dem ganzen Körper und mit allen Sinnen lernen kann. Das Kind erfährt eine starke Förderung und ist dankbar, wenn es in dieser Phase des Unterrichts das Gefühl und das Wissen haben darf, Besonderes gelernt zu haben und etwas zu können. Es ist gut, wenn *jedes* Kind über individuelle Anforderungen im Rahmen der Unterrichts*differenzierung* zu einer *Könnenserfahrung* kommt, die für seine Persönlichkeitsentwicklung so wichtig und die stärkste Motivation für das weitere Lernen ist.

Die immanente Pflege der „Unterrichtskultur" charakterisiert Ihre Arbeit

Neben der Grobstruktur der Unterrichtsplanung und -realisation ist die „Unterrichtskultur" in der Klasse bedeutungsvoll und beachtenswert. Diese Unterrichtskultur kann sich im Laufe eines Berufslebens zu einer gewissen Vollkommenheit entwickeln, und sie schenkt dem Kind bei einem entsprechenden Lernklima in der Klasse optimale Lernvoraussetzungen. Die folgenden Hinweise auf die Kultur des Unterrichtens können dabei hilfreich sein:

- Das Kind ist Subjekt seines Lernens und nicht zuerst ein Zielobjekt der Belehrung.

- Gehäufte Impulse und Lehrerfragen sind oft eine Erschwernis für den Schüler, seinen *eigenen* Lernweg zu finden.

- Reichlich Zeit, manchmal sogar Muße, sichert den selbständigen Lernerfolg des Kindes.

- Die Lehreraktivität sollte deutlich hinter der Aktivität der Kinder zurücktreten.

- Erfolgreiches Lernen (Erfolgsfreude) erhält und steigert die Mitarbeit jedes Kindes und dient seiner fortschreitenden Motivation.

- Unterrichtsprinzipien wie Toleranz, Offenheit, Selbsttätigkeit, Innerlichkeit, Einhaltung von Regeln werden gesehen und finden Beachtung.

- Die Lehrkraft steht in der notwendigen Nähe und Distanz zum Kind und ist sicher im Umgang mit dem Unterrichtsstoff.

- Klima und Atmosphäre in der Klasse – Annahme und Geborgenheit für jedes Kind – sind ein Nährboden für die Entfaltung der kindlichen Kräfte.

- Durch die Zurückhaltung der Lehrkraft bei allen Beiträgen der Kinder wird das Schüler-Schüler-Verhältnis aktiviert.

- Die Fragestellung, die die Stundenarbeit trägt, entwickelt sich organisch aus der Ausgangssituation.

- Die einzelnen Arbeitsschritte haben eine sach- und fachlogische Folge.

- Alle Kinder werden entsprechend ihrem Leistungsvermögen aktiviert.

- Schwächere Kinder werden fortschreitend ermutigt.

- Die Lehrersprache ist dem Alter der Kinder und dem Thema angemessen und fördert das Sprechen und die Sprache der Kinder.

- Die Tafelanschrift erleichtert allen Kindern den Lern- und Erkenntnisweg.

- Teil- und Gesamtzusammenfassungen sind Pflichtaufgabe für *alle* Kinder.

- Die Kinder werden in den Gebrauch der Fachsprache und der Fachtermini, die der Unterricht bereitstellt, eingeführt und eingeübt.

- Formen der Festigung, der Sicherung und der Übung sind Reproduktion, Transferleistung oder sogar weiterführende *kreative* Aufgabe.

- Bei Konzentrations- und Unterrichtsstörungen muß oft flexibles, variables oder alternatives Vorgehen bei einzelnen Unterrichtsschritten oder in Lern- und Artikulationsphasen die Kinder neu motivieren und in das Unterrichtsgeschehen einbinden.

Die Haus- und Klassenarbeitshefte sowie die von den Kindern geführten Arbeitsmappen geben gute Einblicke in die kontinuierliche Bildungsarbeit einer Klasse.

Eine *regelmäßige* Lehrerkorrektur bei einigen oder eine mehr *sporadische* bei anderen Kindern vermitteln dem Kind nach entsprechender Anstrengung und Arbeit Erfolge, die auch vorzeigbar sind, sein selbständiges Nacharbeiten und Wiederholen auch nach längerer Zeit erleichtern und dem Elternhaus gute Einblicke in die schulische Arbeit geben. Die Schülerarbeiten sind mir wesentliche Grundlage des Beratungsgespräches.

Ich sehe meine Aufgabe darin, die Lehrkraft zu beraten und sie in ihren unterschiedlichen und erziehlichen Bemühungen zu stärken.

Das kollegiale Beratungs- und Fachgespräch am Ende des Unterrichtsbesuchs ist für beide Partner wichtig und oft das eigentliche Ziel. Ich weiß um die Sensibilität in diesem Beratungsfeld, das in der Regel neben dem beruflichen auch den sehr persönlichen Bereich des Pädagogen tangiert. Wenn die Unterrichtsarbeit nicht wertneutral, technologisch und zweckrational verflachen soll – und Gott sei Dank geschieht das nur selten –, dann müssen Sie sich zuerst als Person, die sich engagiert, die aber auch leicht verwundbar ist, in das Unterrichtsgeschehen einbringen. Daher sind beim Beratungsgespräch Taktgefühl, Einfühlungsvermögen und viel Verstehen vom Berater gefordert, damit die angemessene und die Lehrerpersönlichkeit stärkende Beratung akzeptiert wird.

Neben der Bestätigung und Anerkennung der täglichen Arbeit versuche ich aber auch, Fehlentwicklungen zu verhindern und mögliche akute Probleme soweit wie möglich zu lösen.

Ich setze alles daran, Mißstimmung und leeren Disput zu vermeiden, damit eine insgesamt positive Blickrichtung und Einstellung erhalten bleiben. Das kollegiale Abschlußgespräch ist gelungen – so meine ich –, wenn es der

Lehrerin und dem Lehrer durch die persönliche Anerkennung berufliche Zufriedenheit und ein möglichst hohes Maß an bestärkender Selbstsicherheit vermittelt.

Bei *Bewertungen* jedweder Art mache ich die Kriterien und Maßstäbe transparent. Trotz allem darf die Abschlußberatung nicht dazu verleiten, eine Harmonie *um jeden Preis* aufkommen zu lassen, denn dann werden Sorgen und Probleme verdeckt, nicht offen ausgesprochen und nicht einer Lösung zugeführt.

Die grundsätzlich intendierte Verstärkung aller Entwicklungen, die positiv sind, muß aber auch Möglichkeiten lassen, Defizite und *Negatives* aufzuarbeiten. Das ist immer möglich, wenn das Beratungs*klima* gut ist und wenn der zu Beratende Gelegenheit und Raum erhält, selbst Änderungen und Alternativen verschiedener Art von sich aus einzubringen und zu entwickeln. Dann führt das Abschlußgespräch nicht zu einseitigen Anweisungen, die nur in Ausnahmefällen auf die erhoffte Akzeptanz stoßen. Gelingt es aber, daß die Lehrkraft von sich aus ein Konzept eigener Um- oder Neuorientierung entwickelt und Problemlösungen selbst findet, dann ist sie dadurch auch zur objektiveren Selbsteinschätzung und Selbstbeurteilung motiviert.

Aloys Niesmann

Weg von der Kunstform „Schulratsbesuch"

Wann werden Lehrerinnen und Lehrer von ihrem Schulrat unterrichtlich überprüft? In der Regel aus folgenden Anlässen: zur Beendigung der Probezeit und bei der Bewertung um ein Amt in der Schulleitung. Es läßt sich wohl nicht vermeiden, daß solchen Besuchen neben dem Ungewöhnlichen, weil Ungewohnten auch etwas Zirzensisches anhaftet, das von intensiver Vorbereitung, kunstvollen Arrangements sowie einer mehr oder minder spürbaren Anspannung geprägt ist.

Was erklärt diese Kunstform „Schulratsbesuch"? Wie könnte man solche Situationen entspannen? Ich habe folgende Erklärungen parat, aus denen ich entsprechende Empfehlungen ableiten möchte:

Natürlich geht es ja bei einer Überprüfung um einiges. Bei ruhigem Überlegen wird man jedoch zu dem Urteil kommen, daß nur in ganz seltenen Fällen die berufliche Existenz auf dem Spiel steht, eher schon die Selbstachtung. Stärker belastend scheint mir die Unsicherheit zu sein, wenn man nicht weiß, was da auf einen zukommt! Welches Unterrichtsverständnis hat der Schulrat? Mag er eher einen durch den Lehrer gesteuerten Unterricht oder favorisiert er Wochenplan und Freiarbeit? Ist ihm die Gestaltung des Klassenraumes wichtig oder interessiert er sich mehr für eine korrekte Listenführung? Prüft er Schulrecht oder sucht er das Gespräch über erzieherische und didaktisch-methodische Fragen? Weiter: Was muß der Unterrichtsentwurf enthalten? Lernziele, und wenn ja, wie viele?

Fazit: Was ich nicht weiß, macht mir Angst, stürzt mich in Zweifel, führt zur Verunsicherung. Meine Empfehlung: Rechtzeitig vor dem Überprüfungstermin zum Schulrat in die Sprechstunde gehen oder ihn anrufen. Schreiben Sie sich vorher auf, was Sie gerne klären möchten; zum Beispiel:

● Inhalt und Form der schriftlichen Vorbereitung,

● Fragen zum Erziehungs- und Unterrichtsverständnis,

● besondere Schwerpunkte der Richtlinien, wie „Erziehender Unterricht", „Schulleben", „Fördern", „Leistungserziehung" u. ä.,

● Themen des Kolloquiums.

● Außerdem: Was ist ihm darüber hinaus wichtig, worauf Sie selbst vielleicht nicht kommen würden?

Weiter rate ich, an einem solchen Tag nicht mit Methoden, Arbeits- und Sozialformen zu experimentieren, die den Kindern nicht vertraut sind.

Für das Kolloquium ist es hilfreich, wenn Sie nicht nur reagieren, sondern auch selbst initiativ werden. Machen Sie deutlich, welche Themen Ihnen wichtig sind, welche Auffassung und Begründung Sie zu einer bestimmten Frage haben. Das kann auch kontrovers sein; wichtig ist, daß Sie damit konzeptionelles Denken erkennen lassen. Dies möchte ich beispielhaft an folgender Fragestellung verdeutlichen: Was macht eine Schule zu einer guten Schule, was macht Unterricht zu gutem Unterricht? In einer solchen Schule wären nach meiner Vorstellung folgende Grundsätze leitend für die Erziehungs- und Unterrichtsarbeit:

● den Kindern Orientierungs- und Handlungssicherheit vermitteln;

● einen Unterricht ermöglichen, der die Lebens- und Erfahrungswelt der Kinder einbezieht, klärt und ordnet;

● eine humane, auf Vertrauen gründende Kultur des Zusammenlebens pflegen;

● Fördern und Fordern als sich ergänzende Formen pädagogischen Handelns verstehen.

Konzeptionelles Denken in diesem Sinne beinhaltet stets die Fähigkeit, schulische Praxis mit Hilfe ordnender Begriffe oder Kategorien theoriegeleitet befragen zu können.

Konrad Theisen

Durch Transparenz Vertrauen schaffen

Als junge Lehrerin, als junger Lehrer haben Sie eine Probezeit zu absolvieren, an deren Ende eine dienstliche Beurteilung erstellt wird. Das heißt: Sie müssen sich einer Überprüfung durch die zuständige Schulaufsicht unterziehen.

Wenn der Termin mitgeteilt wird, löst dies meist Ängste aus, und zwar deshalb, weil Sie unsicher sind, was denn nun eigentlich auf Sie zukommt, was erwartet wird usw. Die Schulrätin oder den Schulrat haben Sie sicher schon gesehen, vielleicht in Konferenzen in der Schule erlebt oder auch einzelne Gespräche geführt. Doch nun werden Sie in Ihrem Unterricht besucht und beurteilt. Weitere Fragen drängen sich auf:

● Worauf wird der Besucher Wert legen?

● Welche Kriterien sind für ihn wichtig? Deckt sich das mit den eigenen Vorstellungen von Unterricht, vergleichbar dem, was in der Ausbildung gelernt wurde?

● Welche Fachkenntnisse werden erwartet?

Unterricht ist in erster Linie Aktivität der Kinder, die nicht bis ins letzte planbar und vorhersehbar ist. Aber – und das möchte ich deutlich unterstreichen – dies muß vorbereitet werden in dem Sinne, daß

● Situationen geschaffen werden, die für Schülerinnen und Schüler Fragestellungen und Probleme aufwerfen, mit denen sie sich auseinandersetzen möchten und können,

● eine Lern- und Arbeitsatmosphäre geschaffen wird, in der sich Kinder mit ihren unterschiedlichen Leistungsfähigkeiten akzeptiert und geborgen fühlen,

● Möglichkeiten für Kommunikation und Interaktion der Kinder untereinander und mit der Lehrerin und dem Lehrer bewußt eingeplant und gestaltet werden,

● Materialien/Medien zur Verfügung stehen, mit denen sie sinnvoll und über weite Phasen auch selbständig zu arbeiten in der Lage sind,

● Regeln und Rituale einen sinnvollen äußeren Rahmen für gemeinsames Lernen schaffen.

Dies alles macht deutlich, daß Unterricht wesentlich aufgrund der Qualität der Lernprozesse der Kinder beurteilt werden muß und nicht danach, ob einzelne Schülerinnen und Schüler die intendierten Lernziele erreicht haben.

Planung, Durchführung und Reflexion von Unterricht bilden daher eine untrennbare Einheit. Ein schlichtes „falsch" oder „richtig" gibt es darum nicht, das sollten Sie sich – auch im Vorfeld eines Besuches – klar machen. Unterricht ist für alle Beteiligten immer wieder eine neue Herausforderung. Wenn dies nicht so wäre, würden Lehrerinnen und Lehrer zu „Stundenhaltern" degradiert. Auch in diesem Zusammenhang einige Hinweise:

● Indem Sie in Ihrer schriftlichen Unterrichtsvorbereitung im Rahmen der Begründung Ihrer Planung Akzente setzen, bestimmen Sie natürlich auch die Inhalte des Kolloquiums wesentlich mit.

● Inwieweit die Planung der jeweiligen Lerngruppe angemessen ist, zeigt sich letztlich erst bei ihrer unterrichtlichen Realisierung. Hier gilt es, Schülerinnen und Schüler sehr genau bei ihren Lernprozessen zu beobachten, Fortschritte und Widerstände zu erkennen und methodisch flexibel zu reagieren. Versuchen Sie deshalb, sich unverkrampft auf eine gemeinsame Analyse einzulassen. Ihre Kompetenz zeigt sich nicht in der Verteidigung Ihrer Planung, sondern in der gemeinsamen kritischen Reflexion. *Sie ist darum auch nicht von vornherein ein Angriff, gegen den Sie sich zur Wehr setzen müßten.*

Um sich über Ihre *bisher geleistete Arbeit* informieren zu können, benötigt der oder die Beurteilende über die Unterrichtsskizze hinaus die längerfristige Unterrichtsplanung und den Bericht über den Unterricht. Klassenarbeiten, Arbeitshefte, in der Klasse verfaßte Bücher (z. B. Ich- oder Wir-Buch), Ergebnisse von Projekten runden das Spektrum ab. So werden nicht nur die Einzelstunden in den Blick genommen, sondern Ihr gesamtes Tun als Lehrerin oder Lehrer in dieser Schule und in dieser Klasse mit ihren individuellen Chancen und auch Problemen.

Lassen Sie mich abschließend noch einige Anmerkungen zur Rolle der Schulaufsicht sagen: Ausgebildete Pädagogen wollen in erster Linie beraten, Ihnen helfen, Unterricht zu optimieren. Auch das Gute kann immer noch verbessert werden. Gleichzeitig aber muß die Schulrätin oder der Schulrat Sie beurteilen, wie Sie es übrigens tagtäglich mit Ihren Schülerinnen und Schülern auch tun. Die Schwierigkeit ist prinzipiell dieselbe. Die Beurteilung soll transparent sein, nicht verletzen und dennoch den Leistungsstand des einzelnen beschreiben. Der Beurteiler möchte, daß Sie sich in der Beurteilung, die er schreibt, wiedererkennen. Er will Ihre Leistungen sowie Ihre Kompetenzen beschreiben und gleichzeitig Perspektiven für Ihre weitere Entwicklung eröffnen.

Beraten und Beurteilen wird immer eine Antinomie bleiben, die beide Seiten „ertragen" müssen. Aber es ist leichter für Beurteiler und Beurteilte damit umzugehen, wenn die Kriterien transparent gemacht werden können. Damit schließt sich der Kreis unserer Überlegungen: Suchen Sie das Gespräch mit dem Beurteiler weit im Vorfeld des Unterrichtsbesuches; dies ist eine große Hilfe für beide Seiten.

Heinz Lewe

Ratschläge erfahrener Lehrerinnen und Lehrer

Sich selbst Besuch einladen

Unterrichtsbesuche gehören zu einem Lehrerleben. Sie sollten so natürlich wie möglich ablaufen. Dazu gehört vor allem, daß der Unterrichtstag für die Schülerinnen und Schüler ein „normaler" Unterrichtsalltag ist. Als Regel gilt daher: So wenig wie möglich in den gewohnten Tagesablauf der Schüler eingreifen – Rituale, z. B. Begrüßung, Frühstückslied, Adventsgeschichte am Morgen, wenn es noch dunkel ist ..., gehören dazu und sind keine Anhängsel.

Eine Frage beantworte ich mir vor jeder Planung zuerst: „Ist das Unterrichtsvorhaben für die Kinder einsichtig oder fasse ich das Vorhaben nur so an, weil Besuch da ist?"

Meine wichtigste Erfahrung in diesem Zusammenhang ist: Wenn die Kinder die Besuchssituation einschätzen können, entspannt sich die Atmosphäre so, daß der Besuch nach der Begrüßung nicht mehr beachtet wird – von den Schülerinnen und Schülern nicht mehr und auch von mir selbst nicht mehr. Die Kinder lernen Besuche als Bereicherung kennen, wenn sie selbst Besuch einladen können. Über kleine Darbietungen, die hin und wieder anfallen, wie Zeigen des neuen Klassenschmuckes, Klassenorchesterkonzert, freuen sich viele, z. B. der Hausmeister, die Sekretärin, die Nachbarklasse, die Patenklasse, denn sie geben Einblicke in das gemeinsame Leben und Lernen der Klasse und schaffen Schulgemeinschaft.

Hildegard Hosterbach

Am besten, man gewöhnt sich dran

Das beste Mittel gegen Angst vor Unterrichtsbesuchen ist die Gewöhnung daran. Bei netten Kollegen ist es am einfachsten, die kennen die Probleme und haben Verständnis, sind vielleicht durch den Besuch plötzlich selbst entlastet, weil sie erfahren, daß andere ähnliche Aufgaben bewältigen müssen. Kollegen mit großem Erfahrungsvorsprung fühlen sich durch die Bitte um einen Beratungsbesuch vielleicht geehrt und werden unkomplizierter im Umgang. Bei Elternbesuchen wird es schwieriger, da muß man grundlegend pädagogisch und didaktisch argumentieren, aber das übt ganz ungemein! Zu guten Erfahrungen für Kinder und Lehrperson können Einladungen von interessanten Personen von außerhalb der Schule verhelfen (Förster, Bürgermeister ...).

So ist die Klassentür offen und der Boden bereitet für eine ganz natürliche Situation, wenn dann jemand zur Beurteilung kommt. Soll man die Kinder über die Absicht aufklären? Einer Lehrperson, die sich als Lernpartnerin versteht, wird es selbstverständlich sein, zu sagen, daß der Besuch sehen möchte, „wie wir hier arbeiten".

„Schaustunden" beeindrucken Fachleute nur ganz selten; ob kontinuierlich gut gearbeitet wird, sieht man an den Produkten und Arbeitsweisen der Kinder. Wichtig ist, daß die schriftliche Planung auch Angaben über die Unterrichtsreihe enthält und so den Besuch in die Lage versetzt, das Geschehen der Stunde einordnen zu können. Im übrigen kann man sich auf die Begründung von Schlüsselentscheidungen beschränken und sollte die Adressaten nicht mit Selbstverständlichkeiten langweilen.

Bei Unterrichtsbesuchen, die der Beurteilung dienen, muß man sich selbst darstellen. Da ist es legitim, die Handlungssituationen der Stunde so zu planen, daß man seine besonderen Fähigkeiten zeigen kann. Nur wer zu seinen eigenen Vorzügen und Nachteilen steht und damit umgehen lernt, kann das auch bei Kindern.

Waltraud Werle

Klassenraum – Spiegel des Lernkonzepts

Bei einem Unterrichtsbesuch läßt die Klassenraumgestaltung Rückschlüsse auf die langfristige Arbeit zu. Daher bittet man am besten eine befreundete Kollegin, den Raum mit den (kritischen) Augen einer Besucherin zu sehen. Manches kann seinen Sinn verloren haben, ohne daß man es selbst bewußt wahrgenommen hat. Längst vergilbte Bilder werden durch frische Produkte ersetzt, der Zahlenstrahl aus dem vergangenen Schuljahr hat auch seine Schuldigkeit getan. Und die Restexemplare der Arbeitsblätter der vergangenen Monate werden gleich mitentsorgt. Im Klartext: Für einen sachkundigen Betrachter zeigt sich in der Gestaltung des Klassenzimmers der aktuelle Lernstand. Warum sollte man diese Chance nicht nutzen?

Reinhard Forthaus

Unterrichtsvorbereitung: meine Kernfragen

Manchmal im Studium, spätestens im Seminar, lernt man, eine Unterrichtsvorbereitung schriftlich zu erstellen. Wenn sich die Stundenzahl auf das volle Pflichtstundenmaß erhöht, wird sichtbar, daß selbst Skizzen für jede Stunde bei 27 Lehrerwochenstunden einen überaus hohen Aufwand erfordern. Dazu kommen Stunden, die allein inhaltlich hohe Vorbereitungszeiten erforderlich machen.

Selbst die Formulierung eines genau passenden Stundenthemas oder -ziels ist meiner Erfahrung nach verzichtbar. Vor dem Hintergrund des individuellen Lernanspruchs der Kinder bleiben solche Formulierungen auch zu Seminarzeiten fragwürdig.

Ebenfalls dürfen und sollten Sie sich von dem 45-Minuten-Raster unserer Stundentafel lösen. Das sind lediglich Berechnungseinheiten für Fachanteile.

Hilfreich für die Vorbereitung sind meiner Erfahrung nach bei Einführungen eher folgende Überlegungen:

- Was will ich „überbringen", was kann ich mit allen Kindern schaffen? Wieviel Zeit ist dafür erforderlich? Daraus ergibt sich die inhaltliche und zeitliche Strukturierung einer „Reihe".

- Welche Aufgabe fällt mir zu? Was können Kinder allein mit Hilfe von Material ebenso gut oder sogar besser erarbeiten?

- Welche Materialien kann oder muß ich zur Verfügung stellen?

Bei Übungs- und Wiederholungsphasen, wenn sie nicht in die Freiarbeit integriert werden, beantworte ich mir die folgenden Fragen:

- Wer muß was üben (Gruppen; einzelne Schüler)?

- Wer kann das ohne mich genauso gut oder besser? Was braucht er dazu?

- Für wen, für welche Gruppe bin ich „unverzichtbar"? Wo muß ich mich einbringen? Was brauche ich dazu?

Der dritte Punkt ergibt dann meinen „Einsatzplan" für die geplante Dauer der Übung. In ähnlicher Weise kann sich die Lehrerin auch in den Phasen Freier Arbeit vorbereiten. Jede Unterrichtsvorbereitung ist nach meinen Erfahrungen nur soweit sinnvoll, wie sie mir konkret hilft, den individuellen Anforderungen der Kinder und dem Fachanspruch gerecht zu werden.

Manfred Pollert

Unterricht planen: realistisch – transparent – ökonomisch

In der Seminarausbildung bezog sich Ihre Unterrichtsplanung vermutlich häufig auf ausgewählte Unterrichtsreihen oder – sicherlich auch nicht ganz selten – auf einzelne Stunden. Die umfassendere Planung über einen längeren Zeitraum wurde Ihnen dagegen wahrscheinlich meist vorgegeben. Diese Situation hat sich für Sie mit dem Tag der Einstellung entscheidend verändert. Bei aller Freude und Befriedigung, jetzt verstärkt eigene Vorstellungen einbringen zu können und selbst (gemeinsam mit den Kindern) entscheiden zu dürfen, kann diese Veränderung jedoch auch zu Verunsicherungen führen.

Junge Lehrerinnen und Lehrer haben z. T. sehr unterschiedliche Schwierigkeiten bei der Unterrichtsplanung zu überwinden:

- Das Gefühl, verantwortlich für den Lernprozeß der Kinder zu sein, gekoppelt mit der Sorge, das „Pensum" nicht zu schaffen, kann zu einer starren

Festlegung der Unterrichtsinhalte und Lernziele über einen längeren Zeitraum führen.

● Das aus einer wünschenswerten pädagogischen Grundhaltung resultierende intensive Eingehen auf Wünsche und Bedürfnisse der Kinder kann zu Orientierungsschwierigkeiten bis zum Verlust des Gesamtüberblicks führen.

● Die im Seminar gelernte detaillierte Planung einzelner Stunden führt im „Ernstfall" meist zur Überbelastung und bringt noch dazu häufig unbefriedigende Unterrichtserlebnisse.

● Wenn der Lernfortschritt der eigenen Klasse mit dem der Parallelklasse verglichen wird, kann Druck erzeugt werden, der sich auf die Unterrichtsplanung negativ niederschlägt.

Sicherlich gibt es keine Rezepte, die ein Auftreten dieser Schwierigkeiten verhindern, aber vielleicht können einige Tips helfen, die Planung zu erleichtern.

Fassen Sie die Unterrichtsplanung als Orientierungshilfe für sich und die Kinder auf, und bewahren Sie sich Freiräume für flexibles Handeln!

Wenn Planung zur Orientierungshilfe werden soll, muß sie für Lehrer, Kinder und Eltern überschaubar sein. Das gilt sowohl für die lang- und mittelfristige Planung als auch für die unmittelbar durchzuführende Einheit oder Stunde.

Die von Vorgängern oder aus Schulbüchern übernommenen Jahrespläne helfen Ihnen dabei wenig. Klären Sie vor Schuljahresbeginn für sich selbst, welche unterrichtlichen und erzieherischen Schwerpunkte Sie setzen müssen bzw. wollen. Entscheiden Sie sich dann, welche davon im ersten Halbjahr aufgegriffen werden sollen. Mit dem zweiten Halbjahr brauchen Sie sich dann zunächst nicht mehr zu beschäftigen. Sie haben aber dadurch ein Gefühl der Sicherheit, daß später nicht das Problem der „Stoffülle" entsteht.

Bei der Planung für das Schulhalbjahr oder evtl. auch nur für das erste Quartal ergibt sich die Reihenfolge der Behandlung zum Teil aus der Notwendigkeit eines sachlogischen, kontinuierlichen Aufbaus. Viel häufiger aber, als es uns die Schulbücher weismachen wollen, ist die Abfolge von Unterrichtsinhalten nicht festgeschrieben, sondern kann sich aus schulischen Vorhaben, jahreszeitlichen Gegebenheiten oder aktuellen Anlässen ergeben. Erstellen Sie deshalb keine „Stoffverteilungspläne" für die einzelnen Fächer, sondern legen Sie ein vorläufiges „Klassenprogramm" fest, in dem die zu behandelnden Inhalte dann auch Bedeutung erlangen und nicht nur Lernstoff sind.

Lassen Sie sich dann bei der Planung für den unmittelbar zu erteilenden Unterricht nicht durch die 45-Minuten-Einheit gängeln. Konzipieren Sie Einheiten, die in für alle erkennbare sinnvolle Abschnitte aufgeteilt sind.

Überlegen Sie sich dann, welche methodische Maßnahmen, welche Aktions- und Sozialformen, welche Medien sich für die Durchführung der einzelnen Abschnitte anbieten, aber legen Sie nicht von vornherein genau fest, wann welche Maßnahme zu erfolgen hat. Wichtig für die Vorbereitung ist vor allem, daß Ihnen klar wird, welche Aufgabenstellungen, Sachverhalte etc. Sie vermutlich selbst darstellen müssen, was die Kinder selbständig erarbeiten können und welche Hilfen dafür bereitzustellen sind. Ansonsten vertrauen Sie Ihrer Kompetenz, Entscheidungen situationsabhängig treffen zu können.

Arbeiten Sie bei der Unterrichtsplanung ökonomisch!

Ökonomische Planung beginnt damit, daß Sie den Schwerpunkt Ihrer Überlegungen – wie bereits vorgeschlagen – auf die Unterrichtseinheit und nicht auf eine Vielzahl von Einzelmaßnahmen während einer Stunde legen.

Ökonomisch planen heißt aber auch, verläßliche Arbeitsformen einzuführen, die sich in vielfältigen Situationen bewähren, Medien bereitzustellen, die nicht nur einmal benutzt werden, und ein Repertoire von Übungsformen zu entwickeln, auf die man immer wieder zurückgreift. Ökonomisch planen heißt auch, daran zu denken, daß das Rad nicht immer wieder neu erfunden werden muß. So gut Ihre eigenen Ideen auch sind, Ihrer Kreativität werden durch die täglichen Belastungen Grenzen gesetzt. Ein Lehrerhandbuch kann z. B. durchaus anregend sein, wenn es nicht zur alleinigen Richtlinie unterrichtlichen Handelns wird. Die Übernahme von guten Praxishilfen aus pädagogischen Zeitschriften ist selbstverständlich sinnvoll, wenn dadurch nicht eine Flut an Arbeitsblatt-Kopien entsteht, und schließlich kann auch die Nachfrage bei der Kollegin aus der Parallelklasse hilfreich sein, wenn dadurch gegenseitige Abstimmung und nicht einseitige Gängelung erzeugt wird, wenn Kooperation und nicht Konkurrenz entsteht.

Walter Köpp

Tips

● Lassen Sie Ihre Klassentür offenstehen. Damit zeigen Sie, daß Gäste (Kinder anderer Klassen, Kollegen, Eltern) jederzeit willkommen sind. Außerdem gewöhnen Sie und die Kinder sich an die Besuchssituation.

● Wenn Sie den Eltern das Gefühl geben, daß sie stets willkommen sind, auch einmal eben vorbeikommen dürfen, öffnen Sie Ihren Unterricht und erläutern – besser als durch noch so viele Worte auf dem Elternabend – Ihr praktiziertes Konzept von Unterricht und Erziehung.

- Bedenken Sie, daß Sie einem erfahrenen Schulaufsichtsbeamten nichts vormachen können. Er – oder sie – sieht „hinter" dem Unterrichtsgeschehen das, was Sie pädagogisch bereits investiert haben (Unterrichtsformen, Arbeitstechniken, Klassenraumgestaltung, Klassenleben).

- Wenn Sie als Lehramtsanwärter überprüft werden, dann machen Sie deutlich, was das Unterrichtskonzept des Klassenlehrers ist und wie Sie in diesem Kontext Ihre Vorstellung von Unterricht und Erziehung verwirklichen können.

- Versuchen Sie in dem abschließenden Beratungsgespräch nicht zu taktieren. Bleiben Sie offen, vertreten Sie Ihr pädagogisches Konzept und begründen Sie es. Zeigen Sie – auch selbstkritisch – Ansatzpunkte für mögliche Weiterentwicklungen; demonstrieren Sie damit Ihre Analysefähigkeit. Scheuen Sie sich nicht, auch ganz konkret um Rat zu fragen.

- Mit einer „Feiertagsdidaktik" können Sie keine 27 Unterrichtsstunden bewältigen. Deshalb bleibt Ihnen nur, Ihren Unterricht ökonomisch zu planen. Das geht am besten, wenn man sich die Arbeit mit einer Kollegin (z. B. der Parallelklasse) oder mit einem Team aufteilt.

- Stellen Sie für die Planung von Unterrichtseinheiten Materialien (Schulbücher, Kinderbücher, Übungshefte, Geräte, Handbücher, Zeitschriftenaufsätze, Praxishilfen) langfristig zusammen (auch mit Hilfe entsprechender Sammelaufträge an die Kinder). Dadurch vermeiden Sie unnötigen Zeitdruck.

- Planen Sie nicht in Teillernzielen für die ganze Klasse. Damit überfordern Sie die einen und unterfordern die anderen. Wenn allerdings jedes Kind Sicherheit in den grundlegenden Kenntnissen und Fähigkeiten erwerben soll, müssen Sie im Auge behalten, ob sie auch zielerreichend lernen. Zur guten Vorbereitung gehört also eine gewissenhafte Nachbesinnung: Haben die Kinder das gelernt, was sie lernen sollten? Sind Sie auf dem richtigen Wege? Wer muß noch in welchem Bereich gezielt gefördert werden?

Unterrichtsformen

Es gibt – grob unterschieden – lehrerzentrierte (Frontalunterricht: Lehrervortrag, Lehrgespräch, Erzählen, Vorlesen) sowie schülerzentrierte (Gruppen- und Partnerarbeit, Freie Arbeit und Wochenplanunterricht; Projekte, Spiel, Gespräch) Unterrichtsformen.

Im Frontalunterricht lernen alle Kinder einer Klasse zur gleichen Zeit und auf gleichen Wegen die gleichen Inhalte. Der Lernprozeß (einschließlich der Arbeitsmittel) wird vom Lehrer bzw. der Lehrerin zentral gesteuert; sie legen die Ziele fest, gliedern den Ablauf, stellen die Aufgaben und sichern das Ergebnis; alle Aufmerksamkeit ist auf sie gerichtet. Das Handlungsübergewicht – und insbesondere der Redeanteil – ist unverhältnismäßig hoch: im Durchschnitt dreimal so hoch wie alle Kinder der Klasse zusammen. Die Folgen sind: mehr passives und rezeptives Verhalten; weniger selbständiges Denken und schwächer entwickelte Lernfähigkeit, weniger Möglichkeiten der sprachlichen Verarbeitung. Bekanntlich geben Kinder um so eher auf, je weniger sie Gelegenheit haben, etwas ihren Lernmöglichkeiten entsprechend selbst zu tun. Allerdings bleibt Frontalunterricht in bestimmten Situationen erforderlich: z. B. wenn Sie eine Geschichte mitreißend erzählen, aus einem Kinderbuch anregend vorlesen, als Ausgangsbasis für eine Gruppenarbeit ein Problem klar darstellen, einen mathematischen Lösungsweg prägnant erklären.

Da jedoch Autonomie, Mündigkeit und Erziehung zu lebenslangem Lernen als Kernziele auch der Grundschule gelten, muß selbstgesteuertes Lernen besonders gefördert werden. Unter dem Gesichtspunkt des erziehenden Unterrichts ist es nicht gleichgültig, *wie* das Kind sein Wissen erwirbt und ob dabei auch Lernfähigkeit, Leistungsbereitschaft und Interessen aufgebaut und die Chancen zur Selbstbestimmung genutzt werden.

Im schülerzentrierten Unterricht lernt das Kind bewußt und zielerreichend: Es kann – nach Beratung durch den Lehrer – die Ziele selbst setzen, die Arbeitszeit aktiv nutzen, an sich selbst Anforderungen stellen, selbstkontrolliert arbeiten und auf diese Weise Vertrauen in seine eigenen Fähigkeiten entwickeln. Eine wichtige Bedingung für die Entwicklung von Lernfähigkeit und Anstrengungsbereitschaft ist, daß es Material mit passendem Schwierigkeitsgrad auswählen kann und entsprechende Arbeitstechniken einübt. Dann können die Anforderungen von Kindern auch als persönliche Zielsetzung übernommen werden.

Heute wird in Abgrenzung zu den lehrerzentrierten Unterrichtsformen häufig der Begriff *offener Unterricht* verwendet. Hierunter sind alle Unterrichtskonzepte zu verstehen, die nicht in zeitlich wie inhaltlich starren Lernschritten und nur bezogen auf das Lernen im Klassenraum organisiert sind. Öffnung ist damit nicht nur Merkmal einer bestimmten Methode, sondern vielmehr ein pädagogisches Prinzip für die Unterrichtsgestaltung insgesamt.

Voraussetzungen für eine erfolgreiche Öffnung des Unterrichts sind eine anregende, gut ausgestattete Lernumgebung, klar strukturierte Lernangebote, variable Lernzeiten, systematische Entwicklung von Arbeitstechniken, kontinuierliche Beobachtung des Lernfortschritts und eine permanente kritische Reflexion der Arbeitsprozesse, damit sie nicht hinter dem Anspruch einer fachdidaktisch wie unterrichtsmethodisch kompetenten Förderung zurückbleiben.

Es kommt auf die angemessene Balance zwischen Steuerung und Offenheit bei der Unterrichtsführung an. Alle Unterrichtsformen können sowohl „geschlossen" (vom Lehrer vollständig geplant und kontrolliert) als auch „offen" sein (von Schülern mitgestaltet). Weniger wichtig als die formale Unterscheidung von Unterrichtskonzepten ist in jedem Falle die anthropologische Grundauffassung der Lehrerin oder des Lehrers. Was sie dem Kind zutrauen an Selbständigkeit, an Eigenverantwortung, was sie an Interessen und Neigungen sowie an Fähigkeiten berücksichtigen, das „öffnet" oder „schließt" den Unterricht. In jedem Fall ist es die Methodenvielfalt, nicht die methodische Monostruktur, die ein anspruchsvolles Unterrichtskonzept ausmacht.

Literaturtip: Hilbert Meyer: *UnterrichtsMethoden II: Praxisband.* Frankfurt a. M. (Cornelsen Verlag Scriptor) 5. Auflage 1993

Frontalunterricht – mit verschiedenen Sitzordnungen

Viel Mühe verwenden Lehrerinnen zu Beginn ihrer Tätigkeit häufig auf einen gelungenen, motivierenden Unterrichtseinstieg. Dabei sollten die Unterrichtsformen auch dem jeweiligen Inhalt nach gestaltet werden: Das Vorlesen einer Geschichte, die die Kinder emotional berühren und zum gegenseitigen Austausch anregen soll, kann kaum mit einer frontal ausgerichteten Sitzform erfolgreich umgesetzt werden, im Stuhlkreis läßt sich eine kommunikationsfördernde Atmosphäre viel eher herstellen.

Gut geplante und ansprechend gestaltete Tafelbilder oder OHP-Folien können auch nur dann „zünden", wenn die Sitzordnung allen Schülern eine ausreichende Sicht ermöglicht – eine Binsenweisheit, die dennoch allzu leicht übersehen wird (Tip: selbst die Sitzplätze der Kinder einnehmen, um die Wirkung zu überprüfen).

Bewährt hat sich in meiner Unterrichtspraxis der zur Tafel oder zum OHP hin geöffnete Halbkreis, der einerseits die Aufmerksamkeit nach „vorne" lenkt, andererseits aber auch Unterrichtsgespräche fördert und unterstützt. Sind die Kinder noch ungeübt beim Einrichten des Sitz- oder Halbkreises, helfen Markierungen auf dem Boden, um unnötiges Stühlerücken zu vermeiden.

Größere Klassen und beengte Raumverhältnisse lassen die Bildung eines Kreises oft kaum mehr zu. Indem die Schüler ihre Stühle kreisförmig um die Gruppentische aufstellen, kann so zumindest ein großer Kreis gebildet werden.

Beate Schweitzer

Kooperative Unterrichtsformen

Fast immer möglich: Partnerarbeit

Mit der Partnerarbeit zu beginnen ist immer möglich bei Aufgaben, die ohne einen Partner nicht zu lösen sind: Partnerdiktat, Mathematikaufgaben zum Thema „kaufen, verkaufen, bezahlen, Geld wechseln", Freiarbeitsmaterial mit Frage-Antwort. Solche Aufgaben müssen bewußt in jeden Arbeits-, Tages- oder Wochenplan eingearbeitet sein. Bei Bastelarbeiten wird Partnerarbeit zwangsläufig, wenn z. B. nur eine Schere, ein Kleber, ein Blatt bewußt für zwei Kinder bereitgestellt werden.

Ein Bild oder eine Collage mit dem Partner zu gestalten, macht vielen Kindern Spaß. Später können auch alle Kinder ein Teilstück einer langen Straße, Eisenbahn o. ä. durch Deutschland malen. Dabei muß mit beiden Nachbarn abgesprochen werden, wo die Straße/Strecke in das Zeichenblockblatt ein- mündet und wo sie es wieder verläßt. Dabei ergeben sich oft gemeinsame Bildelemente für zwei benachbarte Blätter. Das gemeinsame Werk der Klasse wird dann als Wandfries aufgehängt.

Harald Neuhaus

Gruppenarbeit von Anfang an

Viele Lehrerinnen und Lehrer meinen, Kinder in der Grundschule seien zur Gruppenarbeit noch nicht fähig. Sicher sind jüngere Schulkinder noch sehr ichbezogen, sind Empathie und Absprachefähigkeiten noch wenig entwickelt. Aber gerade deshalb ist gruppenbezogenes Arbeiten in einem erziehenden Unterricht notwendig.

Die Kinder müssen zunächst ein *Gruppengefühl,* ein „Wir-Gefühl" ent- wickeln. Dazu muß die Sitzordnung passen: Vierertische sind zumal für Kinder der Klassen 1 und 2 eine gute Lösung: vier Kinder sind überschaubar und Teilungen zur Partnerarbeit immer ohne Probleme möglich. Die Kinder können ihrem Gruppentisch einen Namen geben, der nun für die Gruppe steht und auch zur Verständigung in der Klasse genutzt wird. Ein Tischschmuck, ein gemeinsamer kleiner Abfallkorb, ein gemeinsamer Kasten mit Arbeitsutensilien und gemeinsame Aufgaben schaffen zusätzlich eine Gruppen-Identität. Solche Aufgaben könnten Klassendienste, Vorbereitung der Geburtstagsfeier für ein Gruppenkind oder Helferarbeiten sein.

Um die Gemeinsamkeit der Gruppe auch unterrichtlich zu fördern, gibt es immer *Arbeiten, die von der Gruppe erledigt werden:* In Klasse 1 sucht z. B. jede Gruppe einen anderen Buchstaben in Zeitungen und Zeitschriften, alle Funde werden ausgeschnitten und auf Buchstabenplakate geklebt. Das ist eine typische Gruppenarbeit für den Vierertisch. In der Turnhalle bilden die Gruppen Sport- oder Spielgruppen. Wichtig ist, daß immer alle Kinder in die Arbeit einbezogen sind und das Ergebnis als Gruppenergebnis gewürdigt werden kann.

Gemeinsame Aufgaben für Gruppen der Klassen 2 bis 4 können Schreib-Konferenzen, Gruppendiktate als Variante zu Partnerdiktaten, gemeinsame Übernahme von Projektaufgaben wie die Pflege von Pflanztöpfen, gemeinsames Führen von Wetterprotokollen oder die Vorbereitung und Durchführung von Interviews sein. Die Aufgaben erfordern dann schon mehr Absprachen, eine langfristige Planung und eine abgestimmte Arbeitsteilung.

Horst Bartnitzky

Im Kreis erzählen und miteinander sprechen

Das erlebnisorientierte Erzählen gehört für mich zu den selbstverständlichen Gemeinsamkeiten des Schulalltags. Den jüngeren Kindern biete ich dazu den „Erzählstein" an. Er soll helfen, die Befürchtung, beim Reden ins Stocken zu geraten, zu beschwichtigen. Das erzählende Kind nimmt ihn in beide Hände und drückt ihn, bis die Gedanken sich geordnet haben. Wenn es zu Ende gesprochen hat, gibt es den Stein an ein anderes Kind weiter.

Die Erfahrung, daß Gespräche verbinden, läßt sich gut mit Hilfe eines Garnknäuels verdeutlichen. Ein Kind hält das Fadenende in der Hand und wirft, nachdem es gesprochen hat, das Knäuel einem anderen Kind zu, dieses hält den Faden fest und reicht das Knäuel weiter. Auf diese Weise zeichnet der Faden im Verlauf des Gesprächs ein Netz in den Kreis der Beteiligten, das alle sichtbar verbindet.

Wenn der Erzähldrang der Kinder viel größer ist als der Wunsch zuzuhören, löse ich gelegentlich den Erzählkreis in kleinere Gruppen auf. Voraussetzung für gute Gespräche ist eine offene, freundliche, akzeptierende Atmosphäre. Wenn das „Klima" nicht stimmt, helfen natürlich auch diese „Rituale" nicht.

Gesprächskreis

Das erlebnisorientierte Erzählen ergänze ich schon früh durch Gespräche, die im Laufe der Zeit Formen der Diskussion annehmen. Die Kreisformen variieren: Innenkreis – Außenkreis (z. B. zum Thema „Mädchen-Jungen": die Mädchen sitzen im Innenkreis und sprechen, die Jungen im Außenkreis hören zu – und umgekehrt); Innenkreis mit freiem Stuhl (im Innenkreis sitzen die „Experten" für ein Thema, z. B. bei der Überarbeitung von Texten, die Zuhörer im Außenkreis haben die Möglichkeit, auf dem freien Stuhl kurz Platz zu nehmen, um ihre Meinung zu äußern).

Voraussetzung ist in allen Fällen ein Thema, das für die Kinder wirklich bedeutsam ist. Diese Themen ergeben sich aus der täglichen Arbeit, sie sind lebendiger Austausch über Interessen, Vorerfahrungen und Ansichten. Ein Beispiel: Wir vertiefen uns in ein Gespräch, das Driss betrifft, der neu hinzugekommen ist. Er kann in seiner Muttersprache, in Arabisch, schreiben – die Kinder lassen sich von ihm über diese geheimnisvolle Schrift erzählen. Maria hat Vogelfedern auf der Straße gefunden, es taucht die Frage auf, wie man bestimmen kann, zu welchem Vogel sie gehören ...

Ebenso wichtig wie Sachthemen sind für die Kinder Gespräche über ihre Lernerfahrungen. Deshalb rege ich sie zu Themen an, die ihre Mitteilungsbereitschaft für unterschiedliche Erfahrungen öffnen, z. B. „Was für mich schwierig ist beim Lesen/Schreiben ... und was mir leicht fällt."

Schreibgespräch

Für manche Themen („Was ich über die Jungen und die Mädchen in meiner Klasse denke" ...) hat sich das Schreibgespräch bewährt.

Wir bespannen Gruppentische mit großen Papierbögen. Zehn bis fünfzehn Kinder stehen um das Blatt herum und bringen mit dicken Stiften ihre Ansichten zu Papier. Dabei wird nicht gesprochen. Nach der ersten Schreibphase, bei der jeder auf die eigenen Gedanken und Gefühle und das eigene Schreiben konzentriert ist, kann in einer zweiten Phase das von anderen Geschriebene gelesen und kommentiert werden.

Als Kommentar sind unterschiedliche Formen möglich: schriftliche Bestätigung, Entgegnung, graphische Markierungen wie Unterstreichen, Ausrufezeichen, Fragezeichen ... So entsteht ein lebendiges „Abbild" dessen, was in den Köpfen war und ist. Dieses „Bild" ist Ausgangspunkt für ein reflektierendes Gespräch. Der Vorteil der Methode: alle sind am (schriftlichen) Gespräch beteiligt.

Zum Gespräch anregen

Ich mache Kindern Mut zum „Verfertigen der Gedanken beim Reden" (Kleist). Sie sollen wissen, daß man nicht innerlich vollständige Sätze vorformulieren kann, sondern daß der Redende eine Zielvorstellung braucht und möglichst unbefangen einen Anfang wählen sollte, das Übrige muß sich beim Sprechen entwickeln. Diese Entwicklung ist ein spannender Prozeß, der von Assoziationen und Einfällen beeinflußt wird. Diese Einfälle können auch auf Abwege führen, die ebenfalls interessant sein können.

Weil Nachdenken und Sprechen zusammengehören, ist es möglich, das Ziel wieder genauer ins Auge zu fassen. Die Themen werden mit den Kindern zusammen gefunden. Fragen und Impulse sollen zum Weiterdenken anregen und Stellungnahmen herausfordern: „Mich interessiert, was ihr dazu denkt", „Über das, was Sylvia gesagt hat, muß ich nachdenken ...", „Ich frage mich, ob ..." Hin und wieder zeichnen wir Gespräche auf. Schriftlich wiedergegebene Gesprächsausschnitte sind eine reizvolle und wichtige Möglichkeit, über Gesprächsweisen nachzudenken.

Christine Kretschmer

Arbeit mit dem Wochenplan

Unterrichtete ich als Fachlehrer in einer Klasse, stand ich immer wieder vor dem Problem, in den wenigen Wochenstunden meine Wunschvorstellungen vom Unterricht zu realisieren, nämlich schülerzentriert zu unterrichten, dies ist in einem Fach wie Mathematik, das stark lehrgangsorientiert ist, besonders schwierig. Für mich habe ich dieses Problem mit Hilfe des Wochenplanes gelöst, der immer dann eingesetzt wird, wenn nicht gerade projektartig intensiv an einem Thema gearbeitet oder im Frontalunterricht ein neuer Inhalt erarbeitet wird.

Ich erstelle einen möglichst abwechslungsreichen Plan. Verschiedene Bereiche werden angesprochen, unterschiedliche Schüleraktivitäten und Sozialformen gewählt:

● Kernstück des Planes ist der Lehrgangsinhalt. Im Bereich Arithmetik enthält er z. B. Aufgaben, die mit Material gelöst werden sollen, um die Einsicht zu wiederholen. Eine Mindestanzahl von Aufgaben zum Üben können die Schülerinnen und Schüler im Buch, Arbeitsheft und vom Arbeitsblatt auswählen.

● Zusatzaufgaben vertiefen den Inhalt, machen mathematische Entdeckungen möglich oder sollen für spezielle Gebiete Interesse wecken.

● Ein Lernspiel zum Thema soll mit dem Partner oder in der Gruppe gespielt werden.

Wochenplan · Spielketten

- Eine Aufgabe aus dem Themenbereich Geometrie, die geometrische Aktivitäten wie Falten, Schneiden, Zeichnen, Messen, Bauen erfordert, wird gestellt.

- Knobelaufgaben sollen das Lösen von Problemen fördern.

Während die Schülerinnen und Schüler innerhalb dieses Rahmens ihre Mathematikstunden selbst gestalten und dabei lernen, für ihre Arbeit Verantwortung zu übernehmen, kann ich mich einzelnen Schülern oder Schülergruppen widmen, differenzierte Hilfen geben und mit ihnen gemeinsam Mathematik entdecken.

Eva-Maria Wuschansky

Spiele

Spielketten

Bei einer Spielkette werden mehrere Spiele in bestimmter Reihenfolge auf ein pädagogisches Ziel hin zusammengestellt und in eine Geschichte verpackt. Näheres schreibt dazu U. Baer in *Arbeitsblätter zur Spielpädagogik, Bd. 2.*

Mit meiner Klasse habe ich einmal eine Reise durch den Dschungel unternommen. Ich war die Reiseleiterin, und wir trafen uns vor Reisebeginn, um uns auf die Reise vorzubereiten. Nach der Begrüßung erzählte ich den Kindern, wie wichtig es sei, daß ich als Reiseleiterin immer schnell feststellen kann, ob alle Teilnehmer anwesend sind. Dazu spielten wir das Spiel „Blind sortieren". Alle Kinder stellten sich auf ein Stichwort „Achtung Abenteuer" der Größe nach auf. Das wurde unter verschiedenen Bedingungen geübt (Stichwort laut und leise rufen, Geräusche im Hintergrund ...) und während des weiteren Spielverlaufs immer mal wieder eingesetzt, um im Spieltrubel alle zusammenzurufen, um das nächste Spiel zu erklären.

Da es im Dschungel gefährlich sein kann, wurden anschließend aus der aufgestellten Schlange der Reihe nach Paare gebildet, die füreinander verantwortlich sind. Damit sich diese gut kennenlernen, spielten wir „Kleidung verändern". Ein Kind veränderte etwas (Kleidung, Haltung, Mimik), und das andere Kind erriet es.

Dann ging die Reise los. Mit Zug und Schiff begaben wir uns in den Dschungel. Dort liefen wir über schmale wackelige Stege (Seil, mit offenen und geschlossenen Augen), überquerten Hindernisse (Stühle, Tische ...), teils alleine, teils von unserem Partner geführt, dann hatte sich eine Gruppe verirrt und mußte mit den Namen durch den Dschungel herbeigerufen werden (Spiel „Durchs Labyrinth herbeirufen"). Anschließend schien die Sonne so grell, daß einige Kinder nichts mehr sehen konnten und von den anderen geführt wurden

358   Unterrichtsformen

(Spiel „Blindenführung"). Zum Schluß überquerte die ganze Gruppe einen
Fluß mit Flößen (Wolldecken), ohne daß einer ins Wasser fiel (Spiel „Brücken-
bau").

Weitere Rahmengeschichten können je nach Alter der Kinder eine Reise ins
Land der Phantasie, auf den Mond, ins Zauberland oder eine Ausbildung zum
Meisterdetektiv, als Schauspieler ... sein. Der Phantasie der Lehrerin und der
Kinder sind dabei keine Grenzen gesetzt.

Literaturtips: Ulrich Baer: *Arbeitsblätter zur Spielpädagogik,* Bd. 2
Ulrich Baer: *500 Spiele*
Franz Michels: *Ritterfest und Hexennacht*
Alle zu beziehen über: Robin Hood-Versand, Fa.: Rolland-Baer, Küppelstein 36, 42857
Remscheid

Sigrid Oschmann

Ein entspanntes Miteinander durch Spielsituationen

Das tägliche Miteinander in der Schule bringt unweigerlich auch Routine mit
sich, die den Kindern zweifelsohne dazu verhilft, sich besser orientieren zu
können. Bedenklich wird es aber dann, wenn vieles von ihnen als langweilig
empfunden wird und die Schullust langsam dahinschwindet. Wie wäre es, ab
und zu frischen Wind in die Schulstube hineinwehen zu lassen?

Es gibt Übungen, die den Kindern helfen, sich einmal etwas genauer auf ihre
Mitschüler einzulassen und sie dadurch auch besser kennenzulernen.

● Ich denke dabei zuerst an das *Spiegelspiel:* Jeweils zwei Kinder stehen sich
gegenüber, einer führt eine Bewegung durch, die der andere nachahmt.
Blickkontakt ist dabei erforderlich. Das Imitieren der Bewegungen erfolgt
nach geraumer Zeit bei den meisten identisch.

● *Flüsterübungen:* Die Kinder nehmen eine entspannte Position an. Sie
legen ihren Kopf auf die auf dem Tisch verschränkten Arme. Die Augen
sollten möglichst geschlossen sein. Der Lehrer flüstert nun ein Wort,
welches die Kinder richtig wiedergeben sollten. Wichtig ist, daß man
seinen Standort häufig wechselt, so daß möglichst alle sich angesprochen
fühlen.

● *Talentproben:* Gute Erfahrungen habe ich auch mit ganz spontanem
Einsatz von sogenannten Talentproben gemacht. Da jedes Kind auch gern
einmal vor der Klasse zeigen möchte, daß es auch noch etwas anderes
kann, als man sowieso schon von ihm weiß, haben sich dadurch schon
viele Überraschungen gezeigt:
Zauberer, Ballerinas, Sänger etc. stellen ihr Können unter Beweis. Die
Kinder schlüpfen in eine andere Rolle, verändern ihr „Schulgesicht". Sie

erfahren Anerkennung von den Mitschülern. Der Lehrer selbst lernt auch einen neuen Teil der Schülerpersönlichkeit kennen. Die Kinder gewinnen an Selbstbewußtsein.

Bei einem größeren Talenterepertoire bietet sich die Gestaltung eines bunten Nachmittags an, zu denen die Eltern eingeladen werden.

● *Szenen erfinden:* Erfolgversprechend und motivierend sind auch erfundene Szenen zu vorgegebenen Situationen oder Stichwörtern. Organisatorisch handhabe ich es so, daß ich Vierergruppen bilde. Ein Kind zieht einen Zettel mit entsprechendem Thema. Die Gruppe zieht sich zurück und bearbeitet die Szene. Falls keine Ideen aufkommen sollten, helfe ich oder halte einen anderen Zettel bereit.

Bitte keine Angst vor dem sich anbahnenden Chaos! Die Schüler sind motiviert und bei entsprechenden Erklärungen auch faire Zuschauer!

● *Sketche einsetzen:* Ich habe die Erfahrung gemacht, daß Kinder sehr glücklich und entspannt auf eine Spielstunde reagieren. Besonders an einem Tag, an dem alles danebenzugehen droht, sollte man einen kurzen Sketch parat haben: Sie verhelfen zu einem humorvollen Miteinander, können Eltern vorgespielt werden, schaffen Gesprächsstoff, bringen auch andere Mitschüler zum Lachen – und der Zusammenhalt wird gefördert.

● *Ausdrücken von Gefühlen:* Wir alle wissen, daß die Arbeit in einem ersten Schuljahr manchmal schwerer ist, als einen Sack Flöhe zu hüten. Die verschiedenen Gefühle müssen in kindgerechter Weise verarbeitet und auch dargestellt werden.

Die Kinder laufen durcheinander. Der Arbeitsauftrag lautet: „Freude". Alle versuchen, dieses Gefühl pantomimisch auszudrücken. Bei ein wenig mehr Routine kann man auch zwei gleichstarke Gruppen bilden, die sich gegenüberstehen. Die beiden ersten Paare kommen sich mit dem jeweils aufgerufenen Gefühlsausdruck entgegen; jeder geht auf den Platz seines Partners. Diese Übungen verfolgen die Kinder meistens mit großer Konzentration und sind danach wieder frei für das unterrichtliche Geschehen. Sensibilisierungsübungen, Sketche und kleine Theaterstücke verhelfen – so meine Erfahrung – zu einem besseren Miteinander.

Noch ein Tip: Nicht aufgeben, wenn es anfangs nicht klappen sollte!

● *Mut zum freien Spiel!* Mindestens ein- bis zweimal in der Woche dürfen die Kinder einfach von allen Spiel- und Beschäftigungsmöglichkeiten innerhalb der Klasse Gebrauch machen. Gesellschaftsspiele, Bücher, Bastelmaterial, alte Kleidung stehen zu ihrer Verfügung. Der Kontakt wird flexibler und stabilisiert sich auch. Da jeder sich aussuchen kann, was er machen möchte, werden Vertrauen und auch das Selbstbewußtsein gestärkt. Geschichten werden geschrieben. Lesegruppen bilden sich. Ich werde gebeten, mitzuspielen – ein Erfolgserlebnis, wenn ich besiegt werde!

In diesen Stunden merke ich, daß die Aufforderung zum scheinbaren Nichts-tun von den Schülern zum individuellen Handeln interpretiert wird. Die Kinder merken, daß ich auch „nur ein Mensch" bin, und sie reagieren auf ihre Weise, nämlich konzentriert und irgendwie auch dankbar.

Dagmar Schneider

Projektunterricht – Zeit zum Handeln

Wir Erwachsenen stellen es auch bei uns fest, daß wir das, was wir aktiv und handelnd erfahren, besser und schneller begreifen. Wir sind bei der Sache, wenn es um Tätigkeiten geht, die für uns bedeutsam und interessant sind und dazu noch Spaß machen. Für die Schule wäre deshalb zu vermuten, daß ein handlungsorientierter Unterricht, der die Interessen der Kinder berücksich-tigt, favorisiert wird. Ein unterrichtliches Vorgehen, das Kopf, Herz und Hand anspricht und stark mit dem Projektunterricht korrespondiert, ist jedoch keineswegs das gängige Unterrichtskonzept.

Projekte sind zwar durch einige Lehrplanaussagen legitimiert, stehen auch auf den Ausbildungsplänen mancher Seminare, im Unterrichtsalltag dominie-ren jedoch weiterhin vom Lehrer zubereitete Unterrichtshäppchen. Die Schü-ler reagieren eins zu eins auf den Lehrer, und als hohes Maß an Selbsttätigkeit wird dann schon empfunden, daß Schüler die Möglichkeit haben, in soge-nannten Freiarbeitsphasen zwischen den Arbeitsblättern A oder B zu wählen.

Dabei gibt es Projektideen und Handlungsanlässe zuhauf. Die Lehrerin muß nur offen und bereit sein, sich darauf einzulassen.

● Nathalie hatte zum Geburtstag einen Kuchen mitgebracht, der allen Kindern besonders gut schmeckte. Mit einem Seitenblick auf den Lehrer meinte sie: „Den hat meine Oma gebacken. Sie hat gesagt, der geht nicht schwer, den kann man sogar in der Schule machen." In einer Klasse, die projektorientiertes Arbeiten gewohnt war, begannen sofort Überlegungen, wie man in der Schule gemeinsam einen Kuchen backen kann.

● Jan kam aufgebracht in die Klasse und beschwerte sich über Arbeiter, die vor der Schule einige Bäume fällten. „Jan, die sind wahrscheinlich krank." Darauf Jan: „Na und, wenn Sie krank sind, werden Sie auch nicht gleich umgebracht." So begann ein Baum-Projekt, in dem die Kinder Mitarbeiter des Grünflächenamtes interviewten, sich Informationen über das Ausse-hen und Wachsen von Bäumen beschafften. Sie lernten Holzarten zu unter-scheiden, erstellten Collagen, verschriftlichten ihr Wissen, stellten ihre Er-gebnisse für andere aus und waren schließlich an einer Pflanzaktion beteiligt.

● Als eine Mutter stöhnte, daß es in diesem Jahr zuviele Wibbelkes (rote Johannisbeeren) gäbe, erzählten Kinder davon und fragten dann, ob sie nicht beim Pflücken helfen dürften. Sie durften die Johannisbeeren behalten, und in der Klasse kochten wir Gelee daraus. Einen Tag später haben wir noch Brot gebacken. Am selben Abend übernachteten wir in der Schule und haben am nächsten Morgen selbstgemachtes Brot und Johannisbeergelee gemeinsam mit den dazu eingeladenen Eltern gefrühstückt.

● Aus den Tauschangeboten der Pinnwand entwickelte sich ein Flohmarkt von Kindern für Kinder. Die Kinder luden dazu ein, warben dafür mit Plakaten, teilten Standflächen zu, kassierten Standgeld und organisierten so ein Flohmarkt-Fest, bei dem noch ein Überschuß für ein Kinderhilfswerk erwirtschaftet wurde. Die Kinder übten dabei zu kaufen und zu tauschen, sie entwickelten eigene Wertvorstellungen, lernten Kinder verschiedener Klassen zu akzeptieren und erfuhren, daß auch Feste sorgfältig geplant und teils auch mühsam vorbereitet werden müssen.

● Auch viele Erfahrungen mit Tieren ergaben sich situativ in der konkreten Lebenswelt der Kinder, und sie waren ertragreicher als die unterrichtliche Behandlung jenes klassischen Sachunterrichts-Tieres, dessen Kobel und buschigen roten Schwanz noch kaum ein Kind des städtischen Schulbezirks gesehen hat. Dagegen wurden praktische Erfahrungen in einem Pferdestall und Taubenschlag gemacht, entstand ein Buch mit Tips und Informationen für die Haltung von verschiedenen Haustieren.

● Im Anschluß an den Karnevalszug kam die Frage auf, wie wohl die großen Figuren auf den Wagen entstehen und gebaut werden. Nach der Erkundung wollten die Kinder selbst solche Figuren aus Latten, Maschendraht, Papier, Kleister und Farbe bauen. Neben dem emotionalen Ertrag und dem Abbau von geschlechterbezogenen Vorurteilen über gute bzw. fehlende handwerkliche Fähigkeiten lernten die Kinder im sinnvollen Handlungsbezug u. a. einen Arbeits- und Bauplan zu erstellen und danach zu arbeiten, sowie mit verschiedenen Werkzeugen und Materialien sachgerecht und sicher umzugehen.

Natürlich muß in der Schule auch geübt werden und ist die Erfahrung der Stille wichtig. Ebenso brauchen Kinder auch narrative Unterrichtsphasen und die Leitfigur der Lehrerin mit ihrer sachlichen und emotionalen Kompetenz. Besonders wichtig für das Lernen der Kinder ist jedoch das sinnhafte Handeln in der Lebenswirklichkeit, die Erfahrung, daß Lernen und Leben keine zwei verschiedenen Welten sind. Unsere Gesellschaft braucht zunehmend aktive und handlungsfähige Bürger. Diese Fähigkeiten werden im handlungs- und projektorientierten Unterricht in besonderem Maße angebahnt und ausgebildet.

Dem Projektunterricht, der die Handlungsfähigkeit in der Lebenswirklichkeit ausbildet, der aus den Fragen des Alltags entsteht und mit seinen Antworten wieder in den Alltag einwirkt, tut Alltäglichkeit gut. Darum sollte er seinen Orchideencharakter verlieren. In vielen Fällen ist er die bessere pädagogische Alternative, weil er im Bereich der Individualisierung, des sozialen Lernens, der langfristigen Lernmotivation nebenbei umfangreichere Qualifikationen anbahnt, als im lehrer- und lehrgangsorientierten Unterricht überhaupt vorgeplant werden können.

Und die Schwierigkeiten? Sicher gibt es Schwierigkeiten: Nachfragen von Eltern, Unsicherheiten im Aufsichtsbereich, höhere Geräuschpegel, Änderung der Lehrerrolle, Beurteilungsprobleme, Fragen der Kooperation mit Kolleginnen ... Schwierigkeiten gibt es. Manchmal sind sie groß, unüberwindlich sind sie selten.

Hans-Dieter Bunk

Tips

- Das Narrative im Unterricht ist in den letzten Jahrzehnten immer mehr zurückgegangen. Erzählen Sie den Kindern wieder mehr – und lesen Sie ihnen vor. Auf diese Weise lernen Kinder wieder das Zuhören.

- Sammeln Sie Spielideen (z. B. auf Karteikarten). Im Spiel entwickeln Kinder soziale, kreative, aber auch kognitive und ästhetische Fähigkeiten.

- Auch kleine Projekte (z. B. Geburtstagsfeier vorbereiten, Blumengarten anlegen) müssen gründlich mit den Kindern gemeinsam geplant werden. Eine Projektwoche können Sie nicht ohne Beteiligung der Eltern und nicht ohne Abstimmung mit der Schulleitung (evtl. auch Hausmeister) durchführen. Besser noch, Sie organisieren eine Projektwoche mit der Jahrgangsstufe oder der gesamten Schule.

- Wenn Sie frontal an der Tafel arbeiten, denken Sie an Ihre Vorbildfunktion. Das Tafelbild muß gut lesbar, übersichtlich strukturiert sein und möglichst vor den Augen der Kinder entstehen.

- Legen Sie sich nicht auf eine Unterrichtsform fest. Das gelenkte Gespräch ist – obwohl unökonomisch – immer noch das häufigste Handlungsmuster ($3/4$ des Frontalunterrichts).

- Vieles, was im Gespräch umständlich erarbeitet wird, läßt sich im Lehrervortrag oder durch ein Schülerreferat prägnanter darstellen und effektiver lernen.

- Zwar gibt es keinen Unterricht ohne Lehrerfrage, aber als Faustregel (Hilbert Meyer) sollte gelten: Mehr sagen, weniger fragen. Mehr zeigen und vormachen – weniger bereden und problematisieren. Die Lehrerfragen gibt es meist im Übermaß und zudem wenig zielorientiert.

Vertretungsunterricht

Kolleginnen und Kollegen zu vertreten – für einige Stunden, wenige Tage oder auch einen längeren Zeitraum – gehört zum täglichen Geschäft des Unterrichtens. Hilfreich ist es, wenn man auf die Situation – im normalen Unterrichtsablauf ein großer Störfaktor – so vorbereitet ist, daß die Vertretung nicht zu einer persönlichen Belastung wird. Zudem soll der Unterricht pädagogisch sinnvoll gestaltet werden, denn auch die Kinder, deren Klassenlehrerin oder -lehrer fehlt, haben einen Anspruch auf bestmögliche Förderung.

Die Belastung durch absehbare wie unvorhergesehene Vertretungsaufgaben kann eine Schule dadurch in Grenzen halten, daß die Lehrkräfte ein organisatorisches Konzept erarbeiten, mit dem sie gegen unliebsame Überraschungen gefeit sind – und das dann möglichst auch noch pädagogisch attraktiv (für Lehrkräfte wie für die Schülerinnen und Schüler) ist.

Voraussetzung für ein gut funktionierendes Vertretungskonzept ist die Zusammenarbeit im Kollegium. Dazu gehört z. B., daß die Lehrkräfte der Parallelklassen eine abgestimmte Unterrichtsplanung haben, daß sie kontinuierlich ihre Erfahrungen austauschen, daß sie auch die anderen Klassen aus eigener Anschauung kennen. Wenn man also voneinander weiß, was und wie die Kinder – zumindest der Parallelklassen – lernen, dann fällt der Einstieg in die Vertretungsaufgabe leichter.

Eine weitere Voraussetzung sind die in der Schule grundgelegten Arbeitsformen der Kinder. Eine selbständig arbeitende Klasse kann ohne permanente Aufsicht weiterlernen. Bedingung für eine sinnvolle „Beschäftigung" der Kinder ist nicht nur, daß sie die entsprechenden Arbeitstechniken beherrschen, sondern daß die Klasse auch mit Arbeitsmaterialien hinreichend ausgestattet ist.

Um Vertretungsunterricht möglichst reibungslos organisieren zu können, sollte die Lehrerkonferenz eine Vereinbarung hierüber herbeiführen. Hier könnten die bewährten Praktiken so zusammengestellt werden, daß sie im konkreten Vertretungsfall helfen. Dazu gehören z. B.: ein effektives Informationssystem, damit die Kolleginnen und Kollegen, aber auch die Eltern und die Kinder selbst schnell und umfassend unterrichtet werden; eine Checkliste für die wichtigsten Tätigkeiten zu Beginn der Vertretung; verschiedene Modelle der Aufteilung von Klassen auf andere Klassen sowie pädagogische „Schubladenprogramme".

Auf alle Fälle vorbereitet

Habe ich eine Kollegin, einen Kollegen längerfristig zu vertreten, versuche ich vorher Themen und Methoden abzusprechen. Ist eine Absprache nicht möglich, sehe ich mir den Arbeitsplan an und plane, als sei die Klasse für die Zukunft in meine Verantwortung gestellt.

Bei kurzzeitigen und kurzfristigen Vertretungen vermeide ich ein Weitergehen im Unterricht, denn oft stimmen meine Akzente und Methoden nicht mit denen der Kolleginnen und Kollegen überein.

Im Laufe der Jahre habe ich mir eine Sammlung von Aufgaben und Themen zusammengestellt, nach Klassenstufen geordnet, ergänzt durch Folien und Arbeitsblätter. Fast alle Themen sind so gewählt, daß sie in einer Stunde abgehandelt werden können, daß man aber notfalls noch eine oder zwei Stunden darauf aufbauen kann. Für meine „Standardstunden" habe ich immer einen gewissen Vorrat an Material, z. B. Quadrate aus Pappe, alte Kalenderblätter, Zettel mit allen 121 Einmaleinsaufgaben usw. Interessante Vorschläge aus Fachbüchern und Zeitschriften verleibe ich meiner Sammlung ein. Für den Mathematikunterricht nutze ich gerne das Büchlein *Rechnen und Raten*, Herausgeber: Johannes Lehmann, Verlag Volk und Wissen, Berlin 1987. Dieses Buch enthält viele geschichtliche Hinweise, allerdings nur teilweise für die Grundschule geeignet. Alte Klassenarbeiten, Kreuzzahlrätsel, Denksportaufgaben oder erzählte Berichte aus alter Zeit mit heimatkundlichen Aspekten sind bei den Kindern sehr beliebt.

Vertretungsstunden sollen bei den Kindern nicht zur Qual werden, allerdings auch für den Lehrer, die Lehrerin nicht! Wenn mich die Kinder Tage später im Schulhof freundlich grüßen, weiß ich, die Vertretungsstunde war gelungen.

Rudolf Keßler

Die Kinder sofort kennenlernen

Vertretungsunterricht ist auch für die Kinder nicht angenehm. Als Klassenlehrerin kann man die Lösung dieser Situation beeinflussen. In einem Schulheft, das für jeden zugänglich auf dem Pult liegt, findet sich auf der ersten Seite ein ständig auf dem aktuellen Stand gehaltener Sitzplan (Namen der Kinder mit Bleistift eingetragen). Dazu enthält das Heft eine Gruppenaufteilung in zwei, drei und vier Gruppen. So werden die Kinder durch die Vertretungslehrerin richtig mit Namen angesprochen. Bei einer notwendigen Aufteilung auf andere Klassen lassen sich bestimmte Konstellationen vermeiden. Und wenn dann die Kolleginnen auf die leeren Seiten des Heftes noch die Inhalte des Vertretungsunterrichts eintragen, wird die Berichtsführung im Klassenbuch erleichtert.

Reinhard Forthaus

In der Vertretungsstunde: spielen ...

In meinen Vertretungsstunden wird gespielt.

1. Phase: Spiele, an denen die ganze Klasse beteiligt ist und die allen Spaß machen (z. B. aus der Spielekartei).

2. Phase: Spiele, die in der Kleingruppe gespielt werden. Dafür eignen sich Spiele, deren Anleitung sich die Kinder selbst erarbeiten können, z. B. einfache Würfel- oder Brettspiele (kopierte Spielfelder). Dabei darf man Regeln verändern, neue Regeln erfinden oder Spielpläne farbig ausmalen.

3. Phase: Spiele ergänzen oder erfinden. Einfache Spielfelder (Fotokopien) mit einem Parcour und einzelnen Bildelementen, die auf eine mögliche Spielidee hindeuten (z. B. Straßenverkehr, Märchenwald), dienen als Ausgangssituation. Die Kinder erfinden Regeln, ggf. Frage- und Ereigniskarten und erproben ihr Spiel. Meist müssen die Spiele später fertiggestellt werden, z. B. in der Freien Arbeit.

Reinhild Schäffer

Vertretung: kurzfristig

Vertretungsunterricht darf Spaß machen – sowohl für die Kinder als auch für die Lehrerin. Der Lehrer ist schlecht beraten, der nicht die Chance nutzt, bei einer Ad-hoc-Vertretung eine solche Stunde zu halten, von der die Kinder hinterher sagen: „Bei *der* macht Vertretung, macht Unterricht Spaß". Damit die Vertretung auch mir Spaß macht, halte ich immer altersstufengeeignete Spiele oder Materialien schnell greifbar zur Verfügung.

Am leichtesten ist es, eine einzelne Stunde zu vertreten. Wenn ein Blick auf den Stundenplan zeigt, daß die *Turnhalle* frei ist – evtl. weicht auch eine liebe Kollegin aus –, gehe ich am liebsten in die Turnhalle. Die Kinder kennen selbst *Spiele* genug, die sie gerne spielen und mir erklären können.

Aber auch in der Klasse können Kinder *munter lernend spielen*. Vielfältige Anregungen fand ich in dem Buch *Die Fundgrube für Vertretungsstunden*, Cornelsen-Scriptor. Spiele mit dem Wörterbuch, Wörterpuzzle, Buchstabenpuzzle (z. B. die Buchstaben des Wortes „Salat" dürfen benutzt werden, um immer neue Wörter zu bilden: Saal, Saat, Stall), Pantomime (Wortfeldarbeit, z. B. gehen, schleichen ... / flüstern, schreien ...), Zeichenspiele (Montagsmaler), Zahlenspiele, Zahlenreihen usw. Beispiele für solche Anregungen sollte jede Lehrerin und jeder Lehrer immer in der Tasche oder im Fach im Lehrerzimmer parat liegen haben.

Schwieriger ist eine Vertretung über den ganzen Vormittag, darum plädiere ich immer dafür, hierbei auf eine unvorbereitete Vertretungszeit zu verzichten und die Kinder für den einen Tag auf mehrere Klassen aufzuteilen. Das müssen nicht unbedingt parallele Klassen sein! Die Kinder finden es nach der ersten Irritation durch das Aufteilen meist sehr spannend, in einer anderen Klasse mitzuarbeiten.

Wenn das nicht möglich ist, schreibe ich mit den Kindern gemeinsam einen Tagesplan an die Tafel, d. h. ich lasse mir von den Kindern Vorschläge machen, was sie gern arbeiten möchten. Ich selbst schlage ebenfalls einige Dinge vor. Dieser Plan wird dann an die Tafel geschrieben. Die Reihenfolge der Bearbeitung ist den Kindern überlassen; Ausnahme: Wir brauchen einen Fachraum oder die Turnhalle.

Manfred Pollert

Auswendiglernen eines Gedichtes

Vertretungsstunden, die überraschend gehalten werden müssen, eignen sich gut dazu, neue Lerntechniken zu vermitteln, die auch Spaß machen.

Das Auswendiglernen wird oft als ermüdende und stupide Tätigkeit empfunden, die man nur ungern erledigt. Hier kann die Merkbild-Technik helfen. Die Kinder suchen aus dem Lesebuch ein beliebiges (für den Anfang nicht zu langes) Gedicht heraus. Zu jeder Gedichtzeile malt der Lehrer ein kleines oder einige kleine Bilder an die Tafel, die den Inhalt des Gedichtes wiedergeben. Übertreibungen, Witz, Kurioses in Zeichnungen helfen behalten! Nun wird die Zeile „Bild für Bild" gelesen. Anschließend wird mit den übrigen Zeilen genauso verfahren. Die Kinder werden mit ihren Ideen bei der Visualisierung der Inhalte an der Tafel einbezogen. Man staunt, wie schnell die Kinder auf diese Weise ein Gedicht lernen und behalten, indem sie die Merkbilder in ihr Gedächtnis „fotografieren" und wie einen Film mit geschlossenen Augen abspulen können.

Thomas Sudeik

Vertretung: langfristig

All dies kann natürlich nicht gelten für *langfristige Vertretungen*. Dabei ist es unerläßlich, daß die zu vertretende Kollegin genaue Angaben macht, was in der Klasse bearbeitet werden soll. Nur wenn jemand so krank ist, daß sein „Denkapparat" nicht mehr funktioniert, müssen die Vertretungslehrer selbst herausfinden, wo die Kinder in den Lehrgängen gerade stehen. In jedem anderen Fall ist es selbstverständliche Pflicht, daß der zu Vertretende seine Planungen und Vorhaben weitergibt, Besonderheiten der Klasse erläutert und fernmündliche Hilfestellung gibt.

Manfred Pollert

Regeln für den Vertretungsfall – im Kollegium vereinbart

Um Vertretungsunterricht möglichst reibungslos organisieren zu können, legt die Lehrerkonferenz die Regeln fest. Hierzu kann z. B. gehören:

● Bei eintägiger Vertretung oder – bei unvorhergesehenem Fehlen – am ersten Tag wird die Klasse von der Lehrerin der Nachbarklasse mit betreut. Klassentüren bleiben geöffnet.

● Bei länger dauernder Vertretung werden Kindergruppen auf die anderen Klassen verteilt – und zwar nicht nur auf die Parallelklassen, sondern auf alle Klassen der Schule. Dieser Vertretungsplan hängt dann in der Klasse für alle sichtbar aus (vgl. das Beispiel einer Kölner Grundschule).

Wenn Frau _____ krank ist:	
Kl. 3a	Rainer, Eva, Katrin, Peter, Paula
Kl. 3b	Marius, Mark, Anna, Ivo, Inge
Kl. 4a	Thomas, Laura, Lisa, Fritz
Kl. 4b	Elke, Sabine, Karen, Frank, Tim
Kl. 2a	Alf, Christian, Rolf, Marie, Boris

● Durch Konferenzbeschluß sind Springstunden und Bereitschaftsdienste festgelegt. Auf diese Weise können die vertretenden Lehrkräfte (z. B. Lehrer der Nachbarklasse) teilweise entlastet werden.

● Bei langandauernder Vertretung wird ein Lehrerteam bestimmt, das für die zu vertretende Klasse verantwortlich ist (Stundenplan, Stoffverteilungsplan, Veranstaltungen im Rahmen des Schullebens).

● Das Kollegium erstellt ein Schubladenprogramm für Vertretungsunterricht: Spiele im Freien, auf dem Schulhof, Unterrichtsgänge, kleine Theaterstücke, Bastelprogramme, etc.

Reinhold Christiani

Was hilft, ist ein Konzept

Zwei Nachrichten sind es, die auch bei „gestandenen" Lehrerinnen und Lehrern Aufregung verursachen können: ein nicht einsatzfähiger Kopierer und eine kurz vor acht Uhr angekündigte „Ad-hoc"-Vertretung. Gerade die kurzfristig angekündigten Vertretungen sind ohne ein standortbezogenes Handlungskonzept als Bestandteil des eigenen Schulprogramms derartig belastend, daß viele Energien verlorengehen, die Lehrerinnen und Lehrer besonders in derartigen Situationen für ihre Kinder benötigen.

Vertretungssituationen lassen sich besser lösen, wenn man auf ein Konzept zurückgreifen kann, das von allen getragen wird. Sie müssen als pädagogische Aufgabe aller Kolleginnen und Kollegen verstanden werden. Die Vereinbarung und Beachtung von Regeln, unter Einbeziehung der Eltern und Kinder, ist nicht nur eine Erleichterung und Hilfe, sondern auch eine Notwendigkeit mit „Selbstschutzcharakter". Dies gilt insbesondere für die Grundschule, da dort die Kinder nur zu den im Stundenplan festgesetzten Zeiten nach Hause entlassen werden dürfen.

Selbstverständlich ist im Zusammenhang mit einem schuleigenen Handlungskonzept vor allem in den Fundamentalverabredungen die Schulleitung gefordert. Trotzdem ist es auch Aufgabe jeder Lehrerin und jedes Lehrers, derartiges anzuregen und voranzutreiben. So müssen Lösungen angestrebt werden, die sich auszeichnen:

- durch eine hohe Übernahmebereitschaft notwendiger Rituale,

- durch Transparenz für die Lehrerinnen, Lehrer, den Hausmeister, die Sekretärin, die Eltern und die Kinder,

- durch Sicherstellung der rechtzeitigen und umfassenden Informationsweitergabe.

Die Informationsweitergabe ist hauptsächlich unter Einbeziehung der Kinder möglich. Dabei müssen Kinder Hilfsmittel an die Hand bekommen, die sich durch Einfachheit und Eindeutigkeit auszeichnen, z. B. ein Mitteilungsheft.

Klassenraum- und Flurgestaltung sind nicht nur „kindgemäße Kosmetik". Sie sollten funktional erfolgen und so die Ziele des selbstverantwortlichen Lernens, z. B. im Bereich von freier Arbeit und Wochenplanunterricht, erreichen helfen. Kinder, die derartige Arbeitsformen lernen, können im Vertretungsunterricht besser betreut werden. Die Qualität des Vertretungsunterrichts hängt von vielen Einzelheiten ab. Es erleichtert die Durchführung von Vertretungsunterricht,

- wenn in Klassenräumen und auf Fluren (selbstgefertigte) Materialien für den differenzierten Einsatz bereitgestellt werden,

- wenn die Einrichtungen der Klassen mit zusätzlichen Tischen und Stühlen auch einer möglichen Vertretungssituation gerecht werden,

- wenn Absprachen an der Schule dazu führen, daß auch die Kolleginnen und Kollegen, die nicht in der Klasse unterrichten, in einer Vertretungssituation mit den dafür vorgesehenen Medien arbeiten können,

- wenn der Umgang mit den Medien, die besonders für die Freie Arbeit und den Wochenplanunterricht benötigt werden, den Kindern und den Lehrerinnen und Lehrern vertraut ist,

- wenn der individuelle Einsatz bestimmter Medien für mehrere Tage mit den Kindern vorbesprochen ist,

- wenn besondere Medien für die Förderung bestimmter Kinder entsprechend gekennzeichnet sind,

- wenn alle Medien nach festen Aufbewahrungsregeln, deren Handhabung die Kinder beherrschen, untergebracht sind,

- wenn es Unterrichtsvorhaben innerhalb des Schulprogramms gibt, die auch jahrgangsübergreifend mit zwei Klassen durchführbar sind.

Auch in Vertretungssituationen sollte das Prinzip vom „erziehenden Unterricht" Berücksichtigung finden. Die Kinder lernen:

- mit den vorhandenen Materialien selbstverantwortlich umzugehen,

- die Arbeitsmittel gewissenhaft zu behandeln,

- partnerschaftlich mit den Mitschülerinnen und Mitschülern zusammenzuarbeiten,

- die Selbstkontrolle ehrlich durchzuführen.

Damit der „zweite Tag" nicht immer wieder zum „ersten Tag" mit der Notwendigkeit von „Ad-hoc"-Vertretung wird, benötigt jede Schule

- genaue Absprachen und deren konsequente Einhaltung bei Krankmeldungen der Lehrerinnen und Lehrer,

- einen Stundenplan mit „Info-Zentrum" (Pinnwand) im Lehrerzimmer, wo wegen der besseren Übersicht nur Informationen zum Stundenplan deutlich gemacht werden sollen,

- eine „Info-Wand" im Klassenraum, dort soll eine Gruppeneinteilung (maximal fünf Kinder) für den Aufteilungsfall hängen, die Milch-Kakao-Liste für die Woche, ein Alarmplan mit Fluchtwegen, wichtige Telefonnummern, z. B. der Erziehungsberechtigten (mit Einverständnis) zur Organisation eines Rundrufs.

Walter Burchgardt

Tips

● Bewahren Sie in der Klasse Telefonnummern von Eltern auf, die im Vertretungsfalle zur Mitarbeit im Unterricht ggf. bereit sind.

● Wenn die Kinder (besonders in den beiden ersten Jahrgängen) in einem Hefter eine Folientasche haben, können sie hier ihren geänderten Stundenplan und weitere Informationen an die Eltern transportieren. Die Folientasche sollte den Eltern als sicherer Briefkasten bekannt sein; Alternative: Mitteilungsheft.

● Organisieren Sie mit den Eltern gemeinsam eine Telefonkette für wichtige Nachrichten.

● Sammeln Sie in Ihrer Klasse Unterrichtsmaterialien für Vertretungsfälle. Die Kinder können sich über das herkömmliche Material für Freiarbeit und Wochenplanunterricht hinaus damit beschäftigen: z. B. Geschichten zum Vorlesen; Tonkassetten mit Kindersendungen, Schulfunksendungen auf Kassetten; Spiele und Rätsel.

● Sie können auch Jahreszeitenkisten anlegen, in denen Materialien entsprechend sortiert sind: Spiele, Filme, Geschichten, Musikkassetten.

● Halten Sie für die vertretende Kollegin eine Checkliste bereit. So verhindern Sie, daß es durch mangelnde oder falsche Informationen zu Mißverständnissen oder gar Pannen kommt: z. B. Name und Anschrift des Vorsitzenden der Elternschaft; Kinder, die den Schulbus benutzen; Lotsendienst; Milchgeld einsammeln; Hausmeister informieren; Klassenarbeitshefte; wichtige Absprachen mit Eltern, ggf. über einzelne (z. B. kranke) Kinder.

● Stimmen Sie mit Kolleginnen und Kollegen, möglichst mit dem gesamten Kollegium, die Materialsammlungen ab, ggf. Materialkisten für die einzelnen Jahrgangsstufen.

Stichwortverzeichnis

(Hauptstichwörter, die ein ganzes
Kapitel betreffen, sind unterstrichen.)

ABC-Heft 15
Ablagen 11, 180
Abschreiben 27, 35, 316
Anforderungsbezogener Beurteilungs-
  maßstab 203, 213
Arbeitsanweisungen 34
Arbeitsblätter 12, 23
Arbeitsmittel 8, 183
Arbeitsmittel Deutsch 15
Arbeitsmittel Klasse 1 10
Arbeitsmittel Klasse 4 9
Arbeitsmittel Mathematik 17, 364
Arbeitsmittel Sachunterricht 18
Arbeitsplan 349
Arbeitsplatz des Kindes 11
Arbeitstechniken 25, 34, 305, 325
Ärgerdose 244
Aufsatzberichtigung 30
Aufsatzunterricht 35, 36, 46
Aufstellen 290
Ausflüge 38
Ausländische Eltern 97
Ausländische und ausgesiedelte
  Kinder 50
Ausleseverfahren 249, 268
Ausstattung des Klassenraums 182

Bauen 122
Begegnungssprache 51
Begrüßung 51, 66
Begrüßung der Eltern 95
Beobachten 204, 335
Beobachtungsaspekte 206, 219, 263
Beobachtungsformen 205
Beobachtungsnotizen 205, 208
Beratung 341
Beratungsgespräch 255, 265, 267
Berichtigung 29
Bewegen zu Musik 116
Bewegungsdrang 65, 199, 279
Bewegungsmusik 68

Bewegungsspiele 67, 70, 125, 135,
  154
Bewegungsübungen 66, 135, 199
Bewegungszeiten 65
Bildbetrachtung 123
Bleistift 19
Briefeschreiben 238

Deutsch als Zweitsprache 55, 57
Dias 233
Differenzierung 19, 47, 89, 132, 152,
  153, 169, 173, 213, 303, 322, 338
Diktat 321
Diktatberichtigung 29
Diktatformen 28, 214, 322
Dosendiktat 324
Druckschrift 20

Eigendiktat 323
Einladungsbrief an Eltern 77, 95, 144
Einladungsbrief an Schulanfänger 78
Einschulung 9, 74, 91
Einzelförderung 156
Eltern 93
Eltern als Begleitung 40
Elternabend 75, 85, 96, 102
Elternarbeit 90, 93, 146
Elternbeschwerden 106
Elternbrief 42, 77
Elternbrief Klasse 1 10
Elternfragebogen 258
Elternhilfe 101, 102, 146
Elternkartei 104
Elternkontakte vor der Einschulung
  75
Elternmitarbeit 103, 155, 163
Elternsprechtag 97, 257
Elternstammtisch 97
Entspannungsmusik 192
Entspannungsübungen 191
Erfahrungslernen 361
Erkundungen in der Schule 38, 90
Ermutigung 281, 283, 287
Erste Schulwochen 86, 91

Erster Schultag 76, 81, 91
Erstlesen 14, 308
Erstschreiben 14, 20
Erzählkreis 354
Erzählstein 238
Extrazeugnis 223

Fächerübergreifender Unterricht 115
Fachfremder Unterricht 111
Fantasiereisen 195
Farbkasten 120
Fehler als Lernweg 306
Fehlermarkierung 29, 216
Feste und Feiern 141
Fibel 14
Film 229
Fingerrechnen 308
Förderklasse 50
Fördern 89, 152
Förderstunden 152
Fördertisch 155
Förderunterricht 158, 159
Förderunterricht für ausländische/
   ausgesiedelte Kinder 57, 62
Förderunterricht Mathematik 161
Fotowand 186
Freie Angebote 157, 160, 163
Freie Arbeit 297
Freie Arbeit Klasse 1 87, 89
Freies Schreiben 16
Freitagsfeier 244
Frontalunterricht 352
Frühstückspause 241, 294
Fundkiste 12

Gebet 292
Geburtstagsfeier 142
Gespräche mit Eltern 107, 253, 256
Gesprächsleitfaden 260
Gesprächsregeln 245
Grundwortschatz 15, 319
Gruppenbildung im Sportunterricht
   132
Gruppentische 178
Gruppenunterricht 353
Gutachten für den Übergang 264

Hausaufgaben 26, 83, 164
Hausaufgaben stellen 169
Hausaufgaben würdigen 170, 172
Hausaufgabenhilfe 175
Hausaufgabentypen 165
Hausbesuche 107
Hefte der Kinder 340
Hörkassette 228
Hospitation 332
Hospitation durch Eltern 96, 101, 102
Hyperaktivität 272

Indianerwoche 47
Individueller Beurteilungsmaßstab 203
Informationstafel 369
Integration ausländischer Kinder 59
Interkulturelles Lernen 50

Kindergarten 91, 147
Kindheit heute 38, 54, 65, 189, 227, 270
Klassenarbeiten 212, 215
Klassenbriefkasten 241
Klassenbücherei 181, 184
Klassendiktat 213
Klassenfahrt 41
Klassenfest 146
Klassenlehrerprinzip 90, 111, 277
Klassenrat 243
Klassenraum 11, 26, 81, 177, 278, 346
Klassenraumgestaltung 178, 186,
   200, 277, 368
Klassenregal 12
Klassensätze 11
Kleber 34
Konflikte mit Eltern 107
Konflikte mit Kindern 101, 272
Konflikte zwischen Kindern 243
Konsequenz 198, 275, 287
Konzentration 189, 289
Kopfrechnen 307
Korrigieren 328
Kunstunterricht 60, 118

Landheim 43
Lärmreduktion 200
Laufdiktat 301

Laufen 137
Lautes Lesen 313
Lehrertraining 334
Lehrprobe 332
Leistungsbeurteilung 203, 263
Lernen lernen 89
Lernkartei 15
Lernpartner 157
Lernschwierigkeiten 270
Lernwörter 319
Leseecke 183
Lesefeste 143
Leseübungen 313
Lesezeit 239, 246
Lieder 68, 142
Lineal 34
Lineaturen 21
Linkshändigkeit 20

Malen 119
Malen zu Musik 115
Mathematikunterricht 17, 60
Medienangebot 235
Medienerziehung 227
Medienkritik 234
Meldekette 239
Methoden der Elternarbeit 95
Mitteilungsheft 12, 26, 82, 97, 99, 368
Mitwirkung der Kinder 89
Montagmorgengespräch 87
Morgenkreis 153, 290
Musikinstrumente herstellen 115
Musikunterricht 61, 113
Muttersprachlicher Unterricht 50

Nachschlagen 35
Namenkarten 81
Nikolausfest 146
Notenkenntnisse 118

Offene Schultür 345, 349
Offener Unterricht 352

Pädagogisches Tagebuch 205, 208, 284
Partnerarbeit 353

Partnerdiktat 326
Pause 245, 285
Pflanzenecke 184
Poesiealbum 54
Prognosen 268
Projektunterricht 44, 47, 105, 121, 138, 148, 261, 360

Radfahrtraining 85
Rechnen 31
Rechtschreibprobleme ausländischer Kinder 62
Rechtschreibunterricht 14, 15, 27, 35
Regeln bei Unterrichtsgängen 40
Regeln in Klasse 1 242
Regeln und Rituale 197, 237, 275, 287
Rückmeldungen an Kinder 170, 210
Rückmeldungen der Eltern 98
Rücktritt 250

Sachunterricht 18, 45
Schere 34
Schreibgeräte 19
Schreibgespräch 355
Schreibkonferenz 36, 47
Schulanfang 9, 69, 74
Schulanfang von Seiteneinsteigern 59
Schulanfangsfeier 84
Schulanfangslied 82
Schulbeginn 289, 291
Schulbuch 13
Schülerbefragung 261
Schülerhearing 262
Schülersprechtage 259
Schulfernsehen 231
Schulfest 148
Schulfüller 19
Schulfunksendungen 232
Schulhefte 9, 23
Schullaufbahn 249
Schulrätin/Schulrat 337
Schulschluß 194
Schulweg 85
Schwierige Eltern 106
Schwierige Kinder 270

Seiteneinsteiger 54
Selbsttätigkeit 167
Signale 240
Singen 117
Sitzenbleiben 250
Sitzordnung 178, 325
Sitzplätze 181
Sketch 359
Sonderpädagogischer Förderbedarf
265
Spiele 51, 61, 67, 357, 365
Spielketten 357
Sportarten 125
Sportgeräte 130
Sporthalle 131, 139
Sportunterricht 61, 71, 125
Sprachbuch 14
Sprechstunde 100
Stille-Übungen 190, 193, 293
Stufendiktat 214
Stuhlkreis 178, 181
Stundenplan 90, 295
Symbole 239

Tafel 23
Tafelbild 13
Tag der offenen Tür 261
Tagesablauf Klasse 1 153, 241
Tageslichtprojektor 23
Tagesplan Klasse 1 88
Tagesrhythmus 279, 289
Tätigkeitenampel 240
Telefonkontakte mit Eltern 100
Telefonliste 101
Texte erschließen 314
Tornister 10

Üben 165, 299
Übergang auf weiterführende
Schulen 252
Überschlagsrechnen 31
Überspringen 251
Übung im Mathematikunterricht
302, 304
Übung nach Plan Klasse 1 88, 154,
303

Übungen im Rechtschreibunterricht 315
Übungen zum Lesenlernen 308
Übungsgrundsätze 301, 320, 329
Übungsspiele 310
Übungszeit 303
Unruhige Kinder 68, 72, 190, 197
Unterrichtsbesuche 331
Unterrichtsformen 351
Unterrichtsgang 38
Unterrichtsplanung 127, 134, 230,
343, 346, 349
Unterrichtsprinzipien 339, 343
Unterrichtsstörungen 129

Vergessene Arbeitsmittel 11
Vergessene Hausaufgaben 174
Vergleichsarbeiten 212
Verhaltensauffälligkeiten 270, 274, 280
Verkehrsunterricht 40, 84
Vertretungsplan 367
Vertretungsunterricht 363
Video 228
Vorlernen 159, 162

Wahrnehmung von Kindern 204,
206, 258, 282
Wahrnehmungsgestörte Kinder 197
Weihnachtsfeier 144
Weitsprung 136
Wochenplan 88, 304, 356
Wochenthema Klasse 1 87
Wörterbuch 35
Wortlisten 315

Zeichnen 119
Zensieren 211
Zensuren 203, 217, 254
Zensurenspiegel 217
Zeugnis ohne Zensuren 203
Zeugnisbeispiele 221, 222
Zeugnisbrief 221
Zeugnisschreiben 218
Zusammenarbeit im Kollegium 75,
112, 266, 279, 297, 345, 367
Zusammenarbeit mit Eltern 93
Zweistufiges Diktat 327

Neue Ideen für Ihren Unterricht

Cornelsen

Lehrer-Bücherei: Grundschule

Die Reihe bietet Anregungen und Praxishilfen, die sich bereits bewährt haben. Alle Bände behandeln Alltagsprobleme der Grundschule. Hier eine Auswahl - über unser komplettes Programm informieren wir Sie auf Wunsch gern.

Die Herausgeber: Horst Bartnitzky und Reinhold Christiani

Hans Bebermeier
Begegnung mit Englisch
Beispiele für die Klassen 1 bis 4
Gründe - Ziele - Wege;
Materialien - Medien - Literatur
1992. 128 Seiten mit Abbildungen
Bestell.-Nr. 50284

Bernhard Thurn
Mit Kindern szenisch spielen
Entwicklung von Spielfähigkeiten;
Pantomimen, Stegreif- und Textspiele; Von der Idee zur Aufführung
1992. 136 Seiten mit Abbildungen
Bestell.-Nr. 50250

Erika Altenburg
Wege zum selbständigen Lesen
Zehn Methoden
der Texterschließung
2. Auflage 1993. 80 Seiten
Bestell.-Nr. 50225

Norbert Sommer-Stumpenhorst
**Lese- und Rechtschreibschwierigkeiten:
vorbeugen und überwinden**
Von der Legasthenie zur LRS;

LRS-Diagnose; Förderkonzepte und Übungsmaterialien.
3. Auflage 1993. 144 Seiten
Bestell.-Nr. 50209

Horst Bartnitzky (Hrsg.)
Umgang mit Zensuren in allen Fächern
3. Auflage 1992. 152 Seiten
mit Abbildungen
Bestell.-Nr. 50179

Hans-Dieter Bunk
Zehn Projekte zum Sachunterricht
Projektbegriff; Fallbeispiele;
Ideen und Anregungen
3. Auflage 1992. 128 Seiten
mit Abbildungen
Bestell.-Nr. 50136

Gudrun Spitta
**Kinder schreiben eigene Texte:
Klasse 1 und 2**
Lesen und Schreiben im Zusammenhang; Spontanes Schreiben; Schreibprojekte
6. Auflage 1994. 80 Seiten mit Abbildungen
Bestell.-Nr. 50098

Gudrun Spitta
Schreibkonferenzen in Klasse 3 und 4
Ein Weg vom spontanen Schreiben zum bewußten Verfassen von Texten
2. Auflage 1993. 96 Seiten
Bestell.-Nr. 50268

**Cornelsen Verlag
Scriptor**

Vertrieb: Cornelsen Verlag,
Postfach 330 109, 14171 Berlin

Fitmacher für Ihren Unterricht

Lehrer-Bücherei: Grundschule

Die Reihe bietet Anregungen und Praxishilfen, die sich bereits bewährt haben. Alle Bände behandeln Alltagsprobleme in der Grundschule. Hier eine Auswahl - über unser komplettes Programm informieren wir Sie auf Wunsch gern.

Die Herausgeber:
Horst Bartnitzky und Reinhold Christiani.

Horst Bartnitzky/
Reinhold Christiani (Hrsg.)
Die Fundgrube für jeden Tag
Das Nachschlagewerk für junge Lehrerinnen und Lehrer
1995. Ca. 352 Seiten mit Abbildungen
Bestell-Nr. 50349

Jamie Walker
Gewaltfreier Umgang mit Konflikten in der Grundschule
Grundlagen und didaktisches Konzept - Spiele und Übungen für die Klassen 1-4
1995. 120 Seiten mit Abbildungen
Bestell-Nr. 50365

Hans-Dieter Bunk
ABC-Projekte
Mit allen Sinnen - In allen Fächern - Beispiele für die Klassen 1 bis 4
1995. Ca. 96 Seiten mit Abbildungen
Bestell-Nr. 50357

Wilfried Metze
Differenzierung im Erstleseunterricht
Bedingungen für erfolgreiches Lesenlernen - Diagnose und Förderung - Ideen, Aufgaben, Spiele, Lernmittel
1995. 136 Seiten mit Abbildungen
Bestell-Nr. 50322

Ulrike Potthoff/Angelika Steck-Lüschow/ Elke Zitzke
Gespräche mit Kindern
Gesprächssituationen - Methoden - Übungen, Kniffe, Ideen
1995. 112 Seiten mit Abbildungen und 13 Kopiervorlagen
Bestell-Nr. 50373

Reinhold Christiani (Hrsg.)
Auch die leistungsstarken Kinder fördern
Grundlegung und Ideensammlung - Kreatives Lesen, Schreiben, Rechnen - Erkunden, Entdecken, Forschen
1994. 160 Seiten mit Abbildungen
Bestell-Nr. 50330

Hermann Schwarz
Lebens- und Lernort Grundschule
Prinzipien und Formen der Grundschularbeit - Praxisbeispiele - Weiterentwicklungen
1994. 152 Seiten
Bestell-Nr. 50306

**Cornelsen Verlag
Scriptor**

Vertrieb: Cornelsen Verlag,
Postfach 330 109, 14171 Berlin